三重県

〈収録内容〉

■ 平成30年度は、弊社ホームページで公開しております。
　本ページの下方に掲載しておりますQRコードよりアクセスし、データをダウンロードしてご利用ください。

2023 年度	……………………	数
2022 年度	……………………	数
2021 年度	……………………	数・英・理・社・国
2020 年度	……………………	数・英・理・社・国
2019 年度	……………………	数・英・理・社・国
平成 30 年度	……………………	数・英・理・社

解答用紙・音声データ配信ページへスマホでアクセス！ ⇒

※データのダウンロードは 2024 年 3 月末日まで。
※データへのアクセスには、右記のパスワードの入力が必要となります。⇒　243957
※リスニング問題については最終ページをご覧ください。

〈各教科の合格者平均点〉

	数 学	英 語	理 科	社 会	国 語	合 計
2022年度	27.5	32.8	28.7	32.3	35.0	156.3
2021年度	28.9	27.2	30.8	29.4	36.2	152.5
2020年度	27.1	32.0	27.6	29.5	33.3	149.5
2019年度	26.5	28.6	30.9	30.7	35.6	152.3
2018年度	25.4	32.0	30.7	35.2	33.5	156.9

※各50点満点。
※最新年度は、本書発行の時点で公表されていないため未掲載。

本書の特長

POINT 1　　解答は全問を掲載、解説は全問に対応！

POINT 2　　英語の長文は全訳を掲載！

POINT 3　　リスニング音声の台本、英文の和訳を完全掲載！

POINT 4　　出題傾向が一目でわかる「年度別出題分類表」は、約10年分を掲載！

実戦力がつく入試過去問題集

▶ 問題 ………… 実際の入試問題を見やすく再編集。

▶ 解答用紙 …… 実戦対応仕様で収録。

▶ 解答解説 …… 重要事項が太字で示された、詳しくわかりやすい解説。
　　　　　　　　※採点に便利な配点も掲載。

合格への対策、実力錬成のための内容が充実

▶ 各科目の出題傾向の分析、最新年度の出題状況の確認で、入試対策を強化！

▶ その他、志願状況、公立高校難易度一覧など、学習意欲を高める要素が満載！

解答用紙 ダウンロード	解答用紙はプリントアウトしてご利用いただけます。弊社ＨＰの商品詳細ページよりダウンロードしてください。トビラのＱＲコードからアクセス可。
リスニング音声 ダウンロード	英語のリスニング問題については、弊社オリジナル作成により音声を再現。弊社ＨＰの商品詳細ページで全収録年度分を配信対応しております。トビラのＱＲコードからアクセス可。
famima PRINT	原本とほぼ同じサイズの解答用紙は、全国のファミリーマートに設置しているマルチコピー機のファミマプリントで購入いただけます。※一部の店舗で取り扱いがない場合がございます。詳細はファミマプリント（http://fp.famima.com/）をご確認ください。
UD FONT	見やすく読みまちがえにくいユニバーサルデザインフォントを採用しています。

2023年度／三重県公立高校後期選抜受検状況（全日制）

学校名・学科(コース)名		入学定員	募集定員	受検者数	受検倍率
桑 名	普 通	240	240	238	0.99
	理 数	40	40	91	2.28
	衛 生 看 護	40	−	−	−
桑 名 西	普 通	280	280	350	1.25
桑 名 北	普 通	200	134	96	0.72
桑 名 工 業	機 械	40	36	32	0.89
	材 料 技 術	40			
	電 気	40	36	20	0.56
	電 子	40			
いなべ総合学園	総 合	280	132	168	1.27
四 日 市	普 通	240	240	156	0.65
	(国際科学)	80	80	202	2.53
四 日 市 南	普 通	240	240	189	0.79
	(数理科学)	80	80	194	2.43
四 日 市 西	普 通	160	160	129	0.81
	(比較文化・歴史)	40	60	88	1.47
	(数理情報)	40			
朝 明	普 通	120	80	54	0.68
	ふ く し	40	20	2	0.10
四日市四郷	普 通	120	80	73	0.91
	(スポーツ科学)	40	−	−	−
四 日 市 工 業	機 械	40	18	23	1.28
	電 子 機 械	40	18	14	0.78
	電 気	40	18	16	0.89
	電 子 工 学	40	18	23	1.28
	建 築	40	18	22	1.22
	物 質 工 学	40	18	22	1.22
	自 動 車	40	18	15	0.83
四日市中央工業	機 械	40	18	16	0.89
	電 気	40	20	13	0.65
	化 学 工 学	40	18	9	0.50
	都 市 工 学	40	18	14	0.78
	設 備 システム	40	18	16	0.89
四 日 市 商 業	商 業	200	92	95	1.03
	情報マネジメント	40	18	13	0.72
四 日 市 農 芸	農 業 科 学	40	54	75	1.39
	食 品 科 学	40			
	環 境 造 園	40			
	生 活 文 化	80	36	51	1.42

学校名・学科(コース)名		入学定員	募集定員	志願者数	受検倍率
菰 野	普 通	160	107	110	1.03
川 越	普 通	200	200	197	0.99
	国 際 文 理	80	40	107	2.68
神 戸	普 通	200	200	157	0.79
	理 数	80	40	131	3.28
飯 野	応用デザイン	80	−	−	−
	英語コミュニケーション	80	36	32	0.89
白 子	普 通	160	107	107	1.00
	(文化教養[吹奏楽])	40	−	−	−
	生 活 創 造	40	18	18	1.00
石 薬 師	普 通	120	80	76	0.95
稲 生	普 通	120	80	87	1.09
	体 育	80	18	15	0.83
亀 山	普 通	80	53	72	1.36
	システムメディア	80	36	47	1.31
	総 合 生 活	40	18	16	0.89
津	普 通	320	320	357	1.12
津 西	普 通	240	240	181	0.75
	国 際 科 学	80	40	161	4.03
津 商 業	ビジネス	200	92	124	1.35
	情 報 システム	40	18	11	0.61
津 東	普 通	280	192	209	1.09
津 工 業	機 械	120	54	46	0.85
	電 気	40	18	19	1.06
	電 子	40	18	19	1.06
	建 設 工 学	40	18	14	0.78
久 居	普 通	200	134	132	0.99
久 居 農 林	生 物 生 産	40	18	17	0.94
	生 物 資 源	40	18	17	0.94
	環 境 情 報	40	18	16	0.89
	環 境 土 木	40	18	20	1.11
	生活デザイン	80	36	36	1.00
白 山	普 通	40	18	12	0.67
	情報コミュニケーション	40	18	17	0.94
上 野	普 通	200	200	175	0.88
	理 数	40	20	48	2.40
あけぼの学園	総 合	80	36	21	0.58

学校名・学科(コース)名	入学定員	募集定員	受検者数	受検倍率
伊賀白鳳　機　　　　械	35			
電 子 機 械	35			
建築デザイン	35			
生 物 資 源	35	) 105	110	1.05
フードシステム	35			
経　　　　営	30			
ヒューマンサービス	35			
名　　　張　総　　　合	200	92	78	0.85
名 張 青 峰　普　　　通	200	134	112	0.84
（文理探究）	40	18	39	2.17
松　　　阪　普　　　通	240	240	189	0.79
理　　　　数	80	39	154	3.95
松 阪 工 業　機　　　械	40	18	19	1.06
電 気 工 学	40	18	20	1.11
工 業 化 学	40	18	13	0.72
繊維デザイン	40	－	－	－
自　動　車	40	18	19	1.06
松 阪 商 業　総合ビジネス	120	54	53	0.98
国際ビジネス	40	18	9	0.50
飯　　　南　総　　　合	80	27	14	0.52
相　　　可　普　　　通	80	53	53	1.00
生 産 経 済	40	18	24	1.33
環 境 創 造	40	18	18	1.00
食 物 調 理	40	－	－	－
昴 学 園　総　　　合	80	－	－	－
明　　　野　生 産 科 学	40	18	24	1.33
食 品 科 学	40	18	24	1.33
生 活 教 養	40	18	17	0.94
福　　　　祉	40	18	17	0.94
宇 治 山 田　普　　　通	200	134	140	1.04
伊　　　勢　普　　　通	240	240	228	0.95
（国際科学）	40	40	66	1.65
宇治山田商業　商　　　業	120	54	53	0.98
情 報 処 理	40	18	15	0.83
国　　　　際	40	18	21	1.17

学校名・学科(コース)名	入学定員	募集定員	受検者数	受検倍率
伊 勢 工 業　機　　　械	80	36	44	1.22
電　　　　気	40	18	20	1.11
建　　　　築	40	18	21	1.17
南　伊　勢				
度会校舎　普　　　通	80	52	6	0.12
南勢校舎　普　　　通				
鳥　　　羽　総　　　合	80	38	15	0.39
志　　　摩　普　　　通	80	47	5	0.11
水　　　産　海洋・機関	40	18	3	0.17
水 産 資 源	40	18	6	0.33
尾　　　鷲　普　　　通	70	49	45	0.92
（プログレッシブ）	30	20	12	0.60
情報ビジネス	30	21	17	0.81
システム工学	30	21	14	0.67
木　　　本　普　　　通	120	120	101	0.84
総　　　合	40	19	18	0.95
紀　　　南　普　　　通	80	53	51	0.96

※「募集定員」は，「入学定員」から前期選抜等合格内定者数を減じた「後期選抜」のみの数字。

※「受検倍率」は，「受検者数」を「募集定員」で除した数を小数第3位で四捨五入した数値。

※募集定員欄に「－」のある学科は、後期選抜を実施しない。

三重県公立高校難易度一覧

目安となる 偏差値	公立高校名
75 ～ 73	
72 ～ 70	四日市(国際科学)
69 ～ 67	伊勢(国際科学)，四日市 津西(国際科学) 桑名(理数)，津，四日市南(数理科学)
66 ～ 64	上野(理数) 松阪(理数) 伊勢，四日市南
63 ～ 61	川越(国際文理)，神戸(理数) 桑名，津西
60 ～ 58	川越 松阪 四日市西(比較文化・歴史／数理情報)
57 ～ 55	宇治山田 上野，神戸，桑名(衛生看護)，津東 名張青峰(文理探究)
54 ～ 51	宇治山田商業(国際)，尾鷲(プログレッシブ) 宇治山田商業(商業／情報処理)，木本 四日市工業(機械／電子機械／電気／電子工学／建築／物質工学／自動車)，四日市西 桑名西，四日市商業(情報マネジメント)
50 ～ 47	木本(総合)，松阪工業(電気工学)，松阪商業(国際ビジネス) いなべ総合学園(総合)，名張青峰，四日市農芸(生活文化) 相可(食物調理) 相可，尾鷲，津商業(情報システム)
46 ～ 43	明野(生活教養)，松阪工業(機械)，松阪商業(総合ビジネス) 相可(生産経済／環境創造)，亀山，桑名工業(機械・材料技術／電気・電子)，津商業(ビジネス)，四日市商業(商業)，四日市中央工業(機械／電気／化学工学／都市工学／設備システム) 伊勢工業(機械／電気／建築)，津工業(機械／電気／電子／建設工学)，松阪工業(工業化学／繊維デザイン／自動車) 明野(福祉)，飯野(応用デザイン)，白子，久居，久居農林(生物生産／生物資源／環境情報／環境土木／生活デザイン)，四日市農芸(農業科学／食品科学／環境造園)
42 ～ 38	飯野(英語コミュニケーション)，名張(総合) 稲生，亀山(システムメディア／総合生活)，志摩，白子(文化教養[吹奏楽]) 白子(生活創造)，昴学園(総合)，鳥羽(総合)，四日市四郷 明野(生産科学／食品科学)，伊賀白鳳(機械／電子機械／建築デザイン／生物資源／フードシステム／経営／ヒューマンサービス)，四日市四郷(スポーツ科学) あけぼの学園(総合)，飯南(総合)，桑名北
37 ～	朝明(普／ふくし)，稲生(体育)，尾鷲(情報ビジネス／システム工学)，紀南，菰野，南伊勢[南勢校舎]，南伊勢[度会校舎] 石薬師，水産(海洋・機関／水産資源)，白山(普／情報コミュニケーション)

＊( )内は学科・コースを示します。特に示していないものは普通科(普通・一般コース)，または全学科(全コース)を表します。

＊データが不足している高校，または学科・コースなどにつきましては掲載していない場合があります。

＊公立高校の入学者は，「学力検査の得点」のほかに，「調査書点」や「面接点」などが大きく加味されて選抜されます。上記の内容は想定した目安ですので，ご注意ください。

＊公立高校入学者の選抜方法や制度は変更される場合があります。また，統廃合による閉校や学校名の変更，学科の変更などが行われる場合もあります。教育委員会などの関係機関が発表する最新の情報を確認してください。

数学

●●●● 出題傾向の分析と 合格への対策 ●●●●

📖 出題傾向とその内容

〈最新年度の出題状況〉

　今年度の出題数は，大問が7題，小問数にして29問であった。例年通り，中学数学全領域から，標準レベルの問題がまんべんなく出題されている。問題量は多いが，前半は基礎的な問題であり，後半は基本問題と応用問題を組み合わせた構成となっている。

　今年度の出題内容は，大問1が数・式の計算，平方根，二次方程式に関する基本的な計算問題と，因数分解，数の性質，比例関数，角度，空間内の2直線の位置関係，資料の散らばり・代表値，作図，大問2は箱ひげ図を題材とした資料の散らばり・代表値の問題，大問3は連立方程式の応用問題，大問4は確率，大問5は面積や条件を満たす座標を求めさせる図形と関数・グラフの融合問題，大問6は平面図形の問題で，相似と円の性質を利用した相似の記述式証明，線分の長さの計量問題，大問7は円すいを題材として体積と側面にかけたひもの最短の長さの計量問題となっている。

　ボリュームは昨年とほぼ同じであり，決して問題数は多くないが，試験時間の45分を考えると，スピードと正確さは必要とされる。

〈出題傾向〉

　問題の出題数は，ここ数年，大問数で6題前後，小問数で28問前後が定着している。

　出題傾向は，大問1で，数・式，平方根，一次・連立・二次方程式に関する計算問題を含む，基本的な数学能力を問う小問群が7問出題されている。これらの問題は，日頃の授業や教科書の内容をしっかり身につけ，確実に得点できるようにしよう。大問2では，方程式の応用，図形と関数・グラフ，場合の数と確率，規則性から，少し応用力を必要とする準大問レベルの問題が2～3問出題されている。大問3以降では，図形と関数・グラフ，平面図形，空間図形，場合の数と確率，数学的思考法で解く問題の中から3つのテーマに関して，総合的能力を問う問題が出題されている。

📖 来年度の予想と対策

　来年度も，出題の量，レベル，形式，内容などに大きな変動はないだろう。基本問題が中心だが出題範囲は広く，容易に答えが出せるものばかりではない。安易な学習方法は禁物である。

　まず，教科書で基礎をしっかり身につけよう。苦手分野を残さないことが大切である。基礎が固まったら，問題集で演習を重ねよう。途中式や，用いた定理・根拠などを，きちんと整理してノートに書き，記述問題に備えるとともに，論理的思考力を身につけたい。

　問題集などで多くの融合問題にあたり，解法のコツを身につけよう。図形と関数・グラフの融合問題，場合の数・確率，円・相似・三平方の定理を用いて解く平面図形，空間図形の問題は重点的に学習し，さまざまな角度から問題をとらえられるような応用力も養いたい。また，数学的思考力が問われるような規則を読みとる問題にも対応できるように，類題を解いておこう。

⇨学習のポイント
- ・どの単元からも出題されていいように，基礎的な練習問題はまんべんなくこなしておこう。
- ・日頃から，答えだけでなく，途中式も簡潔に書けるような練習を積み重ね，記述問題にも備えておこう。

年度別出題内容の分析表　数学

	出題内容	26年	27年	28年	29年	30年	2019年	2020年	2021年	2022年	2023年
数と式	数の性質				○	○		○		○	○
	数・式の計算	○	○	○	○	○	○	○	○	○	○
	因数分解		○	○	○	○	○	○	○		○
	平方根	○	○	○	○	○	○	○	○	○	○
方程式・不等式	一次方程式	○	○	○	○	○	○	○	○	○	○
	二次方程式	○	○	○		○	○	○	○	○	○
	不等式										
	方程式の応用	○	○	○	○	○	○	○	○	○	○
関数	一次関数	○	○	○	○	○	○	○	○	○	○
	関数 $y = ax^2$	○	○			○	○	○	○	○	○
	比例関数		○					○	○		
	関数とグラフ	○	○	○	○	○	○	○		○	○
	グラフの作成							○			
図形	平面図形 角度		○								○
	平面図形 合同・相似	○	○	○	○	○	○	○	○	○	○
	平面図形 三平方の定理	○	○	○	○	○	○	○	○	○	○
	平面図形 円の性質		○	○	○	○	○	○	○	○	○
	空間図形 合同・相似	○									
	空間図形 三平方の定理		○		○		○		○		○
	空間図形 切断	○		○					○		
	計量 長さ	○	○	○	○	○	○	○	○	○	○
	計量 面積	○	○	○	○	○	○	○	○	○	○
	計量 体積	○	○	○	○	○	○	○	○	○	○
	証明	○	○	○	○	○	○	○	○	○	○
	作図	○									
	動点										
データの活用	場合の数					○					
	確率										
	資料の散らばり・代表値(箱ひげ図を含む)	○	○	○	○	○	○	○		○	○
	標本調査										
融合問題	図形と関数・グラフ	○	○	○	○	○	○	○	○	○	○
	図形と確率										
	関数・グラフと確率										
	その他										
その他	その他	○		○		○					

英語

●●●● 出題傾向の分析と
合格への対策 ●●●●

 出題傾向とその内容

〈最新年度の出題状況〉

本年度は，リスニング問題1題，会話文と掲示物の読解問題1題，英作文問題1題，長文読解問題1題の計4題という構成であった。

リスニング問題では，表を見て正しい答えを選ぶもの，短い対話，長い対話を聞いて質問に対する答えを選ぶものが出題された。配点は50点満点中の18点（36%）で，他の都道府県と比較するときわめて高い。読解問題は内容の理解を問うものがほとんどで，文の補充，語句補充，内容真偽問題が中心となっていた。英作文は，与えられた項目と内容で4語以上の英文を作る問題からなっていた。基本的な表現ながら確実な英語力が必要とされる。

全般に，基本的な知識を踏まえた上での総合的な英語力が求められた。

〈出題傾向〉

小問単位では，年度ごとに傾向の変化が多少見られる。しかしながらリスニング，読解問題，英作文を中心とした出題傾向は一貫している。

リスニング問題で特に注意すべきは(4)で，対話が長く，また配点も高いため，対策は必須であろう。なお，リスニング問題全体の放送時間が長い点にも注意してほしい。大問2以降の時間配分が重要である。

読解問題は内容に関するものがほとんどであり，メッセージの読み取りなども出題されている。

英作文は，書く内容がかなり具体的に指示される。しかし，解答例が複数ある点を考慮すると，「内容が伝わること」が重視されていると思われる。

 来年度の予想と対策

来年度も，傾向に根本的な変化はないと考えられる。

リスニング問題は，音声を使用した学習で練習をくり返し，落ち着いて試験に臨む訓練をしよう。文法事項のみを問う問題はあまりないが，長文読解や英作文において文法の理解が不可欠なので，きちんと練習しておくこと。英作文においては，基本的な文法事項を確認し，実際に英文を書いて練習をしておきたい。読解問題は，質・量ともに標準レベルの問題集で数多く問題にあたり，精読・速読両方の力をつけることが重要である。

⇨学習のポイント

- ・リスニングは必ず練習しておくこと。とくに，長い対話文に慣れておくべきであろう。
- ・「内容を読み取ること」を中心とした，読解問題の経験を積んでおくこと。
- ・文法問題集などで，基本的なパターンの英文を書く練習をしておこう。

出 題 内 容			26年	27年	28年	29年	30年	2019年	2020年	2021年	2022年	2023年
設問形式	リスニング	絵・図・表・グラフなどを用いた問題	○	○	○	○	○	○	○	○	○	○
		適 文 の 挿 入										
		英 語 の 質 問 に 答 え る 問 題	○	○	○	○	○	○	○	○	○	○
		英語によるメモ・要約文の完成										
		日 本 語 で 答 え る 問 題	○	○	○	○	○	○	○			
		書 き 取 り	○	○	○	○	○	○	○			
	語い	単 語 の 発 音										
		文 の 区 切 り ・ 強 勢										
		語 句 の 問 題										
	読解	語句補充・選択（読解）							○	○	○	○
		文 の 挿 入 ・ 文 の 並 べ 換 え	○	○	○	○	○	○				
		語 句 の 解 釈 ・ 指 示 語	○	○	○	○	○	○				
		英 問 英 答 （ 選 択 ・ 記 述 ）						○				
		日 本 語 で 答 え る 問 題	○	○	○	○	○	○				
		内 容 真 偽	○	○	○	○	○	○	○	○	○	○
		絵・図・表・グラフなどを用いた問題							○			
		広告・メール・メモ・手紙・要約文などを用いた問題								○	○	○
	文法	語 句 補 充 ・ 選 択 （ 文 法 ）										
		語 形 変 化										
		語 句 の 並 べ 換 え										
		言 い 換 え ・ 書 き 換 え										
		英 文 和 訳										
		和 文 英 訳	○									
		自 由 ・ 条 件 英 作 文	○	○	○	○	○	○	○	○	○	○
文法事項		現 在 ・ 過 去 ・ 未 来 と 進 行 形	○	○	○	○	○	○	○	○	○	○
		助 動 詞	○	○	○	○	○	○	○	○		○
		名 詞 ・ 冠 詞 ・ 代 名 詞										
		形 容 詞 ・ 副 詞	○	○			○	○				
		不 定 詞	○	○	○	○	○	○		○	○	○
		動 名 詞		○	○					○		
		文 の 構 造 （ 目 的 語 と 補 語 ）	○	○								
		比 較		○		○				○	○	
		受 け 身			○	○	○					
		現 在 完 了				○						
		付 加 疑 問 文										
		間 接 疑 問 文								○		
		前 置 詞	○		○	○						○
		接 続 詞	○			○	○	○	○	○	○	○
		分 詞 の 形 容 詞 的 用 法							○	○	○	
		関 係 代 名 詞	○			○		○				
		感 嘆 文										
		仮 定 法										

—三重県公立高校—

理科

 出題傾向の分析と
合格への対策 ●●●●●

出題傾向とその内容

〈最新年度の出題状況〉

　昨年同様大問が8問である。暗記のみで解答できる問題と思考力が必要な問題とバランスよく出題されている。

〈出題傾向〉

　各分野とも実験・観察が中心の出題である。内容は基本的なものが多いが，図や表を読み取ったうえで考えさせたり，読み取った数値を利用して計算させたりする問題が出題されているので，要注意である。また，各問題とも文章量が多いため，文章から内容を正しく読み取る力が問われる。

　理由や実験の考察を書かせるものも多い。教科書の図や表，本文の内容を総合的に深く十分に理解しているかどうかが問われている。

　物理的領域　実験の手順と結果を読みこんで正しく分析することを要する出題であった。効率的に解答する必要があるため，規則性や法則はしっかり覚え，実験1つ1つの結果と分かることを上手く読み取り，解答に生かそう。

　化学的領域　基本的な問題であったため，解きやすかったであろう。何について答えるのかを間違えることなく，落ち着いて取り組もう。

　生物的領域　比較的，基本的な内容の出題であったため解きやすい内容となっていた。このような場合はケアレスミスに注意が必要である。問題を丁寧に読むことを心がけよう。

　地学的領域　図表を多用して思考するタイプの問題が多いので，図表から得られるヒントを読み逃すことがないように気をつけよう。基本事項をすべて把握し，分析力の向上につなげたい。

来年度の予想と対策

　来年度も大問数が8問，小問数にして40～45問前後だろうと思われる。量が多いので，解きやすい分野から解くように，要領よく解き進める必要がある。文章量も多いため，問題文を読むときに，アンダーラインを引いたり，条件を書き出したりしながら，内容を正確に読み取る練習も必要である。

　実験・観察の結果および，グラフ，図表を読み取ってその数値から考察したり，計算させたりする問題が多いので，教科書にのっている実験・観察については，すべて目を通し，まとめておこう。

　また，記述式の問題が多く，実験方法やその結果についても，なぜそうなるのかという理由を含めて問われることもあるので，簡潔に答えられるようにしておこう。

　時間を計って問題を解く練習をしておくとよい。

⇨学習のポイント

- ・実験や結果の処理をともなう問題の練習は多めに行っておこう。
- ・比較的問題文が長いため，速く的確にポイントをつかんで読み解く練習を心がけよう。

年度別出題内容の分析表　理科

※★印は大問の中心となった単元

出題内容	26年	27年	28年	29年	30年	2019年	2020年	2021年	2022年	2023年
身のまわりの物質とその性質		○	○		○			★		
気体の発生とその性質		○		★				★		
水溶液	★						★		★	
状態変化			★		★			○		★
力のはたらき(2力のつり合いを含む)				○		○		○		
光と音	★	★	★			★	★		★	★
物質の成り立ち		○				★				
化学変化, 酸化と還元, 発熱・吸熱反応				○			○			★
化学変化と物質の質量			★			○	★			○
電流(電力, 熱量, 静電気, 放電, 放射線を含む)	★				★			★	○	
電流と磁界					★				★	
水溶液とイオン, 原子の成り立ちとイオン	○	○		○	○			○		
酸・アルカリとイオン, 中和と塩	★				★			○		
化学変化と電池, 金属イオン		★	○		★				★	
力のつり合いと合成・分解(水圧, 浮力を含む)				★	○		○			
力と物体の運動(慣性の法則を含む)		○					★			○
力学的エネルギー, 仕事とエネルギー		○	★			★				★
エネルギーとその変換, エネルギー資源	○						○			
生物の観察・調べ方の基礎							○	○	○	
植物の特徴と分類						★			★	
動物の特徴と分類	★			★				★		
身近な地形や地層, 岩石の観察		○			○					
火山活動と火成岩	★				○			★		
地震と地球内部のはたらき				★						
地層の重なりと過去の様子		★			★					
生物と細胞(顕微鏡観察のしかたを含む)				○			○			○
植物の体のつくりとはたらき				★			★		○	★
動物の体のつくりとはたらき		★	★	★		○	★			★
気象要素の観測, 大気圧と圧力		○		★	★	★		★		★
天気の変化		★				○			○	
日本の気象		○				★			○	
生物の成長と生殖	○	★	★			○		★		
遺伝の規則性と遺伝子	★					★			★	
生物の種類の多様性と進化										
天体の動きと地球の自転・公転	★			○			★		★	★
太陽系と恒星, 月や金星の運動と見え方			★	○		★		★	★	○
自然界のつり合い					★					
自然の環境調査と環境保全, 自然災害				○						
科学技術の発展, 様々な物質とその利用										
探究の過程を重視した出題	○	○	○	○	○	○	○	○	○	○

―三重県公立高校―

社会　●●●● 出題傾向の分析と合格への対策 ●●●●

 出題傾向とその内容

〈最新年度の出題状況〉

　本年度の出題数は，大問5題，小問37題である。解答形式は語句記入が5問，記号選択が24問，記述問題が8題出題されている。大問数は，日本地理1題・世界地理1題，歴史2題，公民1題となっており，地理・歴史のウエイトが少々高い出題となっている。

　内容的には基本的重要事項の理解を求めるものがほとんどであるが，資料から読み取ったことをまとめる記述式の解答形式もあり，思考力・判断力・表現力が必要となっている。

　地理的分野では，日本地理と世界地理ともに，略地図や表・グラフ等を用い，諸地域の自然や産業などを中心に出題されている。歴史的分野では，課題学習のテーマをもとに，資料やグラフなどを用いて，歴史の流れ，各時代の特色について基本的内容が出題されている。公民的分野では，調べ学習のテーマをもとに，図や表やグラフなどを用いて，政治・経済などから，基本的内容が幅広く出題されている。

〈出題傾向〉

　地理的分野では，日本地理・世界地理ともに，諸地域の特色や産業などに関する基本的重要事項が問われている。地図やグラフ，表などの各種資料の読み取り問題も出題されている。

　歴史的分野では，テーマをもとに，年表やグラフ・史料などの基本的内容を問う出題となっている。資料の読み取りと歴史の知識を組み合わせて記述させる問題も出題されている。

　公民的分野では，テーマをもとに政治・経済などの今日的課題の基本を問う出題となっている。

 来年度の予想と対策

　来年度も，例年通りの出題が予想される。出題数には大きな変動はないと思われ，出題内容も基本的なものが中心となるであろう。しかし，資料の読み取りに基づく記述形式の問題も出題されるので，資料活用能力をつけるとともに，重要事項を正確かつ簡潔に説明できるような表現力を身につけておきたい。

　地理的分野では，略地図や地形図・統計などを活用して，日本と世界の諸地域の特色などを正確に把握しておくことが必要である。

　歴史的分野では，年表を積極的に活用して，断片的でない知識を身につけておきたい。また，教科書にのっている絵や写真など重要な資料を見て，考察する習慣をつけたい。

　公民的分野では，基本的重要事項を理解するとともに，時事問題にも関心を持って，新聞やテレビやインターネットなどの報道で話題となっている情報を得るようにすることも大切である。

⇨学習のポイント
- ・地理的分野では，地図や統計資料から，諸地域の特色を読みとる問題に慣れておこう！
- ・歴史的分野では，教科書の基礎的事項を整理し，大きな時代の流れをつかんでおこう！
- ・公民的分野では，政治・経済・国際社会の基礎を整理し，ニュースにも注目しよう！

年度別出題内容の分析表　社会

		出題内容	26年	27年	28年	29年	30年	2019年	2020年	2021年	2022年	2023年
地理的分野	日本	地形図の見方				○	○		○	○		○
		日本の国土・地形・気候	○		○	○	○	○	○	○		○
		人口・都市		○	○		○			○		○
		農林水産業	○	○	○	○	○	○		○	○	○
		工業		○	○			○		○	○	○
		交通・通信				○		○			○	
		資源・エネルギー										
		貿易										
	世界	人々のくらし・宗教		○		○	○	○		○		○
		地形・気候	○	○	○	○	○	○	○			○
		人口・都市				○				○		
		産業	○	○	○		○			○		○
		交通・貿易			○			○	○		○	
		資源・エネルギー	○						○			
	地理総合											
歴史的分野	日本史―時代別	旧石器時代から弥生時代	○	○						○	○	○
		古墳時代から平安時代	○	○	○	○	○	○	○	○	○	○
		鎌倉・室町時代	○	○	○	○	○	○	○	○	○	○
		安土桃山・江戸時代	○	○	○	○	○	○	○	○	○	○
		明治時代から現代	○	○	○	○	○	○	○	○	○	○
	日本史―テーマ別	政治・法律	○	○	○	○	○	○	○	○	○	○
		経済・社会・技術	○	○	○	○	○	○	○	○	○	○
		文化・宗教・教育	○	○	○	○	○	○	○	○	○	○
		外交	○			○	○	○	○	○		○
	世界史	政治・社会・経済史				○	○	○	○	○		○
		文化史		○		○		○				
		世界史総合										
	歴史総合											
公民的分野		憲法・基本的人権		○	○	○	○	○	○	○	○	○
		国の政治の仕組み・裁判	○	○	○	○		○	○	○		○
		民主主義										○
		地方自治			○			○		○		
		国民生活・社会保障	○	○	○				○		○	
		経済一般	○	○		○		○		○		
		財政・消費生活										
		公害・環境問題	○							○		
		国際社会との関わり	○	○	○	○	○	○	○		○	○
時事問題				○								
その他												

●●●● 出題傾向の分析と
合格への対策 ●●●●

📖 出題傾向とその内容

〈最新年度の出題状況〉

　大問構成は，漢字の読み書き，小説，論説文，古文・漢文，資料の読解・作文の計5題であった。

　大問1は，漢字の読みと書き取り。それぞれ4問ずつの出題であった。

　大問2は，小説文の読解。人物の心情や内容吟味をする読解力を問う設問に加え，動詞の活用形や修飾語といった知識も問われた。

　大問3は，論説文の読解。文章全体の内容を把握する力を問う設問に加え，文節や品詞の種類を問う問題が出された。

　大問4は，古文の読解。歴史的仮名遣いの問い・内容に関する設問に加え，文章内容に関する漢文に返り点をつける問題も出された。

　大問5は，複数の資料と話し合いが示され，その内容に関する問題が出された。また，話し合いで話題にしていることについて自分の考えを述べる作文問題も含まれた。

〈出題傾向〉

　読解能力，基礎力，知識，作文能力がバランスよく問われていると言える。

　現代文の読解は，小説文と論説文が1題ずつ出題される。小説文では，登場人物の心情や表現に関する問いが中心になる。論説文は，文章全体の要旨を正しく把握する力を試す問いがよく出題されている。

　古文は，歴史的仮名遣い，主語の把握といった基礎的なことから，文章全体の大意が問われる。また，漢文が扱われることもあり，返り点など，漢文の基礎知識も必要だ。

　ちらしや新聞記事，発表原稿などを用いた問いや，グラフなどを読み取る問いも出題されている。内容に合う見出しを考えるものや，発表する際の工夫に関するものが見られる。

　課題作文は，160～200字。与えられたテーマに沿った意見を，体験などを交えてまとめる。

　知識問題は，漢字の読みと書き取り，文法の出題が多い。行書から部首や画数を問われるなど，書写の知識と漢字の知識が必要となるものもある。文法は，用言の活用，品詞・用法の識別など，幅広く出題されている。

来年度の予想と対策

　現代文の読解問題については，論説文は段落ごとの要点を把握し，最終的には筆者の主張を理解する練習を，小説は登場人物それぞれの心情の変化を丁寧に追い，読み取る訓練をすること。また，字数の多い記述問題に，普段から積極的に取り組んでおくことが不可欠である。

　古文は，歴史的仮名遣いや基本的な古語に慣れておきたい。また，省略された主語を意識しながら読解することも必要である。過去の問題に取り組み，傾向をつかんでおくこと。また，漢文・漢詩が出題される可能性もあるので，まんべんなく学習しておく必要がある。

　漢字の読み書き，語句の意味，文法など知識問題に対する対策が必要である。問題集などで繰り返し取り組むとよい。

　課題作文は，過去の問題や自分で設定したテーマについて，実際に書く練習をしておこう。

⇨学習のポイント───────────────

　・過去問を解いて，出題形式に慣れよう。

　・テーマを設定して，作文の練習をしよう。

　・教科書を使って，漢字や文法の知識を身につけよう。

年度別出題内容の分析表　国語

出題内容	26年	27年	28年	29年	30年	2019年	2020年	2021年	2022年	2023年
主題・表題										
大意・要旨	○	○	○	○	○	○		○	○	
情景・心情	○	○	○	○	○	○	○	○	○	○
内容吟味	○	○	○	○	○	○	○	○	○	○
文脈把握	○	○	○	○	○		○			
段落・文章構成							○			
指示語の問題	○							○		
接続語の問題	○	○	○	○	○		○			
脱文・脱語補充			○	○	○	○	○			○
漢字の読み書き	○	○	○	○	○	○	○	○	○	○
筆順・画数・部首	○	○		○						
語句の意味										
同義語・対義語										
熟語										
ことわざ・慣用句								○		
仮名遣い	○	○	○	○	○		○	○	○	
短文作成										
作文(自由・課題)	○	○	○			○	○	○	○	○
その他		○								
文と文節			○	○	○		○	○	○	○
品詞・用法	○		○	○	○	○	○	○	○	○
敬語・その他				○						
古文の口語訳							○			
表現技法・形式										
文学史										
書写	○	○		○	○	○	○	○		
論説文・説明文	○	○	○	○	○	○	○	○	○	○
記録文・報告文	○									
小説・物語・伝記	○	○	○	○	○	○	○	○	○	○
随筆・紀行・日記										
詩										
和歌(短歌)								○		
俳句・川柳										
古文	○	○	○	○	○	○	○	○	○	○
漢文・漢詩							○		○	○
会話・議論・発表		○	○	○		○	○			○
聞き取り										

ー三重県公立高校ー

(13)

不安という人なつっこい怪物。

曽我部恵一｜ミュージシャン

受験を前に不安を抱えている人も多いのではないでしょうか。今回はミュージシャンであり，3人の子どもたちを育てるシングルファーザーでもある曽我部恵一さんにご自身のお子さんに対して思うことをまじえながら，"不安"について思うことを聞いた。

曽我部恵一
'90年代初頭よりサニーデイ・サービスのヴォーカリスト／ギタリストとして活動を始める。2004年，自主レーベルROSE RECORDSを設立し，インディペンデント／DIYを基軸とした活動を開始する。以後，サニーデイ・サービス／ソロと並行し，プロデュース・楽曲提供・映画音楽・CM音楽・執筆・俳優など，形態にとらわれない表現を続ける。

―― 子どもの人生を途中まで一緒に生きてやろうっていうのが，何だかおこがましいような気がしてしまう。

子どもが志望校に受かったらそれは喜ばしいことだし，落ちたら落ちたで仕方がない。基本的に僕は子どもにこの学校に行ってほしいとか調べたことがない。長女が高校や大学を受験した時は，彼女自身が行きたい学校を選んで，自分で申し込んで，受かったからそこに通った。子どもに「こういう生き方が幸せなんだよ」っていうのを教えようとは全く思わないし，勝手につかむっていうか，勝手に探すだろうなと思っているかな。

僕は子どもより自分の方が大事。子どもに興味が無いんじゃないかと言われたら，本当に無いのかもしれない。子どもと仲良いし，好きだけど，やっぱり自分の幸せの方が大事。自分の方が大事っていうのは，あなたの人生の面倒は見られないですよって意味でね。あなたの人生はあなたにしか生きられない。自分の人生って，設計して実際動かせるのは自分しかいないから，自分のことを責任持ってやるのがみんなにとっての幸せなんだと思う。

うちの子にはこの学校に入ってもらわないと困るんですって言っても，だいたい親は途中で死ぬから子どもの将来って最後まで見られないでしょう。顔を合わせている時，あのご飯がうまかったとか，風呂入るねとか，こんなテレビやってたよ，とかっていう表面的な会話はしても，子どもの性格とか一緒にいない時の子どもの表情とか本当はちゃんとは知らないんじゃないかな。子どもの人生を途中まで一緒に生きてやろうっていうのが，何だかおこがましいような気がしてしまう。

―― 不安も自分の能力の一部だって思う。

一生懸命何かをやってる人，僕みたいな芸能をやっている人もそうだけど，みんな常に不安を抱えて生きていると思う。僕も自分のコンサートの前はすごく不安だし，それが解消されることはない。もっと自分に自信を持つように練習して不安を軽減させようとするけど，無くなるということは絶対にない。アマチュアの時はなんとなくライブをやって，なんとなく人前で歌っていたから，不安はなかったけど，今はすごく不安。それは，お金をもらっているからというプロフェッショナルな気持ちや，お客さんを満足させないとというエンターテイナーとしての意地なのだろうけど，本質的な部分は"このステージに立つほど自分の能力があるのだろうか"っていう不安だから，そこは受験をする中学生と同じかもしれない。

これは不安を抱えながらぶつかるしかない。それで，ぶつかってみた結果，ライブがイマイチだった時は，僕は今でも人生終わったなって気持ちになる。だから，不安を抱えている人に対して不安を解消するための言葉を僕はかけることができない。受験生の中には高校受験に失敗したら人生終わると思ってる人もいるだろうし，僕は一つのステージを失敗したら人生終わると思ってる。物理的に終わらなくても，その人の中では終わる。それに対して「人生終わらないよ」っていうのは勝手すぎる意見。僕たちの中では一回の失敗でそれは終わっちゃうんだ。でも，失敗しても相変わらずまた明日はあるし，明後日もある。生きていかなきゃいけない。失敗を繰り返していくことで，人生は続くってことがわかってくる。子どもたちの中には，そこで人生を本当に終わらそうっていう人が出てくるかもしれないけど，それは大間違い。同じような失敗は生きてるうちに何度もあって，大人になっている人は失敗を忘れたり，見ないようにしたりするのをただ単に繰り返して生きてるだけなんだと思う。失敗したからこそできるものがあるから，僕は失敗するっていうことは良いことだと思う。挫折が多い方が絶対良い。若い頃に挫折とか苦い経験っていうのはもう財産だから。

例えば，「雨が降ってきたから，カフェに入った。そしたら偶然友達と会って嬉しかった」。これって，雨が降る，晴れるとか，天気みたいなものどうしようもないことに身を委ねて，自然に乗っかっていったら，結局はいい出来事があったということ。僕は，無理せずにそういう風に生きていきたいなと思う。失敗しても，それが何かにつながっていくから，失敗したことをねじ曲げて成功に持っていく必要はないんじゃないかな。

不安を感じてそれに打ち勝つ自信がないのなら，逃げたらいい。無理して努力することが一番すごいとも思わない。人間，普通に生きると70年とか80年とか生きるわけで，逃げてもどこかで絶対勝負しなきゃいけない瞬間っていうのがあるから，その時にちゃんと勝負すればいいんじゃないかな。受験がどうなるか，受かるだろうか，落ちるだろうか，その不安を抱えている人は，少なからず，勝負に立ち向かっていってるから不安を抱えているわけで。それは素晴らしいこと。不安っていうのは自分の中の形のない何かで自分の中の一つの要素だから，不安も自分の能力の一部だって思う。不安を抱えたまま勝負に挑むのもいいし，努力して不安を軽減させて挑むのもいい。または，不安が大きいから勝負をやめてもいいし，あくまでも全部自分の中のものだから。そう思えば，わけのわからない不安に押しつぶされるってことはないんじゃないかな。

大切なことはメモしておこうネ！

ダウンロードコンテンツのご利用方法

※弊社 HP 内の各書籍ページより，解答用紙などのデータダウンロードが可能です。

※巻頭「収録内容」ページの下部 QR コードを読み取ると，書籍ページにアクセスが出来ます。（ Step 4 からスタート）

Step 1 東京学参 HP （https://www.gakusan.co.jp/）にアクセス

Step 2 下へスクロール『フリーワード検索』に書籍名を入力

Step 3 検索結果から購入された書籍の表紙画像をクリックし，書籍ページにアクセス

Step 4 書籍ページ内の表紙画像下にある『ダウンロードページ』を
クリックし，ダウンロードページにアクセス

Step 5 巻頭「収録内容」ページの下部に記載されている
パスワードを入力し，『送信』をクリック

解答用紙・+αデータ配信ページへスマホでアクセス！ ⇒

※データのダウンロードは 2024 年 3 月末日まで。
※データへのアクセスには，右記のパスワードの入力が必要となります。 ⇒ ●●●●●●

Step 6 使用したいコンテンツをクリック
※ PC ではマウス操作で保存が可能です。

三重県公立高等学校

2023年度
★★★★★★★★★★★★★★★★★★

入 試 問 題

●くわしい解説……51ページ

2023年度

＜数学＞　　時間 45分　　満点 50点

1　あとの各問いに答えなさい。(18点)

(1)　$4 - (-3)$　を計算しなさい。

(2)　$6(2x - 5y)$　を計算しなさい。

(3)　$\dfrac{5}{\sqrt{5}} + \sqrt{20}$　を計算しなさい。

(4)　$x^2 - 5x + 4$　を因数分解しなさい。

(5)　二次方程式　$3x^2 - 7x + 1 = 0$　を解きなさい。

(6)　$\dfrac{\sqrt{40n}}{3}$ の値（あたい）が整数となるような自然数 n のうち，もっとも小さい数を求めなさい。

(7)　y は x に比例し，$x = 10$ のとき，$y = -2$ である。このとき，$y = \dfrac{2}{3}$ となる x の値を求めなさい。

(8)　右の図で，2直線 ℓ，m が平行のとき，$\angle x$ の大きさを求めなさい。

(9)　右の図のような，点A，B，C，D，E，F を頂点とする三角柱があるとき，直線ABとねじれの位置にある直線はどれか，次のア～クから適切なものをすべて選び，その記号を書きなさい。

ア．直線BC　　イ．直線CA　　ウ．直線AD
エ．直線BE　　オ．直線CF　　カ．直線DE
キ．直線EF　　ク．直線FD

(10)　次のページの図は，P中学校の3年生25人が投げた紙飛行機の滞空時間（たいくう）について調べ，その度数分布表からヒストグラムをつくったものである。例えば，滞空時間が2秒以上4秒未満の人は3人いたことがわかる。

このとき，紙飛行機の滞空時間について，最頻値を求めなさい。

(11)　次の図で，直線ℓと点Aで接する円のうち，中心が2点B，Cから等しい距離にある円を，定規とコンパスを用いて作図しなさい。

　　　なお，作図に用いた線は消さずに残しておきなさい。

2　ひびきさんは，A班8人，B班8人，C班10人が受けた，20点満点の数学のテスト結果について，図1のように箱ひげ図にまとめた。図2は，ひびきさんが図1の箱ひげ図をつくるのにもとにしたB班の数学のテスト結果のデータである。　　　　（図1，図2は次のページにあります。）

　　このとき，あとの各問いに答えなさい。

　　ただし，得点は整数とする。(7点)

(1)　A班の数学のテスト結果の第1四分位数を求めなさい。

(2)　B班の数学のテスト結果について，m，nの値をそれぞれ求めなさい。

　　ただし，$m < n$とする。

(3)　C班の数学のテスト結果について，データの値を小さい順に並べると，小さい方から6番目のデータとしてありえる数をすべて答えなさい。

(4) 図1，図2から読みとれることとして，次の①，②は，「正しい」，「正しくない」，「図1，図2からはわからない」のどれか，下のア〜ウから最も適切なものをそれぞれ1つ選び，その記号を書きなさい。

① A班の数学のテスト結果の範囲と，B班の数学のテスト結果の範囲は，同じである。

　　ア．正しい　　イ．正しくない　　ウ．図1，図2からはわからない

② A班，B班，C班のすべてに14点の人がいる。

　　ア．正しい　　イ．正しくない　　ウ．図1，図2からはわからない

図1

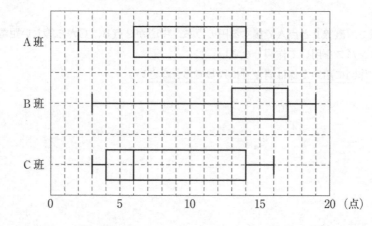

図2

| 17, | 14, | 15, | 17, | 12, | 19, | m, | n | （単位　点） |

③ ある陸上競技大会に小学生と中学生あわせて120人が参加した。そのうち，小学生の人数の35％と中学生の人数の20％が100m走に参加し，その人数は小学生と中学生あわせて30人だった。このとき，あとの各問いに答えなさい。（3点）

(1) 次の □ は，陸上競技大会に参加した小学生の人数と，中学生の人数を求めるために，連立方程式に表したものである。① ，② に，それぞれあてはまる適切なことがらを書き入れなさい。

陸上競技大会に参加した小学生の人数を x 人，中学生の人数を y 人とすると，
$$\begin{cases} \boxed{①} = 120 \\ \boxed{②} = 30 \end{cases}$$
と表すことができる。

(2) 陸上競技大会に参加した小学生の人数と，中学生の人数を，それぞれ求めなさい。

4　のぞみさんは，グーのカードを2枚，チョキのカードを1枚，パーのカードを1枚持っており，4枚すべてを自分の袋（ふくろ）に入れる。けいたさんは，グーのカード，チョキのカード，パーのカードをそれぞれ10枚持っており，そのうちの何枚かを自分の袋に入れる。のぞみさんとけいたさんは，それぞれ自分の袋の中のカードをかき混ぜて，カードを1枚取り出し，じゃんけんのルールで勝負をしている。

　　このとき，あとの各問いに答えなさい。

　　ただし，あいこの場合は，引き分けとして，勝負を終える。（4点）

(1)　けいたさんが自分の袋の中に，グーのカードを1枚，チョキのカードを2枚，パーのカードを1枚入れる。このとき，けいたさんが勝つ確率を求めなさい。

(2)　けいたさんが自分の袋の中に，グーのカードを1枚，チョキのカードを3枚，パーのカードを a 枚入れる。のぞみさんが勝つ確率と，けいたさんが勝つ確率が等しいとき，a の値を求めなさい。

5　次の図のように，関数 $y = \dfrac{1}{4}x^2 \cdots$ ⑦のグラフと関数 $y = ax + b \cdots$ ⑦のグラフとの交点A，Bがあり，点Aの x 座標が -6，点Bの x 座標が2である。⑦のグラフ上に x 座標が4となる点Cをとり，点Cを通り x 軸と平行な直線と y 軸との交点をDとする。3点A，B，Dを結び△ABDをつくる。

　　このとき，あとの各問いに答えなさい。（7点）

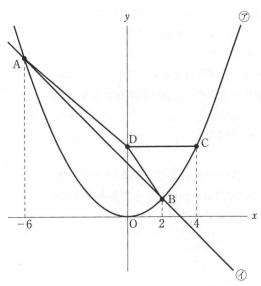

(1)　点Bの座標を求めなさい。

(2)　a，b の値をそれぞれ求めなさい。

(3)　△ABDの面積を求めなさい。
　　ただし，座標軸の1目もりを1cmとする。

(4)　⑦のグラフ上に点Eをとり，△CDEをつくるとき，△CDEがCD＝CEの二等辺三角形となる
　　ときの点Eのx座標をすべて求めなさい。
　　　なお，答えに$\sqrt{\ }$がふくまれるときは，$\sqrt{\ }$の中をできるだけ小さい自然数にしなさい。

[6]　右の図のように，円Oの円周上に3点A，B，C
　　をとり，△ABCをつくる。∠ABCの二等分線と線
　　分AC，円Oとの交点をそれぞれD，Eとし，線分A
　　Eをひく。点Dを通り線分ABと平行な直線と線分
　　AE，BCとの交点をそれぞれF，Gとする。
　　　このとき，あとの各問いに答えなさい。
　　　ただし，点Eは点Bと異なる点とする。（7点）

(1)　△ABD∽△DAFであることを証明しなさい。

(2)　AD＝6 ㎝，DF＝3 ㎝，BC＝10㎝のとき，次の
　　各問いに答えなさい。

　①　線分ABの長さを求めなさい。

　②　線分DGの長さを求めなさい。

[7]　右の図のように，点Aを頂点，線分BCを直径とする円を底
　　面とした円すいPがあり，母線ABの中点をMとする。AB＝12
　　㎝，BC＝8 ㎝のとき，あとの各問いに答えなさい。
　　　ただし，各問いにおいて，円周率はπとし，答えに$\sqrt{\ }$がふく
　　まれるときは，$\sqrt{\ }$の中をできるだけ小さい自然数にしなさい。
　　　　　　　　　　　　　　　　　　　　　　　　　　　（4点）

(1)　円すいPの体積を求めなさい。

(2)　円すいPの側面に，点Mから点Bまで，母線ACを通って，
　　ひもをゆるまないようにかける。かけたひもの長さが最も短
　　くなるときのひもの長さを求めなさい。

＜英語＞ 　時間　45分　満点　50点

1　放送を聞いて，あとの各問いに答えなさい。(18点)

(1)　下の表についての英語による質問を聞いて，その質問に対する答えとして，ア～エから最も適当なものを1つ選び，その記号を書きなさい。

名前	練習したスポーツ	練習した日
Kana	バスケットボール	この前の水曜日
Akiko	バスケットボール	この前の土曜日
Kenji	テニス	この前の水曜日
Naoto	テニス	この前の土曜日

ア．Kana did.　　イ．Akiko did.　　ウ．Kenji did.　　エ．Naoto did.

(2)　英語による対話を聞いて，それぞれの質問に対する答えとして，ア～エから最も適当なものを1つ選び，その記号を書きなさい。

No. 1　ア．Yes, he did.　　　　　イ．No, he didn't.
　　　　ウ．Yes, he will.　　　　エ．No, he won't.

No. 2　ア．She climbed a mountain with her sister.
　　　　イ．She climbed a mountain with her friend.
　　　　ウ．She watched a movie with her sister.
　　　　エ．She watched a movie with her friend.

No. 3　ア．He will have soup.　　イ．He will buy bread.
　　　　ウ．He will make salad.　　エ．He will cook omelets.

(3)　英語による対話を聞いて，それぞれの対話の最後の英文に対する受け答えとして，ア～ウから最も適当なものを1つ選び，その記号を書きなさい。

No. 1　ア．Here you are.　イ．You're welcome.　ウ．It's perfect.

No. 2　ア．This morning.　イ．Two hours later.　ウ．Near the bed.

No. 3　ア．About two hours ago.　　　イ．At about seven in the evening.
　　　　ウ．For about three minutes.

No. 4　ア．When I was eight years old.　イ．It was so difficult.
　　　　ウ．My brother taught me.

(4)　高校生のEmiと，カナダからの留学生のMarkとの英語による対話を聞いて，それぞれの質問に対する答えとして，ア～エから最も適当なものを1つ選び，その記号を書きなさい。

No. 1　ア．Yes, she has.　　イ．No, she hasn't.
　　　　ウ．Yes, she does.　　エ．No, she doesn't.

No. 2　ア．How to find interesting flowers and trees.
　　　　イ．How to take pictures of flowers.

　　　　　ウ．The names of flowers in Japanese.
　　　　　エ．The names of flowers in English.
　　No. 3　ア．At 7:30.　　イ．At 7:40.　　ウ．At 8:20.　　エ．At 8:30.

2　あとの各問いに答えなさい。（8点）

(1)　次の対話文は，高校生の Mana と，友人の Risa が，教室で話をしているときのものです。対話文を読んで，次の各問いに答えなさい。

Mana : What are you going to do during the summer vacation, Risa?

Risa　: I'm going to visit my uncle in China with my family.

Mana : That's great.　Have you ever been there?

Risa　: No, that will be my first time there.　I haven't seen my uncle since he moved to China this April.　He is going to take my family to some museums and a big temple.

Mana : Sounds wonderful.　I wish I could go to China with you.　Can you tell me about your trip when you come back to Japan?

Risa　: Sure.　I'll buy something nice for you in China.　I'll bring it for you when we meet next time after the trip.

Mana : Thank you.　（　①　）

Risa　: For a week.　I'm going to leave Japan on July 27.

Mana : So, you will be back in this city in August before the city festival.

Risa　: That's right.　Your parents will take us to the city festival on August 5, right?

Mana : Yes.　I'm looking forward to the fireworks at the festival.

Risa　: Me, too.　We couldn't see them last year because it was rainy, so I want to see them this year.

Mana : We were very sad at the festival last year.　（　②　）　By the way, one of my cousins will come to stay with my family on that day.

Risa　: Is that the cousin who studies at a university in Tokyo?

Mana : Yes.　Is it OK if he joins us for the festival?

Risa　: Sure.　It will be fun.

　（注）　moved to ～　～に引っ越した

No. 1　（①），（②）に入るそれぞれの文として，ア～エから最も適当なものを1つ選び，その記号を書きなさい。

　①　ア．How was the summer vacation?
　　　イ．How long are you going to stay there?
　　　ウ．What time did you go there?
　　　エ．When will you come back to Japan?

　②　ア．I hope the weather will be good this year.
　　　イ．I didn't know that it was rainy last year.

　　ウ．I don't think my parents will go to the festival.

　　エ．I understand why you didn't have the fireworks.

No. 2　対話文の内容に合う文として，ア～エから最も適当なものを1つ選び，その記号を書きなさい。

　ア．Risa hasn't met her uncle for ten years, so she decided to go to China to see him.

　イ．Mana is going to visit China with Risa in July to go to some museums and a temple.

　ウ．Risa will give a present to Mana in August after Risa's trip to China with her family.

　エ．Mana's cousin will come to stay in Mana's house and go to the festival with Mana and Risa in July.

(2)　下に示すのは，高校生の Yuko が留学している St. Edwards High School の図書館にある掲示物です。この掲示物から読み取れることを正しく表している文として，次のページのア～エから最も適当なものを1つ選び，その記号を書きなさい。

Library News ～September～
Welcome to St. Edwards High School Library!!

<u>Open</u>
Monday, Tuesday, Thursday, Friday
9:00 a.m. - 5:00 p.m.
Wednesday
9:00 a.m. - 3:30 p.m.

I'm Anna, the staff member in the library.
I hope this library will be a good place for you all.

In this library ...
・You can borrow three books for a week.
・You can borrow ten books during the summer vacation and the winter vacation.
　(If you can't find the book that you want to read, I will help you.)

Library Rules
・Be quiet. Respect others.
・Don't eat. Don't drink.

What is your favorite book?
　If you want to tell other students a book you like, please use a note, **I LOVE THIS BOOK**, and put it in the **Library Box**.
　I will show the notes to other students in the Library News in October and November.

(Your Name　　　　　　)
I LOVE THIS BOOK
The name of the book:
_____
Writer: _____
Reason: _____
_____
_____

Library Box

ア．Students can borrow three books in the library at four in the afternoon on Wednesday.

イ．Students can drink in the library during the vacation, but they can't eat at all there.

ウ．Anna wants students to tell her about the books they read during the summer vacation.

エ．Notes will be used by students who want to tell their favorite books to other students.

3　あとの各問いに答えなさい。(12点)

(1) 次のような状況において，あとの①～③のとき，あなたならどのように英語で表しますか。それぞれ4語以上の英文を書きなさい。

ただし，I'm などの短縮形は1語として数え，コンマ (,)，ピリオド (.) などは語数に入れません。

【状況】

あなたは，アメリカから来た留学生の Sam と，休み時間に教室で話をしているところです。

① どんなスポーツが得意かと尋ねるとき。

② 自分たちの野球チームが昨日試合に初めて勝ったことがうれしいと伝えるとき。

③ 次の土曜日，自分たちの練習に参加しないかと尋ねるとき。

(2) Wataru は，英語の授業で，お気に入りのものについて紹介するために，自分のバイオリンの写真を見せながらスピーチをすることにし，下の原稿を準備しました。

あなたが Wataru なら，①～③の内容をどのように英語で表しますか。それぞれ4語以上の英文を書き，下の原稿を完成させなさい。

ただし，I'm などの短縮形は1語として数え，コンマ (,)，ピリオド (.) などは語数に入れません。

【原稿】

Hello, everyone.　I'm going to tell you about my violin.

① 祖母が誕生日にくれたということ。

② 祖母が私にバイオリンの弾き方を教えてくれるということ。

③ 昨日夕食を食べる前に，家族のために演奏したということ。

Thank you.

4　次の文章を読んで，あとの各問いに答えなさい。(12点)

Ryota is sixteen and a member of the English club at Hikari High School.

One day after school in July, Ryota and the other members of the English club were going to decide what to do for their next activity.　Ryota said, "I like

Hikari City, but only a few foreign tourists come to the city. Can we do anything to make foreign tourists more interested in our city?" Mary, one of the members from Australia, said, "Why don't we make a video about Hikari City in English?" All the members said, "(　①　)" The leader said, "OK. Let's make a great video and ask the staff members in Hikari City Hall to use it on their website." Then, three members went to Hikari Castle to get information and two members visited Hikari Flower Park to know more about it. Ryota and Mary were talking about Hikari Sunday Market. Mary said, "We can see the market in front of Hikari Station every Sunday. One of my classmates told me about it when I came to this city from Australia last year. I like talking with local people there. We can eat local food." Ryota said, "That's great. We can find something interesting there for our video. Can you go there with me this Sunday?" She said, "Of course."

On the Sunday morning, Ryota and Mary went to Hikari Sunday Market. There were about fifteen stands and some people were buying products there. Mary said, "Look, that is my favorite stand." A woman at the stand was selling juice and cookies. Mary said to her, "Ms. Tanaka, the carrot cookies I bought last week were delicious. What do you recommend today?" The woman smiled and said, "Thank you, Mary. How about fresh tomato juice?" Ryota and Mary had the tomato juice and Ryota said, "Wow, it's delicious. How did you make this delicious juice?" Ms. Tanaka said, "Well, I use my mother's fresh tomatoes. She is a farmer in this city and picks them early in the morning every day." Ryota said to Ms. Tanaka, "I really love this juice." After saying goodbye to Ms. Tanaka, Mary found a new stand. She said, "Look at the stand which sells bags. They are so cute." Ryota agreed and said to Mr. Ito, the man in the stand, "Did you design them?" Mr. Ito said, "Yes. I designed them and the bags' cloth is made in Hikari City." Ryota said, "Sounds interesting." Ryota and Mary walked around the market and enjoyed spending time there.

When Ryota and Mary were going home, he said, "I didn't know about the market at first. However, the people I met there taught me about the market and Hikari City. I understand why you like the market." They decided to go there again the next week and talk to people to get more information.

Four months later, the members of the English club finished making the video and showed it to the staff members in Hikari City Hall. In the video, the members of the club showed some pictures of old walls in the castle, beautiful flowers in the park, and local products in the market, and explained them in English. The leader of the club said to the staff members, "(　②　)" Ms. Sato, one of the staff members, said, "We really liked it. We will use it on our city's website for foreign tourists." The leader said, "Thank you." Ryota said, "I hope more foreign tourists will come and enjoy our city."

(Ten years later)

Ryota is a staff member in Hikari City Hall now and helps tourists enjoy the city. Mary is now in Australia, but they are still good friends.

One evening in June, Ryota and Mary were talking online. Mary said, "I'm going to visit Japan with my friend, Kate, next month. Can we meet in Hikari City on the second Sunday of that month?" He said, "Sure. Let's meet at Hikari Station."

That Sunday morning, Mary and Kate were waiting in front of the station, and found Hikari Sunday Market. Then, Ryota came from the market and said to them, "Welcome. Mary, do you remember this market?" Mary said, "Hi! I'm surprised that many foreign tourists are buying local products here. There were only a few foreign tourists ten years ago." He said, "I'm trying to make this market more popular among foreign tourists with some other staff members in the city hall." Mary said to Ryota, "How nice! There are still some stands we showed in the video ten years ago." He said, "Yes, you can still drink Ms. Tanaka's fresh tomato juice."

(注) activity 活動　leader 部長　stand(s) 屋台　cloth 布　explained ~ ~を説明した
online オンラインで　remember ~ ~を覚えている

(1) （①），（②）に入るそれぞれの文として，ア～エから最も適当なものを１つ選び，その記号を書きなさい。

① ア．That's a good idea.　　イ．Show me the video you made.
ウ．We didn't know that.　　エ．We enjoyed it very much.

② ア．I took the pictures in Hikari City Hall.
イ．I'm going to tell you more about local products.
ウ．We saw a lot of foreign tourists in the city.
エ．We'll be happy if you are interested in our video.

(2) 本文の内容に合うように，下の英文の（A），（B）のそれぞれに入る最も適当な１語を，本文中から抜き出して書きなさい。

When Ryota was a high school student, he went to Hikari Sunday Market with Mary. Ryota and Mary found some interesting local （ A ）, such as fresh juice and bags. They got more information by （ B ） to people they met in the market.

(3) 下線部に There are still some stands we showed in the video ten years ago. とあるが，the video の内容として，ア～エから最も適当なものを１つ選び，その記号を書きなさい。

ア．The video about Hikari High School in English,
イ．The video that shows some places in Hikari City.
ウ．The video taken by foreign tourists in Hikari City.

エ．The video the staff members in Hikari City Hall made.

(4)　本文の内容に合う文として，ア～カから適当なものを2つ選び，その記号を書きなさい。

ア．Ryota asked the other members of the English club to make a video because he wanted foreign tourists to come to Hikari City.

イ．The leader of the English club was going to make a website to show their video to foreign tourists.

ウ．Mary knew about Hikari Sunday Market because one of her classmates told her about it.

エ．Mary bought carrot cookies at Hikari Sunday Market when she went there with Ryota to get information.

オ．After going to Hikari Sunday Market, Ryota asked Mary why she liked the market, but he didn't understand the reason.

カ．When Mary went to Hikari Sunday Market with Kate, she found many foreign tourists there.

＜理科＞ 　　　時間　45分　　満点　50点

1　次の実験について，あとの各問いに答えなさい。（4点）

〈実験〉　唾液（だえき）によるデンプンの変化を調べるために，次の①〜③の順序で実験を行った。

①　試験管Aに0.5％デンプン溶液（ようえき）を10㎤と，水でうすめた唾液を2㎤入れた。

②　図1のように，試験管Aを約40℃の湯に10分間入れた後，試験管Aの液を試験管Bと試験管Cに，半分ずつとり分けた。

③　図2のように，②でとり分けた試験管Bにヨウ素溶液を2，3滴（てき）加えて色の変化を見た。また，試験管Cにベネジクト溶液を少量加え，ある操作をした後，色の変化を見た。
　　表は，ヨウ素溶液とベネジクト溶液それぞれに対する反応をまとめたものである。

図1　　　　　　　　　　　　　　　　　　　図2

ヨウ素溶液に対する反応	ベネジクト溶液に対する反応
変化しなかった	赤褐（せきかっしょく）色になった

---

(1)　唾液にふくまれるアミラーゼのように，消化液にふくまれ，食物を分解して吸収されやすい物質に変えるはたらきをする物質を何というか，その名称（めいしょう）を書きなさい。

(2)　下線部の操作について，試験管Cの中の物質とベネジクト溶液を反応させるためにはどのような操作が必要か，簡単に書きなさい。

(3)　試験管B，Cで見られたデンプンの変化が，唾液のはたらきによるものであることを確認するためには，対照実験が必要である。唾液のはたらきによるものであることを確認するための対照実験において，①で試験管に入れる液として最も適当なものはどれか，次の**ア〜エ**から1つ選び，その記号を書きなさい。また，②，③と同様の操作を行い，ヨウ素溶液とベネジクト溶液それぞれに対する反応を調べた結果として最も適当なものはどれか，次のページの**オ〜ク**から1つ選び，その記号を書きなさい。

ア．0.5％デンプン溶液を10㎤入れる。

イ．0.5％デンプン溶液を12㎤入れる。

ウ．0.5％デンプン溶液を10㎤と，水を2㎤入れる。

エ．水を10㎤と，水でうすめた唾液を2㎤入れる。

	ヨウ素溶液に対する反応	ベネジクト溶液に対する反応
オ	青紫色になる	変化しない
カ	青紫色になる	赤褐色になる
キ	変化しない	変化しない
ク	変化しない	赤褐色になる

2 あとの各問いに答えなさい。（4点）

(1) 雲のでき方について調べるために，図のように，フラスコの内部をぬるま湯でぬらし，線香のけむりを少量入れ，ピストンを押しこんだ状態の大型注射器をフラスコにつないだ。大型注射器のピストンを引いたり，押したりしたとき，フラスコ内のようすと温度変化を調べたところ，ピストンを引くとフラスコ内が白くくもり，温度が変化した。

図

大型注射器
ピストン
デジタル温度計
内部をぬるま湯でぬらし，線香のけむりを少量入れたフラスコ

次の文は，フラスコ内のようすと温度変化，雲のでき方についてまとめたものである。文中の（ X ），（ Y ）に入る言葉はそれぞれ何か，下のア〜エから最も適当なものを1つ選び，その記号を書きなさい。また，（あ）に入る最も適当な言葉は何か，漢字で書きなさい。

> ピストンを引くと，フラスコ内が白くくもったことから，空気は（ X ）すると温度が（ Y ），水滴ができることがわかった。自然界では，空気は上昇すると，上空の（ あ ）が低いため（ X ）して温度が（ Y ），温度が露点に達すると空気中の水蒸気の一部が水滴になり，雲ができる。

	ア	イ	ウ	エ
X	膨張	膨張	圧縮	圧縮
Y	上がり	下がり	上がり	下がり

(2) 温度20℃の空気のかたまりが，高さ0mの地表から上昇すると，高さ800mで雲ができはじめた。表は，温度と飽和水蒸気量の関係を示したものである。高さ0mにおける空気のかたまりの湿度は何％であったと考えられるか，求めなさい。ただし，答えは小数第1位を四捨五入し，整数で求めなさい。また，雲ができはじめるまでは空気が100m上昇するごとに温度は1℃変化するものとし，空気のかたまりが上昇しても，空

表

温度〔℃〕	飽和水蒸気量〔g/m³〕	温度〔℃〕	飽和水蒸気量〔g/m³〕
0	4.8	16	13.6
2	5.6	18	15.4
4	6.4	20	17.3
6	7.3	22	19.4
8	8.3	24	21.8
10	9.4	26	24.4
12	10.7	28	27.2
14	12.1	30	30.4

気１m³あたりにふくまれる水蒸気量は変わらないものとする。

3 次の実験について，あとの各問いに答えなさい。（5点）

〈実験〉 音の大きさや高さと弦の振動の関係を調べるために，次の①，②の実験を行った。

① 図１のように，モノコードの弦のＡＢ間をはじいて，音を聞いた。１回目は，弦のＡＢ間の長さを34cmにしてはじいた。２回目は，ことじを移動させて，弦のＡＢ間の長さを47cmにして，弦の張り，弦をはじく強さは変えずにはじいた。

図1

② 図２のように，弦をはじいたときに出た音をマイクロホンで拾って，音の波形をコンピュータで観察した。図３は，コンピュータの画面に表示された音の波形を模式的に表したものである。

図2

図3

(1) ①について，次の(a)，(b)の各問いに答えなさい。

(a) 次の文は，弦をはじいたときの音を，ヒトがどのように受け取るかを説明したものである。文中の（ **X** ）に入る最も適当な言葉は何か，書きなさい。

> 弦の振動が空気を振動させ，その振動が空気中を次々と伝わり，耳の中にある（ **X** ）で空気の振動をとらえる。

(b) ２回目は，１回目と比べて，音の高さや振動数はどのように変化するか，次の**ア**〜**エ**から最も適当なものを１つ選び，その記号を書きなさい。

　ア．音の高さは高くなり，振動数は多くなった。

　イ．音の高さは高くなり，振動数は少なくなった。

　ウ．音の高さは低くなり，振動数は多くなった。

　エ．音の高さは低くなり，振動数は少なくなった。

(2) ②について，あとの(a)，(b)の各問いに答えなさい。

(a) 図３の横軸の１目盛りが0.001秒を表しているとき，この音の振動数は何Hzか，求めなさい。

(b) 弦をはじいたときに出た音は，音の高さは変わらず，音の大きさが小さくなっていき，やがて聞こえなくなった。図４（次のページ）は，音が出てから聞こえなくなるまでの，コンピュータで観察された音の波形の変化を表している。 **Y** に入る波形はどれか，次のページの**ア**〜**エ**から最も適当なものを１つ選び，その記号を書きなさい。ただし，音の波形を表

した図３と図４の縦軸，横軸の１目盛りが表す値は同じものとする。

図４

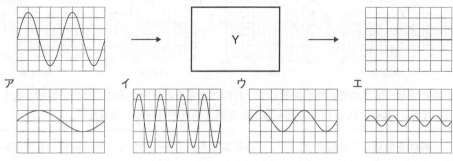

ア　　　　イ　　　　ウ　　　　エ

4　次の実験について，あとの各問いに答えなさい。（４点）

〈実験〉　水とエタノールの混合物から，エタノールをとり出せるか調べるために，次の①，
②の順序で実験を行った。

①　図１のように，水20cm³とエタノール５cm³の混合物を枝つきフラスコに入れ，弱火で加
熱して，枝つきフラスコから出てきた液体を，試験管Ａ，試験管Ｂ，試験管Ｃの順に約３
cm³ずつ集めた。

②　試験管Ａ，Ｂ，Ｃに集めた液体をそれぞれ蒸発皿に入れ，図２のようにマッチの火を近
づけた。表は，マッチの火を近づけたときのようすをまとめたものである。

図１　　　　　　　　　　　　　　　　　　　　図２

表

	マッチの火を近づけたときのようす
試験管Ａに集めた液体	よく燃えた
試験管Ｂに集めた液体	少しだけ燃えた
試験管Ｃに集めた液体	燃えなかった

(1)　試験管Ａ，Ｂ，Ｃに集めた液体を比べたとき，水の割合が最も高い液体とエタノールの割合
が最も高い液体は，それぞれどの試験管に集めた液体か，試験管Ａ，Ｂ，Ｃから最も適当なも
のを１つずつ選び，Ａ，Ｂ，Ｃの記号で書きなさい。

(2)　水とエタノールの混合物を加熱したときの温度変化を示したグラフはどれか，次のページの
ア～エから最も適当なものを１つ選び，その記号を書きなさい。

（3）　次の文は，液体の混合物を加熱して，目的の物質をとり出す方法について説明したものである。文中の（あ），（い）に入る最も適当な言葉はそれぞれ何か，書きなさい。

> 　液体を加熱して沸騰させ，出てくる蒸気である気体を冷やして再び液体にして集める方法を（　あ　）という。（　あ　）を利用すると，混合物中の物質の（　い　）のちがいにより，目的の物質をとり出すことができる。

5　次の文を読んで，あとの各問いに答えなさい。（8点）

> 　あすかさんは，季節によって見える星座が変化することに興味をもち，星座を観測し，季節によって見える星座が変化することについて，インターネットや資料集を用いて調べた。そして，観測したことや調べたことを次の①，②のようにレポートにまとめた。
> 【あすかさんのレポートの一部】

> ①　星座の観測
> 　　5月1日の午前0時に，三重県のある地点で，南の空に見えたてんびん座を観測した。観測したてんびん座を，周りの風景も入れて図1のように模式的に示した。1か月後，同じ時刻に同じ地点で星座を観測すると，てんびん座は5月1日の午前0時に観測した位置から移動して見え，5月1日の午前0時にてんびん座を観測した位置には異なる星座が見えた。その後，1か月ごとに，同じ時刻に同じ地点で南の空に見えた星座を観測した。
>
> 図1
> てんびん座
> 南
> 5月1日午前0時

> ②　季節によって見える星座の変化と地球の公転
> 　　季節によって見える星座が変化することについて考えるために，太陽，地球，星座の位置関係と，地球の公転について調べた。地球から見た太陽は，星座の星の位置を基準にすると，地球の公転によって星座の中を動いていくように見えることがわかった。この星座の中の太陽の通り道付近にある星座の位置を調べ，図2（次のページ）のように模式的にまとめた。A～Dは，それぞれ3月1日，6月1日，9月1日，12月1日の公転軌道上の地球の位置を示している。

図2

(1)　①について，次の(a)～(c)の各問いに答えなさい。

(a)　星座の星や太陽のようにみずから光をはなつ天体を何というか，その名称を書きなさい。

(b)　次の文は，観測した星座の1年間の見かけの動きについて，説明したものである。文中の（**あ**）に入る方位と，（**い**）に入る数は何か，下の**ア**～**エ**から最も適当な組み合わせを1つ選び，その記号を書きなさい。また，（**う**）に入る最も適当な言葉は何か，漢字で書きなさい。

> 　南の空に見えた星座は，1か月後の同じ時刻には，（　**あ**　）に約（　**い**　）°移動して見え，1年後の同じ時刻には，また同じ位置に見える。これは，地球が太陽を中心にして，公転軌道上を1年かかって360°移動するからである。このような，地球の公転による星の1年間の見かけの動きを，星座の星の（　**う**　）という。

ア．あ－東　い－15　　　　**イ**．あ－東　い－30

ウ．あ－西　い－15　　　　**エ**．あ－西　い－30

(c)　ある日の午後8時にやぎ座が，図3の**ウ**の位置に南中して見えた。この日から2か月前の午後10時には，やぎ座がどの位置に見えたか，図3の**ア**～**オ**から最も適当なものを1つ選び，その記号を書きなさい。ただし，図3の点線のうち，となり合う線の間の角度はすべて30°とする。

図3

(2)　①，②について，あとの(a)～(d)の各問いに答えなさい。

(a)　地球から見た太陽は，星座の星の位置を基準にすると，地球の公転によって星座の中を動いていくように見える。この星座の中の太陽の通り道を何というか，その名称を書きなさい。

(b)　あすかさんが，5月1日の午前0時にてんびん座を観測した後，1か月ごとに，午前0時に同じ地点で南の空に見えた星座を，6月1日から順に並べるとどうなるか，次の**ア**～**エ**から最も適当なものを1つ選び，その記号を書きなさい。

ア．おとめ座→しし座→かに座　　**イ**．しし座→ふだご座→おひつじ座

ウ．さそり座→いて座→やぎ座　　**エ**．いて座→みずがめ座→おひつじ座

(c)　地球が図2のDの位置にあるとき，さそり座は一日中見ることができない。一日中見ることができないのはなぜか，その理由を，「さそり座は」に続けて，「方向」という言葉を使って，簡単に書きなさい。

(d)　①と同じ地点で観測したとき，観測した星座の見え方について，正しく述べたものはどれか，次のア～エから最も適当なものを1つ選び，その記号を書きなさい。

ア．3月1日には，午前2時の東の空に，おうし座が見える。

イ．6月1日には，午前2時の東の空に，おとめ座が見える。

ウ．9月1日には，午前2時の西の空に，てんびん座が見える。

エ．12月1日には，午前2時の西の空に，うお座が見える。

6　次の観察や実験について，あとの各問いに答えなさい。（8点）

植物の葉や茎のつくりとはたらきについて調べるために，次の①，②の観察や実験を行った。

①　アジサイの葉の表面を観察するために，葉の表側と裏側の表面のプレパラートをつくり，図1のように，顕微鏡のステージにプレパラートをのせ，アジサイの葉の表面を観察した。図2，図3は，それぞれ顕微鏡で観察したアジサイの葉の表側と裏側の表面をスケッチしたものである。

図1

対物レンズ

ステージ

プレパラート

図2

図3

X

②　図4（次のページ）のように，アジサイの葉の枚数や大きさがほぼ同じ枝を4本用意し，何も処理しないものをA，すべての葉の表側全体にワセリンをぬったものをB，すべての葉の裏側全体にワセリンをぬったものをC，すべての葉の両側全体にワセリンをぬったものをDとし，水を入れたメスシリンダーに入れ，メスシリンダーの水面に少量の油を入れた。水面の位置に印をつけ，電子てんびんでそれぞれの質量を測定した後，明るく風通しのよいところに2時間置いて，再び水面の位置を調べ，それぞれの質量を測定し，水の減少量を求めた。表（次のページ）は，A～Dにおける，水の減少量をまとめたものである。また，水面の位置は水の減少量に比例して下がっていた。ただし，葉にぬったワセリンは，ぬった部分からの蒸散をおさえることができ，ぬらなかった部分からの蒸散には影響を与えないものとする。

図4

表

	A	B	C	D
水の減少量〔g〕	4.8	4.1	1.2	Y

(1)　①について，次の(a)，(b)の各問いに答えなさい。

(a)　顕微鏡でアジサイの葉の表面を観察するとき，対物レンズを低倍率のものから高倍率のものにかえると，視野の明るさと，レンズを通して見える葉の範囲が変わった。対物レンズを低倍率のものから高倍率のものにかえると，視野の明るさと，レンズを通して見える葉の範囲はそれぞれどのように変わるか，次のア〜エから最も適当なものを1つ選び，その記号を書きなさい。

	ア	イ	ウ	エ
視野の明るさ	明るくなる	明るくなる	暗くなる	暗くなる
レンズを通して見える葉の範囲	広くなる	せまくなる	広くなる	せまくなる

(b)　図3に示したXは，2つの三日月形の細胞で囲まれたすきまで，水蒸気の出口，酸素や二酸化炭素の出入り口としての役割を果している。図3のXを何というか，その名称を書きなさい。

(2)　②について，あとの(a)〜(e)の各問いに答えなさい。

(a)　メスシリンダーの水面に油を入れたのはなぜか，その理由を簡単に書きなさい。

(b)　図5，図6は，それぞれアジサイの茎と葉の断面を模式的に表したものである。茎の切り口から吸収された水が通る管は，図5，図6のP〜Sのうちどれか，次のア〜エから最も適当な組み合わせを1つ選び，その記号を書きなさい。また，茎の切り口から吸収された水が通る，維管束の一部の管を何というか，その名称を漢字で書きなさい。

図5

図6　表側　R　S　裏側

ア．PとR　　イ．PとS　　ウ．QとR　　エ．QとS

(c) 次の文は，表にまとめた水の減少量から，蒸散と吸水の関係について考察したものである。文中の（**あ**），（**い**）に入る言葉はそれぞれ何か，下の**ア〜エ**から最も適当な組み合わせを１つ選び，その記号を書きなさい。

> アジサイの葉の裏側にワセリンをぬった**C**と比べて，ワセリンを全くぬらなかった**A**や，表側にワセリンをぬった**B**の方が，水の減少量が（　**あ**　）なった。このことから，アジサイでは主に葉の（　**い**　）でさかんに蒸散が行われており，蒸散が行われると吸水が起こることがわかる。

ア． あ−多く　　い−表側　　　　**イ．** あ−多く　　い−裏側

ウ． あ−少なく　い−表側　　　　**エ．** あ−少なく　い−裏側

(d) この実験におけるアジサイの葉の裏側からの蒸散量は何 g か，求めなさい。ただし，蒸散量は水の減少量と等しいものとする。

(e) 表の中の　**Y**　に入る数は何か，次の**ア〜エ**から最も適当なものを１つ選び，その記号を書きなさい。

ア． 0.5　**イ．** 0.7　**ウ．** 2.9　**エ．** 5.3

7 次の実験について，あとの各問いに答えなさい。（9点）

> 〈実験〉 銅が酸素と結びつく変化と酸化銅から酸素をとり除く変化について調べるために，次の①，②の実験を行った。
>
> ① 〈目的〉 銅と酸素が結びついて酸化銅ができるときの，銅の質量と酸素の質量との関係について調べる。
>
> 　〈方法〉 1.40 g の銅の粉末をステンレス皿にうすく広げ，図1のようにガスバーナーでステンレス皿ごと一定時間加熱した。加熱をやめて，ステンレス皿全体をじゅうぶんに冷ましてから，電子てんびんでステンレス皿全体の質量を測定した。
>
> 　　　測定後，ステンレス皿の中の物質をよくかき混ぜてからうすく広げて，ふたたび加熱し，冷ましてから質量を測定する操作を，質量が増えることなく一定になるまでくり返した。加熱後の物質の質量は，測定したステンレス皿全体の質量からステンレス皿の質量を引いて求めた。

図1

ステンレス皿

銅の粉末

ガスバーナー

> 　〈結果〉 加熱回数と加熱後の物質の質量をまとめると，表のようになった。
>
> 表
>
> | 加熱回数 | 1回 | 2回 | 3回 | 4回 | 5回 | 6回 |
> |---|---|---|---|---|---|---|
> | 加熱後の物質の質量〔g〕 | 1.57 | 1.67 | 1.73 | 1.75 | 1.75 | 1.75 |
>
> ② 〈目的〉 酸化銅から酸素をとり除く変化について調べる。

〈方法〉　図2のように，試験管aに1.33gの酸化銅と0.10gの炭素の粉末の混合物を入れて，ガスバーナーで加熱し，発生した気体を試験管bの石灰水に通した。反応が終わった後，ガラス管を石灰水から引きぬき，ガスバーナーの火を消した。その後，図3のようにすぐに目玉クリップでゴム管を閉じた。試験管aをじゅうぶんに冷ましてから，試験管aの中に残った物質をとり出して調べた。

〈結果〉　石灰水が白くにごった。試験管aの中に残った物質は，赤色をしていた。

図2

図3

(1)　①について，次の(a)～(c)の各問いに答えなさい。

(a)　銅と酸素が結びついてできる酸化銅は何色か，次のア～エから最も適当なものを1つ選び，その記号を書きなさい。

ア．緑色　　イ．白色　　ウ．黒色　　エ．銀色

(b)　銅と酸素が結びついて酸化銅ができるとき，銅と酸素の質量の比はどうなるか，最も簡単な整数の比で表しなさい。

(c)　銅の粉末の加熱回数が2回のとき，加熱後の物質の中に残っている，酸素と結びつかなかった銅の質量は何gか，求めなさい。

(2)　②について，次の(a)～(c)の各問いに答えなさい。ただし，試験管aの中では，酸化銅と炭素の粉末との反応以外は起こらないものとする。

(a)　下線部の操作を行うのはなぜか，その理由を「試験管aに」に続けて，簡単に書きなさい。

(b)　次の文は，実験の結果についての，あかりさんと先生の会話文である。このことについて，次のページのの(i)，(ii)の各問いに答えなさい。

> 先　生：実験の結果から，どのような化学変化が起こったのか，考えてみましょう。まず，この実験で何ができたと考えられますか。
>
> あかり：石灰水が白くにごったことから，発生した気体は二酸化炭素だとわかります。また，試験管aに残った物質が赤色だったことから，銅ができたと考えられます。
>
> 先　生：そのとおりです。では，どのような化学変化によって，二酸化炭素や銅ができたのでしょうか。
>
> あかり：炭素は，酸化銅から酸素を奪いとり，二酸化炭素になりました。また，酸化銅

は，炭素によって酸素をとり除かれ，銅になりました。つまり，炭素は酸化され，酸化銅は（　あ　）されました。

先　生：そうですね，よく整理できています。最後に，炭素と銅の性質を，酸素との反応に注目して比べると，何かわかることはありますか。

あかり：炭素を用いて，酸化銅から酸素をとり除くことができたことから，炭素は，銅よりも（　い　）性質であると考えられます。

先　生：はい，そのとおりです。この実験で起こった化学変化について，まとめることができましたね。

　(i)　文中（あ）に入る，酸化銅に起こった化学変化を何というか，最も適当な言葉を書きなさい。

　(ii)　文中（い）に入る，銅と比べたときの炭素の性質は何か，簡単に書きなさい。

(c)　酸化銅と炭素の粉末の混合物を加熱したときに起きた化学変化を，化学反応式で表すとどうなるか，書きなさい。ただし，酸化銅は，銅と酸素の原子の数の比が１：１で結びついているものとする。

8　次の実験について，あとの各問いに答えなさい。（8点）

（図１〜図３は次のページにあります。）

〈実験〉　道具を使う場合と道具を使わない場合の仕事について，仕事の大きさや仕事の能率を調べるために，次の①，②の実験を行った。

①　〈目的〉　物体を決められた高さまで引き上げるとき，道具を使う場合と道具を使わない場合の，力の大きさと引く距離について調べる。

　〈方法〉　次のA〜Cの方法で同じ台車と滑車を使い，台車と滑車を矢印 ➡ の向きに引き上げた。

　A：そのまま引き上げる

　　　図１のように，台車と滑車を真上にゆっくりと20cm引き上げて，力の大きさと糸を引いた距離をはかった。

　B：動滑車を使う

　　　図２のように，滑車を動滑車として使い，台車を真上にゆっくりと20cm引き上げて，力の大きさと糸を引いた距離をはかった。

　C：斜面を使う

　　　図３のように，滑車をのせた台車を，斜面に沿って高さ20cmまでゆっくりと引き上げて，力の大きさと糸を引いた距離をはかった。

図1　図2　図3

〈結果〉　実験結果をまとめると，表のようになった。

表

方法	力の大きさ〔N〕	糸を引いた距離〔cm〕
A：そのまま引き上げる	2.4	20
B：動滑車を使う	X	Y
C：斜面を使う	Z	30

(1)　①について，あとの(a)～(d)の各問いに答えなさい。ただし，糸やばねばかりの重さ，糸と動滑車にはたらく摩擦力，台車と斜面にはたらく摩擦力は考えないものとする。また，台車と滑車を引き上げるときは，ゆっくりと一定の速さで動かした。

(a)　方法Aのように，ばねばかりに物体をつり下げたときの，物体にはたらく重力をF_1，ばねばかりが物体を引く上向きの力をF_2とする。物体をゆっくりと一定の速さで真上に引き上げているときと，物体をゆっくりと一定の速さで真下に下げているときの，力の大きさの関係として正しいものはどれか，あとのア～オから最も適当なものを１つ選び，その記号を書きなさい。

　　ア．物体を引き上げるときはF_1の方がF_2より大きく，下げるときはF_1の方がF_2より小さい。

イ．物体を引き上げるときはF_1の方がF_2より小さく，下げるときはF_1の方がF_2より大きい。

ウ．物体を引き上げるときも下げるときも，F_1の方がF_2より大きい。

エ．物体を引き上げるときも下げるときも，F_1とF_2の大きさは等しい。

オ．物体を引き上げるときも下げるときも，F_1の方がF_2より小さい。

(b)　方法**A**において，台車と滑車を引き上げる力がした仕事は何 J か，求めなさい。

(c)　表の中の　X ， Y ， Z に入る最も適当な数は何か，それぞれ求めなさい。

(d)　方法**C**のときより，斜面の傾きの角度を大きくして，滑車をのせた台車を，斜面に沿って高さ20㎝までゆっくりと引き上げた。このときの引く力の大きさと引く距離は，方法**C**のときと比べて，それぞれどうなるか，次の**ア〜エ**から最も適当なものを１つ選び，その記号を書きなさい。ただし，斜面の傾きの角度は，90°未満とする。

ア．引く力の大きさは大きくなり，引く距離は短くなる。

イ．引く力の大きさは大きくなり，引く距離は長くなる。

ウ．引く力の大きさは小さくなり，引く距離は短くなる。

エ．引く力の大きさは小さくなり，引く距離は長くなる。

---

② 〈目的〉　モーターを使って仕事をする実験を行い，物体を引き上げるのにかかった時間を調べる。

　〈方法〉　図４のように，重さ0.8Nのおもりをモーターと糸で結び，床につかない状態で静止させた。その後，モーターに電圧をかけ，糸をゆっくりと一定の速さで真上に巻き上げて，おもりを矢印 ➡ の向きに20㎝引き上げた。

図４

〈結果〉　おもりを真上に20㎝引き上げるのに4.0秒かかった。

---

(2)　②について，次の(a)，(b)の各問いに答えなさい。

(a)　モーターの仕事率は何Wか，求めなさい。ただし，糸の重さは考えないものとする。

(b)　②の実験のモーターとおもりを使い，②の実験と同じ大きさの電圧をかけ，図５（次のページ）のように，斜面の傾きの角度が30°の斜面に沿って高さ20㎝まで，ゆっくりと一定の速さで，おもりを矢印 ➡ の向きに引き上げた。斜面を上がっていくおもりの平均の速さは何㎝/sか，求めなさい。ただし，糸の重さ，糸と斜面に固定された滑車にはたらく摩擦力，お

もりと斜面にはたらく摩擦力は考えないものとする。

図5

＜社会＞　時間　45分　満点　50点

1　あとの各問いに答えなさい。（9点）

(1)　略地図1に示したアフリカ州について，次の(a)
～(c)の各問いに答えなさい。

〈略地図1〉

〔注：国境は一部省略〕

(a)　略地図1に X で示した川は世界最長であり，
その流域では古代文明が栄えた。 X で示した川
の名称（めいしょう）は何か，次のア～エから最も適当なもの
を1つ選び，その記号を書きなさい。
　ア．ナイル川　　イ．インダス川
　ウ．ライン川　　エ．アマゾン川

(b)　略地図1に示したアフリカ州には，緯線（いせん）や経
線を利用して引かれた，直線的な国境線が見ら
れる。このように，直線的な国境線が見られる
のはなぜか，その理由の1つとして考えられる
ことを，「ヨーロッパ諸国」，「境界線」という2
つの言葉を用いて，書きなさい。

(c)　資料1は，エジプトの総人口に占める宗教別人口の割合を示したものである。資料2の
A，Bは，資料1の あ，い のいずれかの宗教について説明したものの一部である。資料1の
あ にあてはまる宗教の名称と，その宗教の説明の組み合わせはどれか，下のア～エから最も
適当なものを1つ選び，その記号を書きなさい。

〈資料1〉

その他 0.5 ％
15.1 ％ ― い
総人口
10,233
万人
あ 84.4 ％

『データブック オブ・ザ・ワールド 2022』
から作成

〈資料2〉

A	日曜日になると多くの人々が教会へ礼拝（れいはい）に訪れ（おとず）る。食事の前に神への感謝のいのりをささげる人々もいる。
B	1日に5回，聖地に向かって礼拝を行ったり，約1か月の間，日中は飲食をしない断食（だんじき）を行ったりするなど，日常生活にかかわる細かい決まりがある。

　ア．あ －イスラム教　宗教の説明－A　　イ．あ －キリスト教　宗教の説明－A
　ウ．あ －イスラム教　宗教の説明－B　　エ．あ －キリスト教　宗教の説明－B

(2)　略地図2（次のページ）に示したヨーロッパ州について，あとの(a)，(b)の各問いに答えなさ
い。

(a)　略地図2に ◯ で示したあたりに見られる，氷河によってけずられた谷に海水が深く入
りこんでできた地形を何というか，その名称を書きなさい。

〈略地図2〉

〔注：国境は一部省略〕

(b)　資料3の**ア**〜**エ**は，略地図2に示した**a**〜**d**のいずれかの都市における雨温図である。略地図2に**a**で示した都市の雨温図はどれか，資料3の**ア**〜**エ**から最も適当なものを1つ選び，その記号を書きなさい。

〈資料3〉

（『理科年表 2022』から作成）

(3) 略地図3に示したオーストラリアについて，次の
(a)，(b)の各問いに答えなさい。

(a) 略地図3に示した■，▲は，鉄鉱石，石炭のいず
れかの，鉱産資源のおもな産地を示している。ま
た，資料4のⅠ，Ⅱは，鉄鉱石，石炭のいずれかの，
世界における輸出量の国別割合を示したものであ
る。略地図3に示した■は，鉄鉱石，石炭のどちら
のおもな産地を示しているか。また，略地図3に■
で示した鉱産資源の，世界における輸出量の国別割
合にあてはまるものは，資料4のⅠ，Ⅱのどちらか，
下のア～エから最も適当な組み合わせを1つ選び，
その記号を書きなさい。

〈略地図3〉

〈資料4〉 世界における輸出量の国別割合

〔注：数値は2017年のもの〕
（『世界国勢図会 2021/2022』ほかから作成）

ア．■－鉄鉱石　　　資料4－Ⅰ

イ．■－石炭　　　　資料4－Ⅰ

ウ．■－鉄鉱石　　　資料4－Ⅱ

エ．■－石炭　　　　資料4－Ⅱ

(b) さちこさんは，オーストラリアからの観光客が冬の北海道に多く見られることに興味をも
ち，資料を集めた。資料5は，2018年度における，オーストラリアから北海道を訪れた観光
客の月別宿泊者数を示したものである。また，資料6は，さちこさんがオーストラリアから
北海道を訪れる観光客について調べ，まとめたものの一部である。資料6の A にあては
まる内容は何か，書きなさい。

〈資料5〉

〔注：数値は2018年度のもの〕
（北海道観光振興機構Webページから作成）

〈資料6〉

　オーストラリアは， A に
位置するため，日本と季節が逆になる。
また，北海道では，パウダースノーと
よばれる良質な雪でスキーやスノー
ボードを楽しむことができるので，
オーストラリアからの観光客が冬の北
海道に多くみられると考えられる。

2　次の略地図を見て，あとの各問いに答えなさ
い。(9点)

〈略地図〉

(1) 資料1は，略地図に□で示した範囲の拡
大図である。資料1に◯で示したあたりに
広がる自然環境について述べた文はどれか，
下のア～エから最も適当なものを1つ選び，
その記号を書きなさい。

〈資料1〉

ア．吉野すぎなどの良質な樹木が育っている。
イ．縄文すぎをはじめとする貴重な自然が残っている。
ウ．日本アルプスと呼ばれる，3000m級の山脈がある。
エ．ブナの原生林が残る，白神山地が広がっている。

(2) 略地図に示した仙台市について，次の(a)，(b)の各問
いに答えなさい。

(a) 仙台市のように，政府によって指定を受け，都道
府県が担う業務の一部を分担する都市を何という
か，その名称を漢字で書きなさい。

(b) 資料2は，仙台市の一部を示した2万5千分の1
の地形図である。まもるさんは，資料2に示したP
地点からQ地点までの道のりを調べるために，
━━で経路を書きこみ，長さをはかると4cmで
あった。━━で示した経路の実際の道のりと，P
地点から見たQ地点のおおよその方位の組み合わせ
はどれか，次のア～エから最も適当なものを1つ選
び，その記号を書きなさい。

〈資料2〉

(国土地理院 電子地形図 25000 から作成)

ア．道のり－1000m　　　方位－北西
イ．道のり－1000m　　　方位－北東
ウ．道のり－2000m　　　方位－北西
エ．道のり－2000m　　　方位－北東

(3) 資料3（次のページ）は，略地図に示した福岡県，佐賀県，宮崎県における，耕地面積に占め
る水田の割合，農業産出額のうち米と畜産の産出額，工業出荷額を示したものである。資料3
のAとCにあてはまる県名の組み合わせはどれか，次のページのア～カから最も適当なものを
1つ選び，その記号を書きなさい。

ア．A－福岡県　　　C－佐賀県

イ．A－福岡県　　　C－宮崎県

ウ．A－佐賀県　　　C－福岡県

エ．A－佐賀県　　　C－宮崎県

オ．A－宮崎県　　　C－福岡県

カ．A－宮崎県　　　C－佐賀県

〈資料3〉

	耕地面積に占める水田の割合（％）	農業産出額（億円）		工業出荷額（億円）
		米	畜産	
A	53.4	172	2,209	16,523
B	82.8	155	340	20,839
C	80.7	376	389	99,760

〔注：数値は2019年のもの。ただし，耕地面積に占める水田の割合は2021年のもの。〕

（『データでみる県勢 2022』ほかから作成）

(4) 略地図に示した長野県と茨城県について，資料4，資料5，資料6は，それぞれ，まもるさんが，レタスの生産と出荷に関して集めた資料の一部である。資料4の▨で示した時期における，長野県産のレタスの，東京都中央卸売市場への月別出荷量には，どのような特徴があるか，資料4，資料5，資料6から読み取り，長野県の気候にふれて，書きなさい。

〈資料4〉　長野県産のレタスと，茨城県産のレタスの，東京都中央卸売市場への月別出荷量

〔注：長野県と茨城県は，東京都中央卸売市場への出荷量が多い上位1位と2位の県。数値は2021年のもの。〕

（東京都中央卸売市場Webページから作成）

〈資料5〉　レタスの生育についてまとめたものの一部

　レタスの生育に適した気温は，15～20℃である。

〈資料6〉　レタスの生産がさかんである，長野県の南牧村（野辺山原）と茨城県の古河市の月別平均気温

	1月	2月	3月	4月	5月	6月	7月	8月	9月	10月	11月	12月
長野県南牧村（野辺山原）	−5.3	−4.5	−0.3	5.8	11.0	14.8	18.9	19.5	15.5	9.3	3.8	−1.9
茨城県古河市	3.6	4.6	8.2	13.5	18.4	21.8	25.6	26.8	23.0	17.2	11.0	5.8

〔注：単位は℃〕

（気象庁Webページから作成）

(5) 略地図に示した静岡県の工業について述べた文はどれか，あとのア～エから最も適当なものを1つ選び，その記号を書きなさい。

ア．豊かな水を利用した製紙・パルプ工業がさかんで，パルプ・紙・紙加工品の出荷額は，全国1位である。

イ．金属加工の技術が発達し，ナイフやフォークなどの金属洋食器の出荷額は，全国1位である。

ウ．織物機械をつくる技術を土台にして自動車の生産が始まり，輸送用機械の出荷額は，全国
　　１位である。

エ．明治時代に副業として眼鏡^{めがね}フレームづくりが始まり，眼鏡フレームの出荷額は，全国１位
　　である。

(6)　資料７は，略地図に示した北海道，三重県，兵庫県，沖縄県における産業別人口の割合と，人口を示したものである。北海道は，資料７のどれにあてはまるか，ア〜エから最も適当なものを１つ選び，その記号を書きなさい。

〈資料７〉

	産業別人口の割合(%)			人口(千人)
	第一次産業	第二次産業	第三次産業	
ア	4.0	15.4	80.7	1,453
イ	1.9	25.0	73.0	5,466
ウ	6.1	17.4	76.5	5,250
エ	3.0	32.3	64.7	1,781

〔注：数値は 2017 年のもの。ただし，人口は 2019 年のもの。〕
（『データでみる県勢 2022』ほかから作成）

3　右の表は，さとるさんのクラスで歴史的分野の学習を行ったときに設定されたテーマを示したものである。これを見て，あとの各問いに答えなさい。（9点）

テーマ１	古代までの日本
テーマ２	摂関政治^{せっかん}
テーマ３	鎌倉^{かまくら}時代の人々のくらし
テーマ４	室町^{むろまち}時代の産業の発達
テーマ５	立憲制国家の成立
テーマ６	大正デモクラシー

(1)　テーマ１について，資料１は，1949年に群馬県^{ぐんまけん}の岩宿遺跡^{いわじゅくいせき}で発見された石器を示した写真である。資料１に示した石器の名称と，資料１の石器が発見されたことによって，日本にもあったことが明らかになった時代の組み合わせはどれか，次のア〜エから最も適当なものを１つ選び，その記号を書きなさい。

〈資料１〉

ア．石器の名称−打製石器　　　時代−新石器時代

イ．石器の名称−打製石器　　　時代−旧石器時代

ウ．石器の名称−磨製石器^{ませい}　　時代−新石器時代

エ．石器の名称−磨製石器　　　時代−旧石器時代

(2)　テーマ２について，資料２は，摂関政治が行われていたころに政治の実権をにぎっていた人物が，娘^{むすめ}を天皇のきさきにした日によんだ歌を示したものである。資料２の歌をよんだ人物は誰^{だれ}か，次のア〜エから最も適当なものを１つ選び，その記号を書きなさい。

〈資料２〉

この世をば
わが世とぞ思う
望月^{もちづき}の欠けたることも
無しと思えば

ア．藤原鎌足^{ふじわらのかまたり}　　イ．藤原純友^{ふじわらのすみとも}

ウ．藤原道長^{ふじわらのみちなが}　　エ．藤原頼通^{ふじわらのよりみち}

(3)　テーマ３について，資料３は，鎌倉時代に，紀伊国（和歌山県）にあった阿氐河荘の百姓たちが，荘園領主に提出した訴え状の要約の一部を示したものである。資料４は，資料３を見たさとるさんが，鎌倉時代の農民のくらしについて調べ，まとめたものの一部である。資料３，資料４の　Ⅰ　に共通してあてはまる言葉は何か，**漢字**で書きなさい。

〈資料３〉

阿氐河荘の百姓らが申し上げます。領家の寂楽寺に納める材木が遅れていますが，　Ⅰ　が，奉公のために上京するとか，近くで作業があると言っては村の人を責め使うので，暇がありません。

〈資料４〉

鎌倉時代の農民は，荘園領主に年貢を納めていたが，阿氐河荘のように，　Ⅰ　がおかれた荘園では，　Ⅰ　と荘園領主との二重の支配を受けていた。

(4)　テーマ４について，資料５は，室町時代における商工業のしくみについて模式的に示したものである。次の(a)，(b)の各問いに答えなさい。

〈資料５〉

(a)　資料５の　A　にあてはまる言葉として**誤っているもの**はどれか，次のア〜エから１つ選び，その記号を書きなさい。

ア．貴族　　イ．武士
ウ．寺社　　エ．庄屋

(b)　室町時代から安土桃山時代にかけて，商工業を発展させるために出された楽市令により，資料５の　A　が打撃を受けることになった理由は何か，その１つとして考えられることを，資料５から読み取り，楽市令の内容にふれて，書きなさい。

(5)　テーマ５について，資料６は，大日本帝国憲法に定められた統治のしくみについてまとめたものの一部である。資料６の　X　，Y　にあてはまる言葉の組み合わせはどれか，次のア〜エから最も適当なものを１つ選び，その記号を書きなさい。

〈資料６〉

大日本帝国憲法では，帝国議会は，　X　と衆議院の二院制がとられ，　Y　は，天皇の政治を補佐する機関として位置づけられた。

ア．X−参議院　Y−太政官　　イ．X−参議院　Y−内閣
ウ．X−貴族院　Y−太政官　　エ．X−貴族院　Y−内閣

(6)　テーマ６について，護憲運動が起こるきっかけの１つとなったできごとはどれか，次のア〜エから最も適当なものを１つ選び，その記号を書きなさい。

ア．立憲政友会の内閣が倒され，藩閥や官僚に支持された，桂太郎内閣が成立した。
イ．閣僚のほとんどを立憲政友会の党員で組織する，原敬内閣が成立した。
ウ．加藤高明内閣のもとで，満25歳以上の男子に選挙権を与える普通選挙法が成立された。
エ．近衛文麿内閣のもとで，議会の承認なしに労働力や物資を動員する国家総動員法が制定された。

4　次の表は，まさみさんのクラスで歴史的分野を学習したときの内容をまとめたものの一部である。これを見て，あとの各問いに答えなさい。（9点）

稲作とともに，①青銅器や鉄器などの金属器も伝わった。
飛鳥地方を中心に，日本で最初の②仏教文化である飛鳥文化が栄えた。
江戸幕府は，③長崎に外国との交流の窓口を開き，交易を行った。
産業革命の結果，強い工業力と軍事力をもった欧米諸国は，④アジアに支配の手をのばした。
第一次世界大戦後の1919年に，⑤パリで講和会議が開かれ，国際協調の動きが見られた。
1973年の第四次中東戦争によって，世界や⑥日本の経済は大きな打撃を受けた。

(1)　下線部①について，資料1は，弥生時代に大陸から伝わった銅鐸を示した写真である。資料1で示した銅鐸は，おもにどのような目的で使用された道具と考えられているか，次のア～エから最も適当なものを1つ選び，その記号を書きなさい。

〈資料1〉

　　ア．農作業の道具　　　　イ．祭りの道具
　　ウ．煮たきの道具　　　　エ．狩りの道具

(2)　下線部②について，6世紀の半ばに日本に仏教を伝えたとされる国はどこか，次のア～エから最も適当なものを1つ選び，その記号を書きなさい。
　　ア．百済（ペクチェ）　イ．高句麗（コグリョ）　ウ．新羅（シルラ）　エ．渤海（ぼっかい）

(3)　下線部③について，次の(a)，(b)の各問いに答えなさい。

　(a)　資料2は，江戸幕府の鎖国下の窓口の一部とその相手国を示したものである。資料2の　Ⅰ　，　Ⅱ　にあてはまる言葉の組み合わせはどれか，次のア～エから最も適当なものを1つ選び，その記号を書きなさい。

〈資料2〉

鎖国下の窓口	相手国
長崎	中国（清）・オランダ
薩摩藩	Ⅰ
Ⅱ	朝鮮

　　　ア．Ⅰ－琉球王国　Ⅱ－松前藩
　　　イ．Ⅰ－ロシア　　Ⅱ－松前藩
　　　ウ．Ⅰ－琉球王国　Ⅱ－対馬藩
　　　エ．Ⅰ－ロシア　　Ⅱ－対馬藩

　(b)　江戸幕府の成立後，日本との国交が回復し，江戸幕府の将軍が代わるごとに日本に使節を派遣した国はどこか，次のア～エから最も適当なものを1つ選び，その記号を書きなさい。
　　　ア．中国（清）　イ．朝鮮　ウ．琉球王国　エ．ロシア

(4)　下線部④について，次の@～@のカードは，17世紀から19世紀にかけてインドとイギリスの間で起こったできごとを示したものである。@～@のカードを，書かれた内容の古いものから順に並べると，どのようになるか，次のページのア～エから最も適当なものを1つ選び，その記号を書きなさい。

ⓐ	産業革命後，イギリスは大量の綿織物をインドへ輸出した。	ⓑ	インドの綿織物業が衰退し，イギリスへの不満が高まりインド大反乱が起こった。
ⓒ	イギリスは東インド会社をつくり，インドから大量の綿織物を輸入した。	ⓓ	イギリス政府がインド全土を直接支配するようになった。

ア．ⓐ→ⓒ→ⓓ→ⓑ　　イ．ⓐ→ⓓ→ⓑ→ⓒ　　ウ．ⓒ→ⓐ→ⓑ→ⓓ　　エ．ⓒ→ⓑ→ⓓ→ⓐ

(5)　下線部⑤について，資料3は，パリで開かれた講和会議において結ばれた条約の内容を示したものの一部である。資料3に示した条約を何というか，その名称を書きなさい。

〈資料3〉

・ドイツにすべての植民地を放棄させる。
・国際連盟を設立する。

(6)　下線部⑥について，資料4は，1973年における日本のエネルギー資源の割合を示したものである。また，資料5は，1971年から1974年における原油の国際価格の推移を示したもの，資料6は，1971年から1974年における日本の消費者物価指数の推移を示したものである。日本の消費者物価指数が，資料6の▨で示した時期に急上昇したのはなぜか，その理由の1つとして考えられることを，資料4，資料5から読み取り，「エネルギー資源」という言葉を用いて，書きなさい。

〈資料4〉
その他 7.1 %
石炭 15.5 %
石油 77.4 %
（『数字で見る日本の100年』から作成）

〈資料5〉
（ドル/バレル）
〔注：1バレル＝約159リットル〕
（BP Webページから作成）

〈資料6〉
〔注：2015年を100としたときの数値〕
（『数字で見る日本の100年』から作成）

⑤　次のページの表は，あゆみさんのクラスで行った公民的分野の学習において，班ごとに設定した学習課題をまとめたものである。これを見て，あとの各問いに答えなさい。(14点)

(1)　A班の学習課題について，資料1は，A班が，政治と憲法について調べ，まとめたものの一部である。資料1の │ Ⅰ │ にあてはまる言葉はどれか，次のア～エから最も適当なものを1つ選び，その記号を書きなさい。

〈資料1〉

国の政治の基本的なあり方を定める法を憲法といいます。また，憲法によって，政治の権力を │ Ⅰ │ し，人権を保障するという考え方を立憲主義といいます。

ア．拡大　　イ．集中　　ウ．制限　　エ．否定

A班	なぜ憲法は必要なのだろうか。
B班	地方公共団体は，どのようにして財源を確保しているのだろうか。
C班	私たちは，政治にどのように関わればよいのだろうか。
D班	市場経済において，価格はどのようにしてきまるのだろうか。
E班	物事を決定するとき，みんなが納得するためには何が必要なのだろうか。
F班	私たちの消費行動は，社会にどのような影響を与えるのだろうか。
G班	日本は，世界とどのような協力を行っているのだろうか。

(2)　B班の学習課題について，B班は，三重県の財政についてクラスで発表するために資料を集めた。資料2は，三重県の令和4年度予算の歳入とその内訳を示したもの，資料3は，三重県の令和4年度予算の歳出とその内訳を示したものである。また，資料4は，B班が資料2，資料3をもとに作成した発表原稿の一部である。資料4の　A　，　B　にあてはまる言葉の組み合わせはどれか，下のア〜エから最も適当なものを1つ選び，その記号を書きなさい。

〈資料2〉

〈資料3〉

資料2，資料3は，
『令和4年度三重県版 ハロー・タックス』から作成

〈資料4〉

　　歳入のうち，依存財源は，50%を超えています。依存財源のうち，　A　は，使いみちが特定されていないものです。また，地方債は，地方公共団体が債券を発行して借りたお金のことです。

　　歳出のうち，　B　は，借りたお金を返すための費用です。地方債の発行が増えすぎると，地方公共団体は，収入のほとんどを　B　に使わなければならなくなり，住民の生活に必要な仕事ができなくなるおそれがあります。

ア．　A　－国庫支出金　　　　　B　－民生費
イ．　A　－国庫支出金　　　　　B　－公債費
ウ．　A　－地方交付税交付金　　B　－民生費
エ．　A　－地方交付税交付金　　B　－公債費

(3)　C班の学習課題について，次のページの(a)，(b)の各問いに答えなさい。

(a) 資料5は，令和3年10月31日に実施された第49回衆議院議員総選挙における，有権者の年代別選挙関心度を示したものの一部，資料6は，第49回衆議院議員総選挙における，年代別投票率を示したものの一部である。18～29歳の年代の選挙への関わり方にはどのような問題点が見られるか，資料5，資料6からそれぞれ読み取り，「他の年代と比べて，」で始めて，書きなさい。

〈資料5〉

（明るい選挙推進協会資料から作成）

〈資料6〉

（総務省Webページから作成）

(b) 資料7は，C班が，住民の意見を政治に生かすためのある制度について調べたものの一部である。資料7に示した制度を何というか，その名称を書きなさい。

〈資料7〉

実施した地方公共団体	実施年	問われた内容
新潟県巻町 （現新潟市）	1996年	原子力発電所の建設
滋賀県米原町 （現米原市）	2002年	市町村合併
大阪府大阪市	2015年	特別区の導入 （大阪都構想）

(4) D班の学習課題について，資料8は，D班が，市場経済において，ある商品の価格と需要量および価格と供給量の関係が，状況により変化することを説明するために作成したものである。資料8の曲線X，曲線Yは，需要曲線，供給曲線のいずれかであり，2つの曲線が交わる点の価格は，この商品の均衡価格を示している。資料8の曲線Xについて，曲線Xが，aの位置からbの位置に移動したときの状況について，正しく述べたものはどれか，次のア～エから最も適当なものを1つ選び，その記号を書きなさい。

〈資料8〉

ア．この商品より品質のよい別の商品が販売されたため，需要量が減り，価格が下がった。

イ．この商品がテレビで紹介されて人気が出たため，需要量が増え，価格が上がった。

ウ．この商品の原材料の調達が難しくなったため，供給量が減り，価格が上がった。

エ．この商品の製造工場を拡張したため，供給量が増え，価格が下がった。

(5) E班の学習課題について，E班は，合唱コンクールで歌いたい曲について，クラスで行った投票結果をもとに考えた。資料9（次のページ）は，最も歌いたい曲だけに投票した結果を示

したもの，資料10は，歌いたい曲に順位をつけて投票し集計した結果を示したものである。また，資料11は，はるみさんとひふみさんが，それぞれの投票の結果について，話し合った内容の一部である。これらを見て，次の(a)，(b)の各問いに答えなさい。

〈資料9〉　最も歌いたい曲だけに投票した結果

	結果
曲A	16票
曲B	11票
曲C	8票

〈資料10〉　歌いたい曲に順位をつけて投票し集計した結果

	1位（3点）	2位（2点）	3位（1点）	合計
曲A	16人	5人	14人	72点
曲B	11人	17人	7人	74点
曲C	8人	13人	14人	64点

〔注：1位が3点，2位が2点，3位が1点として集計〕

〈資料11〉

> はるみ：最も歌いたい曲だけに投票した結果を見ると，曲Aが一番人気があるね。
>
> ひふみ：でも，最も歌いたい曲を，曲Aに投票した人よりも，曲A以外に投票した人の方が多いね。この結果から曲Aに決定することは，　あ　の考え方から，良い方法だといえるかな。
>
> はるみ：歌いたい曲に順位をつけて投票し集計すると，結果が変わるね。曲を決定する前に，みんなでよく話し合うことが大切だね。
>
> ひふみ：意見の対立を解消し，　い　をめざす努力をすることが大切だね。

(a)　資料11の　あ　，　い　にあてはまる言葉の組み合わせはどれか，次のア～エから最も適当なものを1つ選び，その記号を書きなさい。

ア．　あ　－効率　　い　－合意　　　　　イ．　あ　－効率　　い　－共生

ウ．　あ　－公正　　い　－合意　　　　　エ．　あ　－公正　　い　－共生

(b)　ひふみさんは，資料9の投票結果で曲Aに決定した場合，曲Bと曲Cに投票された票は，以前に学習した，選挙における死票にあたるのではないかと考え，公民的分野のノートを見直した。資料12は，ひふみさんの公民的分野のノートの一部である。資料12の　X　にあてはまる選挙制度はどれか，下のア～エから最も適当なものを1つ選び，その記号を書きなさい。

〈資料12〉

選挙制度	特徴	課題
X	最も多くの票を集めた政党が，多数の議席を得るため，政権が安定する。	死票が多い。
Y Z	死票が少ない。	得票の少ない政党も議席を得やすくなるため，政権が安定しない。

ア．大選挙区制　　　イ．小選挙区制　　　ウ．議院内閣制　　　エ．比例代表制

(6)　F班の学習課題について，資料13（次のページ）は，F班が，商品選択のめやすとなるマークについて調べ，まとめたものの一部である。また，資料14（次のページ）は，資料13をもとに，

F班が，私たちの消費行動が与える影響について，持続可能性の観点から話し合い，意見をまとめたものの一部である。資料14の a にあてはまる内容は何か，その1つとして考えられることを，「生産者」という言葉を用いて，書きなさい。

〈資料13〉

このマークは，国際フェアトレード認証ラベルを示したもので，発展途上国で生産された農産物や製品を適正な価格で継続的に取り引きしている商品に付けられます。

〈資料14〉

私たちの消費行動は，持続可能な社会の実現に影響を与えます。だから，私たちが，国際フェアトレード認証ラベルのついた商品を選んで購入することで， a ことができます。

⑺　G班の学習課題について，G班では，政府開発援助（ODA）について調べ，資料を集めた。資料15は，政府開発援助についてまとめたものの一部，資料16は，先進国（29か国）における政府開発援助額の順位を示したもの，資料17は，日本の政府開発援助額と日本の国民総所得（GNI）を示したものである。日本の政府開発援助額には，どのような特徴があるか，資料15，資料16，資料17から読み取れることにふれて，書きなさい。

〈資料15〉

　政府開発援助とは，先進国（29か国）の政府が，発展途上国の経済や福祉の向上のために，さまざまな技術の協力や資金の援助を行うことです。国際連合は，先進国の政府開発援助の目標額を，国民総所得の0.7％としています。

〈資料16〉

順位	国名
1	アメリカ
2	ドイツ
3	イギリス
4	日本
5	フランス
6	スウェーデン
7	オランダ
8	カナダ
9	イタリア
10	ノルウェー
	その他 19 か国

〈資料17〉

日本の政府開発援助額 163 億ドル	
日本の国民総所得 51,564 億ドル	

〔注：数値は 2020 年のもの〕

（資料15，資料16，資料17は，外務省 Web ページから作成）

【資料1】　あなたは自分の読書量を増やしたいと思いますか
（16歳から19歳の回答）

そうは思わない
3.3 %

あまりそうは思わない
15.3 %

そう思う
44.1 %

ややそう思う
37.3 %

【資料2】　あなたの読書量が減っているのはなぜですか（主な項目）（複数回答可）
（以前に比べて読書量が減っていると答えた16歳から19歳の回答）

情報機器（携帯電話、スマートフォン、タブレット端末、パソコン、ゲーム機等）で時間がとられる	73.5 %
仕事や勉強が忙しくて読む時間がない	70.6 %
テレビの方が魅力的である	8.8 %
魅力的な本が減っている	8.8 %
良い本の選び方が分からない	5.9 %

【資料3】　読書をすることの良いところは何だと思いますか（主な項目）（複数回答可）
（16歳から19歳の回答）

新しい知識や情報を得られること	62.7 %
豊かな言葉や表現を学べること	50.8 %
感性が豊かになること	40.7 %
想像力や空想力を養うこと	32.2 %
感動を味わえること	18.6 %
内容を把握する力がつくこと	16.9 %
楽しく時間を過ごせること	15.3 %

〔文化庁「国語に関する世論調査（平成30年度）」から作成〕

ようこさん　が減っているなあ。　読書をもっとしたいなと思っているんだけど。

鈴木先生　【資料2】を見ると、「あなたの読書量が減っているのはなぜですか」という質問に、あおいさんと同じことを回答している人が七割以上いるね。また、　①　という項目は、メディアの視聴という点であおいさんの読書量が減っている理由と共通しているんじゃないかな。

ようこさん　確かにそうですね。ようこさんは、読書が好きだと言っていたけれど、　②　？

あおいさん　毎日、寝る前に読書をします。　一日が終わって一番リラックスしている時間です。

鈴木先生　そうなんですね。ところであおいさんは、もっと読書をしたいと思っていたけれど、読書の魅力は何ですか？

あおいさん　私は頭の中で、登場人物の姿や声を思い浮かべながら読みます。　自由にイメージを膨らませられるのが魅力です。

鈴木先生　なるほど。　読書の良いところについてもう少し考えてみたいですね。

(一)　【話し合いの様子の一部】の　①　に入る言葉として最も適当なものを、次のア～エから一つ選び、その記号を書きなさい。

ア、仕事や勉強が忙しくて読む時間がない

イ、テレビの方が魅力的である

ウ、魅力的な本が減っている

エ、良い本の選び方が分からない

(二)　【話し合いの様子の一部】の　②　に入る鈴木先生の会話として最も適当なものを、次のア～エから一つ選び、その記号を書きなさい。

ア、読書を始めたのはいつですか

イ、なぜ読書をしますか

ウ、どんなときに読書をしますか

エ、読書のための本をどこで選びますか

(三)　【話し合いの様子の一部】の傍線部分「読書の良いところについてもう少し考えてみたいですね」とあるが、あなたは読書の良いところは何だと考えるか。あなたの考えを、次の【作文の注意】にしたがって書きなさい。

【作文の注意】

①　題名は書かずに本文から書き出しなさい。

②　あなたが考える読書の良いところを一つ取り上げ、その理由を明確にして書きなさい。なお、【資料3】は参考にしてもしなくてもよい。

③　あなたの考えが的確に伝わるように書きなさい。

④　原稿用紙の使い方にしたがい、全体を百六十字以上二百字以内にまとめなさい。

（注2）刹那──きわめて短い時間。一瞬間。

【話し合いの様子の一部】

たくやさん　　私はこの文章を読んで、②一寸の光陰軽んずべからずということわざを思い出したよ。

よしこさん　　筆者の兼好法師は『徒然草』の中で、自分の考えや意見を自由に述べていて、今回の文章では、時間の使い方についての考えを述べているよね。

たくやさん　　それから、③商人のたとえ話が書かれていることで、筆者の言いたいことが分かりやすく感じたよ。そのようなたとえ話や、文章の最後の部分で書かれている、仏道の修行者の心構えなどを通じて、　④　べきだと筆者は言っているんだね。

（一）傍線部分①「言はば」を現代仮名遣いに改め、すべてひらがなで書きなさい。

（二）傍線部分②「一寸の光陰軽んずべからず」とあるが、この言葉のもとになった漢文の「一　寸　光　陰　不　可　軽」を「一寸の光陰軽んずべからず」と読むことができるように返り点をつけたものは、次のア〜エのうちどれか。最も適当なものを一つ選び、その記号を書きなさい。

ア、一　寸　光　陰　不二　可一　軽
イ、一　寸　光　陰　不レ　可レ　軽
ウ、一　寸　光　陰レ　不レ　可レ　軽
エ、一　寸　光　陰二　不　可レ　軽

（三）傍線部分③「商人のたとえ話」とあるが、商人がわずかなお金を大切にしていることが書かれている部分を、文章中の古文から十五

字以内で抜き出して書きなさい。（句読点も一字に数える。）

（四）　④　に入る言葉として最も適当なものを、次のア〜エから一つ選び、その記号を書きなさい。

ア、一瞬間という短い時間を意識することなく生活する
イ、物事を成功させるために、遠い将来を考えて生きる
ウ、現在の一瞬間を無駄にせず、大切にしながら生きる
エ、生涯には長い月日があることを期待しつつ生活する

5　41ページの【資料1】、【資料2】、【資料3】は、文化庁が実施した「国語に関する世論調査（平成三十年度）」について、図書館担当の鈴木先生が、十六歳から十九歳の結果をもとにまとめたものである。また、あとの【話し合いの様子の一部】は、【資料1】、【資料2】、【資料3】について、鈴木先生と図書委員のようこさんとあおいさんが話し合ったときのものである。これらを読んで、あとの各問いに答えなさい。（十点）

【話し合いの様子の一部】

鈴木先生　　図書館をもっと利用してもらうための参考になればと思って、資料を作ってみました。【資料1】を見てください。「あなたは自分の読書量を増やしたいと思いますか」では、「そう思う」と回答した人と「ややそう思う」と回答した人がたくさんいますね。

ようこさん　　そうですね。私は読書が好きだから、もっと読書をしたいと思っているけれど、あおいさんはどう？

あおいさん　　私は、情報機器を使っている時間が多くて読書量

脳内にドーパミンがもっとも大量に分泌され、　□　最終的に「大きな目標」を達成できるため、自分のレベルよりちょっとだけ上の目標を立てることが大事である。

れている「快適領域」、「学習領域」、「危険領域」の三つの領域における心の状態について次の表にまとめるとき、表の中の　a　～　c　にはそれぞれ何が入るか。あとのア～オからすべて選び、その記号を書きなさい。なお、ア～オの記号はすべて一回ずつ使うこと。

領域	心の状態
快適領域（コンフォートゾーン）	a
学習領域（ラーニングゾーン）	b
危険領域（デンジャーゾーン）	c

ア、新しい体験にワクワクを感じる

イ、居心地（いごこち）がいいので出たくない

ウ、逃（に）げ出（だ）したい

エ、意欲的に挑戦してみよう

オ、ワクワク感よりも恐怖や不安の方が強い

（五）傍線部⑷「大事なのは、自分のレベルよりちょっとだけ上の目標を立てる、ということです」とあるが、次の　□　の中は、自分のレベルよりちょっとだけ上の目標を立てることが大事であることについて、筆者の考えをまとめたものである。　□　に入る言葉を、本文中の言葉を使って三十五字以上四十五字以内で書きなさい。（句読点も一字に数える。）

ドーパミンの効果にふれて、

いきなり難しいことにチャレンジすると恐怖や不安を感じてしまうが、ちょっとがんばればできそうなことに挑戦するとき

4　次の文章と、文章についてのたくやさんとよしこさんの【話し合いの様子の一部】を読んで、あとの各問いに答えなさい。（八点）

（注1）すんいん（寸陰）を　寸陰惜しむ人なし。これよく知れるか、愚かなるか。愚かにして怠る人のために言はば、一銭軽しといへども、是（これ）をかさぬれば、貧しき人を富める人となす。されば、商人の一銭を惜しむ心、切なり。

刹那（せつな）覚えずといへども、これをずっと積み上げていけば

されば、道人は、遠く日月を惜しむべからず。ただ今の一念、むなしく過ぐる事を惜しむべし。

仏道の修行者は、遠い将来にわたる歳月を惜しむべきではない現在の一瞬の

（『新編　日本古典文学全集　徒然草（つれづれぐさ）』による。）
＊一部表記を改めたところがある。

（注1）　寸陰──「一寸（いっすん）の光陰（こういん）」の略。わずかな時間。

「学習領域（ラーニングゾーン）」は、軽いストレスは感じても、恐怖や不安、危険までは感じない。むしろ、新しい体験にワクワクを感じ、意欲的に挑戦してみようという気持ちになる領域です。

「学習領域」の外側、「学習領域」よりも大変な挑戦が「危険領域（デンジャーゾーン）」。「危険領域」に入ると難易度が高すぎて、ワクワク感よりも恐怖や不安の方が強くなってしまい、「できればやりたくない」「逃げ出したい」気持ちになります。

　　　C

このように、「ちょい難」の目標を、一つひとつクリアして「自分のできる範囲」を広げていくと、最終的に「大きな目標」を達成することができます。

私たちの脳内では、ちょっとがんばればできる課題に挑戦するとき、ドーパミンがもっとも大量に分泌されます。すると前述したように、集中力や記憶力、学習機能などが高まり、結果として、自己成長が引き起こされるのです。(4)大事なのは、自分のレベルよりちょっとだけ上の目標を立てる、ということです。

（樺沢（かばさわ）紫苑（しおん）『極（エッセンシャル）アウトプット「伝える力」で人生が決まる』による。）

＊一部表記を改めたところがある。

（注1）　メリット──ある物事から得られる利益。

（注2）　分泌──細胞が作り出した物質を細胞外に出すこと。

（注3）　大脳新皮質──脳の一番外側の部分で、哺乳類（ほにゅうるい）において特に発達した部分。

（注4）　リスク──危険。

（一）傍線部分(1)「それを行動に移さない人は多いです」とあるが、この部分は、いくつの文節に分けられるか。次の**ア〜エ**から最も適当なものを一つ選び、その記号を書きなさい。

ア、四　　イ、五　　ウ、六　　エ、七

（二）傍線部分(2)「全く」の品詞名として最も適当なものを、次の**ア〜オ**から一つ選び、その記号を書きなさい。

ア、副詞　　イ、連体詞　　ウ、接続詞　　エ、形容詞

オ、形容動詞

（三）次の　　　の中の文章は、本文の　A　、　B　、　C　のいずれかに入る文章である。この文章が入る最も適当な箇所を、　A　、　B　、　C　から一つ選び、その記号を書きなさい。

> たとえば、「跳び箱（とびばこ）」を例に考えてみましょう。
> あなたは、今、五段を跳べます。最終的に八段を跳べるようになりたい。その場合、いきなり八段に挑戦（ちょうせん）しますか？　高すぎますよね。足がすくみます。
> 「絶対に無理！」と拒否反応（きょひはんのう）を起こしてしまうかもしれません。
> では、六段だとどうでしょう？　五段よりは少しは高いけど、「何度か練習したら跳べるかもしれない」という気持ちになるのではないでしょうか。
> では、四段だとどうでしょうか。　五段を跳べるあなたにとっては、楽勝。むしろ、「つまらない」と思うでしょう。
> このときの八段が危険領域、六段が学習領域、五段以下が快適領域です。ですから、六段を練習して六段を跳べるようになったら、七段に挑戦する。七段を跳べるようになったら、次はようやく八段へ挑戦する。

（四）傍線部分(3)「私たちの心の中には『快適領域』の他に『学習領域』と『危険領域』という領域があります」とあるが、本文中に述べら

も自己成長できる、ということです。

人は新しいことにチャレンジすると、脳内物質のドーパミンが分泌されます。ドーパミンは「楽しい」という感情を引き起こす物質ですが、それと同時に「新しいことを学習する」のをサポートする物質でもあります。

ドーパミンが分泌されると、集中力、やる気、記憶力、学習機能などが高まります。結果として効率的な学習が行われ、自己成長が引き起こされるのです。

また、人間と他の動物では、決定的に違うものがあります。大脳新皮質の発達です。

人間は進化とともに大脳新皮質を発達させ、その発達によって「言語」を獲得し、人と「言葉」でコミュニケーションできるようになりました。

また、直立歩行できるようになった人類は、手を使って「道具」をつくるようになりました。大脳新皮質が発達したからこそ、人は無数のチャレンジに挑み続け、これほどの文明を築くことができたのです。

これは他の動物とは決定的に違う点であり、人間以外の動物は、基本的に生命を脅かす危険を冒してまで新しいチャレンジをすることはありません。

ですから、あなたが「何か新しいことをして失敗したくない」という不安を感じたとしても、それは生物としての本能で、間違ってはいません。

ただ覚えておいてほしいのは、私たち人間は進化の過程で「チャレンジする力」や「考える力」を獲得したのです。そうした力をうまく

使うことで、本能的な不安や恐怖に打ち克ち、新しいチャレンジに立ち向かうことができることができます。その結果、できることが増えていき、あなたが活躍できる世界はどんどん広がっていくのです。

初めての人に話しかける。

行ったことのないところに行ってみる。

やったことのないことをやってみる。

こうしたことは楽ではありませんが、確実にあなたの持つ「可能性」を大きく広げます。

ですから、少しでも今の自分を変えたい、現実世界を変えたいと思っているのなら、勇気を出して、居心地のいい快適領域を一歩抜け出し、新しい行動を始めることです。

では、次から「行動する」ための具体的な方法についてお伝えします。

新しい行動やチャレンジが自己成長につながるとはいっても、恐怖や不安の方が強い人もいるでしょう。先ほども言ったように、快適な領域から出るときに恐怖や不安を感じるのは生物としては当然ですし、無謀な挑戦をしたら何かを失うリスクもあります。

そこで私が提案したいのが、「ちょっと難しいこと（ちょい難）」にチャレンジする、ということです。

いきなり難しいことにチャレンジすると恐怖や不安を感じてしまいますから、「少しがんばれば、できそうなこと」に挑戦するのです。

先ほど快適領域のことをお話ししましたが、③私たちの心の中には「快適領域」の他に「学習領域」と「危険領域」という領域があります。

「快適領域」のすぐ外には、「学習領域」があり、その外側に「危険領域」が広がっています。

B

注2 ぶんぴつ
注3 かくとく
注4 むぼう ちょうせん
おびや おか いど つつ むず

詞の活用形が「行こ」と同じものを一つ選び、その番号を書きなさい。

（二）傍線部分(2)「そう言ってくるりと背を向けると、そのまま部屋から出て行った」とあるが、壮太がいなくなった後のぼくの気持ちについて、直喩を用いて表現している部分を、本文中から十字以上二十字以内で抜き出して書きなさい。（句読点も一字に数える。）

（三）傍線部分(3)「午後は部屋で漫画を読んだ」とあるが、「午後は」は、どの文節を修飾しているか。次のア～ウから最も適当なものを一つ選び、その記号を書きなさい。

ア、部屋で　　イ、漫画を　　ウ、読んだ

（四）傍線部分(4)「壮太だ……。赤青黄緑銀金、いろんな色の折り紙で作った紙飛行機は、三十個以上はある」とあるが、紙飛行機を見つけてぼくはどのように考えるようになったか。壮太がいなくなった後のぼくがどのように考えるようになると壮太は思っていたかにふれて、「……と考えるようになった。」につながるように、本文中の言葉を使って六十字以上八十字以内で書きなさい。（句読点も一字に数える。）

（五）本文の描写について説明したものとして最も適当なものを、次のア～エから一つ選び、その記号を書きなさい。

ア、ぼくと壮太の関係が、お互いの気持ちを理解し合うことで深くなっていく様子を、二人の会話を中心に描いている。

イ、ぼくと母親の考え方の違いを対比的に表すことで、わかり合えない親子関係に思い悩む母親の姿を描いている。

ウ、壮太にぼくとの過去を振り返り語らせることで、ぼくとの楽しかった生活に満足している様子を丁寧に描いている。

エ、ぼく自身が心の中で思ったことを詳細に表現することで、他の登場人物が気づいていないぼくの内面を描いている。

3　次の文章を読んで、あとの各問いに答えなさい。（十二点）

本を一冊読んで、「すごく勉強になった！」と思っても、(1)それを行動に移さない人は多いです。「学び」や「気づき」を行動に移さなければ現実世界は(2)全く変わらない。多少賢くなったかもしれませんが、現実的なメリットは何一つ得られないのです。

では、なぜ、人はなかなか行動に移せないのでしょうか。

それは、人間が「快適領域（コンフォートゾーン）」を出ることを恐れるように、生物学的にプログラミングされているからです。

快適領域とは何かというと、「なわばり」のようなもの。動物にはなわばりがあり、そこから出ると敵が襲ってくる危険があります。ですから、なわばりから出ないようにプログラミングされている。これは生命を維持するためには欠かせない本能であり、動物である人間にも受け継がれています。「なわばり」（快適領域）から出て自分の知らない世界に踏み出すことに不安や恐怖を感じるのは、生物的な本能ということです。

快適領域は、日々あなたが活動する場所であり、日々あなたが会う人であり、日々通う学校や部活、塾、習い事の場です。それが、あなたの居心地のいい領域です。居心地がいいので出たくない。

［Ａ］

このように、人間は本来「現状維持」がもっとも心地よいようにできています。しかしながら、この快適領域にいる限り、変化も自己成長もありません。新しいことができるようになることが自己成長ですから、自己成長には「変化」や「チャレンジ」が必要です。快適領域にとどまっている限り、安心はできても自己成長することはないので

逆に言えば、快適領域を抜け出して新しい行動を始めれば、いつで

やっとゴールが見えてきた。ようやく外に出られる。それはうれしくてたまらない。だけど、どうしても確認したくて、

「一週間ですか？　二週間ですか？」

とぼくは聞いた。

「そこは次回の検査結果を見てからかな」

先生はそう答えた。

「はあ」

「どっちにしても一、二週間で帰れると思うよ」

先生は、「よくがんばったからね」と褒めてくれた。

一、二週間。ひとくくりにしてもらっては困る。一週間と二週間では、七日間も違うのだ。七日後にここを出られるのか、十四日間ここで過ごすのかは、まるで違う。ここでの一日がどれほど長いのかを、壮太のいない時間の退屈さを、先生は知っているのだろうか。ぼくら子どもにとっての一日を、大人の感覚で計算するのはやめてほしい。

お母さんは診察室を出た後も、何度も「よかったね」と言った。ぼくは間近に退院が迫っているのに、時期があやふやなせいか、気分は晴れなかった。明日退院できる。それなら手放しで喜べる。だけど、一週間か二週間、まだここでの日々は続くのだ。

がっかりしながらも、病室に戻る途中に西棟の入り口が見えて、ぼくは自分が嫌になった。何をぜいたく言っているのだ。遅くとも二週間後にはここから出られるし、ここでだって苦しい治療を受けているわけじゃない。西棟には、何ヶ月も入院している子だっているのだ。それを思うと、胸がめちゃくちゃになる。病院の中では、自分の気持ちをどう動かすのが正解なのか、どんな感情を持つことが正しいのか、よくわからなくなってしまう。

就寝時間が近づいてくると、やっぱり気持ちが抑えきれなくなって

プレイルームに向かった。真っ暗な中、音が出ないようマットに向かっておもちゃ箱をひっくり返す。三つの大きな箱の中身をぶちまけるのだ。ただそれだけの行為が、ぼくの気持ちを保ってくれた。悪いことだとはわかっている。でも、こうでもしないと、ぼくの中身が崩れてしまいそうだった。いつも、翌朝にはおもちゃは片付けられ、きれいにプレイルームは整えられている。きっと、お母さんか三園さんが直してくれているのだろう。それを思うと、ひどいことをしてるよなと申し訳ない。だけど、何かしないと、おかしくなりそうで止められなかった。

三つ目のおもちゃ箱をひっくり返し、あれ、と思った。布の箱から、がさっと何かが落ちた。硬いプラスチックのおもちゃの音とはちがう。暗い中、目を凝らしてみると、紙飛行機だ。

ぼくは慌てて電気をつけた。

(4)壮太だ……。赤青黄緑銀金、いろんな色の折り紙で作った紙飛行機は、三十個以上はある。片手に管を刺して固定していたから、使いにくい手で折ったんだろう。形は不格好だ。それでも、紙飛行機には顔まで描かれていて、「おみそれ号」「チビチビ号」「瑛ちゃん号」「またね号」と名前まで付いている。

壮太は、知っていたんだ。ぼくが夜にプレイルームでおもちゃ箱をひっくり返していたことを。そして、壮太がいなくなった後、ぼくがどう過ごせばいいかわからなくなることも。

明日から、一つ一つ飛ばそう。三十個の紙飛行機。これを飛ばしている間、少しは時間を忘れることができそうだ。

（瀬尾　まいこ『夏の体温』による。）

（注1）三園さん――病院に勤務している保育士。

（一）傍線部分①「行こ」は動詞であるが、波線部分①～④のうち、動

＜国語＞

時間　四五分　満点　五〇点

1

次の①〜⑧の文の傍線部分について、漢字は読みをひらがなで書き、ひらがなは漢字に直しなさい。（八点）

① 空に太陽が輝く。

② 五年ぶりの優勝を遂げる。

③ 出場する選手を激励する。

④ 空き地に雑草が繁茂する。

⑤ 開会の時刻をつげる。

⑥ 生涯の師とうやまう。

⑦ 生徒会長のせきにんを果たす。

⑧ 友だちと公園をさんさくする。

2

次の文章を読んで、あとの各問いに答えなさい。（十二点）

　約一ヶ月の入院をしている小学三年生のぼく（瑛ちゃん）は、入院してきた同学年の壮太と一緒に過ごしたが、壮太の退院の日を迎えることとなった。

「行こうか。壮太」

母親に肩に手を①置かれ、

「瑛ちゃん、じゃあな」

と壮太は②言った。

「ああ、元気でな」

ぼくは手を振った。

壮太は、

「瑛ちゃんこそ元気で」

②そう言ってくるりと背を向けると、そのまま部屋から出て行った。

壮太たちがいなくなると、

「フロアの入り口まで③見送ればよかったのに。案外二人ともお別れはあっさりしているんだね。ま、男の子ってそんなもんか」

とお母さんは言った。

お母さんは何もわかっていない。あれ以上言葉を発したら、泣きそうだったからだ。きっと壮太も同じなのだと思う。もう一言、言葉を口にしたら、あと少しでも一緒にいたら、さよならができなくなりそうだった。口や目や鼻。いろんなところがじんと熱くなるのをこらえながら、ぼくは「まあね」と答えた。

壮太がいなくなったプレイルームには行く気がせずに、③午後は部屋で漫画を読んだ。時々、壮太は本当に帰ったんだな、もう遊ぶことはないんだなと気づいて、ぽっかり心に穴が空いていくようだった。これ以上穴が広がったらやばい。そう思って、必死で漫画に入り込もうとした。

二時過ぎからは診察があった。この前の採血の結果が知らされる。

「だいぶ血小板が増えてきたね」

先生は優しい笑顔をぼくに向けると、さもビッグニュースのように、

「あと一週間か二週間で退院できそうかな」

と言った。

「よかったです。ありがとうございます」

お母さんは頭を下げた。声が震えているのは本当に喜んでいるからだろう。

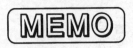

大切なことはメモしておこうネ!

2023年度

解 答 と 解 説

《2023年度の配点は解答用紙集に掲載してあります。》

＜数学解答＞

1 (1) 7　　(2) $12x-30y$　　(3) $3\sqrt{5}$

(4) $(x-1)(x-4)$　　(5) $x=\dfrac{7\pm\sqrt{37}}{6}$　　(6) $n=90$

(7) $x=-\dfrac{10}{3}$　　(8) $\angle x=108°$　　(9) オ，キ，ク

(10) 5秒　　(11) 右図

2 (1) 6点　　(2) $m=3,\ n=17$　　(3) 6，7，8

(4) ① ア　　② ウ

3 (1) ① $x+y$　　② $\dfrac{35}{100}x+\dfrac{20}{100}y$　　(2) 陸上競技大会に参加した小学生40人，中学生80人

4 (1) $\dfrac{5}{16}$　　(2) $a=3$

5 (1) B$(2,\ 1)$　　(2) $a=-1,\ b=3$　　(3) 4cm^2　　(4) $x=\dfrac{3-\sqrt{7}}{2},\ \dfrac{3+\sqrt{7}}{2}$

6 (1) 解説参照　　(2) ① 12cm　　② $\dfrac{60}{11}$cm

7 (1) $\dfrac{128\sqrt{2}}{3}\pi\,\text{cm}^3$　　(2) $6\sqrt{7}\,\text{cm}$

＜数学解説＞

1 (数・式の計算，平方根，因数分解，二次方程式，数の性質，比例関数，角度，空間内の2直線の位置関係，資料の散らばり・代表値，作図)

(1) 正の数・負の数をひくには，符号を変えた数をたせばよい。$4-(-3)=4+(+3)=4+3=7$

(2) 分配法則を使って，$6(2x-5y)=6\times2x+6\times(-5y)=12x-30y$

(3) $\dfrac{5}{\sqrt{5}}=\dfrac{5\times\sqrt{5}}{\sqrt{5}\times\sqrt{5}}=\dfrac{5\sqrt{5}}{5}=\sqrt{5}$，$\sqrt{20}=\sqrt{2^2\times5}=2\sqrt{5}$ だから，$\dfrac{5}{\sqrt{5}}+\sqrt{20}=\sqrt{5}+2\sqrt{5}=(1+2)\sqrt{5}=3\sqrt{5}$

(4) たして-5，かけて$+4$になる2つの数は，$(-1)+(-4)=-5$，$(-1)\times(-4)=+4$より，-1と-4だから$x^2-5x+4=\{x+(-1)\}\{x-(-4)\}=(x-1)(x-4)$

(5) 2次方程式$ax^2+bx+c=0$の解は，$x=\dfrac{-b\pm\sqrt{b^2-4ac}}{2a}$で求められる。問題の2次方程式は，$a=3,\ b=-7,\ c=1$の場合だから，$x=\dfrac{-(-7)\pm\sqrt{(-7)^2-4\times3\times1}}{2\times3}=\dfrac{7\pm\sqrt{49-12}}{6}=\dfrac{7\pm\sqrt{37}}{6}$

(6) $\dfrac{\sqrt{40n}}{3}=\sqrt{\dfrac{40n}{9}}$ より，$\dfrac{\sqrt{40n}}{3}$の値が整数となるためには，$\sqrt{\dfrac{40n}{9}}$ の根号の中が(自然数)^{2}の形になればいい。$\sqrt{\dfrac{40n}{9}}=\sqrt{\dfrac{2^3\times5\times n}{9}}=\sqrt{\dfrac{2^2\times2\times5\times n}{9}}=2\sqrt{\dfrac{2\times5\times n}{9}}$ より，このような自然数nは$2\times5\times9\times$(自然数)^{2}と表され，このうちで最も小さい数は$2\times5\times9\times1^2=90$である。

(7)　yがxに比例するから，xとyの関係はy＝axと表せる。x＝10，y＝−2を代入して，−2＝a×10 a＝−$\frac{1}{5}$　よって，y＝−$\frac{1}{5}$x　これに，y＝$\frac{2}{3}$を代入すると$\frac{2}{3}$＝−$\frac{1}{5}$x　x＝$\frac{2}{3}$×$\left(-\frac{5}{1}\right)$＝−$\frac{10}{3}$

(8)　右図のように，2本の線分を延長して考える。ℓ//mより，平行線の錯角は等しいから，∠x＝∠y　多角形の外角の和は360°であることから，∠y＝360°−(93°＋∠z＋110°)＝360°−{93°＋(180°−131°)＋110°}＝108°　よって，∠x＝∠y＝108°

(9)　空間内で，平行でなく，交わらない2つの直線はねじれの位置にあるという。直線ABと平行な直線は，直線DEの1本　直線ABと交わる直線は，直線BC，直線CA，直線AD，直線BEの4本　直線ABとねじれの位置にある直線は，直線CF，直線EF，直線FDの3本である。

(10)　度数分布表の中で度数の最も多い階級の階級値が最頻値だから，度数が7人で最も多い4秒以上6秒未満の階級値$\frac{4+6}{2}$＝5(秒)が最頻値である。

(11)　(着眼点)　接線と接点を通る半径は垂直に交わるので，点Aを通る直線ℓの垂線上に円の中心がある。また，2点B，Cから等しい距離にある点は，線分BCの垂直二等分線上にある。　(作図手順)　次の①〜④の手順で作図する。　①　点Aを中心とした円を描き，直線ℓ上に交点をつくる。　②　①でつくったそれぞれの交点を中心として，交わるように半径の等しい円を描き，その交点と点Aを通る直線(点Aを通る直線ℓの垂線)を引く。　③　点B，Cをそれぞれ中心として，交わるように半径の等しい円を描き，その交点を通る直線(線分BCの垂直二等分線)を引き，点Aを通る直線ℓの垂線との交点をOとする。　④　点Oを中心として，点Aを通る円を描く。(ただし，解答用紙には点Oの表記は不要である。)

[2]　(資料の散らばり・代表値)

(1)　箱ひげ図とは，右図のように，最小値，第1四分位数，第2四分位数(中央値)，第3四分位数，最大値を箱と線(ひげ)を用いて1つ

の図に表したものである。これより，A班の数学のテスト結果の第1四分位数は6点である。

(2)　B班の箱ひげ図より，最小値は3点であるが，問題図2の中に3点がないことから，m＝3と決まる。ここで，n以外の7人の点数を小さい順に並べると，3，12，14，15，17，17，19　また，B班の箱ひげ図から，第1四分位数(点数の低いほうから2番目と3番目の平均値)＝13点，第2四分位数(点数の低いほうから4番目と5番目の平均値)＝16点，第3四分位数(点数の高いほうから2番目と3番目の平均値)＝17点，最大値＝19点である。これらより，4≦n≦19であることがわかる。さらに，4≦n≦16の場合，第2四分位数が16点にならないから，問題の条件に合わない。18≦n≦19の場合，第3四分位数が17点にならないから，問題の条件に合わない。n＝17の場合，すべての問題の条件に合う。

(3)　C班の箱ひげ図から，第1四分位数(点数の低いほうから3番目)＝4点，第2四分位数(点数の低いほうから5番目と6番目の平均値)＝6点，第3四分位数(点数の高いほうから3番目)＝14点である。これらより，点数の低いほうから5番目と6番目のデータをそれぞれk点，ℓ点とすると，

$4\leqq k\leqq 6\cdots$① $\dfrac{k+1}{2}=6\cdots$② $6\leqq\ell\leqq 14\cdots$③である。①について，$k=4$のとき，②より，$\ell=8$ これは③を満たす。$k=5$のとき，②より，$\ell=7$ これは③を満たす。$k=6$のとき，②より，$\ell=6$ これは③を満たす。以上より，小さい方から6番目のデータとしてありえる数は6，7，8である。

(4) ① データの最大値と最小値の差がテスト結果の**範囲**だから，A班の数学のテスト結果の範囲$=18-2=16$(点)，B班の数学のテスト結果の範囲$=19-3=16$(点)である。正しい。

② 例えば，B班8人のデータが3，13，13，15，17，17，17，19の場合でも，同じ箱ひげ図になる。図1，図2からはわからない。

3 （方程式の応用）

(1) ①に関して，右辺が120であることから，①は陸上競技大会に参加した小学生と中学生の合計の人数であることがわかる。これより，①$=x+y$ ②に関して，右辺が30であることから，②は100m走に参加した小学生と中学生の合計の人数であることがわかる。100m走には，小学生の人数の35%$\left(\dfrac{35}{100}x\text{人}\right)$と中学生の人数の20%$\left(\dfrac{20}{100}y\text{人}\right)$が参加したから，②$=\dfrac{35}{100}x+\dfrac{20}{100}y$

(2) 連立方程式$\begin{cases} x+y=120\cdots\text{⑦} \\ \dfrac{35}{100}x+\dfrac{20}{100}y=30\cdots\text{⑦} \end{cases}$ を解く。⑦の両辺に100をかけて，$35x+20y=3000$ 両辺を5で割って，$7x+4y=600\cdots$⑦ ⑦$-$⑦$\times4$より，$(7x+4y)-(x+y)\times4=600-120\times4$ $7x+4y-4x-4y=600-480$ $3x=120$ $x=40$ これを⑦に代入して，$40+y=120$ $y=80$ 以上より，陸上競技大会に参加した小学生は40人，中学生は80人である。

4 （確率）

(1) 図1に，2人のすべてのカードの取り出し方と，それぞれの勝敗を示している。ここで，「のぞみ」はのぞみさんが勝つことを，「けいた」はけいたさんが勝つことを，「△」は引き分けを意味する。2人のすべてのカードの取り出し方は$4\times4=16$(通り)。このうち，けいたさんが勝つのは5通りだから，求める確率は$\dfrac{5}{16}$

図1　　　　　　　　　　　　　　　図2

(2) $a=1$の場合を図2に示す。このとき，のぞみさんが勝つ場合の数は8通り，けいたさんが勝つ場合の数は6通りある。パーのカードを1枚増やすごとに，のぞみさんが勝つ場合の数は1通りずつ増え，けいたさんが勝つ場合の数は2通りずつ増えるから，パーのカードをa枚入れたとき，

のぞみさんが勝つ場合の数は$(7+a)$通り，けいたさんが勝つ場合の数は$(4+2a)$通りと表すことができる。のぞみさんが勝つ確率と，けいたさんが勝つ確率が等しくなるのは，$7+a=4+2a$のとき。これを解いて，$a=3$である。

[5] （図形と関数・グラフ）

(1) 点Bは$y=\dfrac{1}{4}x^2$上にあるから，そのy座標は$y=\dfrac{1}{4}\times2^2=1$　よって，B(2, 1)

(2) (1)と同様にして，点Aのy座標は$y=\dfrac{1}{4}\times(-6)^2=9$　よって，A(-6, 9)　直線ABの傾きは，$a=\dfrac{1-9}{2-(-6)}=-1$　直線ABの式を$y=-x+b$とおくと，点Bを通るから，$1=-2+b$　$b=3$　直線ABの式は$y=-x+3$

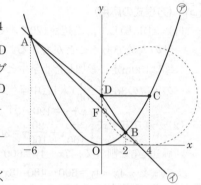

(3) 点Cは$y=\dfrac{1}{4}x^2$上にあるから，そのy座標は$y=\dfrac{1}{4}\times4^2=4$　よってC(4, 4)　点Dのy座標は点Cのy座標と等しいからD(0, 4)　直線ABとy軸との交点をFとすると，直線ABのグラフの切片が3であることからF(0, 3)　以上より，△ABD＝△AFD＋△BFD＝$\dfrac{1}{2}\times$DF$\times$（点Aのx座標の**絶対値**）＋$\dfrac{1}{2}\times$DF$\times$（点Bのx座標の**絶対値**）＝$\dfrac{1}{2}\times(4-3)\times6+\dfrac{1}{2}\times(4-3)\times2=4$(cm²)

(4) 右図のように，点Cを中心として，半径CDの円をかくと，円Cは直線ABと2点（○印と△印）で交わり，そのどちらもがCD＝CEとなる点Eを表す。この点Eのx座標をtとおくと，点Eは$y=-x+3$上にあるから，そのy座標は$y=-t+3$　よってE$(t, -t+3)$　点Eから，点Cを通りy軸と平行な直線へ垂線EGを引くとG$(4, -t+3)$　△CEGに**三平方の定理**を用いると，CE²＝EG²＋CG²＝$(4-t)^2+\{4-(-t+3)\}^2=(4-t)^2+(1+t)^2=2t^2-6t+17$…①　また，CE＝CD＝4より，CE²＝16…②　①，②より，$2t^2-6t+17=16$　$2t^2-6t+1=0$　解の公式を用いて，$t=\dfrac{-(-6)\pm\sqrt{(-6)^2-4\times2\times1}}{2\times2}=\dfrac{3\pm\sqrt{7}}{2}$

[6] （円の性質，相似の証明，線分の長さ）

(1) （証明）（例）△ABDと△DAFにおいて，AB//FGより，平行線の錯角は等しいから，∠BAD＝∠ADF…①　線分BEは，∠ABCの二等分線だから，∠ABD＝∠CBE…②　$\overset{\frown}{\text{CE}}$に対する円周角は等しいから，∠CBE＝∠DAF…③　②，③より，∠ABD＝∠DAF…④　①，④より，2組の角がそれぞれ等しいので，△ABD∽△DAF

(2) ①　△ABD∽△DAFより，AB：DA＝AD：DF＝6：3＝2：1　AB＝2DA＝2×6＝12(cm)
　　②　線分BEは∠ABCの二等分線だから，**角の二等分線と線分の比の定理**より，AD：CD＝AB：BC＝12：10＝6：5　CD＝AD×$\dfrac{5}{6}$＝6×$\dfrac{5}{6}$＝5(cm)　DG//ABより，△ABCに平行線と線分の比についての定理を用いると，DG：AB＝CD：CA＝CD：(CD＋AD)＝5：(5＋6)＝5：11　DG＝12×$\dfrac{5}{11}$＝$\dfrac{60}{11}$(cm)

[7] （空間図形，体積，線分の長さ）

(1) 底面の円の中心をOとして，△ABOに三平方の定理を用いると，AO＝$\sqrt{\text{AB}^2-\text{BO}^2}$＝$\sqrt{12^2-\left(\dfrac{8}{2}\right)^2}$＝$8\sqrt{2}$(cm)　よって，（円すいPの体積）＝$\dfrac{1}{3}\pi\times$BO²$\times$AO＝$\dfrac{1}{3}\pi\times4^2\times8\sqrt{2}=\dfrac{128\sqrt{2}}{3}\pi$(cm³)

(2)　側面を展開したときのおうぎ形を右図に示す。このお
うぎ形の中心角の大きさを$a°$とすると，**中心角の大きさ
は弧の長さに比例するから**，$\dfrac{a°}{360°}=\dfrac{2\pi \times (底面の半径)}{2\pi \times (母線の長さ)}$
$=\dfrac{2\pi \times 4}{2\pi \times 12}=\dfrac{1}{3}$　$a°=120°$　点Mから点Bまで，母線AC
を通って，かけたひもの長さがもっとも短くなるよう
にかけたとき，展開図上でひもは線分BMとなる。点M
から直線ABへ垂線MHを引くと，∠MAH$=180°-a°=$
$180°-120°=60°$より，△AMHは30°，60°，90°の直角
三角形で，3辺の比は2：1：$\sqrt{3}$だから，AH$=\dfrac{\text{AM}}{2}=\dfrac{6}{2}=3$(cm)　　MH$=\sqrt{3}AH=3\sqrt{3}$ (cm)
△BMHに三平方の定理を用いると，かけたひもの長さがもっとも短くなるときのひもの長さは，
BM$=\sqrt{\text{BH}^2+\text{MH}^2}=\sqrt{(\text{AB}+\text{AH})^2+\text{MH}^2}=\sqrt{(12+3)^2+(3\sqrt{3})^2}=6\sqrt{7}$ (cm)

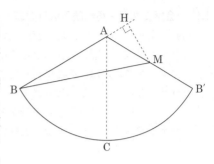

＜英語解答＞

1　(1)　ア　　(2)　No. 1　イ　　No. 2　エ　　No. 3　ウ　　(3)　No. 1　ウ　　No. 2　ア
No. 3　イ　　No. 4　ウ　　(4)　No. 1　イ　　No. 2　エ　　No. 3　エ

2　(1)　No. 1　①　イ　　②　ア　　No. 2　ウ　　(2)　エ

3　(1)　①　(例1)What sport are you good at?　　(例2)What sports can you
play well?　　(例3)Tell me the sport you are able to play well.
②　(例1)I'm glad that our baseball team won a game for the first time
yesterday.　　(例2)I'm happy because my baseball team won for the first
time yesterday.　　(例3)Our team won the baseball game for the first
time yesterday, so I'm pleased.　　③　(例1)Can you join our practice next
Saturday?　　(例2)Why don't you take part in our practice this Saturday?
(例3)Let's practice on Saturday.　　(2)　①　(例1)My grandmother gave it
to me for my birthday.　　(例2)I got this violin from my grandmother as a
birthday present.　　(例3)It's a birthday present from my grandma.
②　(例1)She teaches me how to play the violin.　　(例2) I'm learning the
way to play it from my grandmother.　　(例3)She's my violin teacher.
③　(例1)I played the violin for my family before we had dinner yesterday.
(例2)I played it in front of my family before eating dinner yesterday.
(例3)Before dinner yesterday, I played it for my family.

4　(1)　①　ア　　②　エ　　(2)　A　products　　B　talking　　(3)　イ
(4)　ウ，カ

＜英語解説＞

1　(リスニング)
放送台本の和訳は，59ページに掲載。

2　(会話文問題・資料読み取り問題：文挿入，内容真偽)

(1)　(全訳)　マナ：リサ，夏休みは何をする予定なの？

　リサ：家族で中国の叔父のところに行く予定だよ。

　マナ：すてきだね。そこに行ったことあるの？

　リサ：ないよ，そこへは初めてだよ。この4月に叔父が中国へ引っ越してから叔父には会っていないの。彼は私たち家族を博物館とか大きなお寺に連れて行ってくれる予定なんだ。

　マナ：素晴らしいね。あなたと一緒に中国に行けたらなあ。日本に帰ってきたら旅行のことを教えてくれる？

　リサ：もちろん。中国で何か良いものをあなたに買ってくるね。旅行のあとに次に会うときに持ってくるね。

　マナ：ありがとう。①(そこにはどれくらい泊まるの？)

　リサ：1週間。7月27日に日本を出発するよ。

　マナ：じゃあ，8月の市民祭りの前にこの町に帰ってるんだね。

　リサ：その通り。あなたの両親が8月5日に市民祭りに私たちを連れて行ってくれるんだよね？

　マナ：うん。お祭りの花火が楽しみ。

　リサ：私も。昨年は雨で見られなかったから今年は見たいな。

　マナ：昨年はお祭りでとっても悲しかったよね。②(今年は天気がいいといいな。)ところで，私のいとこの一人がその日に我が家に泊まりに来るの。

　リサ：東京の大学で勉強しているあのいとこのこと？

　マナ：うん。お祭りに彼が一緒に来てもいい？

　リサ：もちろん。楽しくなるね。

No.1　①　直後に滞在期間を答えているので期間を訪ねる **How long** で始まるイがふさわしい。　②　直前の悲しかったという内容から今年に期待するアがふさわしい。　イ「昨年雨だったとは知らなかった」　ウ「私の両親がお祭りに行くとは思わない」　エ「あなたがなぜ花火を持っていなかったかわかる」は内容と合わない。

No.2　ア　「リサは10年間叔父と会っていないので彼に会いに中国へ行くことに決めた」(×)　2つ目のリサの発話参照。　イ「マナは博物館やお寺に行くために7月にリサと一緒に中国を訪れるつもりだ」(×)　2つ目のリサ，3つ目のマナの発話参照。　ウ「リサは家族との中国旅行のあと，8月にマナにプレゼントを渡す」(○)　3，5つ目のリサ，5つ目のマナの発話参照。　エ「マナのいとこはマナの家に泊まりに来て，7月にマナとリサと一緒にお祭りに行く」(×)　お祭りは8月。最後から2つ目のマナの発話以降の対話を参照。

(2)　ア　「生徒たちは水曜日の午後4時に図書館で本を3冊借りられる」(×)　掲示物上部の **Open** 欄に **Wednesday**「水曜日」は午前9時から午後3時半までとある。　イ「生徒たちは休暇中は図書館で飲み物を飲めるが，そこでは何も食べることはできない」(×)　**Library Rules**「図書館のルール」欄に **Don't eat. Don't drink.**「食べてはいけません。飲んではいけません」とある。　ウ「アンナは生徒たちに夏休み中に読んだ本について彼女に話してもらいたい」(×)　**What is your favorite book?**「あなたの好きな本は何ですか」欄に「もし他の生徒に好きな本を伝えたい場合，『この本が大好き』メモを使って，ライブラリーボックスに入れてください。10月と11月の図書館ニュースでそのメモを他の生徒へ見せます」とある。　エ「メモは自分の好きな本を他の生徒に伝えたい生徒によって使われる」(○)　**What is your favorite book?**「あなたの好きな本は何ですか」欄参照。

3　(条件英作文：現在形，前置詞，助動詞，接続詞，不定詞，過去形)

(1)　会話表現をよく覚えておこう。　①　(例1)「あなたはどんなスポーツが得意ですか」**be good at**「〜が得意だ」(例2)「あなたはどんなスポーツが上手にできますか」(例3)「あなたが上手にできるスポーツを教えてください」**be able to** に動詞の原形を続けて「〜ができる」。
②　(例1)「昨日私たちの野球チームが初めて試合に勝ったことが嬉しい」glad「嬉しく思う」for the first time「初めて」(例2)「昨日初めて私の野球チームが勝ったので幸せだ」**because〜**「〜なので」(例3)「昨日初めて私たちのチームが試合に勝った，だから私は嬉しい」pleased「喜んだ，うれしい」　③　(例1)「次の土曜日私たちの練習に参加できますか？」(例2)「この土曜日に私たちの練習に参加したらどうですか？」take part in「〜に参加する」**Why don't you〜?**「〜したらどうですか」提案の表現。　(例3)「土曜日に練習しよう」

(2)　①　(例1)「私の祖母が誕生日に私にそれをくれました」(例2)「私はこのバイオリンを誕生日プレゼントとして祖母からもらいました」(例3)「これは祖母からの誕生日プレゼントです」
②　(例1)「彼女は私にバイオリンの弾き方を教えてくれます」＜how to ＋動詞の原形＞「〜のやり方，方法」(例2)「私は祖母からそれの弾き方を学んでいます」(例3)「彼女は私のバイオリンの先生です」　③　(例1)「昨日夕食を食べる前に家族のためにバイオリンを演奏しました」**before**「〜の前に」(例2)「昨日夕食を食べる前に家族の前でそれを演奏しました」**in front of**「〜の前に，前で」(例3)「昨日の夕食の前に私は家族のためにそれを弾きました」

4　(読解問題・物語文：文挿入，語句補充，内容真偽)

(全訳)　リョウタは16歳でヒカリ高校の英語部の部員です。

7月のある日の放課後，リョウタと他の英語部の部員は次の活動で何をするか決めるつもりでした。リョウタは「僕はヒカリ市が好きだけど，この市にはほんの数人しか外国人観光客が来ない。外国人観光客がもっとこの市に興味を持つように何かできるかな？」と言いました。オーストラリア出身の部員の一人，メアリーが「ヒカリ市の動画を英語で作るのはどうかな？」と言いました。部員全員が「①(それはいいアイディアだね)」と言いました。部長が「オーケー。素晴らしい動画を作って，市役所の職員に市のウェブサイトでそれを使ってもらうように頼もう」と言いました。そして3人の部員が情報を得るためにヒカリ城に行き，2人の部員がそれについてもっと知るためにヒカリフラワーパークを訪れました。リョウタとメアリーはヒカリサンデーマーケットについて話していました。メアリーは「毎週日曜日にヒカリ駅の前でマーケットを見られるね。私のクラスメイトの一人が昨年オーストラリアからこの市に来た時にそれについて教えてくれたの。私はそこで地元の人たちと話をするのが好き。地元の食べ物を食べられる」と言いました。リョウタは「それはすばらしいね。僕たちの動画のために何か面白いことをそこで見つけられるね。この日曜日にそこに一緒に行ける？」と言いました。彼女は「もちろん」と言いました。

日曜日の朝，リョウタとメアリーはヒカリサンデーマーケットへ行きました。そこには約15の屋台があり，そこで商品を買っている人たちがいました。メアリーは「見て，あれが私の好きな屋台」と言いました。屋台で，女性はジュースとクッキーを売っていました。メアリーは彼女に「タナカさん，先週私が買った人参クッキーはおいしかったです。今日は何がおすすめですか？」と言いました。その女性は微笑んで「ありがとう，メアリー。フレッシュトマトジュースはどう？」と言いました。リョウタとメアリーはトマトジュースを飲んで，リョウタは「わあ，おいしい。どうやってこのおいしいジュースを作ったんですか？」と言いました。タナカさんは「えっとね，母の新鮮なトマトを使っているの。彼女はこの市の農家で毎日朝早くトマトを摘んでいるのよ」と言いました。リョウタはタナカさんに「僕はこのジュースがとても好きです」と言いました。タナカさんに

お別れを言ったあと，メアリーは新しい屋台を見つけました。彼女は「カバンを売っている屋台を見て。とってもかわいい」と言いました。リョウタは同意して，屋台の中の男性，イトウさんに「あなたがこれをデザインしたのですか？」と言いました。イトウさんは「はい。私がこれをデザインして，カバンの布はヒカリ市で作られています」と言いました。リョウタは「面白いですね」と言いました。リョウタとメアリーはマーケットを歩いて回り，そこでの時間を過ごして楽しみました。

リョウタとメアリーが家に帰っているとき，彼は「僕は最初マーケットについて知らなかった。でもそこで会った人たちがマーケットとヒカリ市のことを教えてくれた。なんであなたがこのマーケットを好きなのかわかったよ」と言いました。彼らは来週またそこへ行き，もっと情報を得るために人と話すことに決めました。

4か月後，英語部の部員たちは動画を作り終え，ヒカリ市役所の職員たちにそれを見せました。動画では部員たちがお城の古い壁や公園の美しい花，マーケットの地元の製品の写真を見せ，英語で説明をしました。部長が職員に「②(動画に興味を持ってもらえたら私たちは嬉しいです)」と言いました。職員の一人であるサトウさんが「私たちはそれをとても気に入りました。外国人観光客のために市のウェブサイトでこれを使います」と言いました。部長は「ありがとうございます」と言いました。リョウタは「もっと外国人観光客が来て私たちの市を楽しんでくれることを願っています」と言いました。

（10年後）

リョウタは今ヒカリ市役所の職員で観光客がこの市を楽しむお手伝いをしています。メアリーは今オーストラリアにいますが，彼らはまだいい友達です。

6月のある夜，リョウタとメアリーはオンラインで話していました。メアリーは「来月友達のケイトと日本を訪れるつもりよ。その月の第2日曜日にヒカリ市で会えるかな？」と言いました。彼は「もちろん。ヒカリ駅で会おう」と言いました。

その日曜日の朝，メアリーとケイトは駅の前で待っていて，ヒカリサンデーマーケットを見つけました。するとリョウタがマーケットからやってきて，彼らに「ようこそ，メアリー，このマーケットを覚えている？」と言いました。メアリーは「こんにちは！ たくさんの外国人観光客がここで地元の製品を買っていて驚いたわ。10年前はほんの数人の外国人観光客しかいなかったのに」と言いました。彼は「僕は市役所で他の職員と一緒に，このマーケットが外国人観光客の間でもっと人気になるように努めているんだよ」と言いました。メアリーはリョウタに「それはいいね！ 10年前に動画で紹介した屋台がまだあるね」と言いました。彼は「うん，まだタナカさんのフレッシュトマトジュースを飲めるよ」と言いました。

(1) ① 直前のメアリーの提案について部員が賛成している場面なのでアがふさわしい。 ② 直後にサトウさんが気に入ったと述べているのでエがふさわしい。

(2) (A) 「リョウタとメアリーはフレッシュジュースやカバンなどの興味深い地元の製品を見つけた」第3段落参照。 (B) 「彼らはマーケットで出会った人たちと話すことによってより多くの情報を得た」第4段落参照。

(3) 第5段落第2文に動画について述べられている。ア「ヒカリ高校についての英語の動画」(×) イ「ヒカリ市のいくつかの場所を紹介している動画」(○) ウ「ヒカリ市の外国人観光客によって撮られた動画」(×) エ「ヒカリ市役所の職員が作った動画」(×)

(4) ア「リョウタは外国人観光客にヒカリ市に来てもらいたいので英語部の他の部員に動画を作るように頼んだ」(×) 第2段落第3文メアリーの発話参照。 イ「英語部の部長は外国人観光客に動画を見せるためにウェブサイトを作るつもりだった」(×) 第2段落第5文部長の発話参照。 ウ「メアリーはクラスメイトの一人がそのことについて彼女に教えていたのでヒカリサンデーマ

ーケットについて知っていた」(○)　第2段落第8文メアリーの発話参照。　エ「メアリーはリョウタと情報を得るためにヒカリサンデーマーケットへ行ったときに人参クッキーを買った」(×)　第3段落第5文参照。　オ「ヒカリサンデーマーケットへ行ったあと，リョウタはメアリーになぜマーケットが好きなのかをたずねたが，彼はその理由はわからなかった」(×)　第4段落参照。　カ「メアリーがケイトとヒカリサンデーマーケットへ行ったとき，そこにたくさんの外国人観光客を見た」(○)　最終段落第3文メアリーの発話参照。

2023年度英語　リスニング検査

〔放送台本〕

　今から①のリスニング検査を行います。問題は，(1)，(2)，(3)，(4)の4つです。問題用紙の各問いの指示に従って答えなさい。聞いている間にメモを取ってもかまいません。

　それでは，(1)の問題から始めます。(1)の問題は，表を見て答える問題です。下の表についての英語による質問を聞いて，その質問に対する答えとして，ア～エから最も適当なものを1つ選び，その記号を書きなさい。質問は1回だけ放送します。では，始めます。

Who practiced basketball last Wednesday?

　これで(1)の問題を終わり，(2)の問題に移ります。

〔英文の訳〕

　この前の水曜日にバスケットボールの練習をしたのは誰ですか？

　答え：ア　カナがしました。

〔放送台本〕

　(2)の問題は，英語による対話を聞いて，質問に答える問題です。それぞれの質問に対する答えとして，ア～エから最も適当なものを1つ選び，その記号を書きなさい。対話は，No.1，No.2，No.3の3つです。対話と質問は1回ずつ放送します。では，始めます。

No. 1　A: Hi, Mike. I'm hungry. Why don't we have lunch?

　　　　B: Sure, Yumi. I'm hungry, too.

　　　　A: There are two restaurants near here. Which do you want to have, a hamburger or curry?

　　　　B: Well.... I had curry last night. So, I want a hamburger for lunch.

　　　質問します。　Did Mike eat a hamburger last night?

No. 2　A: Hi, Paul. How was your weekend?

　　　　B: It was nice! I climbed a mountain with my sister. How about you, Hannah?

　　　　A: I enjoyed watching a movie with my friend. The story was so nice. I want to watch it again!

　　　　B: Oh, that's good.

質問します。　What did Hannah do on the weekend?

No. 3　A: Can you help me cook dinner, John?

　　　　B: Sure, mom.　What will we have for dinner today?

　　　　A: We will have salad, omelets, soup and bread.　I'm cooking soup and I asked your father to buy bread for dinner.

　　　　B: OK.　Then, I will make salad first.　Next, I will cook omelets, too.

　　　　A: Thank you.　You always make delicious dishes.

　　　　B: I want to be a cook in the future.

　　　　質問します。　What will John do first?

これで(2)の問題を終わり，(3)の問題に移ります。

〔英文の訳〕

No.1　A：こんにちは，マイク。お腹が空いたな。ランチを食べない？

　　　B：もちろん，ユミ。僕もお腹が空いているんだ。

　　　A：この近くに2つレストランがあるよね。ハンバーガーとカレー，どっちを食べたい？

　　　B：うーん…。昨夜カレーを食べたんだ。だからランチにはハンバーガーが食べたいな。

　　　質問：昨夜マイクはハンバーガーを食べましたか？

　　　答え：イ　いいえ，彼はしません（食べません）でした。

No.2　A：こんにちは，ポール。週末はどうだった？

　　　B：よかった！　姉[妹]と山に登ったんだ。ハンナはどうだった？

　　　A：友達と映画を見て楽しんだよ。ストーリーがとてもよかった。もう一回見たい！

　　　B：ああ，それはいいね。

　　　質問：ハンナは週末何をしましたか？

　　　答え：エ　彼女は友達と映画を見ました。

No.3　A：夕飯を作るのを手伝ってくれる，ジョン？

　　　B：もちろん，お母さん。今日の夕飯は何を食べるの？

　　　A：サラダ，オムレツ，そしてスープとパンよ。私はスープを作っているから，お父さんに夕飯のパンを買うように頼んだのよ。

　　　B：オーケー。じゃあ，僕はまずサラダを作ろう。次にオムレツも作るよ。

　　　A：ありがとう。あなたはいつもおいしい料理を作るわよね。

　　　B：将来シェフになりたいんだ。

　　　質問：ジョンは最初に何をしますか？

　　　答え：ウ　彼はサラダを作ります。

〔放送台本〕

　(3)の問題は，英語による対話を聞いて，答える問題です。それぞれの対話の最後の英文に対する受け答えとして，ア～ウから最も適当なものを1つ選び，その記号を書きなさい。対話は，No. 1, No. 2, No. 3, No.4の4つです。対話は1回ずつ放送します。

では，始めます。

No. 1　A: May I help you?

　　　　B: Yes, I'm looking for a cap.　I like this one, but it's a little small for me.

A: OK. How about this bigger one?

No. 2　A: Good morning, Bob. Oh, what's wrong?

B: I feel sick and I have a stomachache.

A: Oh, no. When did the stomachache start?

No. 3　A: Hello, this is Harry. May I speak to Jack, please?

B: Sorry, he isn't at home now. Any messages?

A: No, thank you. What time will he come back?

No. 4　A: Nick, what are you doing?

B: I'm drawing a picture with a computer.

A: Wow, it's beautiful. How did you learn about drawing pictures with a computer?

　これで(3)の問題を終わり，(4)の問題に移ります。

〔英文の訳〕

No.1　A：おうかがいしましょうか？

　　　B：はい，帽子を探しているんです。これが好きなのですが，私には少し小さいです。

　　　A：オーケー。この大きい方はどうですか？

　　　答え：ウ　完璧です。

No.2　A：おはよう，ボブ。あら，どうしたの？

　　　B：気分が悪くて胃が痛いんだ。

　　　A：ああ，大変。いつ胃が痛くなり始めたの？

　　　答え：ア　今朝。

No.3　A：もしもし，ハリーです。ジャックはいますか？

　　　B：すみません，彼は今家にいません。伝言はありますか？

　　　A：いいえ，ありがとうございます。彼は何時に帰ってきますか？

　　　答え：イ　夜の7時くらいです。

No.4　A：ニック，何をしているの？

　　　B：コンピューターで絵を描いているよ。

　　　A：わあ，きれいだね。コンピューターで絵を描くのをどうやって学んだの？

　　　答え：ウ　私の兄[弟]が教えてくれた。

〔放送台本〕

　(4)の問題は，高校生の Emi とカナダからの留学生の Mark との英語による対話を聞いて，質問に答える問題です。それぞれの質問に対する答えとして，ア~エから最も適当なものを1つ選び，その記号を書きなさい。対話と質問は2回ずつ放送します。では，始めます。

Emi:　Mark, do you have any plans this weekend?

Mark: Yes, I'm going to join the event to enjoy hiking in Midori Park this Sunday.

Emi:　Oh, I'm going to join it with my sister, Chika, too. Can you come with us?

Mark: Sounds good. Thank you. Have you joined the event before?

Emi:　Yes. My mother and I join it every year. This year, she can't join it, but Chika will come with me. She will join it for the first time.

Mark: Me, too. I want to find interesting flowers and trees in the park. Look. I took these pictures of flowers in my country.

Emi:　How beautiful! Do you know the names of these flowers?

Mark: Yes. I learned them from books about flowers.

Emi: :　Chika and I often read books about flowers, too. At the event, we want to find the flowers we saw in the books.

Mark: How nice! Can you teach me the names of flowers in Japanese at the event?

Emi:　Sure. Then, can you teach us the names of flowers in English?

Mark: Yes, of course. Where should we meet on Sunday?

Emi:　Let's meet at Yamanaka Station at 7:30. We can take the train that leaves the station at 7:40.

Mark: OK. Can we get to the park before the event by that train?

Emi: :　Don't worry. The train arrives at Midori Park Station at 8:10, and then it takes ten minutes to the park. So at the park, we'll still have ten minutes before the event starts.

Mark: I see. I'm looking forward to the event.

質問します。

No. 1　Has Chika joined the event to enjoy hiking in Midori Park before?

No. 2　What will Mark teach Emi and her sister?

No. 3　What time will the event to enjoy hiking in Midori Park start?

　　これで①のリスニング検査の放送を終わります。

〔英文の訳〕

エミ　：マーク，この週末の予定は何かあるの？

マーク：うん，この日曜日にミドリ公園でのハイキングを楽しむイベントに参加するつもりだよ。

エミ　：あら，私も姉[妹]のチカと一緒に参加するつもりなの。一緒に行ける？

マーク：いいね。ありがとう。前にこのイベントに参加したことはある？

エミ　：うん，母と私で毎年参加しているの。今年は母が参加できないけれどチカが私と一緒に来るの。彼女は始めての参加だよ。

マーク：僕もだよ。僕は公園で興味深い花や木を見つけたいんだ。見て。僕が国でこれらの花の写真を撮ったんだよ。

エミ　：なんて美しいのかしら！　これらの花の名前を知っている？

マーク：うん，花の本から学んだんだ。

エミ　：チカと私もよく花に関する本を読むのよ。イベントでは本で見た花を見つけたいな。

マーク：それはいいね！　イベントでは日本語での花の名前を教えてくれる？

エミ　：もちろん。じゃあ英語での花の名前を私たちに教えてくれる？

マーク：うん，もちろんだよ。日曜日はどこで会うのがいいかな？

エミ　：ヤマナカ駅で7時半に会おう。7時40分にその駅発の電車に乗れるよ。

マーク：オーケー。その電車でイベントの前に公園に着けるの？

エミ ：心配しないで。電車はミドリ公園駅に8時10分について，公園まで10分かかるの。だから公園でイベントが始まるまでまだ10分あるから。

マーク：なるほど。イベントが楽しみだよ。

No.1：チカは以前にミドリ公園でハイキングを楽しむイベントに参加したことがありますか？

答え：イ いいえ，彼女はありません。

No.2：マークはエミと彼女の姉[妹]に何を教えますか？

答え：エ 英語での花の名前。

No.3：ミドリ公園でハイキングを楽しむイベントは何時に始まりますか？

答え：エ 8時半。

＜理科解答＞

1 (1) 消化酵素 (2) (例)加熱する。 (3) 試験管に入れる液 ウ 結果 オ

2 (1) XY イ あ 気圧 (2) 62[%]

3 (1) (a) 鼓膜 (b) エ (2) (a) 250[Hz] (b) ウ

4 (1) 水の割合が最も高い C エタノールの割合が最も高い A (2) エ

(3) あ 蒸留 い (例1)沸点 (例2)沸騰する温度

5 (1) (a) 恒星 (b) あい エ う 年周運動 (c) イ (2) (a) 黄道

(b) ウ (c) (さそり座は)(例)太陽と同じ方向にあるから。 (d) エ

6 (1) (a) エ (b) 気孔 (2) (a) (例)水が水面から蒸発するのを防ぐため。

(b) (記号) ウ (名称) 道管 (c) イ (d) 3.6[g] (e) ア

7 (1) (a) ウ (b) (銅：酸素＝)4：1 (c) 0.32[g] (2) (a) (例)(試験管aに)空気が吸い込まれるのを防ぐため。 (b) (i) 還元 (ii) (例1)酸素と結びつきやすい (例2)酸化されやすい (c) $2CuO+C \rightarrow 2Cu+CO_2$

8 (1) (a) エ (b) 0.48[J] (c) X 1.2 Y 40 Z 1.6 (d) ア

(2) (a) 0.04[W] (b) 10[cm/s]

＜理科解説＞

1 (消化)

(1) 食物の消化を行うのは，消化液にふくまれる消化酵素である。

(2) ベネジクト液は，ブドウ糖やブドウ糖が複数結びついた物質をふくむ水溶液と混合し，加熱すると，赤褐色の沈殿を生じる。

(3) だ液のはたらきであることを確かめるには，だ液を入れないかわりに同量の水を入れ，デンプン溶液も同量入れて実験を行う。

2 (雲のでき方)

(1) 空気は，膨張すると温度が下がる。上空は気圧が低いため，空気は膨張して温度が下がる。

(2) 地表から800m上空で雲ができたので，地表の温度よりも8℃下がると露点に達することになる。よって，20－8＝12[℃]で露点に達したことから，この空気には1m³あたり10.7g/m³の水蒸

気がふくまれている。よって湿度は，$10.7[\text{g/m}^3] \div 17.3[\text{g/m}^3] \times 100 = 61.8\cdots[\%] \rightarrow 62\%$

3 （音）

(1)　(a)　音をはじめにとらえる部分は，耳の鼓膜である。　(b)　弦の長さを長くしているので振動数が少なくなり，音の**高さが低くなる**。ただし，はじく強さは変えていないので，音の**大きさは等しい**。

(2)　(a)　1回振動するのに0.004秒かかっていることになる。振動数は，1秒間に振動する回数を表すことから，振動数は，$1 \div 0.004 = 250[\text{Hz}]$　(b)　音の高さは変わらないので，波の数は変わらない。ただし，音の大きさがしだいに小さくなるので，振幅が小さくなっていく。

4 （状態変化）

(1)　水とエタノールでは，エタノールのほうが沸点が低いので，水が沸騰する前にエタノールが沸騰して出てくる。よって，はじめに集めた液体ほどエタノールが多く，後に集めた液体ほど水が多い。

(2)　加熱しているため，温度は徐々に上昇するが，80℃付近でエタノールが沸騰を始めると，温度の上昇がゆるやかになるが上昇を続ける。

(3)　蒸留は，物質の**沸点のちがい**を利用して，混合物から物質を分ける方法の1つである。

5 （天体）

(1)　(a)　自ら光りかがやく天体を恒星という。　(b)　星は，同じ時刻に観察すると，1か月たつごとに**30度西**へ傾いていく。　(c)　2か月前の同時刻（午後8時）には，アの位置にある。星は1時間たつごとに15°ずつ西へ移動するため，午後8時にアにあった星は，2時間後の午後10時にはイの位置にある。

(2)　(a)　太陽は，星座の間を動いているように見える。このとき，太陽の通り道を黄道という。
　(b)　地球の公転は，太陽を中心に1か月に約30°である。よって，5月1日には太陽とてんびん座の間にあった地球は，1か月後には30°ずれて，さそり座と太陽の間にいることになる。つまり，1か月後の同時刻に観測すると，図2の星座が同じ位置に1つずつ順にずれて見えるようになる。　(c)　太陽の方向にある星座は，太陽とともに昼間に空にのぼっているため，見ることができない。　(d)　午前2時の地球は，真夜中の方向から30°東にある。12月1日，地球はDの位置にある。Dの地球では，真夜中におうし座が南中し，その2時後にふたご座が南中する。このとき，西の空に見えるのは，ふたご座から西に90°の位置にあるうお座となる。

6 （蒸散）

(1)　(a)　低倍率から高倍率にするということは，狭い範囲をより拡大して見るということである。よって，少ない光の量で観察することになるので，視野は暗くなる。　(b)　気孔からは，酸素や二酸化炭素などの気体が出入りする。

(2)　(a)　この実験では，植物の蒸散による水の減少量を調べているので，水面から水が蒸発して減るのを防ぐ必要がある。　(b)　茎の維管束を茎の中心側と茎の表皮側に分けたとき，水が通る**道管**は茎の中心側に見られる。また，葉では表側を通る。　(c)・(d)　蒸散を行っている部分は，Aは葉の表側と裏側と葉以外の部分，Bは葉の裏側と葉以外の部分，Cは葉の表側と葉以外の部分である。葉の表側からの蒸散量は，$A-B = 4.8-4.1 = 0.7[\text{g}]$，葉の裏側からの蒸散量は，$A-C = 4.8-1.2 = 3.6[\text{g}]$と求められる。よって，葉の表側よりも葉の裏側からの蒸散量

のほうが多い。　　(e)　(c)・(d)より，葉の表側からの蒸散量は0.7g，葉の裏側からの蒸散量は3.6gと求められているので，A－3.6－0.7＝4.8－3.6－0.7＝0.5[g]と求められる。

7 （化学変化）
(1)　(a)　赤色の銅が酸化してできる酸化銅は，黒色である。　　(b)　1.40gの銅が1.75gの酸化銅に変化したので，1.75－1.40＝0.35[g]の酸素が1.40gの銅に結びついたことがわかる。よって，銅：酸素＝1.40：0.35＝4：1　　(c)　2回加熱したときに，銅に結びついた酸素の質量は，1.67－1.40＝0.27[g]　**銅：酸素＝4：1**の質量の比で結びつくことから，0.27gの酸素に結びついた銅の質量をxgとすると，4：1＝x：0.27　x＝1.08[g]　よって，酸素と結びつかなかった銅の質量は，1.40－1.08＝0.32[g]
(2)　(a)　試験管aの中に空気が入ってしまうと，還元でできた銅が再び酸化してしまう。　　(b)　(i)　酸化銅は，化学変化によって銅に変化している。酸化物から酸素が取られているため，酸化銅に生じた化学変化は還元である。　　(ii)　炭素は，酸化銅から酸素を奪っているので，酸素は銅よりも炭素とのほうが結びつきやすいとわかる。　　(c)　化学反応式では，矢印の左右で原子の種類と数が同じになるようにする。酸化銅＋炭素→銅＋二酸化炭素

8 （仕事，力の規則性）
(1)　(a)　等速直線運動をしていることから，力はつり合っていると考えられる。よって，物体にはたらく重力F_1とばねばかりが物体を引く上向きの力F_2は大きさが等しい。　　(b)　2.4[N]×0.2[m]＝0.48[J]　　(c)　BとCの仕事は，仕事の原理から，それぞれAと同じ0.48Jである。Bは動滑車を使っているので，ばねばかりの値はAの半分(1.2N)となるが，引くひもの長さは2倍(40cm)となる。Cの力の大きさは，0.48[J]÷0.3[m]＝1.6[N]　　(d)　斜面の角度が急になると，重力の斜面に沿う方向の分力が大きくなるため，引く力は大きくなるが，仕事の原理より仕事の大きさは一定であるため，引く距離は短くなる。
(2)　(a)　**仕事[J]÷かかった時間[s]＝仕事率[W]**より，0.8[N]×0.2[m]÷4[s]＝0.04[W]
　　(b)　三平方の定理を利用すると，斜面の長さは，20[cm]×2＝40[cm]　前問から，このモーターは0.04Wで仕事をするので，0.8[N]×0.2[m]＝0.16[J]の仕事を行うのにかかる時間は，0.16[J]÷0.04[W]＝4[s]　よって，40cmの斜面を4秒間で移動させることから，40[cm]÷4[s]＝10[cm/s]

＜社会解答＞

1 (1)　(a)　ア　　(b)　(例)ヨーロッパ諸国が植民地にした際の境界線を，国境線として使っているから。　　(c)　ウ　　(2)　(a)　フィヨルド　　(b)　イ　　(3)　(a)　エ
　　(b)　(例)赤道より南[南半球]
2 (1)　エ　　(2)　(a)　政令指定都市　　(b)　イ　　(3)　オ　　(4)　(例)6月から9月に，レタスの生育に適した気温となり，出荷量が多くなっているという特徴。[夏でもすずしい気候を生かして，茨城県産のレタスの出荷量が少ない時期に多く出荷している。]
　　(5)　ア　　(6)　ウ
3 (1)　イ　　(2)　ウ　　(3)　地頭　　(4)　(a)　エ　　(b)　(例)座が廃止されたことにより，税が入らなくなったから。　　(5)　エ　　(6)　ア

4 (1) イ　(2) ア　(3) (a) ウ　(b) イ　(4) ウ　(5) ベルサイユ条約
(6) (例)日本のエネルギー資源の大半を占める石油の価格が上昇したから。

5 (1) ウ　(2) エ　(3) (a) (例)他の年代と比べて，選挙に関心がない人が多く，
投票率が低い。　(b) 住民投票　(4) イ　(5) (a) ウ　(b) イ
(6) (例)発展途上国の生産者を支援する　(7) (例)政府開発援助額は上位(第四位)だが，
国際連合の目標額より少ない。[政府開発援助額は上位(第四位)だが，国民総所得の0.7%に
達していない。]

＜社会解説＞

1 (地理的分野─世界─人々のくらし・宗教，地形・気候，産業)
(1) (a) **ナイル川**流域ではエジプト文明が栄えた。　(b) ヨーロッパ諸国からの独立が相次い
だことから，1960年は**アフリカの年**と呼ばれる。　(c) エジプトが位置するアフリカ大陸北部
や西アジア・中央アジアなどは**イスラム教**徒が多い。資料2のAはキリスト教の説明。
(2) (a) 三陸海岸(岩手・宮城県など)や若狭湾(福井県)などにみられる**リアス海岸**とは区別す
る。　(b) 略地図2にaで示した都市が位置するのがフランス北部であることから，年間降水量
がほぼ一定の**西岸海洋性気候**(温帯)であると判断する。アの雨温図も温帯であるが，夏の降水量
が少ないことから地中海性気候の雨温図となる。
(3) (a) オーストラリア西部は鉄鉱石，東部は石炭の産出がさかん。また，ブラジルは鉄鉱石，
インドネシアは石炭の産出・輸出がさかん。　(b) 資料6中の「日本と季節が逆になる」から
判断する。南半球では，1月・12月の気温が高く，6月などの気温が低くなる。

2 (地理的分野─日本─地形図の見方，日本の国土・地形・気候，人口・都市，農林水産業，工業)
(1) **白神山地**は青森・秋田県境に位置し，世界自然遺産に登録されている。アは近畿地方，イは
九州地方，ウは中部地方の自然環境。
(2) (a) 2023年現在20の都市が指定されている。　(b) 2万5千分の1の地形図上での4cmの実
際の距離は，4(cm)×25000＝100000(cm)＝1000(m)となる。
(3) 畜産の産出額が多いAが宮崎県，工業出荷額が多いCが福岡県と判断する。福岡県には**北九州
工業地帯**が位置する。
(4) 資料5・6から，長野県では6〜9月がレタスの生育に適した気温となることを読み取る。
(5) 静岡県には**東海工業地域**が位置し，その東部に位置する富士市で製紙・パルプ工業がさかん。
(6) 第一次産業の人口の割合が最も高いことから判断する。アが沖縄県，イが兵庫県，エが三重
県。

3 (歴史的分野─日本史─時代別─旧石器時代から弥生時代，古墳時代から平安時代，鎌倉・室町
時代，安土桃山・江戸時代，明治時代から現代，日本史─テーマ別─政治・法律，経済・社会・
技術)
(1) 打製石器は旧石器時代に使われた。
(2) 4人の娘を天皇のきさきにして権勢をほこった父道長のあとに摂関政治を行った**藤原頼通**は，
京都の宇治に**平等院鳳凰堂**を建てた。
(3) 資料4中の「荘園領主との二重の支配を受けていた」などから判断する。**地頭**は，荘園や公
領などに置かれた年貢の徴収を行う幕府の役人のこと。

(4)　(a)　資料5は，商工業者の同業者組合である**座**に関する模式図。庄屋は江戸時代の村役人の名称。　(b)　織田信長の楽市令では，座を廃止して市での税を免除する方針が示された。

(5)　参議院は日本国憲法下での上院の名称。太政官制は1885年の内閣制度創設により廃止された。

(6)　護憲運動とは，軍部や藩閥ではなく民衆の考えを政治に反映していこうという運動のこと。第一次護憲運動の結果，桂太郎内閣が退陣した。

4　(歴史的分野―日本史―時代別―旧石器時代から弥生時代，古墳時代から平安時代，鎌倉・室町時代，安土桃山・江戸時代，明治時代から現代，日本史―テーマ別―政治・法律，文化・宗教・教育，外交，世界史―政治・社会・経済史)

(1)　銅鐸は**青銅器**の一種。ともに伝わった**鉄器**がおもに農具や武具などに使用されたのに対して，青銅器は祭器などに使用された。

(2)　百済は朝鮮半島南西部に位置した国。

(3)　(a)　薩摩藩は現在の鹿児島県，対馬藩は現在の長崎県に位置し，近隣国と交易を行ったことから判断する。　(b)　豊臣秀吉の朝鮮侵略以降断絶していた国交が対馬藩の宗氏の尽力などで回復し，**朝鮮通信使**を派遣するようになった。

(4)　ⓐが18世紀末，ⓑが1857年，ⓒが1600年，ⓓが1858年のできごと。

(5)　第一次世界大戦の講和会議がパリで開かれ，**ベルサイユ条約**が締結された。

(6)　資料4から，日本のエネルギー資源の大半を石油が占めていたこと，資料5から，該当時期に石油の国際価格が高騰していることが読み取れる。石油価格の高騰は，1973年の**石油危機**によるもの。

5　(公民的分野―憲法・基本的人権，民主主義，地方自治，経済一般，国際社会との関わり)

(1)　立憲主義とは，法の支配を確立する考え方。国民の権利を守るために，国王・君主・政府などの政治権力を持つ者も法に従わなければならないという考え方を，**法の支配**という。

(2)　Aは資料4中の「使いみちが特定されていないもの」，Bは「借りたお金を返すための費用」から判断する。**国庫支出金**は国から委託された業務をこなすために国から支給されるため，使いみちが決められている。民生費とは，福祉に支出される費用のこと。

(3)　(a)　18〜29歳について，資料5から，選挙に関心がある割合が全年代の中で最も低いこと，資料6から，投票率も全年代の中で最も低いことが読み取れる。　(b)　**住民投票**とは，政治的事項を決定する際に住民の意思を直接，投票などの方法により確認するもの。その結果に法的拘束力が伴う場合と伴わない場合がある。

(4)　資料8中の曲線aは**需要曲線**。曲線が右に動くと増加，左に動くと減少を意味する。

(5)　(a)　あは資料11中の「曲Aに投票した人よりも，曲A以外に投票した人の方が多い」から，いは「対立を解消」から判断する。　(b)　**小選挙区制**では一つの選挙区から一名しか選出されないため，死票が多くなる。資料12中のY・Zにあてはまるのはア・エ。

(6)　フェアトレード商品を購入することで，発展途上国の生産者の生活を守ることにつながる観点から，持続可能な社会の実現に寄与することができる。

(7)　資料17から，日本の政府開発援助額が日本の国民総所得の約0.3％であることがわかるが，資料15中の示された目標額である0.7％に達していないことが読み取れる。

＜国語解答＞

1　① かがや（く）　② と（げる）　③ げきれい　④ はんも　⑤ 告（げる）
　⑥ 敬（う）　⑦ 責任　⑧ 散策

2　（一）①　（二）ぽっかり心に穴が空いていくようだった　（三）ウ
　（四）（例）壮太はぼくがどう過ごせばいいかわからなくなると思っていて，壮太が作って
　くれた紙飛行機を飛ばしている間，少しは時間を忘れることができそうだ（と考えるように
　なった。）　（五）エ

3　（一）イ　（二）ア　（三）Ｃ　（四）ａ イ　ｂ ア・エ　ｃ ウ・オ
　（五）（例）集中力や記憶力，学習機能などが高まるので，結果として，自己成長が引き起
　こされ，

4　（一）いわば　（二）イ　（三）商人の一銭を惜しむ心，切なり　（四）ウ

5　（一）イ　（二）ウ　（三）（例）私は，読書の良いところは，想像力を養えるところ
　だと思います。なぜなら，想像力を養うことはよい人間関係を築くことにつながると考え
　るからです。私は読書をする時，読み取った表現から登場人物の姿や表情を想像したり，
　登場人物の発する言葉や態度から，その人物の気持ちを推測したりします。このようにし
　て養われた想像力は，現実の人間関係においても，相手の気持ちを大切に考えて接するこ
　とにつながっていると思います。

＜国語解説＞

1　（知識問題－漢字の読み書き）
　① 音読みは「キ」で，熟語は「光輝」などがある。　② 音読みは「スイ」で，熟語は「遂行」
などがある。　③ 「激励」は，励まして元気づけるという意味。　④ 「繁茂」は，草木が勢いよ
く生い茂ること。　⑤ 音読みは「コク」で，熟語は「広告」などがある。　⑥ 音読みは「ケ
イ」で，熟語は「尊敬」などがある。　⑦ 「責任」は，その立場において負わなければならない
任務や義務のこと。　⑧ 「散策」は，目的もなくぶらぶらと歩くこと。

2　（小説－情景・心情，内容吟味，文と文節，品詞・用法）
（一）　「行こ」と①「置か」は未然形。②「言っ」は連用形，③「見送れ」は仮定形，④「思う」
　は終止形。
（二）　少し後に，時々「壮太は本当に帰ったんだな」と気づいたときの「ぼく」の気持ちについ
　て，「ぽっかり心に穴が空いていくようだった」と述べられている。「直喩」とは，「ようだ」な
　どの言葉を用いた比喩のこと。
（三）　修飾している文節は，直接つなげて確認する。「午後は」「読んだ」とつなげておかしくない
　ので，「読んだ」を修飾しているとわかる。
（四）　紙飛行機をみつけた「ぼく」は，壮太が自分の退院後に「ぼくがどう過ごせばいいかわから
　なくなること」を知っていたのだろうと推測している。「ぼく」は，退院まで一週間か二週間か
　わからないために「気分は晴れ」ずに「がっかりし」ている。そのようなところに紙飛行機をみ
　つけ，紙飛行機を飛ばすことで「少しは時間を忘れることができそうだ」という気持ちに変化し
　たのである。
（五）　「ぼく」の視点から語られていて，「泣きそうだったからだ」「気分は晴れなかった」など，表

には出していない「ぼく」の気持ちが描かれている文章である。

3 （説明文－内容吟味，脱文・脱語補充，文と文節，品詞・用法）

（一）　「それを／行動に／移さない／人は／多いです」の五文節に分けられる。

（二）　「全く」は副詞。副詞は，**活用しない自立語**で，主に**用言**（動詞・形容詞・形容動詞）**を修飾**する。

（三）　戻す文章は，「跳び箱」で挑戦する段を一段ずつ増やすことを例に，「快適領域」から「学習領域」，そして「危険領域」へと，「『自分のできる範囲』を広げていく」のがよいということを説明している。よって，Cに入れると，直後の「このように」が戻す文章の内容を指すことになり，文脈が通る。

（四）　それぞれの領域について，どのように説明されているかをつかむ。「快適領域」とは，「『なわばり』のようなもの」で「居心地のいい領域」のこと。「学習領域」とは，「軽いストレスは感じ」るものの「新しい体験にワクワクを感じ，意欲的に挑戦してみようという気持ちになる領域」のこと。「危険領域」とは，「難易度が高すぎて，ワクワク感よりも恐怖や不安の方が強く」，「『逃げ出したい』気持ち」になる領域のこと。

（五）　脳内に「ドーパミンがもっとも大量に分泌され」ると，「集中力や記憶力，学習機能などが高まり，結果として，自己成長が引き起こされる」と直前に述べられているので，この部分をまとめる。

4 （古文，漢文・漢詩－内容吟味，仮名遣い）

〈口語訳〉　わずかな時間を惜しむ人はいない。これは，わずかな時間を惜しむ必要がないと，よく分かっているためなのか，それとも愚かであるためなのか。愚かで怠けている人のために言うと，一銭はわずかではあるが，これを重ねると，貧しい人が裕福な人になる。そうであるから，商人の一銭を惜しむ気持ちは，切実である。一瞬は意識されないでも，これをずっと積み上げていけば，命を終える時期は，すぐに来る。

　だから，仏道の修行者は，遠い将来にわたる歳月を惜しむべきではない。現在の一瞬が，むなしく過ぎていくことを惜しむべきだ。

（一）　歴史的仮名遣いでは，語頭と助詞以外の「ハヒフヘホ」は「**ワイウエオ**」と読む。

（二）　「～べからず」は，漢文では「不可～」と表記される。「不」を「ず」と読み，「可」を「べから」と読むので，「不可軽」の部分を「軽んずべからず」と読めるようにするには，「軽」「可」「不」の順になるよう，「不」「可」にそれぞれ「レ点」を打つ。「レ点」は一字返って読むことを示した返り点。

（三）　「されば，商人の一銭を惜しむ心，切なり」という一文で，商人について述べられている。

（四）　わずかな時間を惜しむことについての筆者の考えは，「刹那覚えずといへども，これを運びてやまざれば，命を終ふる期，忽ちに至る」，「ただ今の一念，むなしく過ぐる事を惜しむべし」と表現されている。一瞬一瞬を意識しないとすぐに人生が終わってしまうので，一瞬がむなしく過ぎていくことを惜しむべきだと述べているのだから，ウが正解。

5 （作文（自由・課題），会話）

（一）　「メディアの視聴という点」が，あおいさんの「情報機器を使っている時間が多」いという理由と共通しているのだから，テレビを理由としているイがあてはまる。

（二）　鈴木先生の質問に対し，ようこさんは「毎日，寝る前に読書をします」と，読書をするタイ

ミングを答えている。よって，「どんなときに」読書をするのかと尋ねたのだとわかる。

(三) 【資料3】を参考にして考えてもよいし，【資料3】にはない点を挙げてもよい。構成としては，最初に自分の考える読書の良いところを挙げ，その後に理由を詳しく述べるというものがよいだろう。自分の経験などを交えて理由を書くと，より説得力のある文章になる。

三重県公立高等学校

2022年度

★★★★★★★★★★★★★★★★★★★

入 試 問 題

2022年度

●くわしい解説 …… 49 ページ

＜数学＞　　時間　45分　　満点　50点

1　あとの各問いに答えなさい。(13点)

(1) $8 \times (-7)$ を計算しなさい。

(2) $\dfrac{4}{5}x - \dfrac{2}{3}x$ を計算しなさい。

(3) $15xy \div 5x$ を計算しなさい。

(4) $5(2a + b) - 2(3a + 4b)$ を計算しなさい。

(5) $(\sqrt{3} + 2\sqrt{7})(2\sqrt{3} - \sqrt{7})$ を計算しなさい。

(6) y は x に反比例し，グラフが点 $(-2, 8)$ を通る。y を x の式で表しなさい。

(7) 二次方程式 $2x^2 + 5x - 2 = 0$ を解きなさい。

(8) 右の表は，あるクラス20人の通学時間をまとめたものである。 (ウ) にあてはまる数が0.80以下のとき， (ア) にあてはまる数をすべて求めなさい。

通学時間(分)		度数(人)	相対度数	累積相対度数
以上	未満			
0 ～	5	2	0.10	0.10
5 ～	10	4	0.20	0.30
10 ～	15	7	0.35	0.65
15 ～	20	(ア)	(イ)	(ウ)
20 ～	25	(エ)	(オ)	(カ)
25 ～	30	1	0.05	1.00
計		20	1.00	

2　あとの各問いに答えなさい。(12点)

(1) まなぶさんは，A組19人とB組18人のハンドボール投げの記録について，ノートにまとめている。次のページの〈まなぶさんがまとめたノートの一部〉の図1は，B組全員のハンドボール投げの記録を記録が小さい方から順に並べたもの，図2は，A組全員のハンドボール投げの記録を箱ひげ図にまとめたものである。

このとき，あとの各問いに答えなさい。

① B組全員のハンドボール投げの記録の中央値を求めなさい。

② 図1をもとにして，B組全員のハンドボール投げの記録について，箱ひげ図をかき入れなさい。

③ 図1，図2から読みとれることとして，次の(i)，(ii)は，「正しい」，「正しくない」，「図1，図2からはわからない」のどれか，下のア〜ウから最も適切なものをそれぞれ1つ選び，その記号を書きなさい。

(i) ハンドボール投げの記録の第1四分位数は，A組とB組では同じである。
　ア．正しい
　イ．正しくない
　ウ．図1，図2からはわからない

(ii) ハンドボール投げの記録が27m以上の人数は，A組のほうがB組より多い。
　ア．正しい
　イ．正しくない
　ウ．図1，図2からはわからない

(2) 下の〈問題〉について，次の各問いに答えなさい。

〈問題〉
　Pさんは家から1200m離れた駅まで行くのに，はじめ分速50mで歩いていたが，途中から駅まで分速90mで走ったところ，家から出発してちょうど20分後に駅に着いた。Pさんが家から駅まで行くのに，歩いた道のりと，走った道のりを求めなさい。

　次のページの □ は，まどかさんとかずとさんが，〈問題〉を解くために，それぞれの考え方で連立方程式に表したものである。

① 上の $\boxed{(A)}$ ～ $\boxed{(D)}$ に，それぞれあてはまることがらはどれか，次の**ア～コ**から最も適切なものを1つずつ選び，その記号を書きなさい。

ア．歩いた道のりを x m，走った道のりを y m

イ．歩いた時間を x 分，走った時間を y 分

ウ．$x + y$　　**エ**．$x - y$　　**オ**．$50x + 90y$　　**カ**．$90x + 50y$

キ．$\dfrac{50}{x} + \dfrac{90}{y}$　　**ク**．$\dfrac{90}{x} + \dfrac{50}{y}$　　**ケ**．$\dfrac{x}{50} + \dfrac{y}{90}$　　**コ**．$\dfrac{x}{90} + \dfrac{y}{50}$

② Pさんが家から駅まで行くのに，歩いた道のりと走った道のりを，それぞれ求めなさい。

(3) 次の図のように，1 から n までの自然数が順に1つずつ書かれた n 枚のカードがある。このカードをよくきって1枚取り出すとき，取り出したカードに書かれた自然数を a とする。
　このとき，次の各問いに答えなさい。

① $n = 10$のとき，$\sqrt{a}$ が自然数となる確率を求めなさい。

② $\dfrac{12}{a}$ が自然数となる確率が $\dfrac{1}{2}$ になるとき，n の値をすべて求めなさい。

$\boxed{3}$ 次のページの図のように，関数 $y = \dfrac{1}{4}x^2 \cdots ⑦$ のグラフ上に2点A，Bがあり，点Aの x 座標が -2，点Bの x 座標が4である。3点O，A，Bを結び△OABをつくる。
　このとき，あとの各問いに答えなさい。
　ただし，原点をOとする。（8点）

(1) 点Aの座標を求めなさい。

(2) 2点A，Bを通る直線の式を求めなさい。

(3) x 軸上の $x > 0$ の範囲に2点C，Dをとり，△ABCと△ABDをつくる。
　このとき，次のページの各問いに答えなさい。
　なお，各問いにおいて，答えに $\sqrt{}$ がふくまれるときは，$\sqrt{}$ の中をできるだけ小さい自然数にしなさい。

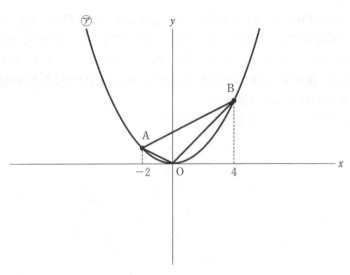

① △OABの面積と△ABCの面積の比が1：3となるとき，点Cの座標を求めなさい。

② △ABDが∠ADB＝90°の直角三角形となるとき，点Dの座標を求めなさい。

4 あとの各問いに答えなさい。（6点）

(1) 右の図のように，点A，B，C，D，E，F，
G，Hを頂点とし，AE＝6㎝，EF＝9㎝，FG
＝3㎝の直方体Pがある。直方体Pの対角線D
F上に点Iをとり，4点E，F，H，Iを結んで
三角すいQをつくる。

　三角すいQの体積が直方体Pの体積の$\frac{1}{9}$の
とき，次の各問いに答えなさい。

　なお，各問いにおいて，答えの分母に$\sqrt{}$が
ふくまれるときは，分母を有理化しなさい。

　また，$\sqrt{}$の中をできるだけ小さい自然数に
しなさい。

① △EFHを底面としたときの三角すいQの高さを求めなさい。

② 線分EIの長さを求めなさい。

(2) 右の図で，線分ABを直径とする半円の
弧AB上に点Cがあり，線分ABの中点をO
とするとき，∠OBD＝90°，∠DOB＝
∠CAOとなる直角三角形DOBを1つ，定
規とコンパスを用いて作図しなさい。

　なお，作図に用いた線は消さずに残して
おきなさい。

5　次の図のように，円Oの円周上に3点A，B，Cをとり，△ABCをつくる。∠BACの二等分線と線分BC，円Oとの交点をそれぞれD，Eとし，線分ECをひく。線分AE上にEC＝AFとなる点Fをとり，点Fを通り線分ECと平行な直線と線分AC，点Bをふくまない弧ACとの交点をそれぞれG，Hとし，線分AHと線分CHをひく。また，線分EHと線分ACとの交点をIとする。

このとき，あとの各問いに答えなさい。

ただし，点Eは点Aと異なる点とする。(11点)

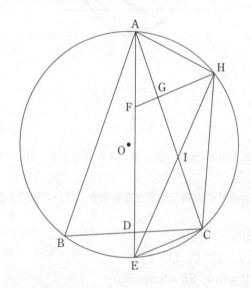

(1) 次の □ は，△AIH∽△HIGであることを証明したものである。

　　　[ア] ～ [ウ] に，それぞれあてはまる適切なことがらを書き入れなさい。

〈証明〉　△AIHと△HIGにおいて，

共通な角だから，　　　　　　　　　　　　　　　[ア]　　　…①

弧AEに対する円周角は等しいから，　∠AHI ＝ [イ]　…②

FH∥ECより，平行線の錯角は等しいから，　[イ] ＝ ∠HGI　…③

②，③より，　　　　　　　　　∠AHI ＝ ∠HGI　…④

①，④より，　[ウ]　がそれぞれ等しいので，

　　　　　　　　　　　　　　　　　　　△AIH ∽ △HIG

(2) △AFG≡△CEDであることを証明しなさい。

(3) AF＝6cm，FG＝2cm，GH＝5cmのとき，次の各問いに答えなさい。

① 線分FEの長さを求めなさい。

② △IECと△AGHの面積の比を，最も簡単な整数の比で表しなさい。

＜英語＞　　時間　45分　　満点　50点

1　放送を聞いて，あとの各問いに答えなさい。(18点)

(1)　下の表についての英語による質問を聞いて，その質問に対する答えとして，ア～エから最も適当なものを1つ選び，その記号を書きなさい。

名前	昨日したスピーチのテーマ	そのスピーチをした場所
Takashi	絶滅のおそれがある動物	教室
Hiroko	大気汚染	教室
Masato	絶滅のおそれがある動物	体育館
Rika	大気汚染	体育館

　　ア．Takashi did.　　イ．Hiroko did.　　ウ．Masato did.　　エ．Rika did.

(2)　英語による対話を聞いて，それぞれの質問に対する答えとして，ア～エから最も適当なものを1つ選び，その記号を書きなさい。

No. 1
　　ア．Yes, she does.
　　イ．No, she doesn't.
　　ウ．Yes, she did.
　　エ．No, she didn't.

No. 2
　　ア．Miyuki did.
　　イ．Miyuki and her uncle did.
　　ウ．Miyuki and Mr. Smith did.
　　エ．Mr. Smith and John did.

No. 3
　　ア．She is going to help Tom with his math homework.
　　イ．She is going to help her mother cook dinner.
　　ウ．She is going to ask Mr. Tanaka to help Tom.
　　エ．She is going to ask Satoshi to help Tom.

(3)　英語による対話を聞いて，それぞれの対話の最後の英文に対する受け答えとして，ア～ウから最も適当なものを1つ選び，その記号を書きなさい。

No. 1
　　ア．About five minutes.
　　イ．Two hours ago.
　　ウ．Three times.

No. 2
　ア．The train stopped suddenly.
　イ．I'll take you to the hospital.
　ウ．The bus usually stops at the station.

No. 3
　ア．I'd like to help you.
　イ．Here you are.
　ウ．Orange juice, please.

No. 4
　ア．I have been there twice.
　イ．My brother liked it, but I didn't.
　ウ．We went there by bus.

(4) 高校生で放送部員の Maki が，カナダからの留学生の Jack にインタビューしているときの英語による対話を聞いて，それぞれの質問に対する答えとして，ア〜エから最も適当なものを1つ選び，その記号を書きなさい。

No. 1
　ア．At 7:10.　イ．At 7:40.　ウ．At 8:10.　エ．At 8:30.

No. 2
　ア．Because Yoshie taught him a Japanese song after dinner.
　イ．Because his father's experiences in Japan were interesting for him.
　ウ．Because his father sometimes read Japanese books.
　エ．Because his classmates had a chance to talk with him.

No. 3
　ア．He came to school by bicycle,
　イ．He talked with Hiroshi's family.
　ウ．He practiced calligraphy.
　エ．He made a poster about it.

2　あとの各問いに答えなさい。(8点)

(1) 次の対話文は，高校生の Chika と，Chika の家でホームステイを始めた，アメリカからの留学生の Kate が，話をしているときのものです。対話文を読んで，次の各問いに答えなさい。

Kate ：Do you have any plans for this weekend, Chika?

Chika：Actually, I want to take you to some places in this town.　Where do you want to go, Kate?

Kate ：I want to see some traditional Japanese buildings.

Chika：Oh, why do you want to see them?

Kate ：I love Japanese anime and I watched many Japanese anime movies before I came to Japan.　I saw a beautiful Japanese castle in one of my favorite movies.　Since then, I've wanted to see some traditional

Japanese buildings.

Chika : There isn't a castle in this town, but there is a shrine near here.　It's a traditional Japanese building, too.　I will take you there on Saturday. (　①　)

Kate : I'm so excited!

Chika : Is there anything else you want to do?

Kate : I want to eat some Japanese food I've never eaten before.

Chika : I see.　Do you know *okonomiyaki*?

Kate : Yes.　One of my classmates told me about it before, but I've never eaten it.

Chika : Let's make and eat it together on Sunday.

Kate : Sounds good!

Chika : I've never made it before, but my father often makes it for me.　He will help us make it if he is free on Sunday.　I'll ask him later.

Kate : Wow!　It'll be a lot of fun!

Chika : We need to go to the supermarket to buy the ingredients before Sunday.

Kate : (　②　)

Chika : That's a good idea.

　(注)　anime　アニメ　　ingredients　材料

No.1　(①)，(②) に入るそれぞれの文として，ア～エから最も適当なものを１つ選び，その記号を書きなさい。

　①　ア．I hope you'll like it.

　　　イ．I know you did it.

　　　ウ．I don't think you can do it.

　　　エ．I understand it's too difficult.

　②　ア．How about going there after school on Friday?

　　　イ．How are we going to get there after school on Friday?

　　　ウ．What are we going to buy there after school on Friday?

　　　エ．What time are we going to go there after school on Friday?

No.2　対話文の内容に合う文として，ア～エから最も適当なものを１つ選び，その記号を書きなさい。

　　　ア．Chika is going to take Kate to the beautiful castle in Chika's town on Saturday.

　　　イ．Kate wants to go to the shrine because she saw it in one of her favorite movies.

　　　ウ．Kate didn't understand what *okonomiyaki* was when Chika talked about it.

　　　エ．Chika has never made *okonomiyaki* before, but her father knows how to make it.

(2) 下に示すのは，Kevin といとこの Alice の携帯電話^{けいたい}でのメッセージのやり取りです。この
メッセージのやり取りから読み取れることを正しく表している文として，**ア～エ**から最も適当
なものを1つ選び，その記号を書きなさい。

Can you help me make a cake if you have some time next Saturday? I found a recipe on the Internet and tried to make it, but it was too difficult.

Kevin

OK. I'll show you how to make it. Why do you want to make it?

Alice

My mother's birthday will come soon. I want to do something that makes her surprised, so I decided to make a cake for her.

Kevin

That's a good idea. I will have a dance lesson in the morning, and then I will be home by noon. Can you come to my house at 1:30 p.m.?

Alice

Sure. Thank you.

Kevin

ア. Alice is going to make a cake for Kevin's birthday next Saturday afternoon.

イ. Kevin was surprised when Alice told him about the recipe she found on the Internet.

ウ. Alice wanted Kevin to go to a dance lesson with her next Saturday, but he couldn't.

エ. Kevin will go to Alice's house at 1:30 p.m. next Saturday to learn how to make a cake.

3　あとの各問いに答えなさい。（12点）

(1)　次のような状況において，あとの①〜③のとき，あなたならどのように英語で表しますか。それぞれ6語以上の英文を書きなさい。

ただし，I'm などの短縮形は1語として数え，コンマ（,），ピリオド（.）などは語数に入れません。

【状況】

> あなたは，オーストラリアから来た外国語指導助手（ALT）の Mr. Green と，学校の廊下で話をしているところです。

① 　日本の文化に興味があるか尋ねるとき。

② 　日本には訪れる場所がたくさんあると伝えるとき。

③ 　オーストラリアで撮った写真を見せてはしいと伝えるとき。

(2)　Ryota は，英語の授業で，自分が住むあおぞら町（Aozora Town）について紹介することになり，下の原稿を準備しました。

あなたが Ryota なら，①〜③の内容をどのように英語で表しますか。それぞれ4語以上の英文を書き，下の原稿を完成させなさい。

ただし，I'm などの短縮形は1語として数え，コンマ（,），ピリオド（.）などは語数に入れません。

【原稿】

> Hello, everyone.　I am going to tell you about Aozora Town.
> ① 　あおぞら町はひかり山（Mt. Hikari）で有名だということ。
> ② 　春にひかり山に登ったら，多くの美しい花を見ることができるということ。
> ③ 　ひかり山の近くのレストランはあおぞら町で一番人気があるということ。
> Thank you.

4　次の文章を読んで，あとの各問いに答えなさい。（12点）

Kenta is sixteen.　He is a high school student.　He is a member of the music club and plays the guitar in a band.　His band is going to perform at the school festival in September.

One day in August, when Kenta's band members were practicing for the festival, one of the members, Erika, said to other members, "I'm looking forward to the festival.　It'll be exciting." She is the leader of the music club and plays the drums.　She has performed on the stage many times.　Kenta didn't say anything.　Erika said to him, "(　①　)" He said, "I'm a little nervous because I have never performed on the stage.　I don't want to make mistakes in front of many people."　She said, "Don't be afraid of making mistakes.　The important thing is to do your best."　She tried to encourage him, but he didn't look happy.

One Sunday in September, Kenta went to his favorite band's concert with Erika. They were very excited to see the great performance by the band. After the concert, they saw their ALT, Ms. Brown. Erika said to Ms. Brown, "Hello, Ms. Brown. I didn't know you were here. Did you enjoy the concert?" Ms. Brown said, "Hi, Erika. The concert was great. I really enjoyed it. I love music." When they were walking to the station together, all of them were excited and enjoyed talking about the concert.

The next day, when Kenta was looking for some magazines about guitars in the school library, he saw Ms. Brown again. She was reading a magazine. He asked her, "What are you reading, Ms. Brown?" She said, "Hi, Kenta. I'm reading a magazine about guitars. I like playing the guitar." He said, "Really? Me, too!" He was glad that she also played the guitar. He asked, "When did you start playing the guitar?" She said, "When I was sixteen, I started playing it. That year, I played it in front of many people for the first time." He asked, "Did you play it well?" She said, "I made some mistakes, but I did my best. I felt happy when I saw my friends' smiling faces from the stage." After he listened to her experience, Kenta wanted the people coming to the festival to enjoy his band's performance. She said, "I want to listen to your performance." He said, "My band is going to perform at the school festival soon. (②   )" She said, "Sure."

After talking with Ms. Brown, Kenta called Erika. He said, "Now I understand your words." Erika asked, "What do you mean?" He said, "I'll try hard at the festival to make people happy."

On the day of the festival, Kenta's band performed on the stage. Kenta made some mistakes, but he was happy to see many smiling faces from the stage. After the performance, Ms. Brown came to see him. She said, "Your performance was really good." He said, "Thank you. I enjoyed playing the guitar on the stage."

(Two years later)

Kenta is the leader of the music club now. This year, he is going to perform at the school festival with his new band members who are going to perform on the stage for the first time.

One day before the festival, one of Kenta's band members, Manami, said to Kenta, "I'm so nervous. What should I do if I make a mistake?" He said to her with a smile, "When I performed on the stage for the first time, I made some mistakes. So you don't have to be afraid of making mistakes. Let's do our best!"

(注) leader 部長　stage 舞台　encourage ～　～を励ます　ALT 外国語指導助手

(1) （①），（②）に入るそれぞれの文として，**ア～エ**から最も適当なものを１つ選び，その記号を書きなさい。

① ア．Who is that student?!
　 イ．What's wrong?
　 ウ．When is the festival?
　 エ．Whose guitar is this?

② ア．Did you listen to it?
　 イ．Was it very exciting?
　 ウ．Would you like to come?
　 エ．Were they at the festival?

(2) 本文の内容に合うように，下の英文の（A），（B）のそれぞれに入る最も適当な１語を，本文中から抜き出して書きなさい。

　　Kenta and Erika saw Ms. Brown after his favorite band's concert on Sunday. All of them enjoyed （ A ） about it when they were walking to the station. The next day, he saw Ms. Brown in the school library.　She was reading a （ B ） about guitars there.

(3) 下線部に He said, "Now 1 understand your words."とあるが，Erika が Kenta に言った内容として，**ア～エ**から最も適当なものを１つ選び，その記号を書きなさい。

　ア．It is important for Kenta to do his best.
　イ．Kenta has to go to his favorite band's concert.
　ウ．It is necessary for Kenta to talk with Ms. Brown.
　エ．Kenta should be the leader of the music club.

(4) 本文の内容に合う文として，**ア～カ**から適当なものを<u>２つ</u>選び，その記号を書きなさい。

　ア．All students of Kenta's high school were going to perform at the school festival in September.
　イ．Kenta tried to encourage Erika when they were practicing for the festival, but she didn't look happy.
　ウ．Ms. Brown started playing the guitar when she was sixteen, and two years later, she played it in front of many people for the first time.
　エ．Ms. Brown felt happy to see her friends' smiling faces when she played the guitar on the stage.
　オ．Kenta didn't make any mistakes when he played the guitar on the stage for the first time at the school festival.
　カ．When Manami was very nervous, Kenta told her that she didn't have to be afraid of making mistakes.

＜理科＞　　時間　45分　　満点　50点

1 次の実験について，あとの各問いに答えなさい。（4点）

〈実験〉 光の進み方を調べるため，光源装置，スリット台，半円形レンズ，全円分度器（360°の目盛りが示されている円形の分度器）を用いて，水平な机の上で，次の①〜③の実験を行った。

① 図1のように，スリット台の上に，全円分度器，半円形レンズを置き，光源装置から半円形レンズの中心に向かって光を当て，光の進み方を調べた。ただし，半円形レンズの中心は，全円分度器の中心に重ね合わせて置いてある。図の点線----は，半円形レンズの平らな側面に垂直な直線を半円形レンズの中心を通るように引いたものであり，この点線と光の道すじがなす角を角A，角Bとした。角Aの大きさを変化させて，角Bの大きさを調べ，その結果を表にまとめた。

図1

表

角A(°)	0	10	20	30	40	50	60
角B(°)	0	7	13	19	25	30	35

　図2は，図1の半円形レンズと全円分度器と光の道すじを真上から見たようすを模式的に示したものである。ただし，全円分度器には，10°間隔に目盛りが示してある。

図2

② 次に半円形レンズの曲面側からレンズの中心に向かって光を当てた。図3は，そのときの半円形レンズと全円分度器とレンズの中心までの光の道すじを真上から見たようすを模式的に示したものである。

図3

③ 図3の状態から，半円形レンズを時計回りに10°ずつ回転させ，光の道すじを調べたところ，図4のように時計回りに30°回転させたとき，光はレンズの中心で全反射し，レンズの中心から空気中へ進む光の道すじを見ることができなかった。

図4

(1) ①について，次の(a)，(b)の各問いに答えなさい。

(a) 角Bのことを何というか，その名称を書きなさい。

(b) 図5のように光を当てたとき，角Bは何度になるか，その角度を書きなさい。ただし，図5は，そのときの半円形レンズと全円分度器とレンズの中心までの光の道すじを真上から見たようすを模式的に示したものである。

図5

(2) ②について，前のページの図3のように光を当てたとき，半円形レンズの中心から空気中へ進む光はどのように進むか，光の道すじを，図3に――を使って表しなさい。

(3) ③について，前のページの図4のように光を当てたとき，入射した光の道すじと，反射した光の道すじのなす角は何度になるか，その角度を書きなさい。ただし，この角度は180°以下とする。

2　三重県のある場所で，3月1日のある時刻に，天体望遠鏡で金星の観測を行ったところ，ある方位の空に金星が見えた。図は，このときの，太陽，金星，地球の位置関係を模式的に示したものである。このことについて，あとの各問いに答えなさい。（4点）

図

(1) 金星や地球のように，太陽などの恒星のまわりを公転する天体を何というか，その名称を書きなさい。

(2) 3月1日に観測した金星は，いつ頃どの方位の空に見えたか，次のア〜エから最も適当なものを1つ選び，その記号を書きなさい。

ア．明け方，東の空　　イ．明け方，西の空　　ウ．夕方，東の空　　エ．夕方，西の空

(3) 3月1日から4か月間，地球から金星を2週間ごとに観測し続けると，金星の見える形と見かけの大きさは，どのように変化していくか，次のア〜カから最も適当なものを1つ選び，その記号を書きなさい。ただし，金星の公転周期は約0.62年であり，観測には同じ天体望遠鏡の同じ倍率を使用するものとする。

	見える形	見かけの大きさ
ア	満ちていく	大きくなる
イ	満ちていく	変化しない
ウ	満ちていく	小さくなる
エ	欠けていく	大きくなる
オ	欠けていく	変化しない
カ	欠けていく	小さくなる

(4) 地球から金星は真夜中には見えない。地球から金星が真夜中には見えないのはなぜか，その理由を「金星は」に続けて，「公転」という言葉を使って，簡単に書きなさい。

3 次の実験について，あとの各問いに答えなさい。（4点）

〈実験〉 遺伝の規則性を調べるために，メダカの黒色と黄色の体色について，次の①～③の実験を行った。ただし，メダカの黒色と黄色の体色の遺伝は，一組の遺伝子により決まるものとする。また，体色を黒色にする遺伝子をB，黄色にする遺伝子をbとする。

① 図1のように黒色の純系のメダカ（雌）と黄色の純系のメダカ（雄）を親としてかけ合わせて，できた受精卵を採取し体色がわかるまで育てると，子はすべて黒色だった。

　また，黄色の純系のメダカ（雌）と黒色の純系のメダカ（雄）を親としてかけ合わせても，子はすべて黒色になった。

② 図2のように①で生まれた子を育てて子どうしをかけ合わせると，孫には黒色のメダカと黄色のメダカが，3:1の割合で生まれた。

③ 遺伝子の組み合わせのわからない黒色のメダカに黄色のメダカをかけ合わせると，黒色のメダカと黄色のメダカがそれぞれ6匹ずつ生まれた。

図1

親 黒色の純系のメダカ　黄色の純系のメダカ

卵　受精　精子

子

受精卵

すべて黒色

図2

子

①で生まれた黒色のメダカ

子 どうしをかけ合わせる

孫

黒色　　黄色

黒色のメダカと黄色のメダカが，3:1の割合で生まれた

(1) ①について，対立形質をもつ純系の親どうしをかけ合わせたときに，子に現れる形質を何というか，その名称を書きなさい。

(2) ②について，子の生殖細胞の遺伝子はどのように表せるか，次のア～オから適当なものをすべて選び，その記号を書きなさい。

ア．B　イ．b　ウ．BB　エ．Bb　オ．bb

(3) ③について，かけ合わせた黒色のメダカと黄色のメダカそれぞれの遺伝子の組み合わせとして推測されるものはどれか，次のア～オから最も適当なものを1つずつ選び，その記号を書きなさい。

ア．B　イ．b　ウ．BB　エ．Bb　オ．bb

4 次の実験について，あとの各問いに答えなさい。（5点）

〈実験〉 塩化ナトリウム，硝酸カリウム，ミョウバンについて，水の温度によるとけ方のちがいを調べるために次の①～③の実験を行った。

① 室温20℃で，ビーカーA，B，Cに20℃の水を50gずつ入れ，次のページの図1のようにビーカーAに塩化ナトリウム15gを，ビーカーBに硝酸カリウム15gを，ビーカーCに

ミョウバン15gをそれぞれ入れてじゅうぶんにかき混ぜ，ビーカーの中のようすを観察した。

② ①でできたビーカーA，B，Cを加熱し，水溶液の温度を60℃まで上げてじゅうぶんにかき混ぜ，ビーカーの中のようすを観察した。

③ ②でできたビーカーA，B，Cを冷やし，水溶液の温度を10℃まで下げ，ビーカーの中のようすを観察した。

図1

塩化ナトリウム　　硝酸カリウム　　ミョウバン

水　　　　　　水　　　　　　水

ビーカーA　　　ビーカーB　　　ビーカーC

(1) ①，②について，次の(a), (b)の各問いに答えなさい。ただし，図2は，それぞれの物質についての，100gの水にとける物質の質量と水の温度との関係を表したものである。

図2

(a) ①について，ビーカーA，B，Cそれぞれで，物質が水にすべてとけている場合には○を，とけ残っている場合には×を書きなさい。

(b) ②について，ビーカーBに硝酸カリウムはあと約何gとかすことができるか，次のア〜オから最も適当なものを1つ選び，その記号を書きなさい。ただし，実験をとおして，溶媒の水の蒸発は考えないものとする。

　　ア. 15g　　イ. 40g　　ウ. 55g　　エ. 80g　　オ. 95g

(2) ③について，下の表は，図2のグラフから，10℃の100gの水にとける塩化ナトリウム，硝酸カリウム，ミョウバンの質量を読みとったものである。次の(a), (b)の各問いに答えなさい。

(a) 固体として出てきた物質の質量が最も多いのは，ビーカーA，B，Cのうちどれか，最も適当なものを1つ選び，A，B，Cの記号で書きなさい。

(b) ビーカーBの硝酸カリウム水溶液の質量パーセント濃度は何％か，求めなさい。ただし，答えは小数第1位を四捨五入し，整数で求めなさい。

表

物質	塩化ナトリウム	硝酸カリウム	ミョウバン
10℃の100gの水にとける物質の質量(g)	37.7	22.0	7.6

5　次の文を読んで，あとの各問いに答えなさい。（8点）

　　はるかさんは，学校とその周辺の植物を観察した。また，観察した植物について，その特徴をもとに，分類を行った。そして，観察したことや分類した結果を，次の①〜③のようにノートにまとめた。

【はるかさんのノートの一部】

①　学校の周辺で，マツ，アブラナ，ツツジを観察した。図1は，マツの雌花と雄花のりん片を，図2，図3は，それぞれアブラナの花と葉をスケッチしたものである。

図1　　　　　　　　　図2　　　　　　　　　　　　　　　　　図3

雌花のりん片　雄花のりん片

②　学校で，イヌワラビとスギゴケを観察した。図4，図5は，それぞれ観察したイヌワラビとスギゴケをスケッチしたものである。

図4　　　　　　　　　　　　　　　　　　　　　図5

Jの裏

③　図6は，観察した5種類の植物を，さまざまな特徴によって分類した結果である。

図6

(1)　①について，次の(a)～(e)の各問いに答えなさい。

(a)　次の文は，生物を観察しスケッチするときの，理科における適切なスケッチのしかたについて説明したものである。文中の（あ），（い）に入る言葉はそれぞれ何か，下のア～オから最も適当なものを１つずつ選び，その記号を書きなさい。

> スケッチは，（　あ　）線と点で（　い　）かく。

ア．細い　　イ．太い　　ウ．ぼやかして　　エ．はっきりと　　オ．二重がきして

(b)　図１のＡを何というか，その名称を書きなさい。また，図２のＣ，Ｄ，Ｅ，Ｇ，Ｈのうち図１のＡと同じはたらきをする部分はどれか，Ｃ，Ｄ，Ｅ，Ｇ，Ｈから最も適当なものを１つ選び，その記号を書きなさい。

(c)　アブラナのように，図２のＨがＧで包まれている植物を何というか，その名称を書きなさい。

(d)　図３のアブラナの葉のつくりから予想される，アブラナの子葉の枚数と茎（くき）の横断面の特徴を模式的に表したものはどれか，次のア～エから最も適当なものを１つ選び，その記号を書きなさい。

	ア	イ	ウ	エ
子葉の枚数	1枚	1枚	2枚	2枚
茎の横断面				

(e)　アブラナとツツジの花弁（はなびら）を比較（ひかく）したところ，アブラナは花弁が１枚１枚離れており，ツツジは花弁が１つにくっついていた。花弁に注目したとき，アブラナのように花弁が１枚１枚離れている植物を何類というか，その名称を書きなさい。

(2)　①，②について，観察した植物のからだのつくりとはたらきの説明として正しいものはどれか，次のア～エから最も適当なものを１つ選び，その記号を書きなさい。

ア．図１のＢと図５のＯの中には，どちらも胞子（ほうし）が入っている。

イ．図２のＥと図４のＮは，どちらも花粉をつくるところである。

ウ．図３のＩと図４のＫの中には，どちらも維管束（いかんそく）がある。

エ．図４のＭと図５のＰは根で，どちらもからだ全体に運ぶための水を吸収する。

(3)　③について，ＷとＸのグループを比較したとき，Ｘのグループのみにみられる特徴はどれか，また，ＹとＺのグループを比較したとき，Ｚのグループのみにみられる特徴はどれか，次のア～エから最も適当なものを１つずつ選び，その記号を書きなさい。

ア．葉・茎・根の区別がある。

イ．根がひげ根である。

ウ．種子をつくる。

エ．葉緑体がある。

6 次の実験について，あとの各問いに答えなさい。（8点）

〈実験〉 金属のイオンへのなりやすさのちがいと電池のしくみについて調べるために，次の①，②の実験を行った。

① 〈目的〉 銅，亜鉛（あえん），マグネシウムのイオンへのなりやすさのちがいを調べる。

〈方法〉

　　1. 図1のように，マイクロプレートの穴の大きさに合わせて，台紙に表をかき，銅片（どうへん），亜鉛片，マグネシウム片の3種類の金属片と，硫酸銅水溶液（りゅうさん），硫酸亜鉛水溶液，硫酸マグネシウム水溶液の3種類の水溶液を入れる場所を決めた。ただし，図1の金属A，金属Bは銅，亜鉛のいずれかである。また，水溶液A，水溶液Bは硫酸銅水溶液，硫酸亜鉛水溶液のいずれかであり，それぞれ金属A，金属Bがイオンとしてふくまれている。

図1

金属のイオンへのなりやすさの比較

	水溶液A	水溶液B	硫酸マグネシウム水溶液
金属A			
金属B			
マグネシウム			

台紙　　　　マイクロプレート

　　2. マイクロプレートを，台紙の表の位置に合わせて置いた。

　　3. プラスチックのピンセットを用いて，マイクロプレートのそれぞれの穴に金属片を入れた。

　　4. それぞれの穴に，金属片がひたる程度に水溶液を加え，変化のようすを観察した。

〈結果〉 実験結果をまとめると，表1のようになった。

表1

	水溶液A	水溶液B	硫酸マグネシウム水溶液
金属A		変化が起こらなかった。	変化が起こらなかった。
金属B	金属Bが変化し，赤色の固体が現れた。水溶液Aの青色がうすくなった。		変化が起こらなかった。
マグネシウム	マグネシウム片が変化し，赤色の固体が現れた。水溶液Aの青色がうすくなった。	マグネシウム片が変化し，灰色の固体が現れた。	

② 〈目的〉 金属と電解質の水溶液を用いてダニエル電池をつくり，電気エネルギーをとり出せるかどうかを調べる。

〈方法〉

　1. 図2のように，素焼きの容器（すや）をビーカーに入れ，素焼きの容器の中に14％硫酸銅水溶液を入れた。

　2. ビーカーの素焼きの容器が入っていないほうに，5％硫酸亜鉛水溶液を入れた。

　3. それぞれの水溶液に銅板，亜鉛板をさしこみ，ダニエル電池を組み立てた。

　4. ダニエル電池に光電池用のプロペラつきモーターをつなぎ，電気エネルギーをとり出せるかを調べた。電池にプロペラつきモーターをしばらくつないだままにした後，金属板のようすを観察した。

〈結果〉　ダニエル電池に光電池用のプロペラつきモーターをつなぐと，プロペラつきモーターが回転した。電池にプロペラつきモーターをしばらくつないだままにした後の金属板のようすは，表2のようになった。

図2

光電池用のプロペラつきモーター

P　　　Q

導線
亜鉛板
ビーカー
硫酸亜鉛水溶液
銅板
素焼きの容器
硫酸銅水溶液

表2

	金属板のようす
亜鉛板	X
銅板	表面に新たな銅が付着していた。

(1)　①について，次の(a)，(b)の各問いに答えなさい。

(a)　金属Bに水溶液Aを加えたときの，次の(i)，(ii)の化学変化を化学反応式で表すとどうなるか，それぞれ金属原子とイオンの化学反応式で書きなさい。ただし，電子はe^-で表しなさい。

(i)　金属Bが変化した。

(ii)　赤色の固体が現れ，水溶液Aの青色がうすくなった。

(b)　実験結果より，金属A，金属B，マグネシウムを，イオンになりやすい順に並べるとどうなるか，次のア〜カから最も適当なものを1つ選び，その記号を書きなさい。

ア．金属A→金属B→マグネシウム　　　イ．金属A→マグネシウム→金属B

ウ．金属B→金属A→マグネシウム　　　エ．金属B→マグネシウム→金属A

オ．マグネシウム→金属A→金属B　　　カ．マグネシウム→金属B→金属A

(2)　②について，次の(a)〜(d)の各問いに答えなさい。

(a)　②の実験では，物質がもっているエネルギーを電気エネルギーに変換してとり出すことで，モーターが回転している。②の実験で，電気エネルギーに変換された，物質がもっているエネルギーを何エネルギーというか，漢字で書きなさい。

(b)　図2において，電子の移動の向きはP，Qのどちらか，また，＋極は亜鉛板，銅板のどちらか，次のア〜エから最も適当なものを1つ選び，その記号を書きなさい。

	ア	イ	ウ	エ
電子の移動の向き	P	P	Q	Q
＋極	亜鉛板	銅板	亜鉛板	銅板

(c)　表2の中の　X　に入ることがらは何か，次のア〜エから最も適当なものを1つ選び，その記号を書きなさい。

ア．表面に新たな亜鉛が付着していた。　　　イ．表面に銅が付着していた。

ウ．表面がぼろぼろになり，細くなっていた。　　エ．表面から気体が発生していた。

(d)　②の実験において，素焼きの容器を使用する理由について，次の(i)，(ii)の各問いに答えなさい。

(i)　素焼きの容器を使用することで，水溶液中の陽イオンと陰イオンが素焼きの容器を通っ

て移動し，陽イオンと陰イオンによる電気的なかたよりができないようにしている。電気的なかたよりができないようにする水溶液中のイオンの移動について，正しく述べたものはどれか，次のア～エから最も適当なものを1つ選び，その記号を書きなさい。

ア．硫酸亜鉛水溶液中の亜鉛イオンと硫酸イオンが硫酸銅水溶液側に移動する。

イ．硫酸銅水溶液中の銅イオンと硫酸イオンが硫酸亜鉛水溶液側に移動する。

ウ．硫酸亜鉛水溶液中の亜鉛イオンが硫酸銅水溶液側に，硫酸銅水溶液中の硫酸イオンが硫酸亜鉛水溶液側に移動する。

エ．酸銅水溶液中の銅イオンが硫酸亜鉛水溶液側に，硫酸亜鉛水溶液中の硫酸イオンが硫酸銅水溶液側に移動する。

(ii) 次の文は，素焼きの容器がないと，電池のはたらきをしなくなる理由について説明したものである。文中の（あ）～（え）の入る言葉はそれぞれ何か，下のア～エから最も適当な組み合わせを1つ選び，その記号を書きなさい。

> 素焼きの容器がないと，2つの電解質水溶液がはじめから混じり合い，（　あ　）イオンが（　い　）原子から直接電子を受けとり，（　う　）板に（　え　）が現れ，導線では電子の移動がなくなるから。

ア．あ－銅　　　　い－亜鉛　　　う－銅　　　　え－亜鉛

イ．あ－銅　　　　い－亜鉛　　　う－亜鉛　　　え－銅

ウ．あ－亜鉛　　　い－銅　　　　う－銅　　　　え－亜鉛

エ．あ－亜鉛　　　い－銅　　　　う－亜鉛　　　え－銅

7　次の文を読んで，あとの各問いに答えなさい。（8点）

> とおるさんは，前線の通過と天気の変化，日本の天気の特徴と大気の動きについて，インターネットで調べ，次の①，②のようにノートにまとめた。

【とおるさんのノートの一部】

> ①　前線の通過と天気の変化
> 　　図1は三重県のある地点Aで3月21日に測定された気温，天気，風向，風力のデータを集め，まとめたものである。また，図2は3月21日3時の，図3は3月21日21時の天気図である。図2，図3の★は，気象要素のデータを測定した三重県のある地点Aの位置を表している。

図1

② 日本の天気の特徴と大気の動き

図4は夏の，図5は冬の特徴的な天気図である。

(1) ①について，次の(a)～(d)の各問いに答えなさい。

(a) 図3のある地点Aにおける3月21日21時の気圧はおよそ何hPaか，次のア～エから最も適当なものを1つ選び，その記号を書きなさい。

　　ア．994hPa　　イ．997hPa　　ウ．1003hPa　　エ．1007hPa

(b) 図3の　　　で示された前線Pは，図2に示した前線ＸＹが前線ＸＺに追いついてできた前線である。この前線Pを何というか，その名称を書きなさい。

(c) 次の文は，図3の前線Pができると，低気圧が消滅するしくみについて説明したものである。文中の　(あ)，(い)　に入る言葉はそれぞれ何か，下のア～エから最も適当な組み合わせを1つ選び，その記号を書きなさい。

　　　前線Pができると地上付近は（　あ　）でおおわれ，（　い　）気流が発生しなくなるため，低気圧が消滅することが多い。

　　ア．あ－寒気　い－上昇　　イ．あ－寒気　い－下降
　　ウ．あ－暖気　い－上昇　　エ．あ－暖気　い－下降

(d) 図1の気象観測の結果から，前線ＸＹ通過後の特徴的な気温と風向の変化を根拠として，前線ＸＹが3月21日の何時から何時の間に三重県のある地点Aを通過したと判断できるか，次のページのア～エから最も適当なものを1つ選び，その記号を書きなさい。また，判断の根拠とした，気温と風向の変化とはどのような変化か，「気温」，「風向」という言葉を使って，簡単に書きなさい。

　　　　ア．10時から12時の間　　　イ．12時から14時の間

　　　　ウ．15時から17時の間　　　エ．17時から19時の間

(2)　②について，次の(a)，(b)の各問いに答えなさい。

(a)　図4のような，夏の特徴的な気圧配置のときにふく季節風の向きと，高気圧と低気圧の中心付近での風のふき方を模式的に示しているものはどれか，次のア～エから最も適当なものを1つ選び，その記号を書きなさい。

(b)　日本の冬の天気の特徴について，正しく述べたものはどれか，次のア～エから最も適当なものを1つ選び，その記号を書きなさい。

　　ア．偏西風の影響を受けて，日本付近を移動性高気圧と低気圧が交互に通過し，4～7日の周期で天気が変わることが多い。

　　イ．日本の北側の冷たく湿った気団と南のあたたかく湿った気団が日本付近でぶつかり合い，東西に長くのびた前線ができ，ほぼ同じ場所にしばらくとどまる。

　　ウ．日本の西の大陸上にあるシベリア高気圧が勢力を増し，大陸に比べてあたたかい太平洋上には低気圧が発生し，西高東低の気圧配置となる。

　　エ．日本の南東にある太平洋高気圧が発達し，小笠原気団におおわれ，太平洋側の各地では晴れる日が多い。

8　次の文を読んで，あとの各問いに答えなさい。（9点）

　　　次の文は，モーターについて興味をもっただいちさんと，先生の会話文である。

【だいちさんと先生の会話】

　だいち：モーターはどのように動いているのか，その中のようすや回転するしくみについて詳しく知りたいです。

　先　生：モーターは，その中に磁石とコイルが入っています。そして，電流と磁石のはたらきを利用して，そのコイルを動かすことができます。コイル，U字形磁石，電流計，電圧計，抵抗器X（5.0Ω），抵抗器Y（10.0Ω），直流電源装置を準備し，回路をつくって，コイルが動くようすを実験により確かめてみましょう。そうすることで，モーターが回転するようすやしくみを理解することにつながります。実験をする際，電源装置のあつかいにじゅうぶん注意して，コイルの動きを調べましょう。

①　だいちさんは，先生と一緒に実験を行い，次のようにノートにまとめた。

【だいちさんのノートの一部】

〈目的〉
　磁界の中でコイルに電流を流したときのコイルの動きを調べる。

〈方法・結果〉
　抵抗器X，Yのそれぞれについて，図1のように回路をつくり，直流電源装置により電圧を変化させて，コイルに電流を流し，コイルの動きを調べ，その結果を表にまとめた。

図1

表

コイルが動いた向き	図1の④の方向へ動いた。
コイルの動き方	電圧が大きいほど，大きく動いた。
	抵抗器Xのときのほうが，抵抗器Yのときより大きく動いた。

(1)　①について，次の(a)〜(c)の各問いに答えなさい。

(a)　次の文は，実験を安全に進めるために，実験を行う際の注意点を説明したものである。文中の（あ）に入る最も適当な言葉は何か，書きなさい。

　　　電源装置の電源を入れたままにしておくと，コイルや抵抗器が（　あ　）ため，こまめに電源を切り，観察をするときだけ電流を流すようにする。

(b)　次の文は，表にまとめたコイルの動き方について考察したものである。文中の（い）に入る最も適当な言葉は何か，漢字で書きなさい。

　　　コイルに流れる電流は，電圧が大きいほど，また，抵抗器の抵抗が小さいほど大きい。つまり，コイルに流れる電流が大きいほど，コイルは（　い　）から受ける力が強くなり，大きく動くと考えられる。

(c)　抵抗器X，Yを用いて，図1のPQ間が次のア〜エのつなぎ方になる回路をつくった。それぞれの回路に電流を流すと，コイルの動き方にちがいが見られた。コイルの動き方が大きいものから並べるとどうなるか，コイルの動き方の大きいものから順にア〜エの記号を左から

並べて書きなさい。ただし，PQ間の電圧は，すべて等しいものとする。

② 次の文と図は，①の実験の後の，モーターについてのだいちさんと先生の会話文と，先生が説明に使用した図である。

【だいちさんと先生の会話と，先生が説明に使用した図】

先　生：モーターを分解すると，内部は図2のようになっていることがわかります。これを模式的に示すと図3のようになります。

　　　　このコイルに流れる電流と磁石のはたらきについて考えてみましょう。図4のように電流を流したとします。この場合，磁界の向きとコイルが受ける力の向きはどうなると思いますか。

だいち：①の実験の結果を参考に図4に書き加えてみます。コイルが力を受けて回転することが理解できました。

先　生：正しく理解できていますね。では次に，コイルの回転を速くするにはどうしたらよいと思いますか。

だいち：　Ⅰ　によって，コイルが速く回転すると思います。

先　生：よくわかりましたね。最後に，整流子はどのようなはたらきをしているでしょうか。

だいち：整流子には，図5のように電気を流さない部分がありますよね。

先　生：そうですね。コイルが図4の状態では，a→b→c→dの向きに電流が流れていますが，90°回転し図5の状態になる

と，コイルに電流が流れず力を受けなくなります。しかし，コイルは勢いで回転し，図6のようになります。このとき，電流の流れはどうなっていると思いますか。

図6

だいち：電流の流れる向きを考えると，整流子のはたらきも理解できますね。整流子は，コイルが180°回転するごとに，| Ⅱ |はたらきをしているのだと思います。図4と図6を見比べて考えるとわかりやすいです。

先　生：そのとおりです。このようにして，コイルは同じ向きに回転し続けます。

(2)　②について，次の(a)〜(d)の各問いに答えなさい。

(a)　コイルに流れる電流について，電流がつくる磁界を模式的に示した図はどれか，次のア〜エから最も適当なものを1つ選び，その記号を書きなさい。

ア　　　　　　　イ　　　　　　　ウ　　　　　　　エ

電流がつくる磁界

電流の向き──コイル

(b)　だいちさんが図4に書き加えた，磁界の向きとコイルが受ける力の向きを表したものはどれか，次のア〜エから最も適当なものを1つ選び，その記号を書きなさい。

ア　　　　　　イ　　　　　　ウ　　　　　　エ

力の向き　　電流の向き

力の向き　　磁界の向き

(c)　次の文は，| Ⅰ |に入る，モーターのコイルの回転を速くするために必要なことについて説明したものである。（う），（え）に入る言葉はそれぞれ何か，下のア〜エから最も適当な組み合わせを1つ選び，その記号を書きなさい。

> コイルに流れる電流を（　う　）することや，磁力の（　え　）磁石を使用すること

ア．う－大きく　え－強い　　イ．う－大きく　え－弱い
ウ．う－小さく　え－強い　　エ．う－小さく　え－弱い

(d)　| Ⅱ |に入る，整流子のはたらきは何か，「コイルが180°回転するごとに，」に続けて，「コイル」，[電流] という言葉を使って，簡単に書きなさい。

＜社会＞　　時間　45分　　満点　50点

1 あとの各問いに答えなさい。（9点）

(1) 資料1は，緯線と経線が直角に交わった地
図の一部であり，緯線，経線ともに30度間隔
で示している。資料1について，次の(a)，(b)
の各問いに答えなさい。

〈資料1〉

(a) ロンドンが現地時間で3月9日午前0時のとき，Xで示した経線に合わせた時刻を標準時
としているシカゴは，現地時間で何月何日何時か，次のア〜エから最も適当なものを1つ選
び，その記号を書きなさい。

ア．3月8日午後6時　　イ．3月8日午後9時

ウ．3月9日午前3時　　エ．3月9日午前6時

(b) 資料1に@〜©で示した├──┤は，地図上では同じ長さであるが，実際の地球上での距離は
異なっている。@〜©で示した├──┤を，実際の地球上での距離が長い順に並べると，どのよ
うになるか，次のア〜カから最も適当なものを1つ選び，その記号を書きなさい。

ア．@→ⓑ→© 　　イ．@→©→ⓑ　　ウ．ⓑ→@→©

エ．ⓑ→©→@　　オ．©→@→ⓑ　　カ．©→ⓑ→@

(2) 略地図1に示したアジア州について，次のページの(a)，(b)の各問いに答えなさい。

〈略地図1〉

〔注：国境は一部省略。国境については，確定していないところもある。〕

(a)　資料2は、略地図1に示した**a～d**のいずれかの都市における雨温図である。資料2はいずれの都市の雨温図か、略地図1の**a～d**から最も適当なものを1つ選び、その記号を書きなさい。

〈資料2〉

(『理科年表 2021』から作成)

(b)　略地図1に示したパキスタン、スリランカについて、資料3のⅠ、Ⅱは、いずれかの国の宗教別人口の割合を示したもの、資料4のⅢ、Ⅳは、いずれかの国の日本への輸出品目別割合を示したものである。スリランカの宗教別人口の割合にあてはまるものは、資料3のⅠ、Ⅱのどちらか、また、スリランカの日本への輸出品目別割合にあてはまるものは、資料4のⅢ、Ⅳのどちらか、下の**ア～エ**から最も適当な組み合わせを1つ選び、その記号を書きなさい。

〈資料3〉　宗教別人口の割合

〈資料4〉　日本への輸出品目別割合

(資料3、資料4は、『データブック オブ・ザ・ワールド 2021』から作成)

　　ア. 資料3－Ⅰ　資料4－Ⅲ　　　**イ**. 資料3－Ⅰ　資料4－Ⅳ
　　ウ. 資料3－Ⅱ　資料4－Ⅲ　　　**エ**. 資料3－Ⅱ　資料4－Ⅳ

(3)　略地図2に示したアフリカ州について、次のページの
　　(a)、(b)の各問いに答えなさい。

〈略地図2〉

注：国境は一部省略。国境については、
　　確定していないところもある。

(a)　資料5は，略地図2に示したA～Dのいずれかの国の特徴についてまとめたものの一部である。資料5は，どの国の特徴についてまとめたものか，略地図2のA～Dから最も適当なものを1つ選び，その記号を書きなさい。

〈資料5〉

標高が5,000mを超える高い山や，標高が2,000m以上ある高原が広がり，高山気候に属するすずしい気候であることを利用して，茶や切り花が栽培され，多くが輸出されている。

(b)　資料6は，略地図2に示したナイジェリアにおける輸出総額に占める原油の輸出額の割合，資料7は，原油の国際価格の推移を示したものである。また，資料8は，ナイジェリアの輸出総額の推移を示したものである。資料8に示した，ナイジェリアの輸出総額の推移には，どのような特徴があるか，その1つとして考えられることを，資料6，資料7から読み取り，「原油」という言葉を用いて，書きなさい。

〈資料6〉

（『世界国勢図会 2020/21』ほかから作成）

〈資料7〉

（OPEC Web ページから作成）
〔注：1バレル＝約159リットル〕

〈資料8〉

（『世界国勢図会 2020/21』ほかから作成）

(4)　略地図3に示した南アメリカ州について，次の(a)，(b)の各問いに答えなさい。

〈略地図3〉

〔注：国境は一部省略〕

(a)　資料9は，略地図3にeで示した場所にあるマチュピチュの遺跡を示したものである。マチュピチュをつくった先住民の国の名称は何か，次のア～エから最も適当なものを1つ選び，その記号を書きなさい。

ア．モンゴル帝国　　イ．インカ帝国
ウ．ムガル帝国　　　エ．オスマン帝国

〈資料9〉

(b)　資料10は，略地図３に示した，ブラジルとアルゼンチンの，2000年と2017年における，大豆の生産量と輸出量を示したものである。また，資料11は，2000年と2017年における，世界の大豆の生産量と輸出量の国別割合を示したものである。資料10，資料11から読み取れることとして，<u>誤っているもの</u>はどれか，下の**ア～エ**から１つ選び，その記号を書きなさい。

〈資料10〉　大豆の生産量(単位：百万トン)

国名	2000年	2017年
ブラジル	32.7	114.7
アルゼンチン	20.2	55.0

大豆の輸出量(単位：百万トン)

国名	2000年	2017年
ブラジル	11.5	68.2
アルゼンチン	4.1	7.4

〈資料11〉　大豆の生産量の国別割合

大豆の輸出量の国別割合

(資料10，資料11は，『世界国勢図会 2020/21』ほかから作成)

ア．ブラジルでは，2017年は2000年と比べると，大豆の生産量も生産量の国別割合も増加した。

イ．ブラジルでは，2017年は2000年と比べると，大豆の生産量に占める輸出量の割合は増加した。

ウ．アルゼンチンでは，2017年は2000年と比べると，大豆の生産量も輸出量も２倍以上になった。

エ．アルゼンチンでは，2017年は2000年と比べると，大豆の輸出量の国別割合は減少したが，輸出量は増加した。

2　あとの各問いに答えなさい。(９点)

(1)　略地図に示した岩手県について述べた文はどれか，次の**ア～エ**から最も適当なものを１つ選び，その記号を書きなさい。

ア．ねぶた祭が開催され，津軽塗が伝統的工芸品に指定されている。

イ．中尊寺金色堂が国宝に，南部鉄器が伝統的工芸品にそれぞれ指定されている。

ウ．国宝・重要文化財の指定件数が全国１位で，西陣織が伝統的工芸品に指定されている。

エ．花笠まつりが開催され，天童将棋駒が伝統的工芸品に指定されている。

〈略地図〉

(2)　略地図に示した千葉県にある，貿易額が全国１位の国際空港を何というか，その名称を書きなさい。

(3) 資料1は，略地図に で示したあたりに広がる瀬戸内工業地域と，全国の，2017年における工業別の製造品出荷額の割合を示したものであり，資料1のA～Dは，機械工業，化学工業，食料品工業，繊維工業のいずれかである。資料1のBにあてはまる工業として最も適当なものはどれか，下のア～エから1つ選び，その記号を書きなさい。

〈資料1〉

瀬戸内工業地域 306,879億円	A 35.2	B 21.9	金属工業 18.6	C 8.1	D 2.1 その他 14.1		
全国 3,219,395億円	46.0	13.1	13.4	12.1	14.2		

0 %　　　　　　　　　　　　　　　　　　　　　　　　1.2　　100 %

（『日本国勢図会 2020/21』から作成）

ア．機械工業　　イ．化学工業　　ウ．食料品工業　　エ．繊維工業

(4) 略地図に示した北海道の農業について述べた文はどれか，次のア～エから最も適当なものを1つ選び，その記号を書きなさい。
ア．泥炭地に農業に適した土を運び入れて土地を改良し，全国有数の米の生産地になっている。
イ．日本最大級の砂丘が広がり，なしやらっきょうの栽培がさかんである。
ウ．夜間に照明を当てて生育を遅らせる方法で，菊の生産量は全国1位となっている。
エ．みかんや梅の栽培がさかんで，生産量は，ともに全国1位である。

(5) 資料2は，略地図に示した岩手県，千葉県，鹿児島県における農業産出額の割合を示したものであり，資料2のX～Zは，米，野菜，畜産のいずれかである。資料2のX～Zにあてはまる項目の組み合わせはどれか，次のア～カから最も適当なものを1つ選び，その記号を書きなさい。
ア．X－米　　　Y－野菜　　Z－畜産
イ．X－米　　　Y－畜産　　Z－野菜
ウ．X－野菜　　Y－米　　　Z－畜産
エ．X－野菜　　Y－畜産　　Z－米
オ．X－畜産　　Y－米　　　Z－野菜
カ．X－畜産　　Y－野菜　　Z－米

〈資料2〉

				Z その他
岩手県 2,727億円	X 59.0	Y 21.3	11.1	8.6
千葉県 4,259億円	30.2	17.1	36.3	16.4
鹿児島県 4,863億円	65.2		11.4	19.1

0 %　　　　　　　　　　　　4.3　　　　　　　　100 %

〔注：数値は2018年のもの〕
（『データでみる県勢 2021』から作成）

(6) 資料3は，茶の生産量の県別割合を示したもの，資料4は，茶の生産額の県別割合を示したものである。資料3，資料4の a は，略地図に示したいずれかの道県である。 a にあてはまる道県の名称は何か，次のア～エから最も適当なものを1つ選び，その記号を書きなさい。
ア．北海道　　イ．岩手県
ウ．千葉県　　エ．鹿児島県

〈資料3〉

	静岡県		三重県 7.2 その他
全国 8.2万トン	36.1	a 34.3	22.4

0 %　　　　　　　　　　　　　　　100 %

〈資料4〉

		静岡県	三重県 8.0 その他
全国 822億円	a 31.2	28.2	32.6

0 %　　　　　　　　　　　　　　　100 %

〔注：数値は2019年のもの〕
（資料3，資料4は，農林水産省Webページから作成）

(7) まゆみさんは，日本の農業について調べるために，いくつかの資料を集めた。資料5は，日本の農業就業人口の推移を示したもの，資料6は，日本の年齢別の農業就業人口の割合の推移を示したものである。日本の農業には，どのような課題がみられるか，その1つとして考えられることを，資料5，資料6から読み取り，書きなさい。

〈資料5〉

	農業就業人口（千人）
1994 年	4,296
1999 年	3,845
2004 年	3,622
2009 年	2,895
2014 年	2,266
2019 年	1,681

〈資料6〉

（資料5，資料6は，農林水産省Webページから作成）

3 次の表は，まさきさんの学級で歴史的分野を学習したときの内容をまとめたものの一部である。これを見て，あとの各問いに答えなさい。（9点）

稲作が始まり，弥生土器や金属器を使うようになった時代を弥生時代という。 ①
源氏の将軍が3代で絶えると，幕府を倒そうとする承久の乱が起こった。 ②
室町時代になると，商業がますます発展し，各地の特産物も増えた。 ③
1886年に，ノルマントン号事件が起こった。 ④
大正時代になると，都市化や教育の普及が進むなかで，人々は大衆と呼ばれるようになった。 ⑤
連合国軍総司令部（GHQ）の指令に従って，戦後改革が行われた。 ⑥
1980年代には，日本は世界のなかの経済大国となった。 ⑦

(1) 下線部①について，資料1は，弥生時代のようすについて，まさきさんがまとめたものの一部である。資料1の　Ⅰ　，　Ⅱ　にあてはまる言葉の組み合わせはどれか，次のア〜エから最も適当なものを1つ選び，その記号を書きなさい。

〈資料1〉

稲作が本格的に始まり，収穫した米を　Ⅰ　におさめて貯蔵した。代表的な遺跡として佐賀県の　Ⅱ　がある。

ア．　Ⅰ　－高床倉庫　　Ⅱ　－岩宿遺跡　　イ．　Ⅰ　－高床倉庫　　Ⅱ　－吉野ヶ里遺跡
ウ．　Ⅰ　－竪穴住居　　Ⅱ　－岩宿遺跡　　エ．　Ⅰ　－竪穴住居　　Ⅱ　－吉野ヶ里遺跡

(2) 下線部②について，鎌倉幕府が承久の乱後に，京都に置いた役所の名称は何か，次のア〜エから最も適当なものを1つ選び，その記号を書きなさい。
ア．六波羅探題　　イ．遠国奉行　　ウ．問注所　　エ．京都所司代

(3) 下線部③について，室町時代における商業のようすについて述べた文はどれか，次の**ア～エ**から最も適当なものを1つ選び，その記号を書きなさい。

ア 商人や手工業者は，座と呼ばれる同業者の組合をつくり，生産や販売を独占した。

イ 平城京には市がおかれ，全国から運びこまれた商品が取り引きされた。

ウ 蔵屋敷が置かれた大阪は，全国の商業の中心地で「天下の台所」と呼ばれた。

エ 朱印船貿易が行われ，日本の商人が東南アジア各地に進出した。

(4) 下線部④について，資料2は，ノルマントン号事件について示したものである。裁判において，資料2の下線部のような判決となったのはなぜか，当時，日本とイギリスとの間で結ばれていた条約において，イギリスに認められていた権利にふれて，書きなさい。

〈資料2〉

1886年，イギリス船のノルマントン号が，和歌山県沖で沈没し，イギリス人船長と船員はボートで脱出したが，日本人乗客25人が全員溺れて亡くなった事件が起こった。しかし，裁判では，イギリス人船長に，軽い刑罰が与えられただけだった。

(5) 下線部⑤について，大正時代の大衆の文化について述べた文のうち，誤っているものはどれか，次の**ア～エ**から1つ選び，その記号を書きなさい。

ア 労働者の生活をえがいた，プロレタリア文学が登場した。

イ ラジオ放送が全国に普及し，新聞と並ぶ情報源になった。

ウ 1冊1円の円本が刊行された。

エ 話し言葉のままで文章を書く，言文一致体が確立された。

(6) 下線部⑥について，資料3は，日本の民主化に向けた動きについてまとめたものの一部である。資料3の $\boxed{A}$ ， $\boxed{B}$ にあてはまる言葉の組み合わせはどれか，次の**ア～エ**から最も適当なものを1つ選び，その記号を書きなさい。

〈資料3〉

経済の面では，これまで日本の経済を支配してきた $\boxed{A}$ が解体された。また，農村では農地改革が行われ，その結果，多くの $\boxed{B}$ が生まれた。

ア $\boxed{A}$ －労働組合　$\boxed{B}$ －自作農家　　**イ** $\boxed{A}$ －財閥　$\boxed{B}$ －自作農家

ウ $\boxed{A}$ －労働組合　$\boxed{B}$ －小作農家　　**エ** $\boxed{A}$ －財閥　$\boxed{B}$ －小作農家

(7) 下線部⑦について，資料4は，1985年度から1989年度，1995年度から1999年度の，それぞれ5年間の，日本の経済成長率の平均を示したものである。また，資料5のX，Yは，1989年度と1999年度のいずれかの年度における，国の一般会計の歳入内訳を示したグラフである。1989年度の歳入内訳を表しているグラフは，資料5のX，Yのどちらか，その記号を書きなさい。また，そのように判断した理由を，資料4から読み取れる景気のようすをもとにして，資料5の項目の言葉を用いて，書きなさい。

〈資料4〉

期間	日本の経済成長率の平均
1985年度～1989年度	5.1 %
1995年度～1999年度	1.2 %

〈資料5〉

X　その他 10.2 %　公債金 39.8 %　税収 50.0 %

Y　その他 8.5 %　公債金 9.9 %　税収 81.6 %

(資料4，資料5は，『数字で見る日本の100年』から作成)

4　右の表は、ひできさんの学級で歴史的分野の学習を行ったときに設定されたテーマを示したものである。これを見て、あとの各問いに答えなさい。（9点）

テーマ1	国風文化
テーマ2	武士の世の始まり
テーマ3	江戸幕府の大名支配
テーマ4	宗教改革
テーマ5	開国の経済的影響
テーマ6	産業革命の進展

(1)　テーマ1について、紀貫之たちによってまとめられた作品は何か、次のア～エから最も適当なものを1つ選び、その記号を書きなさい。

ア．万葉集　　　　イ．古今和歌集
ウ．日本書紀　　　エ．古事記

(2)　テーマ2について、次の②～④のカードは、武士が登場し、政治の実権を握るまでのできごとを示したものである。②～④のカードを、書かれた内容の古いものから順に並べると、どのようになるか、下のア～エから最も適当なものを1つ選び、その記号を書きなさい。

②	源義家が、東北地方で起こった武士の戦乱をしずめた。
⑤	平清盛は、平治の乱に勝利し、太政大臣になった。
ⓒ	平将門が、朝廷の政治に不満を感じ、反乱を起こした。
ⓓ	源頼朝は、武士の総大将として征夷大将軍に任じられた。

ア．②→ⓒ→ⓑ→ⓓ　　イ．②→ⓓ→ⓒ→ⓑ　　ウ．ⓒ→②→ⓑ→ⓓ　　エ．ⓒ→ⓑ→②→ⓓ

(3)　テーマ3について、資料1は、1797年の松江藩における支出の内訳を示したものである。資料1にあるように、江戸での費用や道中での費用が必要なのは、江戸幕府が武家諸法度で定めた何という制度のためか、その名称を漢字で書きなさい。

〈資料1〉

道中での費用　3.3 %
その他の費用　2.9 %
藩内での費用　19.2 %
江戸での費用　28.0 %
武士の給与　46.6 %

（『松江藩出入捷覧』から作成）

注：道中での費用とは松江藩と江戸間の費用

(4)　テーマ4について、ルターが始めた宗教改革の後に起こったできごとについて述べた文のうち、誤っているものはどれか、次のア～エから1つ選び、その記号を書きなさい。

ア．九州のキリシタン大名が、天正少年使節をローマ教皇のもとに派遣した。
イ．フランシスコ＝ザビエルが、鹿児島に来てキリスト教を布教した。
ウ．マルコ＝ポーロが「東方見聞録」の中で、日本をヨーロッパに紹介した。
エ．スペイン、ポルトガルの商人たちが、九州各地に来航し、南蛮貿易を行った。

(5)　テーマ5について、資料2は、日本が開国した当初の欧米と日本における、金と銀の交換比率をそれぞれ示したもの、資料3は、幕末の物価の変化を示したもの、資料4は、開国後の経済への影響について資料2、資料3をもとに、ひできさんがまとめたものの一部である。資料4の　X　～　Z　にあてはまる言葉の組み合わせはどれか、あとのア～エから最も適当なものを1つ選び、その記号を書きなさい。
（資料2～4は次のページにあります。）

〈資料2〉

欧米の交換比率
金1：銀15

日本の交換比率
金1：銀5

〈資料3〉

〔注：1858年の値段を100としたときの数値〕
（『近世後期における主要物価の動態』から作成）

〈資料4〉

欧米諸国は，日本との金と銀の交換比率の違いを利用して，自国の X を日本に持ち込み，日本の Y を大量に購入し国外に持ち出した。幕府は， Y の含有量を減らした小判をつくって対応したが，貨幣の価値が Z ，物価が上昇した。

ア． X －金　 Y －銀　 Z －上がり　　イ． X －銀　 Y －金　 Z －上がり

ウ． X －金　 Y －銀　 Z －下がり　　エ． X －銀　 Y －金　 Z －下がり

(6) テーマ6について，資料5は，日本の1882年と1899年における貿易品とその割合を示したものである。また，資料6は，資料5を見たひできさんが，綿産業に着目し，産業革命の進展による貿易の変化についてまとめたものの一部である。資料6の I にあてはまる，1899年における，綿産業に関わる貿易に見られる特徴は何か，「原料」と「製品」という2つの言葉を用いて，書きなさい。

〈資料5〉

1882年
輸入 2,945万円：綿糸 22.3　綿織物 14.3　砂糖 15.1　毛織物 8.9　その他 39.4
輸出 3,772万円：生糸 43.0　緑茶 18.2　水産物 5.2　米 4.4　その他 29.2

1899年
輸入 22,040万円：綿花 28.2　砂糖 7.9　綿織物 4.2　毛織物 4.1　その他 55.6
輸出 21,493万円：生糸 29.1　綿糸 13.3　絹織物 8.1　石炭 7.1　その他 42.4

0% ～ 100%

（『日本貿易精覧』ほかから作成）

〈資料6〉

綿産業に関わる貿易において，1882年は，綿糸の輸入割合が最も高かったが，1899年は，綿花の輸入割合が最も高くなり，綿糸が主要な輸出品になった。
これは，1899年の綿産業に関わる貿易には，産業革命の進展により， I という特徴があったことを表している。

5 右の表は，すぐるさんの学級で行った公民的分野の調べ学習について，班ごとのテーマをまとめたものである。これを見て，あとの各問いに答えなさい。(14点)

A班	社会の変化と新しい人権
B班	消費生活を支える流通
C班	民主政治と選挙
D班	国民の福祉と財政
E班	メディアリテラシー
F班	決まりの評価と見直し
G班	地方自治のしくみ
H班	地球規模の環境問題

(1) A班のテーマについて，資料1は，新しい人権について
まとめたものの一部である。資料1の $\boxed{\text{A}}$ にあてはま
る言葉はどれか，次のア〜エから最も適当なものを1つ選
び，その記号を書きなさい。

〈資料1〉

> 国や地方公共団体に集まってい
> る情報を手に入れる権利として，
> $\boxed{\text{A}}$ が認められている。

　ア．請求権　　イ．請願権　　ウ．知る権利　　エ．勤労の権利

(2) B班のテーマについて，資料2は，ある大規模な小売業者
が，製造業者から商品を直接仕入れることで，流通の合理化を
図ったときの流通のしくみの変化について，模式的に示したも
のである。小売業者が，流通の合理化を図ったのは，どのよう
な目的があったからか，その1つとして考えられることを，
「費用」という言葉を用いて，書きなさい。

〈資料2〉

(3) C班のテーマについて，次の(a)，(b)の各問いに答えなさい。

(a) 資料3は，国政選挙が始まった
当初と現在の投票用紙を，それぞ
れ模式的に示したものである。資
料3から読み取れる，投票用紙の
変化に反映されている選挙の基本
原則は何か，次のア〜エから最も
適当なものを1つ選び，その記号
を書きなさい。

　　ア．普通選挙

　　イ．秘密選挙

　　ウ．直接選挙

　　エ．平等選挙

〈資料3〉

| 国政選挙が始まった当初 | 現在 |

投票者の住所と
名前を記入する欄　　　　投票する候補者名を
　　　　　　　　　　　　記入する欄

(b) 資料4は，三重県における選挙人名簿登録者の人数の
推移を示したものである。2015年に比べ，2016年に選挙
人名簿登録者の人数が大きく増加したのはなぜか，その
理由の1つとして考えられることを，書きなさい。

※　市町村の選挙管理委員会が管理する名簿に登録されてい
る，選挙権を持っている人。

〈資料4〉

（総務省 Web ページから作成）

(4) D班のテーマについて，次の(a)，(b)の各問いに答えなさい。

(a) 資料5は，ある社会保険の保険料を支払っている人が，生活に
介助が必要となった時に利用できるサービスについてまとめた
ものの一部である。資料5に示したサービスを利用できる社会
保険の制度は何か，次のア〜エから最も適当なものを1つ選び，
その記号を書きなさい。

〈資料5〉

> ・施設サービス
> ・居宅サービス
> ・地域密着型サービス

　ア．介護保険　　イ．医療保険　　ウ．雇用保険　　エ．年金保険

(b) 次のページの資料6は，すぐるさんとひろみさんが，2種類の同じ資料を見て，所得税と消

費税についてそれぞれの考えをまとめたものの一部である。すぐるさんとひろみさんが見た2種類の資料は何か，下の**ア〜オ**から適当なものを2つ選び，その記号を書きなさい。

〈資料6〉

> すぐる：2種類の資料を読み取ると，消費税は，所得の少ない人ほど負担感が大きいので，公正ではないと思います。一方，所得税は，所得の多い人が多く税を納めることになるので，公正だと思います。
>
> ひろみ：2種類の資料を読み取ると，所得税は，所得が多い人ほど多く納税しなければならないので，公正ではないと思います。一方，消費税は，所得の少ない人ほど負担感が大きいものの，所得に関係なく同じ税率で課税されるので，公正だと思います。

ア．毎年の日本の，消費税と所得税の税収の推移を示した資料。

イ．毎年の日本の，直接税と間接税の割合の推移を示した資料。

ウ．課税対象となる所得別の，それぞれの額に適用される税率を示した資料。

エ．家族構成別の，消費支出と貯蓄の平均額を示した資料。

オ．所得別の，消費税負担額と消費税が所得に占める割合を示した資料。

(5) E班のテーマについて，資料7は，生徒会役員会が，ある企画について，全校生徒に対して行ったアンケート結果である。また，資料8は，E班が，メディアリテラシーについて学習するため，資料7をもとに，編集したものである。資料8を資料7と比べたとき，受ける印象の違いは何か，「実際のアンケート結果と比べて」で始めて，「賛成」という言葉を用いて，書きなさい。

〈資料7〉

		どちらでもない	
賛成 41	32	反対 27	

0%　　　　　　　　　　　　　　　　　　　　100%

〈資料8〉

賛成 41	賛成ではない 59

0%　　　　　　　　　　　　　　　　　　　　100%

(6) F班のテーマについて，資料9は，決まりを評価し見直す際の5つの項目を示している。資料9に示した5つの項目のうち，効率の観点から評価する項目はどれか，資料9の**ア〜オ**から最も適当なものを1つ選び，その記号を書きなさい。

〈資料9〉

ア	目的を実現するための適切な手段となっているか。
イ	誰にでも同じように理解できるものになっているか。
ウ	立場を変えても受け入れられるものになっているか。
エ	決まりを作る過程にみんなが参加しているか。
オ	労力や時間，お金やものが無駄なく使われているか。

(7) G班のテーマについて，資料10は，地方公共団体の政治のしくみを模式的に示したものの一部である。資料10の **X** にあてはまるものとして，誤っているものはどれか，あとの**ア〜エ**から1つ選び，その記号を書きなさい。

〈資料10〉

ア．予算案を提出する。　　イ．議決の再検討を求める。

ウ．議会を解散する。　　　エ．議会に対して連帯して責任を負う。

(8) H班のテーマについて，ひろみさんは，地球温暖化に関する資料を集めた。資料11，資料12，資料13はその一部である。また，資料14は，資料11，資料12，資料13をもとに，ひろみさんが，パリ協定が採択された意義についてまとめたものの一部である。資料14の下線部の課題とは何か，二酸化炭素のこれまでの排出に関わって見られる，先進国，途上国それぞれの状況を資料12，資料13から読み取り，書きなさい。

〈資料11〉　パリ協定についてまとめたもの

採択年	2015年
対象の時期	2020年以降
対象国	すべての国
温室効果ガスの削減義務内容	目標の提出

〈資料12〉　1850年～2005年の間の，先進国，途上国別の二酸化炭素の排出割合

(JICA Web ページから作成)

〈資料13〉　1997年，2007年，2017年の，先進国，途上国別の二酸化炭素の排出割合

(IEA「World Energy Balances」から作成)

〈資料14〉

　温室効果ガスの1つである二酸化炭素のこれまでの排出について，課題が見られる中，地球温暖化の解決に向けて，すべての国が取り組むことを明記された点である。

【資料1】　未来を良くするために何か行動しようと思っていますか(主な項目)

仕事や学業をしっかりやることで社会に貢献したい
35.4 %
39.8 %
29.6 %
26.6 %

ボランティアなどに参画して直接社会を良くしていきたい
13.6 %
18.4 %
14.8 %
12.7 %

寄付やチャリティーなどを通じて社会に貢献していきたい
10.6 %
17.5 %
14.2 %
13.5 %

考えてはいるが、具体的にどのようにすべきかわからない
29.6 %
24.1 %
22.4 %
22.9 %

凡例：
■ 13～14歳
■ 15～19歳
□ 20～24歳
▨ 25～29歳

【資料2】　社会のために役立つことをしたいと思いますか

凡例：■ そう思う　■ どちらかといえばそう思う　▨ どちらかといえばそう思わない　□ そう思わない

13～14歳　23.1 %　62.1 %　10.4 %　4.4 %

15～19歳　35.9 %　41.3 %　12.1 %　10.7 %

20～24歳　23.9 %　43.4 %　16.5 %　16.2 %

25～29歳　18.7 %　44.2 %　18.9 %　18.2 %

【資料3】　具体的に何を通じて社会のために役立ちたいと考えていますか(主な項目)
(複数回答可)

体育・スポーツに関する活動　24.1 %

自主防災活動・災害援助活動　17.1 %

募金活動・チャリティーバザー　13.5 %

自然・環境保護に関する活動　12.9 %

何をすればよいかわからない　21.6 %

※【資料2】で「そう思う」「どちらかといえばそう思う」と答えた人のみ回答

〔内閣府「子供・若者の意識に関する調査(令和元年度)」から作成〕

を、あとのア～エから一つ選び、その記号を書きなさい。

「社会のために役立つことをしたいと思いますか」についての回答では、「そう思う」と答えた人と、「どちらかといえばそう思う」と答えた人とを合計した割合は、年代が上がるにつれて小さくなっている。

また、「どちらかといえばそう思わない」と答えた人と、「そう思わない」と答えた人とを合計した割合は、二十五～二十九歳、二十五～二十九歳で三割を超えている。

年代別に見ると、　①　は、　②　に比べて　③　と答

えた人の割合が小さく、また、「そう思わない」と答えた人の割合は他の年代と比べて最も小さい。

ア　①　十三～十四歳　②　十五～十九歳　③　「そう思う」

イ　①　十三～十四歳　②　二十～二十四歳　③　「どちらかといえばそう思う」

ウ　①　十五～十九歳　②　十三～十四歳　③　「どちらかといえばそう思わない」

エ　①　十五～十九歳　②　二十～二十四歳　③　「そう思う」

(三)　【資料3】から、具体的な活動を通じて社会のために役立ちたいと考えている人がいることがわかる。あなたはどのようにして社会のために役立ちたいと考えるか。あなたの考えを、次の〔作文の注意〕にしたがって書きなさい。

〔作文の注意〕
①　題名は書かずに本文から書き出しなさい。

②　あなたが考える理由を明らかにして、具体的に書きなさい。なお、【資料3】の項目は、参考にしてもしなくてもよい。

③　あなたの考えが的確に伝わるように書きなさい。

④　原稿用紙の使い方にしたがい、全体を百六十字以上二百字以内にまとめなさい。

（注1）　望月——陰暦十五夜の月の異称。

（注2）　詩作り・哥詠みども——漢詩を作る人や和歌を詠む人。

（注3）　浮世房——浮世物語の主人公。出家して浮世房と名乗った。

(一)　傍線部分①「作りしやうに」を現代仮名遣いに改め、すべてひらがなで書きなさい。

(二)　傍線部分②「雲外に鴈を聞きて夜声を」とあるが、次の　□　の中の漢文の二重傍線部分「雲外聞鴻夜射声」を「雲外に鴻を聞いて夜声を射る」と読むことができるように返り点をつけたものは、あとのア～エのうちどれか。最も適当なものを一つ選び、その記号を書きなさい。

> 雲外聞鴻夜射声
>
> 雪中放馬朝尋跡
>
> （『新編　日本古典文学全集　和漢朗詠集』による。）
>
> ＊一部表記を改めたところがある。
>
> （雪中に馬を放つて朝に跡を尋ぬ
> 雲外に鴻を聞いて夜声を射る）

ア、雲外聞二鴻夜一射レ声

イ、雲外二聞鴻夜射レ声

ウ、雲外聞レ鴻夜射レ声

エ、雲外聞レ鴻夜射レ声

(三)　波線部分(1)「詠み出だす」と波線部分(2)「詠みける」について、これらの主語の組み合わせとして最も適当なものを、次のア～エから一つ選び、その記号を書きなさい。

ア、(1)　浮世房　(2)　浮世房

イ、(1)　浮世房　(2)　詩作り・哥詠みども

ウ、(1)　詩作り・哥詠みども　(2)　浮世房

エ、(1)　詩作り・哥詠みども　(2)　詩作り・哥詠みども

(四)　浮世房が、詩歌を作れずに上を向いたり下を向いたりしている様子を、比喩を用いてどのようにあらわしているか。文章中の古文から十二字以内で抜き出して書きなさい。（句読点も一字に数える。）

5　次のページの【資料1】、【資料2】、【資料3】は、内閣府が十三歳以上二十九歳以下の人を対象に実施した「子供・若者の意識に関する調査（令和元年度）」についての結果をまとめたものである。これらを見て、あとの各問いに答えなさい。（十点）

(一)　【資料1】から読み取れることについて、あてはまらないものを次のア～エから一つ選び、その記号を書きなさい。

ア、「仕事や学業をしっかりやることで社会に貢献したい」と答えた人の割合は、すべての年代で他の項目より大きく、十三～十四歳、十五～十九歳では三割を超えている。

イ、「ボランティアなどに参画して直接社会を良くしていきたい」と答えた人の割合と「寄付やチャリティーなどを通じて社会に貢献していきたい」と答えた人の割合は、十五～十九歳が最も大きい。

ウ、「寄付やチャリティーなどを通じて社会に貢献していきたい」と答えた人の割合は、すべての年代において二割以下であり、年代別に見ると、十三～十四歳の割合が最も小さい。

エ、「考えてはいるが、具体的にどのようにすべきかわからない」と答えた人の割合は、十三～十四歳が最も大きく、年代が上がるにつれて小さくなっている。

(二)　【資料2】から読み取れることを、次の　□　の中の文にまとめた。　①　～　③　に入る言葉の組み合わせとして最も適当なも

Bさん 「 Ⅰ は、先人たちの残してくれた知識や先人の築いた知識のなかで効力を持てる存在になりたいという気持ち」とも言っているね。

Aさん 筆者は、何かをできるようになりたい、それで苦しみを取り除いたり、楽しみを増やしたりしたい、そういう気持ちがなければ、知識を求める意欲が湧かないから、いくら先人の築いた知識があっても、自分の行動の役に立ってくれなければ意味がないと言っているね。

Bさん 何かができるようになりたいと思う気持ちは、何かをやってみたり、あるいは、だれかが何かをやっているのを見たりして、それが苦しみを取り除き、楽しみを与えてくれているのを知る経験から生まれると言っているよ。

Cさん そのことについては、筆者がレストランを経営する例をあげて説明しているね。とてもよいレストランを作ろうと思ったら、たくさん学ぶべきことがあることに気づくと言っているよ。

Aさん そうだね。筆者は、何かができるようになりたいという意欲は、 Ⅱ 気持ちにつながると言っているね。

4 次の文章を読んで、あとの各問いに答えなさい。（八点）

今はむかし、八月十五日夜は、名におふ月の満てる時分なり。この夜は、日と月とさし望む事の正しければ、月の光もことさらに明らかなる故に望月とも云ふなり。又、まんまるに満つる故に餅月とも申し伝へし。詩作り・哥詠みども、日ごろより含み句をこしらへて、只

（注1　望月……太陽と月とが真正面に向き合うので）
（注2　常日頃より……あらかじめ詩歌や句を作っておいて）

今①作りしやうにもてなし、うめきすめきて⑴詠み出だす。さるままに（ふりをして／はあはあ息遣いをして／ところがさて／前もって作っておいた詩や歌が現場の情景にあわなくなって）

日暮より雲うずまきて雨ふり出でしかば、かねて作りける詩歌相違して、夜ふくれども一首も出です。「浮世房、いかにいかに」と仰せられ（いかに……どうした／主君がおっしゃるので）

しかば、仰のきうつぶき、麦穂の風にふかるるやうにして案じける折節、鴈のわたる声聞こえければ、「②雲外に鴈を聞きて夜声を」ととな（上を向いたり下を向いたり／麦が風にふかれる）

へさまに、不図思ひよりてかくぞ⑵詠みける。（雨が降ったのでこの十五夜も真っ暗闇になってしまったが、その暗がりの中に、二千里渡って行くという鴈の声が聞こえてくる）

雨ふれば三五夜中の真の闇二千里わたるくらかりの声

（『新編　日本古典文学全集　浮世物語』による。）

＊一部表記を改めたところがある。

の競争に負けそうです。店の外見も内装も、清潔で、オシャレにしないといけません。そして、店舗を経営するには、経営学の知識が必要です。化学から美術、保険から人間関係の心理学まで、何でも関係してきます。一見すると、自分と縁遠いと思った知識も、お店を経営しようとすると全部関係してくることがわかります。とてもよいレストランを作ろうと思ったら、たくさん学ぶべきことがあることに気づくでしょう。

このように具体的に何かができるようになりたいという意欲が、知識とスキルの必要性を理解させ、さらにそれを改良しようとする気持ちにつながります。

（河野　哲也『問う方法・考える方法「探究型の学習」のために』による。）

＊一部表記を改めたところがある。

（注1）調度――日常使用する道具、家具など。
（注2）初等中等教育――高等学校までの教育。
（注3）蔑ろ――大事にしなければならないものを軽く考えて粗末に扱っているるさま。

（一）傍線部分(1)「いかなければならない」の「なけれ」と「ない」の品詞の組み合わせとして最も適当なものを、次のア～エから一つ選び、その記号を書きなさい。

ア、「なけれ」―動詞　　「ない」―形容詞
イ、「なけれ」―形容詞　「ない」―助動詞
ウ、「なけれ」―形容動詞　「ない」―形容詞
エ、「なけれ」―助動詞　「ない」―助動詞

（二）波線部分①～④は、スポーツまたは家屋が持つ「文明」、「文化」のいずれかの面をあらわしている。本文中の筆者の主張に合う「文明」、「文化」の組み合わせとして最も適当なものを、次のア～エから一つ選び、その記号を書きなさい。

ア、「文明」―①③　「文化」―②④
イ、「文明」―①④　「文化」―②③
ウ、「文明」―②③　「文化」―①④
エ、「文明」―②④　「文化」―①③

（三）文中の　□　に入る言葉として最も適当なものを、次のア～エから一つ選び、その記号を書きなさい。

ア、つまり　イ、ところで　ウ、しかし　エ、なぜなら

（四）次の【話し合いの様子】は、Aさんの班で文章について話し合ったときのものである。これを読んで、【話し合いの様子】の　Ⅰ　に入る言葉として最も適当なものを、【話し合いの様子】の中の二重傍線部分Ⓐ・Ⓑのいずれかを、一つ選んでその記号を書き、　Ⅱ　は本文中から二十五字以上三十五字以内で抜き出して書きなさい。（句読点も一字に数える。）

【話し合いの様子】

Aさん　知りたいという気持ちには、二種類の動機があると筆者は言っているね。筆者の言う二種類の動機って何だろう。

Bさん　ひとつは、世界がどうなっているかが分かるような、Ⓐ一種の見取り図のようなもの、あるいは地図のようなものがほしいという願望のことだね。

Cさん　もうひとつは、Ⓑ何かができるようになりたいという気持ちのことだね。

Aさん　そうだね。筆者は、「ある行為ができるようになりたい」という気持ちや「何かを達成して、自分が世界

た。被災した人々は、まだまだ生活が厳しい中でも、必要な情報を知りたいからというだけでなく、文化としての楽しみを得ようとして書物を探していたのです。小さな仮設図書館が開かれると、ひっきりなしにいろいろな年代の方が本を借りにきました。このときほど、人間は根源的に文化を必要としているのだと実感したことはありません。文化を求めるのは人間であることの証です。

今、文化と文明という大きな枠組みを述べましたが、探究型の授業のテーマとなるのは、このどちらか、あるいは両方に関わっているはずです。□□□、苦しいことを減らそうとするのか、楽しいことを増やそうとするのか、あるいは、その両方を兼ねたものかです。探究型の授業を行うのに、一番大切なのは、学ぶ側が学ぼうとする意欲を持っているかどうかです。(注2)初等中等教育で行うべき最も大切な教育は、生徒に一生学ぼうとする動機づけを与えることです。これが(注3)蔑ろにされては学習が成り立たず、学習のないところには教育は存立しえません。

では、人はどういうことに学ぼうとする意欲を持つでしょうか。ひとつは、世界がどうなっているかが分かるような、一種の見取り図のようなもの、あるいは地図のようなものがほしいという願望です。これは子どもの頃からの好奇心に近いものです。

もうひとつは、何かができるようになりたいという気持ちです。これは、「ケーキの作り方が知りたい」「自動車の運転ができるようになりたい」「うまくダンスが踊れるようになりたい」といったように、「ある行為ができるようになりたい」という気持ちのことです。そしてこの何かができるようになりたいという気持ちは、「何かを達成して、自分が世界のなかで効力を持てる存在になりたいという気

持ち」でもあります。自分を含めただれかの苦しみを取り除きたいとか、だれかに楽しさを与えたいといった目的を持ち、そのために何かができるようになりたいというのが人間の学びへの動機になります。ごく単純に言えば、楽しいこと、面白いことをやりたい、そして嫌なことを避けたいという気持ちがなければ、そのために何かがやりたいと思うことに素直になり、そのために何かがやりたいと思うことが動機づけとなるのです。

何かをうまく達成するためには、先人たちの残してくれた知識が役に立ちます。ひとつ目の「見取り図や地図のようなもの」がそれにあたります。逆に言えば、何かをできるようになりたい。それで苦しみを取り除いたり、楽しみを増やしたりしたい、そういう気持ちがなければ、知識を求める意欲が湧かないのです。いくら先人の築いた知識があっても、自分の行動の役に立ってくれなければ意味がありません。

では、どうすれば、何かができるようになりたいと思うでしょうか。それは、まさに何かをやってみたり、あるいは、だれかが何かをやっているのを見たりして、それが苦しみを取り除き、楽しみを与えてくれているのを知る経験から生まれます。

たとえば、近所のレストランがとても素敵な料理を出してくれます。家族や友人と楽しく食事をすると、みんな仲がよくなります。そうなれば、こんな店をやってみたいと思うことでしょう。自分なりにやってみたい。ここをこうしたい。もっとうまくやってみたい。こういう気持ちが、私たちの中に生じてくるのは不思議ではありません。

自分の好きな料理を出そうとして、レストランを経営するには、どのような技術と知識が必要でしょうか。調理の技術だけで済むわけではありません。栄養学、公衆衛生、関連する法規、食品と流通の知識、これだけでもまだ全然足りません。オリジナルな商品がないと他店と

（三）傍線部分(3)「おれは……もう、これ以上泳げないと思っていた」とあるが、次の　　　　の中は、「おれ」が海人と泳いだことでどのような気持ちに変わったかについてまとめたものである。　　　に入る言葉を、本文中の言葉を使って三十字以上四十字以内で書きなさい。（句読点も一字に数える。）

　「海人と泳げば、　　　　　　　　」という前向きな気持ちに変わった。

（四）傍線部分(4)「海人がニヤリとした」とあるが、このときの海人の心情を説明したものとして最も適当なものを、次のア〜エから一つ選び、その記号を書きなさい。

ア、海人は、「……でも、とりあえず、また来るかも」と言った「おれ」の言葉や表情によって「おれ」の迷いにはじめて気づき、「おれ」のことを支えようと心に決めている。

イ、海人は、「……でも、とりあえず、また来るかも」と言った「おれ」の言葉を聞き、「おれ」が東京のスイミングクラブで再び水泳を始める気持ちになったことをうれしく思っている。

ウ、海人は、「……でも、とりあえず、また来るかも」と言った「おれ」の言葉を聞く前から、「おれ」がまた来るだろうと予想をしていたので、やはり自分の思ったとおりだと感じている。

エ、海人は、「……でも、とりあえず、また来るかも」と言った「おれ」の言葉が、「おれ」の本心だと龍之介や信司が気づいていたことをおもしろがっている。

（五）傍線部分(5)「なんで、同じこと、考えてんだよ」とあるが、「おれ」と海人が考えた「同じこと」とはどのようなことか、「……ということ。」につながるように、本文中の言葉を使って、二十字以上三十字以内で書きなさい。（句読点も一字に数える。）

3　次の文章を読んで、あとの各問いに答えなさい。（十二点）

　人間の行う知的活動には二つの種類があるといってよいでしょう。
　ひとつは苦しみを減らす活動で、これを「文明」と呼ぶことにしましょう。
　もうひとつは喜びをもたらす活動で、これを「文化」と呼びましょう。
　医療は、ケガや病気を治療し、予防しようとするのですが、それは苦しみを減らそうとする努力です。水道事業も、渇きの苦しみや汚れた水を飲むことの危険性、遠くまで水を汲みにいかなければならない不便さをなくそうとするものです。交通ルールは、事故を防ぎ、安全でスムーズな道路の運行を作り出そうとしています。これらはなくてはならない必要なものを生み出すという意味で、文明だと言えるでしょう。
　他方で、素敵な音楽を演奏する。美味しい料理を作る。楽しいお祭りやイベントを運営する。脚本を書いて、お芝居を興行する。これらは人々に喜びを与えるものですから、文化と言えるでしょう。文化は、命の維持を超えた価値を作り出し、人間らしい生活を提供してくれます。
　もちろん、全てのものが二つにかっちりと分類できるわけではありません。スポーツはやって楽しいものですが、同時に健康づくりや病気の予防にもなるでしょう。家屋は、人が雨露をしのいで休息と睡眠をとる場所ですが、(注1)調度が美しく、心のゆとりを与えてくれるものにもなります。これらは、文化と文明の両面を持っていると言えます。
　しかし、文化は不必要な贅沢品だと言うことはできません。私が、東日本大震災が起こった三カ月後くらいに被災地にお見舞いに行ったときのことです。まだ公共施設で寝泊りしている人たちが、お子さんから高齢者の方まで、小説や勉強になる本が読みたいと訴えていまし

海人はすっかり息が整って、涼しそうな顔をしている。

こいつ、何者なんだ？

体は細いのに、スケールの大きさを感じるのはどうしてなんだ？

しかもこいつは、きっとまだまだ速くなる。

なぜかそう確信させる力が、海人からみなぎっている。

じゃあ、おれは？

(3)
おれは……もう、これ以上泳げないと思っていた。

でも、海人と泳いでいた時、何かが違った。

となりで泳いだ全身の感覚が、そう言っている。

今までとは違う世界が、見えてくるのかもしれない。

でも、久しぶりの泳ぎはビクトリーでのくやしさや、みじめな感情

も一緒に呼びさました。

「……向井くん、やっぱり、水泳一緒にやらない？」

信司がおずおずと聞いてきた。

海人が大きくうなずき、龍之介は関心なさそうに首を回している。

海人と泳げば……何かが変わるかもしれない。

「……わかんない」

「えっ」

信司の目がくるんと回る。

「そんなかんたんに決められないよ」

信司の顔から笑みが消えた。海人は表情を変えない。

おれは耳に入った水を、頭をふって追い出した。そして、やっとひ

とこと、吐き出した。

「……でも、とりあえず、また来るかも」

「マジかよ？」

龍之介の声が裏返る。

「向井くん……本当？」

信司が口をぽかんと開けてたずねる。

(4)
海人がニヤリとした。

「いや、まだ入るってわけじゃ……」

言葉とはうらはらに、あの時からずっと沈んでいた心が、ほんの少

しだけ軽くなる気がした。

信司はプールサイドを「やった、やった」と、飛びはねた。

海人は薄いくちびるの端をスッと上げた。

「きっと、向井くんは、また来るよ。そして、まだまだ速くなる」

「……なんでおまえにわかるんだよ」

「となりで泳いだから、わかる」

海人はくすっと笑った。

(5)
「……となりで泳いだって……だって？

なんで、同じこと、考えてんだよ」

窓の外に目を向けると、オレンジ色の大きな太陽が、海に溶けるよ

うに沈んでいく途中だった。

プールもその光を受けて、うすい橙色にそまっていた。

（高田　由紀子『スイマー』による。）

＊一部表記を改めたところがある。

（一）傍線部分(1)「龍之介は赤くなって信司の口を押さえた」とあるが、
この部分は、いくつの文節に分けられるか。次のア〜エから最も適
当なものを一つ選び、その記号を書きなさい。

ア、五　　イ、六　　ウ、七　　エ、八

（二）傍線部分(2)「はずし」は動詞であるが、その活用形として最も適
当なものを、次のア〜エから一つ選び、その記号を書きなさい。

ア、未然形　　イ、連用形　　ウ、連体形　　エ、仮定形

＜国語＞

時間 四五分 満点 五〇点

① 次の①〜⑧の文の傍線部分について、漢字は読みをひらがなで書き、ひらがなは漢字に直しなさい。（八点）

① 川が緩やかに流れる。
② 窓から夜景を眺める。
③ 余暇にダンスを習う。
④ 生命の神秘を探る。
⑤ 知人の家をおとずれる。
⑥ 判断を専門家にゆだねる。
⑦ 部分から全体をすいそくする。
⑧ 家と駅との間をおうふくする。

② 次の文章を読んで、あとの各問いに答えなさい。（十二点）

東京のスイミングクラブに通っていた「おれ」（向井航）は、ある日を境に挫折し、水泳をやめた。佐渡に引っ越した「おれ」は、近くのプールで練習していた海人・龍之介・信司に出会う。スイミングクラブに通っていたことを知られた「おれ」は海人と泳ぐことになり、わずかな差で負けた。

あれっ……おれ、ショック受けてる？ もう水泳なんて、こりごりだと思ってたのに？

海人をちらっと見ると、顔をくしゃくしゃにしてはずんだ声をあげた。

「向井くん、これで久しぶりなの？ やっぱり速いな……こいつのせいだ。

せっかく、忘れていたのに。

忘れようと思っていたのに。

「東京のスイミングクラブってたいしたことねえな」

龍之介が信司にこそっと言う。

「龍ちゃんてば！『二人ともすげえな〜』って言ってたじゃん！」

「うるせえ、だまれ」

龍之介は赤くなって信司の口を押さえた。

今度ははっきりと、腹の底からくやしさがわき上がってくるのがわかった。

なんで……佐渡に来てまで、こんな気もちにならなきゃいけないんだよ。

三秒を縮めるのに、どれだけビクトリーでがんばったか。

でもサボっていたら、その大切な三秒はかんたんにおれのものじゃなくなってしまうんだな。

「向井くん……どこのスイミングに通ってたの？」

海人がゴーグルをはずし、澄んだ目をおれに向けた。

口をつぐんでいると、海人がブツブツ言い始める。

「有名っていえば……サンライズとか……スプラッシュとか、あ、もちろん岬選手の所属しているビクトリーとか……」

ビクトリー、と聞いて思わず目をそらしたおれを、海人は見逃さなかった。

「えっ……ビクトリーなのっ!?」

「ええっ」

信司も高い声をあげる。

おれは目をつぶるように軽くうなずくと、ため息をついた。

「す……すごい！ あの岬選手のビクトリーで泳いでたんだ……そっか……だから速いんだな」

海人の目が輝きだしたのを見て、またカチンときた。

ビクトリーに通ってたからじゃない。おれが努力したからだっ。

叫びたくなるのを、ぐっとこらえる。

大切なことはメモしておこうネ！

2022年度

解 答 と 解 説

《2022年度の配点は解答用紙集に掲載してあります。》

＜数学解答＞

1 (1) -56　　(2) $\dfrac{2}{15}x$　　(3) $3y$　　(4) $4a-3b$　　(5) $-8+3\sqrt{21}$

(6) $y=-\dfrac{16}{x}$　　(7) $x=\dfrac{-5\pm\sqrt{41}}{4}$　　(8) 0，1，2，3

2 (1) ① 19m　② 右図　③ (i) イ

(ii) ウ　(2) ① (A) ア　(B) ケ

(C) イ　(D) ウ　② 歩いた道のり

750m，走った道のり450m

(3) ① $\dfrac{3}{10}$　② $n=10$，12

3 (1) A$(-2,\ 1)$　(2) $y=\dfrac{1}{2}x+2$

(3) ① C$(8,\ 0)$　② D$(1+\sqrt{5},\ 0)$

4 (1) ① 4cm　② $\sqrt{29}$cm　(2) 右図

5 (1) (ア) $\angle$AIH$=\angle$HIG　(イ) $\angle$ACE

(ウ) 2組の角　(2) 解説参照　(3) ① 12cm

② $\triangle$IEC：$\triangle$AGH$=72：55$

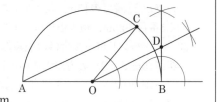

＜数学解説＞

1 （数・式の計算，平方根，比例関数，二次方程式，資料の散らばり・代表値）

(1) 異符号の2数の積の符号は負で，絶対値は2数の絶対値の積だから，$8\times(-7)=-(8\times7)=-56$

(2) 分母を5と3の最小公倍数の15に通分して，$\dfrac{4}{5}x-\dfrac{2}{3}x=\dfrac{12}{15}x-\dfrac{10}{15}x=\left(\dfrac{12}{15}-\dfrac{10}{15}\right)x=\dfrac{2}{15}x$

(3) $15xy\div5x=15xy\times\dfrac{1}{5x}=\dfrac{15xy}{5x}=3y$

(4) 分配法則を使って，$5(2a+b)=5\times2a+5\times b=10a+5b$，$2(3a+4b)=2\times3a+2\times4b=6a+$
$8b$だから，$5(2a+b)-2(3a+4b)=(10a+5b)-(6a+8b)=10a+5b-6a-8b=10a-6a+5b-$
$8b=4a-3b$

(5) 分配法則を使って，$(\sqrt{3}+2\sqrt{7})(2\sqrt{3}-\sqrt{7})=\sqrt{3}\times(2\sqrt{3}-\sqrt{7})+2\sqrt{7}\times(2\sqrt{3}-\sqrt{7})=$
$\sqrt{3}\times2\sqrt{3}+\sqrt{3}\times(-\sqrt{7})+2\sqrt{7}\times2\sqrt{3}+2\sqrt{7}\times(-\sqrt{7})=6-\sqrt{21}+4\sqrt{21}-14=6-14-\sqrt{21}$
$+4\sqrt{21}=-8+3\sqrt{21}$

(6) yはxに反比例するから，xとyの関係は$y=\dfrac{a}{x}\cdots$①と表せる。$x=-2$のとき$y=8$だから，これを

①に代入して，$8=\dfrac{a}{-2}$　$a=8\times(-2)=-16$　xとyの関係は$y=-\dfrac{16}{x}$と表せる。

(7) 二次方程式$ax^2+bx+c=0$の解は，$x=\dfrac{-b\pm\sqrt{b^2-4ac}}{2a}$で求められる。問題の二次方程式は，

$a=2$，$b=5$，$c=-2$の場合だから，$x=\dfrac{-5\pm\sqrt{5^2-4\times2\times(-2)}}{2\times2}=\dfrac{-5\pm\sqrt{25+16}}{4}=\dfrac{-5\pm\sqrt{41}}{4}$

(8) （ウ）にあてはまる数が0.80以下のとき，0.65≦（ウ）≦0.80であるから，0.00≦（イ）≦0.15である。さらに，20×0.00＝0，20×0.15−3より，0≦（ア）≦3である。以上より，（ア）の値が整数であることを考慮すると，（ア）にあてはまる数は0，1，2，3である。

2 （資料の散らばり・代表値，連立方程式の応用，確率，数の性質）

(1) ① **中央値**は資料の値を大きさの順に並べたときの中央の値。生徒の人数は18人で偶数だから，記録の小さい方から9番目の18mと10番目の20mの平均値$\frac{18+20}{2}=19$(m)が中央値。

② **箱ひげ図**とは，右図のように，**最小値，第1四分位数，中央値，第3四分位数，最大値**を箱と線（ひげ）を用いて1つの図に表したものである。また，**四分位数**と

は，全てのデータを小さい順に並べて4つに等しく分けたときの3つの区切りの値を表し，小さい方から第1四分位数，第2四分位数，第3四分位数という。第2四分位数は中央値のことである。B組全員のハンドボール投げの記録について，最小値は8m，第1四分位数は記録の小さい方から5番目の15m，第2四分位数（中央値）は①より19m，第3四分位数は記録の大きい方から5番目の23m，最大値は35mである。

③ (i) ハンドボール投げの記録の第1四分位数は，A組とB組の箱ひげ図より，A組が14m，B組が15mで，B組の方が大きい。正しくない。

(ii) B組のハンドボール投げの記録が27m以上の人数は，図1より3人。A組のハンドボール投げの記録が27m以上の人数は，図2より，第3四分位数が23m，最大値が38mであるから，1人以上4人以下であることはわかるが，具体的な人数はわからない。ハンドボール投げの記録が27m以上の人数は，A組とB組でどちらが多いかは，図1，図2からはわからない。

(2) ① 〈まどかさんの考え方〉に関して，連立方程式の上の式の$x+y=1200$から，xとyの単位はmであることがわかり，(A)には「ア．歩いた道のりをxm，走った道のりをym」があてはまる。連立方程式の下の式の右辺の20は20分であるから，(時間)＝$\frac{(道のり)}{(速さ)}$より，(B)には「ケ．$\frac{x}{50}$＋$\frac{y}{90}$」があてはまる。〈かずとさんの考え方〉に関して，連立方程式の下の式の$50x+90y=1200$と，(道のり)＝(速さ)×(時間)より，xとyの単位は分であることがわかり，(C)には「イ．歩いた時間をx分，走った時間をy分」があてはまる。連立方程式の上の式の右辺の20は20分であるから，(D)には「ウ．$x+y$」があてはまる。

② 〈まどかさんの考え方〉の連立方程式$\begin{cases} x+y=1200\cdots⑦ \\ \dfrac{x}{50}+\dfrac{y}{90}=20\cdots④ \end{cases}$　を解く。④の両辺に450をかけて，$9x+5y=9000\cdots⑨$　⑨−⑦×5より，$(9x+5y)-5(x+y)=9000-1200×5$　$4x=3000$　$x=750$　これを⑦に代入して，$750+y=1200$　$y=450$　以上より，歩いた道のりは750m，走った道のりは450mである。

(3) ① 10枚のカードから1枚のカードを取り出すとき，取り出し方は全部で10通り。このうち，$\sqrt{a}$が自然数となるのは，$\sqrt{1}=1$，$\sqrt{4}=2$，$\sqrt{9}=3$の3通り。よって，求める確率は$\frac{3}{10}$

② $\frac{12}{a}$が自然数となるaは，$\frac{12}{1}=12$，$\frac{12}{2}=6$，$\frac{12}{3}=4$，$\frac{12}{4}=3$，$\frac{12}{6}=2$，$\frac{12}{12}=1$より，$a=1$，2，3，4，6，12の6通り。n枚のカードの中に$\frac{12}{a}$が自然数となるカードがA枚含まれているとすると，$\frac{12}{a}$が自然数となる確率は$\frac{A}{n}$　$1≦n≦4$のとき$\frac{A}{n}=\frac{n}{n}=1$　$n=5$のとき$\frac{A}{n}=\frac{4}{5}$　$6≦n≦11$の

とき$\dfrac{A}{n}=\dfrac{5}{n}$…⑦　　$12\leqq n$のとき$\dfrac{A}{n}=\dfrac{6}{n}$…⑦　これより，$\dfrac{12}{a}$が自然数となる確率が$\dfrac{1}{2}$となるのは，

⑦より，$\dfrac{5}{n}=\dfrac{1}{2}$　$n=10$　⑦より，$\dfrac{6}{n}=\dfrac{1}{2}$　$n=12$である。

3　(図形と関数・グラフ)

(1)　点Aは$y=\dfrac{1}{4}x^2$上にあるから，そのy座標は$y=\dfrac{1}{4}\times(-2)^2=1$　よって，A$(-2,\ 1)$

(2)　(1)と同様にして，点Bのy座標は$y=\dfrac{1}{4}\times 4^2=4$　よって，B$(4,\ 4)$　直線ABの傾き$=\dfrac{4-1}{4-(-2)}$

$=\dfrac{1}{2}$　直線ABの式を$y=\dfrac{1}{2}x+b$とおくと，点Aを通るから，$1=\dfrac{1}{2}\times(-2)+b$　$b=2$　直線ABの

式は$y=\dfrac{1}{2}x+2$

(3)　①　直線ABとy軸との交点をPとすると，直線ABのグラフの切片が2であることからP$(0,\ 2)$
y軸上の$y<0$の範囲にPQ$=3$POとなるような点Qをとると，点Qのy座標は(点Pのy座標)$-$
PQ$=2-3$PO$=2-3\times 2=-4$　よって，Q$(0,\ -4)$　点Qを通り直線ABに平行な直線とx軸と
の交点をCとすると，直線CQのグラフは，傾きが$\dfrac{1}{2}$，切片が-4のグラフだから，$y=\dfrac{1}{2}x-4$
…①　点Cのx座標は，①に$y=0$を代入して，$0=\dfrac{1}{2}x-4$　$x=8$　よって，C$(8,\ 0)$　このとき，
平行線と面積の関係を考慮すると，△OAB:△ABC$=$△OAB:△ABQ$=$PO:PQ$=$PO:
3PO$=1:3$で，問題の条件を満たしている。　　(補足説明)△OAB:△ABQ$=$PO:PQの説明
点A，Bからx軸へそれぞれ垂線AR，BSを引いて，平行線と面積の関係を用いると，△OAB$=$
△OAP$+$△OBP$=$△ORP$+$△OSP$=$△PRS$=\dfrac{1}{2}\times$RS$\times$PO　同様にして，△ABQ$=$△PRS$+$
△QRS$=\dfrac{1}{2}\times$RS$\times$PO$+\dfrac{1}{2}\times$RS$\times$OQ$=\dfrac{1}{2}\times$RS$\times$(PO$+$OQ)$=\dfrac{1}{2}\times$RS$\times$PQより，△OAB:△ABQ
$=\left(\dfrac{1}{2}\times$RS$\times$PO$\right):\left(\dfrac{1}{2}\times$RS$\times$PQ$\right)=$PO:PQが成り立つ。

②　直径に対する円周角が90°であることと，∠ADB$=$90°よ
り，右図のように，点Dは線分ABを直径とする円とx軸との
交点である。点Dの座標を$(d,\ 0)$とする。ただし，$d>0$
△ABDに三平方の定理を用いると，AB$^2=$AD$^2+$BD^{2}より，
AT$^2+$BT$^2=($AR$^2+$DR$^2)+($BS$^2+$DS$^2)$　$\{4-(-2)\}^2+(4-$
$1)^2=[(1-0)^2+\{d-(-2)\}^2]+[(4-0)^2+(4-d)^2]$　整理
して，$d^2-2d-4=0$　解の公式を用いて，
$d=\dfrac{-(-2)\pm\sqrt{(-2)^2-4\times 1\times(-4)}}{2\times 1}=\dfrac{2\pm\sqrt{20}}{2}=1\pm\sqrt{5}$　ここで，$d>0$だから$d=1+\sqrt{5}$　点
Dの座標は$(1+\sqrt{5},\ 0)$

4　(空間図形，三角すいの高さ，線分の長さ，作図)

(1)　①　△EFHを底面としたときの三角すいQの高さを$h$cmとすると，(三角すいQの体積)$=\dfrac{1}{3}\times$

△EFH$\times h=\dfrac{1}{3}\times\left(\dfrac{1}{2}\times$EF$\times$EH$\right)\times h=\dfrac{1}{3}\times\left(\dfrac{1}{2}\times 9\times 3\right)\times h=\dfrac{9}{2}h(cm^3)$　また，(直方体Pの体

積)$=$EF$\times$EH$\times$AE$=9\times 3\times 6=162($cm$^3)$　三角すいQの体積が直方体Pの体積の$\dfrac{1}{9}$のとき，

$\dfrac{9}{2}h=162\times\dfrac{1}{9}$　$h=4$　△EFHを底面としたときの三角すいQの高さは4cmである。

②　線分EIを対角線にもつ次ページの図のような直方体KLIJ-ENOMを考えると，①よりIO$=$
4cmである。IO//DH，ON//HE，MO//EFより，平行線と線分の比の定理を用いると，ON:

HE＝FO：FH＝IO：DH＝4：6＝2：3　　ON＝HE×$\frac{2}{3}$＝3×$\frac{2}{3}$＝2（cm）　同様にして，MO：EF＝HO：HF＝(3−2)：3＝1：3　　MO＝EF×$\frac{1}{3}$＝9×$\frac{1}{3}$＝3（cm）

以上より，三平方の定理を用いて，EI＝$\sqrt{IO^2+EO^2}$＝$\sqrt{IO^2+(ON^2+EN^2)}$＝$\sqrt{IO^2+(ON^2+MO^2)}$＝$\sqrt{4^2+(2^2+3^2)}$＝$\sqrt{29}$（cm）

(2) （着眼点）∠OBD＝90°より，点Dは点Bを通る直線AB の垂線上にある。また，∠DOB＝∠CAO…⑦　より同位角が等しいからAC//ODであり，**平行線の錯角は等しいから**，∠DOC＝∠ACO…④　また，△AOCはAO＝COの二等辺三角形だから，∠CAO＝∠ACO…⑨　　⑦，④，⑨より∠DOB＝∠DOC　よって，点Dは∠COBの二等分線上にもある。

（作図手順）次の①～⑤の手順で作図する。　①　線分ABを延長する。　②　点Bを中心とした円を描き，直線AB上に交点をつくる。　③　②でつくったそれぞれの交点を中心として，交わるように半径の等しい円を描き，その交点と点Bを通る直線（点Bを通る直線ABの垂線）を引く。　④　点Oを中心とした円を描き，線

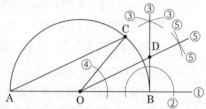

分OB，OC上に交点をつくる。　⑤　④でつくったそれぞれの交点を中心として，交わるように半径の等しい円を描き，その交点と点Oを通る直線（∠COBの二等分線）を引き，点Bを通る直線ABの垂線との交点をDとする。

5 （円の性質，合同と相似の証明，線分の長さ，面積の比）

(1) 2つの三角形の相似は，「3組の辺の比がすべて等しい」か，「2組の辺の比とその間の角がそれぞれ等しい」か，「2組の角がそれぞれ等しい」ときにいえる。本証明は，「2組の角がそれぞれ等しい」をいうことで証明する。△AIHと△HIGにおいて，共通な角は等しいことから，∠AIH＝∠HIG（ア）…①　弧AEに対する**円周角は等しい**ことから，∠AHE＝∠ACE　つまり，∠AHI＝∠ACE（イ）…②　仮定のFH//ECより，平行線の錯角は等しいことから，∠ACE＝∠HGI…③　②，③より，∠AHI＝∠HGI…④　①，④より，2組の角（ウ）がそれぞれ等しいので，△AIH∽△HIG

(2) （証明）（例）△AFGと△CEDにおいて，仮定より，AF＝CE…①　FH//ECより，**平行線の同位角は等しい**から，∠AFG＝∠CED…②　線分AEは∠BACの二等分線だから，∠FAG＝∠EAB…③　弧BEに対する円周角は等しいから，∠EAB＝∠ECD…④　③，④より，∠FAG＝∠ECD…⑤　①，②，⑤より，1組の辺とその両端の角がそれぞれ等しいので，△AFG≡△CED

(3) ①　△AFG≡△CEDより，CE＝AF＝6cm　FH//ECより，平行線と線分の比の定理を用いると，AF：AE＝FG：CE＝2：6＝1：3　AE＝3AF＝3×6＝18（cm）　FE＝AE−AF＝18−6＝12（cm）

②　△AFG＝Scm^{2}とする。FH//ECより，△AFG∽△AECで，相似比はFG：EC＝2：6＝1：3　**相似な図形では，面積比は相似比の2乗に等しいから**，△AFG：△AEC＝1^2：3^2＝1：9　△AEC＝9△AFG＝9S（cm^2）　（台形FECGの面積）＝△AEC−△AFG＝9S−S＝8S（cm^2）　△EGFと△GECの底辺をそれぞれFG，ECと考えると，FH//ECより高さが等しいから，△EGF：△GEC＝FG：EC＝2：6＝1：3　△GEC＝（台形FECGの面積）×$\frac{3}{1+3}$＝8S×$\frac{3}{4}$＝6S（cm^2）

平行線と線分の比の定理を用いると，IG：IC＝HG：EC＝5：6　△IECと△GECで，高さが等しい三角形の面積比は，底辺の長さの比に等しいから，△IEC：△GEC＝IC：GC＝IC：$(IG＋IC)＝6：(5＋6)＝6：11$　$\triangle IEC＝\frac{6}{11}\triangle GEC＝\frac{6}{11}\times 6S＝\frac{36}{11}S(cm^2)$　同様にして，

$\triangle AFG：\triangle AGH＝FG：GH＝2：5$　$\triangle AGH＝\frac{5}{2}\triangle AFG＝\frac{5}{2}\times S＝\frac{5}{2}S(cm^2)$　以上より，

$\triangle IEC：\triangle AGH＝\frac{36}{11}S：\frac{5}{2}S＝72：55$

＜英語解答＞

1　(1)　ウ　　(2)　No. 1　エ　　No. 2　エ　　No. 3　イ　　(3)　No. 1　ア　　No. 2　ア　　No. 3　ウ　　No. 4　イ　　(4)　No. 1　ウ　　No. 2　イ　　No. 3　エ

2　(1)　No. 1　①　ア　　②　ア　　No. 2　エ　　(2)　エ

3　(1)　①　(例1)Are you interested in Japanese culture?　　(例2)Is Japanese culture interesting for you?　　(例3)Do you have an interest in the culture of Japan?　　②　(例1)There are a lot of places to visit in Japan.　　(例2)My country has many spots you should visit.　　(例3)In our country, we have lots of good places to see.　　③　(例1)Will you show me the pictures you took in Australia?　　(例2)Can I see some photos taken in Australia?　　(例3)I want you to show me a picture which was taken in your country.

(2)　①　(例1)It's famous for Mt. Hikari.　　(例2)Aozora Town has a famous mountain called Mt. Hikari.　　(例3)Many people know Mt. Hikari in my town.　　②　(例1)If you climb it in spring, you can see many beautiful flowers.　　(例2)You will find a lot of pretty flowers when you go up Mt. Hikari in the spring.　　(例3)In spring, people can look at lots of lovely flowers on the mountain.　　③　(例1)The restaurant near Mt. Hikari is the most popular in Aozora Town.　　(例2)The restaurant by the mountain is the most popular of all restaurants in the town.　　(例3)The restaurant near Mt. Hikari is more popular than any other restaurant in my town.

4　(1)　①　イ　　②　ウ　　(2)　A　talking　　B　magazine　　(3)　ア
(4)　エ，カ

＜英語解説＞

1　（リスニング）

　　放送台本の和訳は，57ページに掲載。

2　（会話文問題・資料読み取り問題：文挿入，内容真偽）

　(1)　（全訳）ケイト：この週末の予定はあるの，チカ？

　チカ　：実はあなたをこの町のいくつかの場所に連れて行きたいの。どこに行きたい，ケイト？

　ケイト：伝統的な日本の建物を見たいな。

チカ　　：あら，なんで見たいの？

ケイト：私は日本のアニメが好きで，日本に来る前たくさんの日本のアニメ映画を見たのよ。私の大好きな映画の1つで美しい日本のお城を見たの。それ以来ずっと伝統的な日本の建物が見たいの。

チカ　　：この町にはお城はないけど，ここの近くに神社がある。それも伝統的な日本の建物だよ。土曜日にそこに連れて行ってあげるね。①（あなたが気に入ってくれるといいな。）

ケイト：とってもわくわくする！

チカ　　：他にしたいことはある？

ケイト：今まで食べたことがない日本食を食べてみたい。

チカ　　：なるほど。お好み焼きを知ってる？

ケイト：うん。前にクラスメイトの1人が私に教えてくれたけど，食べたことはない。

チカ　　：日曜日に一緒に作って食べよう。

ケイト：いいね！

チカ　　：今まで作ったことがないんだけど父が私によく作ってくれるの。もし彼が日曜日暇だったら作るのを手伝ってくれるよ。あとで聞いてみるね。

ケイト：ああ！　とても楽しくなるね！

チカ　　：日曜日の前に材料を買いにスーパーへいかないとね。

ケイト：②（金曜日の放課後に行くのはどう？）

チカ　　：いい考えだね。

No.1 ①　直前に連れて行ってあげると言い，直後では楽しみにしていると言われているので肯定的な内容となるのがわかる。　②　直前に買い物に行く必要について述べ，直後はいいアイディアだとあるので何か提案をしていることがわかる。**How about ～ ing「～するのはどうですか？」**　イ「金曜日の放課後にどうやってそこへ行くつもりですか」　ウ「金曜日の放課後にそこで何を買うつもりですか」　エ「金曜日の放課後に何時にそこへ行くつもりですか」は提案ではない。

No.2 ア「チカは土曜日にケイトをチカの町の美しいお城に連れて行くつもりだ」(×)　3つ目のチカの発話参照。　イ「ケイトは大好きな映画の1つでその神社を見たのでそこに行きたいと思っている」(×)　3つ目のケイトの発話参照。　ウ「チカがお好み焼きの話をしたときケイトはそれが何かわからなかった」(×)　6つ目のケイトの発話参照。　エ「チカはお好み焼きを作ったことはないが，父親がその作り方を知っている」(○)　7つ目のチカの発話参照。

(2)　（全訳）ケビン：次の土曜日時間があったらケーキを作るのを手伝ってくれる？　インターネットでレシピを見つけて作ろうとしたけど難しすぎた。

アリス：いいよ。作り方を教えてあげる。なんで作りたいの？

ケビン：母の誕生日がもうすぐ来るんだ。彼女を驚かせることを何かしたいから，彼女のためにケーキを作ろうと決めたんだよ。

アリス：それはいい考えだね。午前中はダンスレッスンがあって，正午には家に戻るの。午後1時半に私の家に来てくれる？

ケビン：もちろん。ありがとう。

ア「アリスは次の土曜日の午後にケビンの誕生日のためにケーキを作るつもりだ」(×)　2つ目のケビンのメッセージ参照。　イ「ケビンはアリスがインターネットで見つけたレシピについて彼に話したとき驚いた」(×)　1，2つ目のケビンのメッセージ参照。　ウ「アリスは次の土曜日にケビンにダンスレッスンに彼女と一緒に行ってもらいたかったが，彼は行けなかった」(×)　最後

のアリスのメッセージ参照。　エ　「ケビンはケーキの作り方を学ぶために次の土曜日の午後1時半にアリスの家に行く」(○)　1つ目のケビン，最後のアリスのメッセージ参照。

3　(条件英作文：現在形，不定詞，関係代名詞，分詞，接続詞，比較)

(1)　会話表現をよく覚えておこう。　①　(例1)「日本の文化に興味がありますか」**be interested in**　「～に興味がある」　(例2)「日本文化はあなたにとって興味深いですか」interesting「関心を引く，興味深い」　(例3)「あなたは日本の文化に興味を持っていますか」interest「興味，関心」　②　(例1)「日本には訪れるべき場所がたくさんある」名詞の後ろに to と動詞の原形を続けて「～すべき(名詞)」と表現できる。　(例2)「私の国には訪れるべき場所がたくさんある」名詞の後ろに主語と動詞のある文を続けて「～する(名詞)」と表現することができる。

(例3)「私たちの国には見るべき場所がたくさんある」　③　(例1)「あなたがオーストラリアで撮った写真を見せていただけますか」Will you ～?「～してくれませんか」　(例2)「オーストラリアで撮られた写真を見てもいいですか」名詞の後ろに動詞の過去分詞形を続けて「～された(名詞)」の意味を表現できる。Can I ～?「～してもいいですか」　(例3)「あなたの国で撮られた写真を私に見せてもらいたいです」<**want ＋人＋ to ＋**動詞の原形～>「(人)に～してもらいたい」

(2)　①　(例1)「それはひかり山で有名だ」**be famous for**「～で有名だ」　(例2)「あおぞら町にはひかり山と呼ばれる有名な山がある」　(例3)「多くの人たちが私たちの町のひかり山を知っている」　②　(例1)「春にその山に登るとたくさんの美しい花を見ることができる」　(例2)「春にひかり山に登るとたくさんの可愛い花を見ることができる」　(例3)「春にはその山でたくさんの可愛い花を見ることができる」　③　(例1)「ひかり山の近くのレストランはあおぞら町で一番人気だ」<**the most** ＋形容詞・副詞>で「最も(形容詞・副詞)な」という最上級の表現となる。popular「人気な」　(例2)「その山のそばのレストランはこの町の全てのレストランの中で一番人気だ」　(例3)「ひかり山の近くのレストランは私の町の他のどのレストランよりも人気だ」<**more** ＋形容詞・副詞＋ **than any other** ＋単数名詞>で「他のどの～よりも(形容詞・副詞)だ」の意味を表す。

4　(読解問題・物語文：文挿入，語句補充，内容真偽)

(全訳)　ケンタは16歳です。高校生です。彼は音楽部の一員で，バンドでギターを弾いています。彼のバンドは9月の学園祭で演奏をするつもりです。

8月のある日，ケンタのバンドメンバーが学園祭に向けて練習をしていたとき，一人のメンバーのエリカが他のメンバーに「学園祭を楽しみにしているの。わくわくするものになるよね」と言いました。彼女は音楽部の部長で，ドラムを演奏しています。彼女はこれまでに何度もステージで演奏をしています。ケンタは何も言いませんでした。エリカは彼に「①(どうしたの?)」と言いました。彼は「僕は一度もステージで演奏したことがないからちょっと緊張しているよ。たくさんの人たちの前でミスをしたくないんだ」と言いました。彼女は「ミスすることを怖がらないで。大事なことはベストを尽くすことだから」と言いました。彼女は彼を励まそうとしましたが，彼は幸せそうには見えませんでした。

9月のある日曜日，ケンタはエリカと彼の大好きなバンドのコンサートに行きました。彼らはそのバンドによる素晴らしい演奏を見てとても興奮しました。コンサートのあと，彼らはALTのブラウン先生に会いました。エリカはブラウン先生に「こんにちは，ブラウン先生。先生がここにいるのを知りませんでした。コンサートは楽しかったですか?」と言いました。ブラウン先生は「こんにちは，エリカ。コンサートは素晴らしかったですね。とても楽しかったです。音楽が大好きな

んです」と言いました。彼らが一緒に駅まで歩いているとき，全員が興奮して，コンサートについて話して楽しみました。

　次の日，ケンタは学校の図書館でギターについての雑誌を探していたとき，ブラウン先生にまた会いました。彼女は雑誌を読んでいました。彼は「何を読んでいるんですか，ブラウン先生？」と彼女に聞きました。彼女は「こんにちは，ケンタ。ギターの雑誌を読んでいるの。ギターを弾くのが好きなんですよ」と言いました。彼は「本当ですか？　僕もです！」と言いました。彼は彼女もギターを弾くことを嬉しく思いました。彼は「いつギターを弾き始めたんですか？」と聞きました。彼女は「16歳の時に弾き始めました。その年に初めてたくさんの人の前で弾きました」と言いました。彼は「上手に弾けましたか？」と聞きました。彼女は「いくつかミスをしたけど，ベストは尽くしました。ステージから友達の笑顔を見たとき嬉しく思いました」と言いました。彼女の経験を聞いたあと，ケンタは学園祭に来る人たちに彼のバンドの演奏を楽しんでもらいたいと思いました。彼女は「あなたの演奏を聞きたいです」と言いました。彼は「僕のバンドはもうすぐ学園祭で演奏するつもりです。②(いらっしゃいませんか？)」と言いました。彼女は「もちろん」と言いました。

　ブラウン先生と話したあと，ケンタはエリカに電話をしました。<u>彼は「今あなたの言葉の意味がわかったよ」と言いました。</u>エリカは「どういう意味？」と聞きました。彼は「みんなを幸せにするために学園祭で一生懸命頑張るよ」と言いました。

　学園祭の日，ケンタのバンドはステージで演奏をしました。ケンタはいくつかミスをしましたが，ステージからたくさんの笑顔を見られて幸せでした。演奏のあとにブラウン先生が彼に会いに来ました。彼女は「あなたの演奏はとてもよかったです」と言いました。彼は「ありがとうございます。ステージでギターを弾いて楽しかったです」と言いました。

(2年後)

　ケンタは，音楽部の部長です。今年は，初めてステージで演奏する予定の新しいバンドメンバーと共に学園祭で演奏するつもりです。

　学園祭の前のある日，ケイタのバンドメンバーの1人であるマナミが「とても緊張しています。ミスをしたらどうしたらいいですか？」とケンタに言いました。彼は「僕が初めてステージで演奏したとき，いくつかミスをしたよ。だからミスすることを怖がる必要はないよ。ベストを尽くそうよ！」と彼女に笑顔で言いました。

(1)　①　エリカのわくわくする気持ちに対して，空欄以降ケンタの心配な気持ちが述べられている。　②　空欄直後に「もちろん」と答えているので誘ったことが考えられる。

(2)　(A)　「駅まで歩いているとき彼らはみんなそのことについて話して楽しんだ」第3段落最終文参照。　(B)　「彼女はそこでギターの雑誌を読んでいた」第4段落第1〜4文参照。

(3)　下線部後のケンタの発話から考える。ア「ケンタがベストを尽くすことが大事だ」(○)　イ「ケンタは大好きなバンドのコンサートに行かなくてはならない」(×)　ウ「ケンタはブラウン先生と話す必要がある」(×)　エ「ケンタは音楽部の部長であるべきだ」(×)

(4)　各段落で誰が何をしたのか，言ったのかを意識して読む。　ア「ケンタの高校の全ての生徒が9月の学園祭で演奏をするつもりだ」(×)　第1段落第4文参照。　イ「学園祭に向けて練習をしていたときケンタはエリカを励まそうとしたがエリカは幸せそうに見えなかった」(×)　第2段落最終文参照。　ウ「ブラウン先生は16歳のときにギターを弾き始めたが，2年後初めて大勢の前で演奏をした」(×)　第4段落半ばのブラウン先生の発話参照。　エ「ブラウン先生はステージでギターを弾いたときに友達の笑顔を見てうれしく思った」(○)　第4段落半ば以降のブラウン先生の発話参照。　オ「ケンタは学園祭で初めてステージでギターを弾いたときミスをしな

かった」（×）　第6段落第2文参照。　カ「マナミがとても緊張していたとき，ケンタは彼女にミスをすることを怖がる必要はないことを伝えた」（○）　最終段落参照。

2022年度英語　リスニング検査

〔放送台本〕

　今から①のリスニング検査を行います。問題は，(1)，(2)，(3)，(4)の4つです。問題用紙の各問いの指示に従って答えなさい。聞いている間にメモを取ってもかまいません。

　それでは，(1)の問題から始めます。(1)の問題は，表を見て答える問題です。下の表についての英語による質問を聞いて，その質問に対する答えとして，ア～エから最も適当なものを1つ選び，その記号を書きなさい。質問は2回繰り返します。では，始めます。

Who made a speech about endangered animals in the gym yesterday?

　これで(1)の問題を終わり，(2)の問題に移ります。

〔英文の訳〕

　昨日体育館で絶滅のおそれのある動物についてスピーチをしたのは誰ですか？

　答え：ウ　マサトです。

〔放送台本〕

　(2)の問題は，英語による対話を聞いて，質問に答える問題です。それぞれの質問に対する答えとして，ア～エから最も適当なものを1つ選び，その記号を書きなさい。対話は，No.1，No.2，No.3の3つです。対話と質問は2回繰り返します。では，始めます。

No.1　A:　Is that a new T-shirt, Saori?

　　　　B:　Yes, Bob.　I bought it on the Internet.

　　　　A:　It looks nice.　Do you often buy clothes on the Internet?

　　　　B:　No.　I usually buy them at the department store.

　　　質問します。　Did Saori buy her new T-shirt at the department store?

No.2　A:　Hi, Miyuki.　How was your winter vacation?

　　　　B:　I went to Osaka to see my uncle.　How about you, Mr. Smith?

　　　　A:　My friend, John, visited me from New Zealand.　We went to Kyoto to see a lot of temples.

　　　　B:　Oh, that's good.

　　　質問します。　Who visited Kyoto during the winter vacation?

No.3　A:　Hi, Naomi.　Can you help me with my math homework after school?

　　　　B:　Sorry, Tom, but I have to help my mother cook dinner after school today.　Can you ask Mr. Tanaka to help you?

A: He isn't at school today.
B: Oh, how about Satoshi? He is good at math.
A: He is going to practice basketball after school.
B: OK. I will help you tomorrow morning before the first class.
質問します。　 What is Naomi going to do after school today?

これで(2)の問題を終わり，(3)の問題に移ります。

〔英文の訳〕

No. 1　A：それは新しいTシャツ，サオリ？
　　　B：うん，ボブ。インターネットで買ったの。
　　　A：いいね。インターネットでよく服を買うの？
　　　B：いえ。いつもデパートで買うよ。
　　　質問：サオリはデパートで新しいTシャツを買いましたか？
　　　答え：エ　いいえ，買いませんでした。
No. 2　A：こんにちは，ミユキ。冬休みはどうでしたか？
　　　B：叔父に会いに大阪へ行きました。スミス先生はどうでしたか？
　　　A：友だちのジョンがニュージーランドから僕を訪ねてきました。たくさんのお寺を見に京都へ行きました。
　　　B：ああ，それはいいですね。
　　　質問：冬休みに京都を訪れたのは誰ですか？
　　　答え：エ　スミス先生とジョンが行きました。
No. 3　A：やあ，ナオミ。放課後に数学の宿題を手伝ってくれる？
　　　B：ごめんね，トム，でも今日は放課後に母が夕飯を作るのを手伝わないといけないの。田中先生に手伝うように頼んでくれる？
　　　A：今日彼は学校にいないよ。
　　　B：ああ，サトシはどう？　彼は数学が得意よ。
　　　A：彼は放課後バスケットボールを練習するんだ。
　　　質問：ナオミは今日放課後何をするつもりですか？
　　　答え：イ　彼女は母が夕飯を作るのを手伝うつもりです。

〔放送台本〕

　(3)の問題は，英語による対話を聞いて，答える問題です。それぞれの対話の最後の英文に対する受け答えとして，ア～ウから最も適当なものを1つ選び，その記号を書きなさい。対話は，No.1，No. 2，No. 3，No. 4の4つです。対話は2回繰り返します。では，始めます。

No.1　A: Excuse me. How can I get to the library?
　　　B: Go along this street and you'll see a large brown building. It's the library.
　　　A: Thank you. How long does it take?
No.2　A: I didn't see you in the first class this morning.

```
    B:  I was late for school today.
    A:  What happened?
No.3  A:  Hi.  Can I help you?
    B:  Can I have a hamburger and a salad, please?
    A:  Sure.  What would you like to drink?
No.4  A:  How did you spend your weekend?
    B:  I went to see a movie with my brother.
    A:  Oh, how was it?
```

これで(3)の問題を終わり，(4)の問題に移ります。

〔英文の訳〕

No.1　A：すみません。図書館まではどうやって行きますか？

　　　B：この道を行くと大きな茶色いビルが見えます。それが図書館です。

　　　A：ありがとうございます。どれくらいかかりますか？

　　　答え：ア　5分くらいです。

No.2　A：今朝最初の授業で会わなかったね。

　　　B：今日は学校に遅刻したの。

　　　A：何があったの？

　　　答え：ア　電車が突然止まった。

No.3　A：こんにちは，いらっしゃいませ。

　　　B：ハンバーガーとサラダをいただけますか？

　　　A：かしこまりました。お飲み物は何になさいますか？

　　　答え：ウ　オレンジジュースをお願いします。

No.4　A：週末はどう過ごしましたか？

　　　B：兄[弟]と映画を観に行きました。

　　　A：ああ，どうでしたか？

　　　答え：イ　兄[弟]は好きだったけど，私は好きではなかった。

〔放送台本〕

　(4)の問題は，高校生で放送部員の Maki が，カナダからの留学生のJackにインタビューしているときの英語による対話を聞いて，質問に答える問題です。それぞれの質問に対する答えとして，ア～エから最も適当なものを1つ選び，その記号を書きなさい。対話と質問は2回繰り返します。では，始めます。

```
Maki:  Hello, Jack. Today I will ask you some questions.  When did you
       come to Japan?
Jack:  I came to Japan two weeks ago.  I will stay in Japan for three more
       weeks.
Maki:  How do you come to school?
Jack:  I come to school by bicycle.  I usually leave home at 7:40.  It takes
       thirty minutes to school.  I am surprised to see many cars every
```

day.

Maki: I see. How is your stay here?

Jack: Great. I am staying with Hiroshi's family. I enjoy talking with his family after dinner. His sister, Yoshie, is a music teacher and she often teaches me Japanese songs. I can learn Japanese from them, too.

Maki: Sounds good. Why did you want to study in Japan?

Jack: My father came to Japan to study Japanese when he was a college student. He told me about his experiences in Japan. They were interesting, so I decided to study in Japan someday.

Maki: I see. Does your father still study Japanese?

Jack: Yes, he does. He sometimes reads Japanese books.

Maki: That's wonderful. Do you enjoy your school life here?

Jack: Yes. I have a good time. My classmates often try to talk to me. I am happy to have a chance to communicate with them.

Maki: That's good. What do you like to do during your free time?

Jack: I like to practice calligraphy. A friend of mine teaches it to me. I want to be good at it.

Maki: Do you have anything to tell the students of this school?

Jack: I want to tell them about my country. So I made a poster about Canada three days ago. You can see it on the wall.

Maki: Thank you very much. I really enjoyed talking with you.

質問します。

No.1　What time does Jack usually arrive at school?

No.2　Why did Jack decide to come to Japan?

No.3　What did Jack do to tell the students about Canada?

これで①のリスニング検査の放送を終わります。

〔英文の訳〕

マキ　　：こんにちは，ジャック。今日はいくつかあなたに質問があります。日本にはいつ来ましたか？

ジャック：2週間前に来ました。日本にあと3週間滞在します。

マキ　　：どうやって学校へ来るんですか？

ジャック：自転車で学校に来ます。いつも7時40分に家を出ます。学校まで30分かかります。毎日たくさんの車を見て驚いています。

マキ　　：なるほど。ここの滞在はどうですか？

ジャック：すばらしいです。ヒロシの家に滞在しています。夕食後に彼の家族と話して楽しんでいます。彼のお姉さんのヨシエは音楽の先生で，よく日本の歌を教えてくれます。そこから日本語を学ぶこともできます。

マキ　　：いいですね。何で日本で勉強したいと思ったんですか？

ジャック：父が大学生のときに日本語を勉強しに日本へ来ました。彼が私に日本での経験を話して

くれました。それはとても面白かったのでいつか日本で勉強することを決心しました。

マキ　　：なるほど。あなたのお父さんはまだ日本語を勉強していますか？

ジャック：はい，しています。時々日本語の本を読みます。

マキ　　：それは素晴らしいですね。ここでの学校生活を楽しんでいますか？

ジャック：はい。いい時間を過ごしています。クラスメイトはよく私と話そうとしてくれます。彼らとコミュニケーションを取るチャンスがあって嬉しいです。

マキ　　：それはいいですね。自由な時間に何をするのが好きですか？

ジャック：書道の練習をするのが好きです。私の友達の1人が私に教えてくれます。上手になりたいです。

マキ　　：この学校の生徒達に何か伝えることはありますか？

ジャック：私の国について話したいです。それなので3日前にカナダについてのポスターを作りました。これは壁に貼ってあって見ることができます。

マキ　　：ありがとうございました。あなたとお話しできてとても楽しかったです。

No. 1：ジャックはいつも何時に学校へ着きますか？
　　　　答え：ウ　8時10分。

No. 2：ジャックはなぜ日本に来ることを決心しましたか？
　　　　答え：イ　彼の父親の日本での経験が彼にとって面白かったから。

No. 3：ジャックは生徒達にカナダについて伝えるために何をしましたか？
　　　　答え：エ　それについてのポスターを作った。

＜理科解答＞

1. (1) (a) 屈折(角)　(b) 25°　(2) 右図　(3) 120°

2. (1) 惑星　(2) ア　(3) ウ　(4) (金星は)地球より内側を公転しているから。

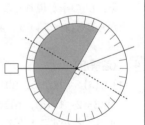

3. (1) 顕性[優性](形質)　(2) ア，イ
(3) 黒色 エ　黄色 オ

4. (1) (a) ビーカーA ○　ビーカーB ○　ビーカーC ×
(b) イ　(2) (a) C　(b) 18(%)

5. (1) (a) あ ア　い エ　(b) 名称 胚珠　記号 H　(c) 被子(植物)
(d) ウ　(e) 離弁花(類)　(2) ウ　(3) Xのグループ ア　Zのグループ ウ

6. (1) (a) (i) $Zn \rightarrow Zn^{2+} + 2e^-$　(ii) $Cu^{2+} + 2e^- \rightarrow Cu$　(b) カ
(2) (a) 化学(エネルギー)　(b) イ　(c) ウ　(d) (i) ウ　(ii) イ

7. (1) (a) エ　(b) 閉そく(前線)　(c) ア　(d) (記号) ウ　(変化) 気温が急激に低下したことと，風向が北よりに変わったこと。　(2) (a) エ　(b) ウ

8. (1) (a) 発熱する　(b) 磁界　(c) ウ→エ→ア→イ　(2) (a) エ　(b) ア
(c) ア　(d) (コイルが180°回転するごとに，) (例1)コイルに流れる電流の向きを切りかえる　(例2)コイルに流れる電流の向きを逆にする(はたらき)

＜理科解説＞

1 （光の性質）

(1) (a) 境界面に対する垂線と屈折光がなす角を，屈折角という。 (b) 入射角(角A)が40°なので，表より，屈折角(角B)は25°になっている。

(2) 角Aは空気側にできる角，角Bはガラス側にできる角を表している。角Bが30°なので，このときの角Aは，表より50°とわかる。

(3) 入射角＝反射角となる。入射角は60°なので，求める値は，60＋60＝120(°)となる。

2 （金星）

(1) 恒星のまわりを公転している天体を，惑星という。

(2) このときの金星は，地球から見て明け方の太陽の方向に見えるので，東の空に見える。

(3) 金星の公転の向きから，この金星は地球からしだいに離れていく。金星は，地球からはなれるほど満ちていくが，遠くなるために大きさは小さくなって見える。

(4) 金星は地球よりも内側を公転しており，真夜中の地球から見える範囲に公転軌道がない。

3 （遺伝）

(1) 対立形質をもつ純系の親どうしをかけ合わせてできる子には，両親のうち，一方の形質が現れる。このとき，子に現れた形質を顕性形質という。

(2) 子がもつ遺伝子の組み合わせは，Bbである。生殖細胞には，Bbの遺伝子が分かれて1つずつ入るため，Bの遺伝子，bの遺伝子をもった生殖細胞がそれぞれできる。

(3) 実験から，顕性形質は黒色，潜性形質が黄色とわかる。黄色のメダカは顕性形質Bの遺伝子をもっていないので，遺伝子の組み合わせはbbである。黒色と黄色のメダカをかけ合わせた結果，bbの子が現れることから，黒色のメダカはbの遺伝子を持っている。また，黒色であることからBも持っている。よって，黒色のメダカの遺伝子の組み合わせは，Bbと考えられる。

4 （溶解度）

(1) (a) 図2から，20℃，100gの半量の水50gにとけるおよその物質の質量は，塩化ナトリウムが38÷2＝19[g]，硝酸カリウムが32÷2＝16[g]，ミョウバンが12÷2＝6[g] よって，15gをすべてとかすことができるのは，塩化ナトリウムと硝酸カリウムである。

(b) 60℃の水50gにとける硝酸カリウムのおよその質量は，109÷2＝54.5[g] よって，さらにとかすことができる硝酸カリウムのおよその質量は，54.5－15＝39.5[g]より，約40gであるといえる。

(2) (a) 図2と表から，60℃の水50gにとける物質のおよその質量(X)，10℃の水50gにとける物質のおよその質量(Y)，および，60℃から冷却したときに得られる結晶のおよその質量(Z)は，それぞれ次のようになる。

	X：60℃の水50gにとける物質の質量[g]	Y：10℃の水50gにとける物質の質量[g]	Z：生じる結晶の質量[g] (15－Y)
塩化ナトリウム	19.5	18.85	生じない。
硝酸カリウム	54.5	11.0	4.0
ミョウバン	29	3.8	11.2

よって，60℃ではビーカーA～Cまで，15gの物質はすべてとけているが，10℃に温度を下げる

と塩化ナトリウムはすべてとけたままなので結晶は生じず，硝酸カリウムは15−11.0＝4.0〔g〕，ミョウバンが15−3.8＝11.2〔g〕が結晶となって現れる。　(b)　ビーカーBでは水溶液中に11.0gがとけている。水は50gなので，濃度は，11.0÷(11.0＋50)×100＝18.0…→18(％)

⑤　(植物の体のつくりと分類)

(1)　(a)　スケッチを行うときは，細い線と点ではっきりとかくようにする。　(b)　マツの雌花のりん片には，胚珠がついている。また，アブラナにも子房の中に胚珠がある。　(c)　胚珠が子房の中にある植物を，被子植物という。　(d)　アブラナの葉脈が網目状であることから，アブラナは双子葉類に分類される植物である。双子葉類の植物は，**子葉が2枚あり，茎の維管束は輪状に分布**している。　(e)　花弁が1枚1枚離れている花のつくりをしている植物のなかまを，離弁花類という。

(2)　アブラナのような被子植物と，イヌワラビのようなシダ植物には，体に維管束が見られる。

(3)　Xは，体に根や葉や茎が見られるが，Wには根，茎，葉の区別はない。Yのグループの植物は花がさかず，胞子でなかまをふやすが，Zは花がさき，種子をつくってなかまをふやす。

⑥　(イオンと電池)

(1)　(a)　水溶液Aは色が青色であることから，硫酸銅水溶液である。よって，水溶液Bは硫酸亜鉛水溶液となる。また，金属Bでは硫酸銅水溶液(水溶液A)中の銅イオンが銅に変化していることから，銅よりもとけやすい金属である。よって，金属Bは亜鉛板，金属Aは銅板となる。
(i)・(ii)　金属Bの表面では，**亜鉛原子が電子を2個放出して亜鉛イオンとなってとけ出す反応が起こっており，これと同時に亜鉛原子が放出した2個の電子を銅イオンが受け取って銅原子となる反応**が起こっている。　(b)　水溶液A(硫酸銅水溶液)と金属B(亜鉛)の反応で金属Bがとけて銅イオンが銅原子になったことから，イオンへのなりやすさは「金属B(亜鉛)＞銅」とわかる。水溶液B(硫酸亜鉛水溶液)とマグネシウムの反応では，マグネシウムがとけて亜鉛イオンが亜鉛原子になったことから，イオンへのなりやすさは「マグネシウム＞亜鉛」であることがわかる。これらをまとめると，**「マグネシウム＞亜鉛(金属B)＞銅(金属A)」**となる。

(2)　(a)　物質がもっているエネルギーを化学エネルギーといい，電池を通して電気エネルギーに変換することができる。　(b)　亜鉛板がとけることで，電子を亜鉛板内に放出する。この電子が導線を通って銅板へ向かうので，電子の移動の向きはPである。よって，電流の向きは逆のQとなる。電流は＋極から−極へ向かって流れることから，**銅板が＋極**ということになる。
(c)　亜鉛は硫酸亜鉛水溶液中にとけ出すため，表面がぼろぼろになり細くなる。　(d)　(i)　硫酸銅水溶液中では，銅イオン(陽イオン)が減少するため，硫酸イオン(陰イオン)が多く残り，全体に−の電気を帯びるようになる。硫酸亜鉛水溶液中では，亜鉛イオン(陽イオン)が増加するため，全体に＋の電気を帯びるようになる。よって，硫酸銅水溶液中の陰イオン(硫酸イオン)が硫酸亜鉛水溶液側に移動し，硫酸亜鉛水溶液中の陽イオン(亜鉛イオン)が硫酸銅水溶液側に移動して，電気のかたよりをなくしている。　(ii)　水溶液を分けておかないと，亜鉛原子が亜鉛イオンになったときに放出した電子を，そばにあった銅イオンが直接受け取ってしまうため，導線を電子が通らず，電流が流れなくなる。

⑦　(気象)

(1)　(a)　1004hPaと1008hPaの間の気圧になることから，1007hPaが適している。　(b)　寒冷前線が温暖前線に追いついてできる前線を，閉そく前線という。　(c)　前線は寒気と暖気の境

目を表す。寒冷前線が温暖前線に追いつくことで，地表は寒気におおわれるようになるため，上昇気流が発生しなくなり，低気圧は消滅する。　(d)　前線XY（寒冷前線）が通過すると，**急激な気温の低下や，風向が北寄りに変化する**などの現象が見られやすくなる。

(2)　(a)　夏は，日本の南の太平洋上に高気圧ができる。高気圧には下降気流が見られるため，この高気圧から日本列島に向けて，南東の季節風がふく。また，高気圧は時計回りに風をふき出す。　(b)　アは春や秋，イはつゆ，エは夏のころの天気の特徴である。

8　（電流とそのはたらき）

(1)　(a)　電流が通ると導線が発熱する。そのため，場合によっては火災の原因となることがある。　(b)　磁界の中を通る電流には，磁界から力がはたらく。導線に流れる電流が大きくなるほど，電流が磁界から受ける力も大きくなる。　(c)　回路に流れる**電流が大きくなるほど，電流が磁界から受ける力の強さは大きくなる。**よって，ア〜エを接続したとき，**全抵抗の値が小さいものほど回路に大きな電流が流れる**ため，磁界から受ける力も大きくなる。全抵抗は，アが

$5.0+5.0＝10.0〔Ω〕$　イが$5.0+10.0＝15.0〔Ω〕$　ウが$\frac{1}{5.0}+\frac{1}{10.0}＝\frac{3}{10.0}$　よって，$10.0÷3＝$

$3.3…〔Ω〕$　エが$\frac{1}{10.0}+\frac{1}{10.0}＝\frac{2}{10.0}＝\frac{1}{5}$　よって5Ω。これらを抵抗の小さい順に並べると，ウ→エ→ア→イとなる。

(2)　(a)　電流の進行方向に対し，右回りの磁界が生じる。　(b)　図1をもとにすると，図4ではU字型磁石のN極とS極の位置が逆になっているが，コイルのab間では図1と同じ向きに電流が流れている。よって，コイルのab間にはたらく力の向きは，図1でコイルにはたらく力の向きとは逆向きとなる。また，磁石の磁界はN極からS極に向かってはたらく。　(c)　コイルに流れる電流を大きくしたり，磁力の強い磁石を用いたりすると，磁界で電流にはたらく力の大きさを大きくできる。　(d)　整流子は，コイルが180°回転するごとに，コイルに流れる電流の向きを変えるはたらきがある。このはたらきにより，継続的にコイルが回転するようにしている。

＜社会解答＞

1　(1) (a) ア　(b) エ　(2) (a) c　(b) ア　(3) (a) B
(b) （例）輸出の多くを原油が占めるため，輸出総額が原油価格の変動の影響を受けるという特徴。　(4) (a) イ　(b) ウ

2　(1) イ　(2) 成田　(3) イ　(4) ア　(5) オ　(6) エ　(7) （例）農業就業人口の減少と高齢化が進んでいる。[農業就業人口が減少している上に，15〜64歳の農業就業人口の割合も減少している。]

3　(1) イ　(2) ア　(3) ア　(4) （例）イギリス領事が裁判を行うことを認めていたため。[治外法権が認められていたため。]　(5) エ　(6) イ
(7) （記号）Y　（理由）（例）好景気のため，歳入に占める税収の割合が高いから。[好景気のため，歳入に占める公債金の割合が低いから。]

4　(1) イ　(2) ウ　(3) 参勤交代　(4) ウ　(5) エ
(6) （例）原料を輸入し，製品を輸出する

5　(1) ウ　(2) （例）費用を抑える目的。　(3) (a) イ　(b) （例）選挙権年齢が18歳（以上）に引き下げられたから。　(4) (a) ア　(b) ウ，オ

(5)　(例)実際のアンケート結果と比べて，賛成が少ない印象を受けること。　　(6)　オ

(7)　エ　　(8)　(例)先進国は，長年二酸化炭素を大量に排出しており，途上国は，近年二酸化炭素の排出割合が増加し続けていること。

＜社会解説＞

1　(地理的分野—世界—人々のくらし，地形・気候，産業，交通・貿易)

(1)　(a)　資料1中の経線が30度間隔であることから，Xの経線が西経90度線とわかるため，シカゴはロンドンより90÷15＝6(時間)遅れていると判断する。　　(b)　**メルカトル図法**で描かれた資料1では，高緯度ほど東西に引き延ばされて描かれる特徴がある。⑥と⑥の間に位置する緯線が赤道であることから判断する。

(2)　(a)　資料2から，年中気温が高いため赤道直下の熱帯の雨温図であることがわかる。

(b)　スリランカはインドと同じ南アジアに含まれることから，**ヒンドゥー教**を信仰する人々がみられる。また，世界有数の茶の生産量をほこる。パキスタンが位置する中央アジアはイスラム教を信仰する人々が多い。

(3)　(a)　略地図2中のAがエジプト，Bがケニア，Cが南アフリカ共和国，Dがコートジボワール。資料5中の「高山気候」「茶」などから判断する。　　(b)　資料6から，ナイジェリアにおける輸出総額に占める原油の輸出額の割合が非常に高いことが読み取れる。また，資料7・8の折れ線グラフの形がほぼ一致していることから，原油の国際価格の変動がナイジェリアの輸出総額に大きな影響を与えることがわかる。

(4)　(a)　マチュピチュがあるペルーには，スペインが入植するまで**インカ帝国**が栄えた。

(b)　アルゼンチンの大豆の輸出量について，2000年が4.1(百万トン)なのに対して2017年が7.4(百万トン)なので，2倍を下回っている。

2　(地理的分野—日本—農林水産業，工業，交通・通信)

(1)　「中尊寺金色堂」「南部鉄器」から判断する。**中尊寺金色堂**は岩手県平泉町に位置し，世界文化遺産に登録されている。アが青森県，ウが京都府，エが山形県。

(2)　「千葉県」「貿易額が全国1位の国際空港」から判断する。

(3)　岡山県倉敷市水島地区に大規模な石油化学コンビナートが位置する**瀬戸内工業地域**は，化学工業の割合が高い。Aにア，Cにウ，Dにエの工業があてはまる。

(4)　北海道は新潟県などとともに米の生産がさかんで，アの文は**石狩平野**について述べている。イが鳥取県，ウが愛知県，エが和歌山県。

(5)　鹿児島県がX，岩手県がY，千葉県がZの割合がそれぞれ高いことから判断する。千葉県では，大消費地の近くで野菜などを栽培する**近郊農業**がさかん。

(6)　水持ちが悪く，稲作に不向きな**シラス台地**が広がる鹿児島県では畜産や畑作がさかんで，さつまいもや茶は全国でも有数の生産量をほこる。

(7)　資料5から，農業就業人口が減少していることが読み取れる。また，資料6から，農業就業人口における65歳以上が占める割合が増加し高齢化が進行していると同時に，15～64歳が占める割合が減少しており，後継者不足が深刻化していることが読み取れる。

3　(歴史的分野—日本史—時代別—旧石器時代から弥生時代，鎌倉・室町時代，明治時代から現代，日本史—テーマ別—政治・法律，経済・社会・技術，文化・宗教・教育，外交)

(1)　問題文中の「弥生時代」，資料1中の「米を貯蔵」「佐賀県」などから判断する。竪穴住居は縄文時代以降の人々の住まい，岩宿遺跡は旧石器時代の打製石器が出土した群馬県の遺跡。

(2)　六波羅探題は，朝廷などの監視を目的として**承久の乱**後に京都に置かれた。イ・エを置いたのは江戸幕府。ウは鎌倉・室町幕府が中央に置いた，裁判を担当する役所。

(3)　イが奈良時代，ウが江戸時代，エが安土桃山時代から江戸時代初期のようす。

(4)　**ノルマントン号事件**がおこった1886年当時のイギリスには，領事裁判権（治外法権）が認められていた。イギリスとの間で領事裁判権が撤廃されたのは1894年。

(5)　言文一致体は二葉亭四迷や尾崎紅葉らが各自の作品で試み，明治時代に確立した。

(6)　GHQの指令により，財閥解体が行われた。農村では，自作農を増やすため，地主の土地を国が買い取って小作人に安く売り渡す**農地改革**をすすめた。

(7)　資料4より，1980年代後半の日本の経済成長率が高いことから好景気であったことが読み取れる。好景気の際の財政政策として政府は増税を行うため，歳入に占める税収の割合が高くなり，公債金の割合が低くなると判断する。

④　(歴史的分野—日本史—時代別—古墳時代から平安時代，安土桃山・江戸時代，明治時代から現代，日本史—テーマ別—政治・法律，経済・社会・技術，文化・宗教・教育，外交)

(1)　表中の「国風文化」，問題文中の「紀貫之」から判断する。ア・ウ・エは奈良時代に成立・編纂された。

(2)　ⓐの後三年合戦が始まったのが1083年，ⓑが1167年，ⓒが939年，ⓓが1192年のできごと。

(3)　1年おきに江戸と領国を往復させる**参勤交代**の制度を武家諸法度に追加したのは，江戸幕府3代将軍徳川家光。

(4)　ルターの宗教改革は1517年。マルコ＝ポーロが元のフビライ＝ハンに仕えたことから，ウは13世紀頃のできごとと判断する。アが1582年，イが1549年，エが16世紀後半〜17世紀前半。

(5)　欧米に比べて日本の金の価値が低かったため，大量の金が海外に流出した。江戸幕府が小判の質を低下させたため貨幣価値が下がり，その結果物価が上がって社会が混乱した。

(6)　1890年代の日本では軽工業において産業革命がおこり，原料である綿花の輸入が増加し，製品である綿糸の輸出が増大した。

⑤　(公民的分野—憲法の原理・基本的人権，三権分立・国の政治の仕組み，地方自治，国民生活と社会保障，財政・消費生活・経済一般，国際社会との関わり)

(1)　問題文中の「新しい人権」，資料1中の「情報を手に入れる権利」から判断する。ア・イ・エはいずれも日本国憲法の条文で明記されている。

(2)　流通経路が長くなるほど末端価格が高くなる。

(3)　(a)　現在は無記名投票であることから判断する。　(b)　公職選挙法の改正によって，有権者の条件が**18歳以上の男女**に変更されたのは2016年。それ以前の有権者は，20歳以上の男女であった。

(4)　(a)　問題文中の「介助」，資料5中の「居宅サービス」などから判断する。**介護保険制度**は，40歳以上の国民に加入が義務付けられている。　(b)　消費税と所得税における，所得に占める税負担の割合が話題に上がっていることから判断する。

(5)　資料7では，反対に比べて賛成の割合が高く感じられるが，資料8ではその印象が逆転していることに留意する。

(6)　効率とは無駄を省くこと。

(7)　エは国政における**議院内閣制**についての内容。地方政治において，首長と議会は対等な関係。

(8)　先進国・途上国それぞれの二酸化炭素の排出割合が多い時期について，資料12からは，2005年以前は先進国が多いことが，資料13からは，近年は途上国が多いことが読み取れる。

＜国語解答＞

1　① ゆる(やか)　② なが(める)　③ よか　④ しんぴ　⑤ 訪(れる)
　　⑥ 委(ねる)　⑦ 推測　⑧ 往復

2　(一) イ　(二) イ　(三) (例)何かが変わったり，今までとは違う世界が見えてきたりするのかもしれない　(四) ウ　(五) (例)となりで泳いだから，相手がまだまだ速くなることがわかった(ということ。)

3　(一) エ　(二) ウ　(三) ア　(四) Ⅰ Ⓐ　Ⅱ 知識とスキルの必要性を理解させ，さらにそれを改良しようとする

4　(一) つくりしように　(二) エ　(三) ウ　(四) 麦穂の風にふかるるやうに

5　(一) エ　(二) ア
　　(三) (例)私はスポーツ少年団で小学生にスポーツを教えることで，社会のために役立ちたいと考えています。なぜなら私自身がスポーツをしてきて成長したと感じることがあったからです。試合や練習を通じてできた友人たちと，競い合ったり励まし合ったりすることで努力を重ねることができました。中学校でも，部活動で同じスポーツを続け，結果を残し自信を持つことができました。このような経験を子どもたちにもしてほしいと考えています。

＜国語解説＞

1　(知識問題－漢字の読み書き)
　① 音読みは「**カン**」で，熟語は「緩急」などがある。　② 音読みは「**チョウ**」で，熟語は「眺望」などがある。　③ 「余暇」は，自由に使えるひまな時間のこと。　④ 「神秘」は，人の知恵でははかり知れないような不思議のこと。　⑤ 音読みは「**ホウ**」で，熟語は「訪問」などがある。　⑥ 音読みは「**イ**」で，熟語は「委任」などがある。　⑦ 「推測」は，あることをもとにして推量すること。　⑧ 「往復」は，行って帰るという意味。

2　(小説－情景・心情，内容吟味，文と文節，品詞・用法)
　(一)　「龍之介は／赤く／なって／信司の／口を／押さえた」の六文節に分けられる。
　(二)　「はずし」の終止形は「はずす」。五段活用動詞なので，活用語尾が**イ段音**になるのは連用形。
　(三)　少し後に，「海人と泳げば……何かが変わるかもしれない。今までとは違う世界が，見えてくるのかもしれない」という，「これ以上泳げない」とは異なる「おれ」の思いが述べられている。
　(四)　海人は「きっと，向井くんは，また来るよ」と言っている。海人は「おれ」のとなりで泳いだことで，水泳を忘れようとしていた「おれ」に気持ちの変化があったことを感じ取ったため，「おれ」がまたプールに来るはずだと思った。そして，そのとおりに「また来るかも」と「おれ」

が言ったので、「ニヤリとした」表情を見せたのである。

（五）　海人は、「おれ」が「まだまだ速くなる」と言い、そう思った根拠は「となりで泳いだから」だと話している。また、「おれ」も海人について「こいつは、きっとまだまだ速くなる」と感じている。つまり、互いにとなりに泳いだ相手がまだまだ速くなると感じたことが「同じこと」にあたる。

3　（説明文－大意・要旨、内容吟味、接続語の問題、品詞・用法）

（一）　「なけれ」も「ない」も、終止形は「ない」。打ち消しの意味を伴う「ない」には助動詞と形容詞がある。助動詞の「ない」は主に動詞に接続する。形容詞の「ない」は主に形容詞に接続する。いずれも「いく」「なる」という**動詞に接続している**ので、助動詞である。

（二）　筆者は、「文明」を「苦しみを減らす活動」、「文化」を「喜びをもたらす活動」と定義している。よって、「健康づくり」や「病気の予防」、「休息と睡眠をとる」ことは「文明」にあたり、「楽しい」という気持ちや「心のゆとり」が与えられることは「文化」にあたる。

（三）　直前の「探究型の授業のテーマとなる」ものとは、「文化と文明」のどちらか、「あるいは両方に関わっている」という内容を、後で「苦しいことを減らそうとするのか、楽しいことを増やそうとするのか、あるいは、その両方を兼ねたものか」であると言い換えているのだから、「つまり」が入る。

（四）　Ⅰ　最後から五段落目に、「見取り図や地図のようなもの」は「先人たちの残してくれた知識」にあたると述べられている。　Ⅱ　最後の段落に注目する。「具体的に何かができるようになりたいという意欲」は、「知識とスキルの必要性を理解させ、さらにそれを改良しようとする気持ちにつなが」るとあるので、ここから抜き出せる。

4　（古文、漢文・漢詩－内容吟味、仮名遣い）

〈口語訳〉　今は昔のこと、八月十五日の夜は、その名のとおり月が満ちる時期である。この夜は、太陽と月とが真正面に向き合うので、月の光も特別に明るくなるため望月ともいうのである。また、まんまるに満ちるので餅月というのだとも言われ伝わっている。漢詩を作る人や和歌を詠む人たちも、常日頃よりあらかじめ詩歌や句を作っておいて、たった今作ったようなふりをして、はあはあ息遣いをして詠み出す。ところがさて日が暮れる頃より雲がうずまいて雨が降り出したので、前もって作っておいた詩や歌が現場の情景にあわなくなって、夜がふけても一首も出てこない。「浮世房、どうだどうだ」と主君がおっしゃるので、上を向いたり下を向いたり、麦の穂が風に吹かれるようにして考えをめぐらしたそのとき、鴈が飛びわたっていく声が聞こえたので、「雲外に鴈を聞きて夜声を」と言い出すやいなや、ふと思いついてこのように詠んだ。

雨が降ったのでこの十五夜も真っ暗闇になってしまったが、その暗がりの中に、二千里渡って行くという鴈の声が聞こえてくる

（一）　歴史的仮名遣いの「ア段音＋う」は「オウ」と読むので、「やう」は**「よう」**となる。

（二）　「雲外鴻聞夜声射」の順に読む。「聞」「鴻」は一字返って読んでいるので、「聞」の後に「レ点」を打つ。また、「射」「声」も同様に一字返るので、「射」の後に「レ点」を打つ。

（三）　「詠み出だす」の一文の冒頭は「詩作り・哥詠みども」で、これが主語にあたる。「詠みける」の主語は浮世房。「浮世房、いかにいかに」と歌を詠むように主君に促された浮世房が、鴈の声を聞いて思いついたために歌を詠んだという文脈である。

（四）　「麦穂の風にふかるるやうに」は、「麦の穂が風に吹かれているように」という意味。浮世房が上を向いたり下を向いたりしている様子を、麦の穂が風に吹かれて揺れている様子にたとえて

いるのである。

5　（作文（自由・課題））

（一）　【資料1】の「考えてはいるが，具体的にどのようにすべきかわからない」の数値は，20〜24歳より25歳〜29歳のほうがわずかに大きくなっているので，エがあてはまらない。

（二）　選択肢の言葉を一つずつ空欄にあてはめて，【資料2】のグラフと一致するかどうかを確認すると，アが正解だとわかる。

（三）　自分のできることで，社会に役立つことにつながることは何かと考えるとよい。【資料3】を参考にしてもよいし，それ以外のことでもよいので，具体的なことを挙げること。自分の経験などを交えて書くと，具体的で説得力のある内容になる。

大切なことはメモしておこうネ！

三重県公立高等学校

2021年度

★★★★★★★★★★★★★★★★★★★★★

入 試 問 題

●くわしい解説 …… 47 ページ

大切なことはメモしておこうネ！

＜数学＞　　時間　45分　　満点　50点

1　あとの各問いに答えなさい。(12点)

(1)　$8+(-13)$　を計算しなさい。

(2)　$-\dfrac{6}{7}a \div \dfrac{3}{5}$　を計算しなさい。

(3)　$2(x+3y)-3(2x-3y)$　を計算しなさい。

(4)　$(3\sqrt{2}-\sqrt{5})(\sqrt{2}+\sqrt{5})$　を計算しなさい。

(5)　x^2-x-12　を因数分解しなさい。

(6)　二次方程式　$3x^2-7x+1=0$　を解きなさい。

(7)　Aの畑で収穫したジャガイモ50個とBの畑で収穫したジャガイモ80個について，1個ずつの重さを調べ，その結果を右の度数分布表に整理した。

　　次の　□　は，「150 g 以上250 g 未満」の階級の相対度数について，述べたものである。①，②に，それぞれあてはまる適切なことがらを書き入れなさい。

> AとBを比較して「150 g 以上250 g 未満」の階級について，相対度数が大きいのは　①　の畑で収穫したジャガイモであり，その相対度数は　②　である。

階級(g)	度数(個)	
	Aの畑で収穫したジャガイモ	Bの畑で収穫したジャガイモ
以上　　未満		
50 ～ 150	14	24
150 ～ 250	18	28
250 ～ 350	11	17
350 ～	7	11
計	50	80

2　あとの各問いに答えなさい。(13点)

(1)　Aさんは，10時ちょうどにP地点を出発し，分速 a mでP地点から1800m離れている図書館に向かった。10時20分にP地点から800m離れているQ地点に到着し，止まって休んだ。10時30分にQ地点を出発し，分速 a mで図書館に向かい，10時55分に図書館に到着した。

　　次のページのグラフは，10時 x 分におけるP地点とAさんの距離を y mとして，x と y の関係を表したものである。

　　このとき，後の各問いに答えなさい。

ただし，P地点と図書館は一直線上にあり，Q地点はP地点と図書館の間にあるものとする。

① 　aの値を求めなさい。

② 　Bさんは，AさんがP地点を出発してから10分後に図書館を出発し，止まらずに一定の速さでP地点に向かい，10時55分にP地点に到着した。AさんとBさんが出会ったあと，AさんとBさんの距離が1000mであるときの時刻を求めなさい。

③ 　Cさんは，AさんがP地点を出発してから20分後にP地点を出発し，止まらずに分速100mで図書館に向かった。CさんがAさんに追いついた時刻を求めなさい。

(2) 　ある動物園の入園料は，大人1人500円，子ども1人300円である。昨日の入園者数は，大人と子どもを合わせて140人であった。今日の大人と子どもの入園者数は，昨日のそれぞれの入園者数と比べて，大人の入園者数が10％減り，子どもの入園者数が5％増えた。また，今日の大人と子どもの入園料の合計は52200円となった。

次の　　　は，今日の大人の入園者数と，今日の子どもの入園者数を連立方程式を使って求めたものである。　①　～　⑥　に，それぞれあてはまる適切なことがらを書き入れなさい。

(3) 　次のページの図のように，袋の中に1，2，3，4，5の数字がそれぞれ書かれた同じ大きさの玉が1個ずつ入っている。この袋から玉を1個取り出すとき，取り出した玉に書かれた数をaとし，その玉を袋にもどしてかき混ぜ，また1個取り出すとき，取り出した玉に書かれた

数をbとする。

このとき，次の各問いに答えなさい。

① aとbの積が12以上になる確率を求めなさい。

② aとbのうち，少なくとも一方は奇数である確率を求めなさい。

3　次の図のように，関数$y = \dfrac{1}{2}x^2 \cdots$⑦のグラフ上に2点A，Bがあり，$x$軸上に2点C，Dがある。2点A，Cの$x$座標はともに$-2$であり，2点B，Dの$x$座標はともに4である。

このとき，あとの各問いに答えなさい。（8点）

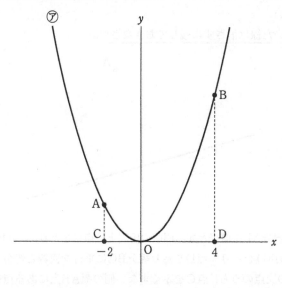

(1)　点Aの座標を求めなさい。

(2)　⑦について，xの変域が $-3 \leqq x \leqq 2$ のときのyの変域を求めなさい。

(3)　線分AB上に点Eをとり，四角形ACDEと△BDEをつくる。四角形ACDEの面積と△BDEの面積の比が2：1となるとき，点Eの座標を求めなさい。

(4)　直線ABとy軸の交点をFとし，四角形ACDFをつくる。四角形ACDFを，x軸を軸として1回転させてできる立体の体積を求めなさい。
ただし，円周率はπとする。

4　あとの各問いに答えなさい。（6点）

(1)　次のページの図のように，点A，B，C，D，E，Fを頂点とし，AD＝DE＝EF＝4cm，∠DEF＝90°の三角柱がある。辺AB，ACの中点をそれぞれM，Nとする。
このとき，後の各問いに答えなさい。

なお，各問いにおいて，答えの分母に√がふくまれるときは，分母を有理化しなさい。また，√の中をできるだけ小さい自然数にしなさい。

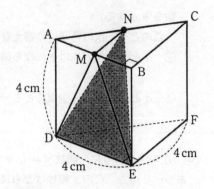

① 線分DMの長さを求めなさい。

② 点Mから△NDEをふくむ平面にひいた垂線と△NDEとの交点をHとする。このとき，線分MHの長さを求めなさい。

(2) 次の図で，点Aを通り，直線 ℓ に接する円のうち，半径が最も短い円を，定規とコンパスを用いて作図しなさい。

なお，作図に用いた線は消さずに残しておきなさい。

5　次の図のように，線分ABを直径とする円Oの円周上に点Cをとり，△ABCをつくる。線分AC上にBC＝ADとなる点Dをとり，点Dを通り線分BCに平行な直線と線分ABとの交点をEとする。直線DEと円Oの交点のうち，点Cをふくまない側の弧AB上にある点をF，点Cをふくむ側の弧AB上にある点をGとする。また，線分BGと線分ACの交点をHとする。

このとき，あとの各問いに答えなさい。

ただし，AC＞BC とする。(11点)

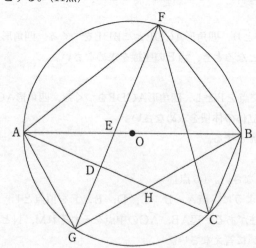

(1) 次の ┌┄┄┐ は，△AGE∽△ACF であることを証明したものである。
　　 ⟨ア⟩ ～ ⟨ウ⟩ に，それぞれあてはまる適切なことがらを書き入れなさい。

⟨証　明⟩　△AGE と △ACF において，

弧 AF に対する円周角は等しいから，　　　　　　　 ｜(ア)｜ = ∠ACF　　…①

BC∥FG より，平行線の同位角は等しいから，　　　∠AEG = ｜(イ)｜　　…②

弧 AC に対する円周角は等しいから，　　　　　　 ｜(イ)｜ = ∠AFC　　…③

②，③より，　　　　　　　　　　　　　　　　　　∠AEG = ∠AFC　　…④

①，④より，　｜　　　(ウ)　　　｜がそれぞれ等しいので，

　　　　　　　　　　　　　　　　　　　　　　　 △AGE ∽ △ACF

(2) △ADG≡△BCH であることを証明しなさい。

(3) AB＝13cm，BC＝5cm のとき，次の各問いに答えなさい。

① 線分DEの長さを求めなさい。

② △BFGの面積と△OFGの面積の比を，最も簡単な整数の比で表しなさい。

＜英語＞　　時間 45分　　満点 50点

1　放送を聞いて，あとの各問いに答えなさい。(18点)

(1)　下の表についての英語による質問を聞いて，その質問に対する答えとして，ア～エから最も適当なものを１つ選び，その記号を書きなさい。

　ア．Tomoka will.
　イ．Keiko will.
　ウ．Alice will.
　エ．Lucy will.

名前	週末に行く予定の場所	一緒に行く予定の人
Tomoka	書店	父
Keiko	図書館	父
Alice	書店	母
Lucy	図書館	母

(2)　英語による対話を聞いて，それぞれの質問に対する答えとして，ア～エから最も適当なものを１つ選び，その記号を書きなさい。

No. 1
　ア．For a day.　　　イ．For two days.
　ウ．For three days　エ．For five days.

No. 2
　ア．About the woman wearing a red sweater.
　イ．About the woman walking with a boy.
　ウ．About the woman wearing glasses.
　エ．About the woman eating at the restaurant.

No. 3
　ア．He wants to take a bath.
　イ．He wants to ask some questions.
　ウ．He wants to have dinner.
　エ．He wants to know Sam's phone number.

(3)　英語による対話を聞いて，それぞれの対話の最後の英文に対する受け答えとして，ア～ウから最も適当なものを１つ選び，その記号を書きなさい。

No. 1
　ア．It's my umbrella.
　イ．I haven't found it yet.
　ウ．It was in the car.

No. 2
　ア．Three days ago.
　イ．For three weeks.
　ウ．It took seven hours.

No. 3
　　ア．I want to take care of you.
　　イ．I'll take you to the nurse's office.
　　ウ．I have a stomachache.

No. 4
　　ア．It was too difficult, so I closed it.
　　イ．It's not because it's for students.
　　ウ．I'm glad that you like it very much.

⑷　シドニーにホームステイ中のKazuya と，語学学校講師のMs. Hill との英語による対話を聞いて，それぞれの質問に対する答えとして，ア〜エから最も適当なものを１つ選び，その記号を書きなさい。

No. 1
　　ア．The zoo and the aquarium.
　　イ．The zoo and the museum.
　　ウ．The aquarium and the museum.
　　エ．The zoo, the aquarium, and the museum.

No. 2
　　ア．Ms. Hill will.
　　イ．Kazuya will.
　　ウ．Kazuya and Ms. Hill will.
　　エ．Ms. Hill and her friends will.

No. 3
　　ア．At 10:30.　　イ．At 11:15.　　ウ．At 11:30.　　エ．At 12:15.

2　あとの各問いに答えなさい。（8点）

⑴　次の対話文は，高校生のKoji と，友人のNozomi が，昼休みに話をしているときのものです。対話文を読んで，次の各問いに答えなさい。

Koji 　　：Hello, Nozomi.

Nozomi：Hi, Koji. Ms. Baker, our English teacher, will go back to America next month.

Koji 　　：I know. I have been sad since I heard about the news last week.

Nozomi：（ ① ） I liked her English classes very much.

Koji 　　：Me, too.

Nozomi：When she had time, she took part in the activities in the cooking club. The members of the club enjoyed cooking with her. We taught her how to make Japanese food, and she gave us her recipe for a cake.

Koji 　　：She was a great teacher.

Nozomi：I want to do something that makes her happy.

Koji　　：That's good.　Do you have any good ideas, Nozomi?

Nozomi：Well, I want to write an English letter to her to say thank you.　I'm going to ask our classmates to write letters to her, too.

Koji　　：That sounds good.

Nozomi：Is there anything else we can do for her, Koji?

Koji　　：What do you think of making a photo album?　I have some pictures I took with Ms. Baker.　I think our classmates also have pictures that they took with her.

Nozomi：Great.　Ms. Baker and the members of the cooking club took many pictures together.　I'll bring them tomorrow.

Koji　　：Thank you.　（　②　）

Nozomi：I hope so.

Koji　　：Let's give her the letters and the photo album after her last class.

Nozomi：That's a good idea.

> （注）　the cooking club　調理部　　　photo album　写真帳

No. 1　（①），（②）に入るそれぞれの文として，**ア～エ**から最も適当なものを1つ選び，その記号を書きなさい。

①　ア．I have to tell her about her classes.

　　イ．I understand how you feel.

　　ウ．I was glad to hear the news.

　　エ．I didn't know when she went home.

②　ア．I hope Ms. Baker will take a lot of pictures with us during her stay in Japan.

　　イ．We know what Ms. Baker will say when we meet her in her class.

　　ウ．Ms. Baker doesn't remember where she took pictures with her students.

　　エ．It will be nice if Ms. Baker sometimes looks at the photo album and thinks about us.

No. 2　対話文の内容に合う文として，**ア～エ**から最も適当なものを1つ選び，その記号を書きなさい。

ア．When Nozomi heard the news about her English teacher from Koji, she felt sad.

イ．Koji wants Ms. Baker to write a letter to him after she goes back to her country.

ウ．Koji will make a photo album by using pictures the students took with Ms. Baker.

エ．Nozomi didn't know what to do for Ms. Baker though she wanted to do something.

(2) 下に示すのは，電話の伝言メモです。この伝言メモから読み取れることを正しく表している
文として，**ア〜エ**から最も適当なものを１つ選び，その記号を書きなさい。

PHONE MESSAGE *< November 13, 11:45 a.m. >*	
While you were out	
Message for:	*Mary Smith*
Message from:	*Mr. Ogawa*
Message:	*Mr. Ogawa has some questions about the event which will be held next month, and he wants to talk with you on the phone.* *He wants you to call him tomorrow because he will not be at the office this afternoon. If you are busy then, please send an email to him and tell him when you will be able to call him.*
This message was taken by:	*Jane White*

ア．Jane took a message from Mary in the afternoon on November 13.

イ．When Mr. Ogawa called Mary to ask some questions about the event, she
was out.

ウ．Mary asked Jane about the event because she couldn't talk with Mr. Ogawa.

エ．Mr. Ogawa will tell Mary later what time he will be able to talk with her.

[3] あとの各問いに答えなさい。(12点)

(1) 次のような状況において，あとの①〜③のとき，あなたならどのように英語で表しますか。
それぞれ４語以上の英文を書きなさい。

ただし，I'm などの短縮形は１語として数え，コンマ（ , ），ピリオド（ . ）などは語数に入
れません。

【状況】

> あなたは，カナダから来た留学生の David と，週明けに学校で話をしています。

① 昨日は，雨が降っていたので，家で過ごしたと伝えるとき。

② 父にもらった本を読み終えたと伝えるとき。

③ 好きな小説家（author）は誰かと尋ねるとき。

(2) Saori は，オーストラリアに１年間留学していました。帰国後すぐにオーストラリアにいる
友人の Ellen にＥメールを書いています。

あなたが Saori なら，①〜③の内容をどのように英語で表しますか。それぞれ５語以上の英
文を書き，次のページのＥメールを完成させなさい。

ただし，I'm などの短縮形は１語として数え，コンマ（ , ），ピリオド（ . ）などは語数に入
れません。

【Eメール】

Hello Ellen,

Thank you very much for everything you did for me when I was in Australia.

① 昨日の夜，自宅に到着<ruby>到着<rt>とうちゃく</rt></ruby>したということ。

② 留学を通じて多くのことを学んだということ。

③ 異文化を理解することは大切だと思うということ。

Your friend,

Saori

4　次の文章を読んで，あとの各問いに答えなさい。(12点)

　Osamu is a high school student who lives in Wakaba Town.　Students of his school must have workplace experience for five days, and he decided to do it at a tourist information center.

　On the first day of his workplace experience, Ms. Morimoto, a woman working at the tourist information center, told Osamu what people working there usually do.　He thought they had a lot of things to do.　She showed him the local crafts sold there, and said, "These local crafts are made by people living in Wakaba Town.　I want many tourists to learn about the town by selling them."　He said, "(　①　) I hope Wakaba Town will be popular among tourists."

　The next day, a foreign woman who came to Wakaba Town on business visited the tourist information center.　She saw some local crafts sold there. She bought one of them because she thought it was beautiful.　Then she asked, "I want to buy some food for my parents in London.　Can you tell me a good shop?" Osamu said, "Sure."　He told her about his favorite shop.　He drew a map to show her where it was.　He said to her, "You can walk there.　It takes only 5 minutes."　He wanted to give her an English leaflet which had information about the shop, but there were not any.

　On the last day, Osamu said to Ms. Morimoto, "It was very interesting for me to work with you.　I've been in this town since I was born.　But I didn't know about the tourist information center."　He wanted to make an English leaflet about his favorite places in Wakaba Town for foreign tourists, and he told her about his idea.　She said, "That's good.　(　②　)" He said, "Of course.　I'll do my best to make a leaflet that is useful for foreign people when they travel in this town."

　One week later, Osamu talked about his experience at the tourist information center in his class.　He told his classmates about making an English leaflet which tells foreign people about places to visit.　He asked some of his friends to help him.　When they finished making it, they went to see Ms. Morimoto and showed it to her.　She liked the leaflet they made.　She said, "We will give it to people who need information in English."　They were very happy to hear that.

(Ten years later)

Osamu works in a company with many foreign people.

One day in August, Osamu visited the tourist information center in his town with Ms. Lee.　She is from China, and started working in his company last week.　She looked at the leaflets written in different languages.　She took a Chinese leaflet and said, "I think they are useful for people from other countries."　He told her about the leaflet he made with his friends when he was a high school student.　He said, "I'm happy if foreign people can enjoy traveling in this town with these leaflets."

> (注)　workplace experience　職場体験　　tourist information center　観光案内所
> 　　　　local crafts　地元の工芸品　　sold　sell の過去分詞形　　on business　仕事で
> 　　　　leaflet(s)　ちらし

⑴　(①)，(②) に入るそれぞれの文として，ア～エから最も適当なものを1つ選び，その記号を書きなさい。

①　ア．Excuse me.　　イ．Oh, did you?
　　ウ．I agree.　　エ．What's up?

②　ア．Please show me when you finish making it.
　　イ．I'm going to tell him what to write in it.
　　ウ．I want to know why you made the leaflet.
　　エ．I hope they will help me with the leaflet.

⑵　本文の内容に合うように，下の英文の (A)，(B) のそれぞれに入る最も適当な1語を，本文中から抜き出して書きなさい。

Osamu met a woman from a foreign country during his workplace experience at the tourist information center.　When she asked him where to get some (A) for her parents, he told her how to get to the shop he (B).

⑶　下線部に He told her about the leaflet he made with his friends when he was a high school student. とあるが，the leaflet の内容として，ア～エから最も適当なものを1つ選び，その記号を書きなさい。

ア．The leaflet about the local crafts which are made by people living in Wakaba Town.

イ．The leaflet for people who want to sell local crafts to foreign people in Wakaba Town.

ウ．The leaflet to tell foreign tourists where they should visit in Wakaba Town.

エ．The leaflet that tells people from foreign countries about the tourist information center.

(4) 本文の内容に合う文として，ア～カから適当なものを2つ選び，その記号を書きなさい。

　ア．Students of Osamu's school were told to have workplace experience for five days at the tourist information center.

　イ．Ms. Morimoto started to sell the local crafts at the tourist information center because Wakaba Town wasn't popular among tourists.

　ウ．Osamu and a woman from a foreign country talked about the local crafts made by people in Wakaba Town.

　エ．Osamu couldn't give an English leaflet to a foreign woman who visited the tourist information center when he was a high school student.

　オ．After the workplace experience, Osamu's classmates told Osamu to make an English leaflet at the tourist information center.

　カ．When Ms. Lee looked at the leaflets written in foreign languages, she thought they would be useful for foreign people.

＜理科＞　　時間　45分　　満点　50点

1　次の観察について，あとの各問いに答えなさい。（4点）

〈観察〉　細胞分裂のようすについて調べるために，観察物として，種子から発芽したタマネギの根を用いて，次の①，②の順序で観察を行った。

① 次の方法でプレパラートをつくった。
1．タマネギの根を先端部分から5mm切り取り，スライドガラスにのせ，えつき針でくずす。
2．観察物に溶液Xを1滴落として，3分間待ち，ろ紙で溶液Xをじゅうぶんに吸いとる。
3．観察物に酢酸オルセイン溶液を1滴落として，5分間待つ。
4．観察物にカバーガラスをかけてろ紙をのせ，根を押しつぶす。

② ①でつくったプレパラートを顕微鏡で観察した。図は，観察した細胞の一部をスケッチしたものである。

図

(1)　①について，次の(a)，(b)の各問いに答えなさい。

(a)　溶液Xは，細胞を1つ1つ離れやすくするために用いる溶液である。この溶液Xは何か，次のア～エから最も適当なものを1つ選び，その記号を書きなさい。
ア．ヨウ素溶液　　イ．ベネジクト溶液　　ウ．うすい塩酸　　エ．アンモニア水

(b)　下線部の操作を行う目的は何か，次のア～エから最も適当なものを1つ選び，その記号を書きなさい。
ア．細胞の分裂を早めるため。　　イ．細胞の核や染色体を染めるため。
ウ．細胞を柔らかくするため。　　エ．細胞に栄養を与えるため。

(2)　②について，図のA～Fは，細胞分裂の過程で見られる異なった段階の細胞を示している。図のA～Fを細胞分裂の進む順に並べるとどうなるか，Aを最初として，B～Fの記号を左から並べて書きなさい。

2　図は，月，地球の位置関係および太陽の光の向きを模式的に示したものである。このことについて，あとの各問いに答えなさい。（4点）

(1)　月のように，惑星のまわりを公転している天体を何というか，その名称を漢字で書きなさい。

(2)　日食が起こるのは，月がどの位置にあるときか，図のA～Dから最も適当なものを1つ選び，その記号を書きなさい。

図

(3) 月食とはどのような現象か,「太陽」,「月」,「地球」の位置関係にふれて,「かげ」という言葉を使って, 簡単に書きなさい。

3 次の実験について, あとの各問いに答えなさい。(4点)

〈実験〉エタノールの性質について調べるために, 次の①~③の実験を行った。

① 室温20℃で, エタノールの質量を電子てんびんで測定したところ, 27.3 g であった。

② ポリエチレンの袋に①のエタノールを入れ, 空気をぬいて袋の口を閉じた。図1のように, この袋に熱湯をかけたところ, 袋は大きくふくらんだ。

③ 室温20℃で, 水とエタノールを混合した溶液が入ったビーカーに, 図2のように, ポリプロピレン, ポリエチレン, ポリスチレンの3種類のプラスチックの小片を入れて, 浮いたか沈んだかを観察した。表は, その結果をまとめたものである。

図1

熱湯

エタノールを入れた
ポリエチレンの袋

図2

プラスチック
の小片

水とエタノール
を混合した溶液

表

物質	ポリプロピレン	ポリエチレン	ポリスチレン
結果	浮いた	沈んだ	沈んだ

(1) ①について, エタノールの体積は何㎤か, 求めなさい。ただし, 20℃でのエタノールの密度を0.79 g/㎤とし, 答えは小数第2位を四捨五入し, 小数第1位まで求めなさい。

(2) ②について, 熱湯をかけるとポリエチレンの袋がふくらんだのは, エタノールの状態が変化したからである。次のA~Cの粒子のモデルはエタノールの固体, 液体, 気体のいずれかの状態を模式的に示したものである。熱湯をかける前の粒子のモデルと熱湯をかけた後の粒子のモデルはそれぞれどれか, 次のア~カから最も適当なものを1つ選び, その記号を書きなさい。

A　　B　　C

	ア	イ	ウ	エ	オ	カ
熱湯をかける前の粒子のモデル	A	A	B	B	C	C
熱湯をかけた後の粒子のモデル	B	C	A	C	A	B

(3) ③について, 表から考えられる水とエタノールを混合した溶液の密度はいくらか, 次のア~エから最も適当なものを1つ選び, その記号を書きなさい。ただし, 20℃でのポリプロピレンの密度を0.90 g/㎤, ポリエチレンの密度を0.95 g/㎤, ポリスチレンの密度を1.05 g/㎤とする。

ア. 0.80 g/㎤　　イ. 0.92 g/㎤
ウ. 0.98 g/㎤　　エ. 1.10 g/㎤

4　図1のように，立方体の物体Aと直方体の物体Bを水平な床(ゆか)に置いた。表は，それぞれの物体の質量と図1のように物体を床に置いたときの底面積を示したものである。このとき，あとの各問いに答えなさい。ただし，100gの物体にはたらく重力の大きさを1Nとし，それぞれの物体が床を押す力は，床に均等にはたらくものとする。（4点）

図1

表

	物体A	物体B
質量(g)	40	120
底面積(cm²)	4	16

(1)　床の上に物体Aがあるとき，床が物体Aを押し返す力を何というか，その名称を書きなさい。

(2)　図1のように，それぞれの物体を1個ずつ水平な床に置いたとき，物体が床を押す力の大きさと物体が床におよぼす圧力が大きいのは，それぞれ物体Aと物体Bのどちらか，次のア〜エから最も適当なものを1つ選び，その記号を書きなさい。

	ア	イ	ウ	エ
床を押す力の大きさ	物体A	物体A	物体B	物体B
床におよぼす圧力	物体A	物体B	物体A	物体B

(3)　図2のように，物体Aを3個積み上げて置いた。このことについて，次の(a)，(b)の各問いに答えなさい。

図2

(a)　積み上げて置いた物体A3個が，床を押す力の大きさは何Nか，求めなさい。

(b)　積み上げて置いた物体A3個が床におよぼす圧力と等しくなるのは，物体Bをどのように積み上げて置いたときか，次のア〜エから最も適当なものを1つ選び，その記号を書きなさい。

5　次の文を読んで，あとの各問いに答えなさい。（8点）

　　まさとさんは，動物に興味をもち，せきつい動物や，無せきつい動物である軟体(なんたい)動物について，教科書や資料集で調べたことを①，②のようにノートにまとめた。

【まさとさんのノートの一部】

　①　せきつい動物について

　　　せきつい動物であるメダカ，イモリ，トカゲ，ハト，ウサギの特徴(とくちょう)やなかま分けは，

表のように表すことができる。

表

	メダカ	イモリ	トカゲ	ハト	ウサギ
子のふやし方	卵生（らんせい）				X
体温	まわりの温度の変化にともなって体温が変化する。			まわりの温度が変化しても体温がほぼ一定である。	
なかま分け	魚類	両生類	は虫類	鳥類	ほ乳類

② 無せきつい動物である軟体動物について
軟体動物であるアサリのからだのつくりは，
図のように模式的に表すことができる。

図

(1) ①について，次の(a)～(d)の各問いに答えなさい。

(a) ウサギの子は，母親の体内で，ある程度育ってから親と同じような姿でうまれる。このような，表の X に入る，子のふやし方を何というか，その名称を書きなさい。

(b) 卵生のメダカ，イモリ，トカゲ，ハトの中で，陸上に殻（から）のある卵をうむ動物はどれか，メダカ，イモリ，トカゲ，ハトから適当なものをすべて選び，書きなさい。

(c) まわりの温度が変化しても体温がほぼ一定に保たれる動物を何というか，その名称を書きなさい。

(d) 次の文は，イモリの呼吸のしかたについて説明したものである。文中の（あ），（い）に入る最も適当な言葉は何か，それぞれ書きなさい。

　子は（　あ　）という器官で呼吸する。子とはちがい，親は（　い　）という器官と，皮膚（ひふ）で呼吸する。

(2) ②について，次の(a)～(c)の各問いに答えなさい。

(a) 図で示したAは，内臓をおおう膜（まく）である。Aを何というか，その名称を書きなさい。

(b) 次の文は，アサリのあしについて説明したものである。文中の（う）に入る最も適当な言葉は何か，漢字で書きなさい。

　アサリのあしは筋肉でできており，昆虫類（こんちゅうるい）や甲殻類（こうかくるい）のあしにみられる特徴である，骨格や（　う　）がない。

(c) アサリのように，軟体動物になかま分けすることができる動物はどれか，次のア～オから最も適当なものを1つ選び，その記号を書きなさい。

ア．クラゲ　　　　　イ．ミジンコ

ウ．イソギンチャク　エ．イカ

オ．ミミズ

6 次の文を読んで，あとの各問いに答えなさい。（9点）

次の文は，物質の性質について興味をもったあきらさんと，先生の会話文である。
【あきらさんと先生の会話】

あきら：見た目が同じように見える物質でも，水にとけるものもあれば，とけないもの
　　　　もあるなんて，面白（おもしろ）いです。物質を見分ける実験をしてみたいです。

先　生：わかりました。では，見た目では区別できない白い粉末を4種類準備しますの
　　　　で，4種類の物質が，それぞれ何かを，実験で見分けてみませんか。

あきら：ぜひ，やってみたいです。

先　生：実験をする際，安全めがねを着用しましょう。物質をむやみに手でさわった
　　　　り，なめたりすることは，たいへん危険なので，行ってはいけませんよ。

あきらさんは，4種類の物質を実験で見分け，次のようにノートにまとめた。
【あきらさんのノートの一部】

〈目的〉
　見た目では区別できない，砂糖，塩化ナトリウム，デンプン，水酸化ナトリウムの4
種類の物質が，それぞれ何かを，実験で見分ける。

〈方法・結果〉
　図1のように，砂糖，塩化ナトリウム，デンプン，水酸化ナトリウム4gずつを薬包
紙にとり，物質A～Dのいずれかとした。

図1

物質A　　物質B　　物質C　　物質D

① 図1の物質A～Dを2gずつとり，ヨウ素溶液を2，3滴加えて色の変化を調べ，
　その結果を表1にまとめた。

表1

	物質A	物質B	物質C	物質D
結果	青紫色に変化した	変化しなかった	変化しなかった	変化しなかった

② 図2のように，室温20℃で，蒸留水20gを入れたビーカーa～dに物質A～D2g
　ずつを加えてよくかきまぜたときのようすを調べ，その結果を次のページの表2にま
　とめた。

図2

物質A　　　　　　　物質B　　　　　　　物質C　　　　　　　物質D

ビーカーa　　　　　ビーカーb　　　　　ビーカーc　　　　　ビーカーd

表2

	物質A	物質B	物質C	物質D
結果	ほとんどとけなかった	とけた	とけた	とけた

③　②でできたビーカーa～dの液が電流を通すかどうかを調べ，その結果を表3にまとめた。

表3

	ビーカーaの液	ビーカーbの液	ビーカーcの液	ビーカーdの液
結果	通さなかった	通さなかった	通した	通した

④　③で用いたビーカーa～dの液に，フェノールフタレイン溶液を加えて色の変化を調べ，その結果を表4にまとめた。

表4

	ビーカーaの液	ビーカーbの液	ビーカーcの液	ビーカーdの液
結果	変化しなかった	変化しなかった	赤色に変化した	変化しなかった

次の文は，実験結果を振り返ったときの，あきらさんと先生の会話文である。

【あきらさんと先生の会話】

あきら：①～④の実験結果から，物質A～Dを見分けることができました。

先　生：いいですね。ほかに調べてみたいことはありますか。

あきら：④の実験結果から，ビーカーcの液がフェノールフタレイン溶液を赤色に変化させたので，ビーカーcの液はアルカリ性です。ビーカーcの液に酸性の溶液を加えたときのようすを実験で調べてみたいです。

あきらさんは，新たに調べてみたいことを実験で確かめ，次のようにノートにまとめた。

【あきらさんのノートの一部】

〈目的〉

　④でできたビーカーcの液に，うすい塩酸を加えたときのようすを調べる。

図3

うすい塩酸

④でできた
ビーカーcの液

〈方法・結果〉

⑤　図3のように，④でできたビーカーcの液に，こまごめピペットでうすい塩酸を5㎤ずつ加えて色の変化を調べたところ，うすい塩酸を10㎤加えたときに無色に変化した。これらの結果を表5にまとめた。

表5

加えたうすい塩酸の体積(cm³)	5	10	15	20
ビーカーcの液の色	赤色	無色	無色	無色

(1)　①〜④について，次の(a)〜(d)の各問いに答えなさい。

(a)　物質Aは何か，次のア〜エから最も適当なものを１つ選び，その記号を書きなさい。

　　ア．砂糖　　イ．塩化ナトリウム　　ウ．デンプン　　エ．水酸化ナトリウム

(b)　次の文は，ビーカーbの液が電流を通さなかったことについて説明したものである。文中の（あ）に入る最も適当な言葉は何か，漢字で書きなさい。

> ビーカーbの液が電流を通さなかったのは，物質Bが水にとけても電離しないからである。物質Bのように，水にとけても電離せず，水溶液が電流を通さない物質を（　あ　）という。

(c)　物質Cは何か，次のア〜エから最も適当なものを１つ選び，その記号を書きなさい。

　　ア．砂糖　　イ．塩化ナトリウム　　ウ．デンプン　　エ．水酸化ナトリウム

(d)　物質Dが水にとけて電離した陽イオンと陰イオンは何か，それぞれイオン式で書きなさい。

(2)　⑤について，次の(a)，(b)の各問いに答えなさい。

(a)　加えたうすい塩酸の体積と水溶液中の水素イオンの量との関係，加えたうすい塩酸の体積と水溶液中の塩化物イオンの量との関係を模式的に表しているグラフはそれぞれどれか，次のア〜エから最も適当なものを１つずつ選び，その記号を書きなさい。

(b)　うすい塩酸を10cm³加えるまでに起きた反応を，化学反応式で表すとどうなるか，書きなさい。

7　次の文を読んで，あとの各問いに答えなさい。（8点）

> 　はるなさんは，火山の活動に興味をもち，火山と火山噴出物のもとになるマグマの性質との関係について，理科室にある標本や資料集で調べたことを①〜③のようにノートにまとめた。
>
> 【はるなさんのノートの一部】
>
> ①　火山とマグマのねばりけについて
> 　図1は，火山の形を模式的に表したものである。火山の形や噴火のようすは，マグマのねばりけの程度によって異なり，マグマのねばりけの程度は，マグマにふくまれる成分によって異なる。

図1

円すいの形　　ドーム状の形

傾斜がゆるやかな形

② 火山噴出物の火山灰について

標本の火山灰を双眼実体顕微鏡を用いて観察したものを，図2のように表した。

図2

③ 火成岩の色とつくりについて

火成岩はマグマが冷え固まってできた岩石である。標本の火成岩A～Dを観察しスケッチしたところ，図3のようになった。また，観察してわかったことを，表にまとめた。

図3

表

火成岩	岩石の色	岩石のつくり
A	黒っぽい	肉眼でも見分けられるぐらいの大きさの鉱物のみが組み合わさってできている。
B	白っぽい	
C	黒っぽい	肉眼でも見える比較的大きな鉱物である斑晶が，肉眼では形がわからないような細かい粒などでできた石基に囲まれてできている。
D	白っぽい	

(1) ①について，次の文は，マグマのねばりけの程度と火山の形や噴火のようすについて説明したものである。文中の（ X ）～（ Z ）に入る言葉はそれぞれ何か，下のア～カから最も適当なものを1つ選び，その記号を書きなさい。

いっぱんに，ねばりけが（ X ）マグマをふき出す火山ほど，（ Y ）になり，火山噴出物の色は白っぽい。また，噴火のようすは（ Z ）であることが多い。

	X	Y	Z
ア	弱い（小さい）	円すいの形	激しく爆発的
イ	弱い（小さい）	ドーム状の形	比較的おだやか
ウ	弱い（小さい）	傾斜がゆるやかな形	比較的おだやか
エ	強い（大きい）	円すいの形	比較的おだやか
オ	強い（大きい）	ドーム状の形	激しく爆発的
カ	強い（大きい）	傾斜がゆるやかな形	激しく爆発的

(2)　②について，図4のような双眼実体顕微鏡を用いて観察するとき，双眼実体顕微鏡はどのような順序で使うか，次のア〜エを正しい順に左から並べて記号で書きなさい。

　ア．鏡筒を支えながら，粗動ねじを回して観察物の大きさに合わせて鏡筒を固定する。

　イ．左目でのぞきながら，視度調節リングを回して像のピントを合わせる。

　ウ．左右の鏡筒を調節し，接眼レンズの幅を目の幅に合わせる。

　エ．右目でのぞきながら，微動ねじを回して像のピントを合わせる。

図4

(3)　③について，次の(a)〜(e)の各問いに答えなさい。ただし，火成岩A〜Dは，花こう岩，玄武岩，斑れい岩，流紋岩のいずれかである。

(a)　火成岩Aについて，火成岩Bよりもふくむ割合が大きい鉱物は何か，次のア〜エから適当なものをすべて選び，その記号を書きなさい。

　ア．カンラン石　　イ．キ石　　ウ．クロウンモ　　エ．セキエイ

(b)　火成岩A，Bのように，肉眼でも見分けられるぐらいの大きさの鉱物のみが組み合わさってできている岩石のつくりを何というか，その名称を書きなさい。

(c)　火成岩C，Dのように，石基と斑晶でできている火成岩を何というか，その名称を書きなさい。

(d)　火成岩C，Dについて，斑晶が肉眼でも見える比較的大きな鉱物になったのは，マグマがどのように冷やされたからか，鉱物が大きくなったときの「地表からの深さ」と「時間の長さ」にふれて，簡単に書きなさい。

(e)　火成岩Dは何か，次のア〜エから最も適当なものを1つ選び，その記号を書きなさい。

　ア．花こう岩　　イ．玄武岩　　ウ．斑れい岩　　エ．流紋岩]

8　次の実験について，あとの各問いに答えなさい。（9点）

〈実験〉　抵抗の大きさが，それぞれ2.0Ω，8.0Ωの電熱線X，Yを用いて，次の①〜③の実験を行った。ただし，電熱線X，Yの抵抗の大きさは，電熱線の発熱によって変化しないものとする。

①　図1のように，電熱線X，Yを用いて回路をつくり，電源装置の電圧を変化させて，電熱線X，Yそれぞれに加わる電圧を調べた。図2は，その結果をグラフに表したものである。

図1

図2

② 図3のように，電熱線Xを用いて装置をつくり，
室温と同じ20℃の水100gをポリエチレンの容器に
入れ，電源装置の電圧を6.0Vにして回路に電流を
流し，ときどき水をかき混ぜながら水の温度を測定
した。表1は，電流を流しはじめてからの時間と水
の上昇温度の関係をまとめたものである。

図3

表1

電流を流しはじめてからの時間(分)	0	2	4	6	8
水の上昇温度(℃)	0	3.2	6.5	9.7	13.0

③ 図4，図5のように，それぞれのポリエチレンの容器に電熱線X，Yの直列回路，並列
回路，室温と同じ20℃の水200gを入れ，電源装置の電圧を6.0Vにして回路に電流を流し，
ときどき水をかき混ぜながら水の温度を測定した。

(1) ①について，次の(a)，(b)の各問いに答えなさい。
 (a) 電源装置の電圧を6.0Vにしたとき，回路に流れた電流の大きさは何Aか，求めなさい。
 (b) 電源装置の電圧を変化させると，電熱線Xに加わる電圧も変化した。電熱線Xに加わる電
　圧が1.5Vになったとき，電源装置の電圧の大きさは何Vか，求めなさい。
(2) ②について，次の(a)，(b)の各問いに答えなさい。ただし，水1gの温度を1℃上昇させるの
　に必要な熱量は4.2Jとする。
 (a) 電流を流しはじめてから6分で，容器の中の水100gの温度を上昇させた熱量は何Jか，求
　めなさい。
 (b) 電流を流しはじめてから6分で，電流によって電熱線Xに発生した熱量のうち，容器の中
　の水の温度を上昇させた熱量がしめる割合は，約62.9%であった。容器の中の水の温度を上
　昇させた熱量が，電流によって電熱線Xに発生した熱量よりも小さくなったのはなぜか，そ
　の理由の1つとして考えられることを，水が受け取った熱がどうなったかにふれて，簡単に
　書きなさい。

(3)　③について，次の(a)，(b)の各問いに答えなさい。

(a)　電流を流しはじめてからの時間と水の上昇温度の測定値の関係をまとめると，表2のようになった。また，図6は，図4の直列回路に電流を流しはじめてからの時間と水の上昇温度の測定値を×で記入し，その関係をグラフで表したものである。図5の並列回路に電流を流しはじめてからの時間と水の上昇温度の関係を図6にグラフで表しなさい。ただし，測定値を・でわかるように記入しなさい。

表2

電流を流しはじめてからの時間(分)		0	2	4	6	8
水の上昇温度(℃)	直列回路	0	0.7	1.3	1.9	2.6
	並列回路	0	3.5	7.0	10.5	14.0

(b)　図4の直列回路の電熱線X，Yを，6.0Vで使用したときに消費電力が20Wになる1本の電熱線に交換し，電源装置の電圧を6.0Vにして回路に電流を流した。このとき，電流を流しはじめてから消費した電力量が，図5の並列回路の電熱線X，Yに電流を流しはじめてから6分で消費した電力量と等しくなるのは，電流を流しはじめてから何分何秒後か，求めなさい。

図6

＜社会＞

時間　45分　　満点　50点

[1]　あとの各問いに答えなさい。（9点）

(1)　資料1は，東京を中心とした，中心からの距離と方位が正しい地図である。資料1から読み取れることを正しく述べたものはどれか，次の**ア～エ**から最も適当なものを1つ選び，その記号を書きなさい。

ア．あの都市といの都市は，同じ緯度に位置している。

イ．赤道から離れるほど，実際の面積より大きくなっている。

ウ．北極から南極までの距離は，約25,000kmある。

エ．東京から東へ向かうと，最短距離でブエノスアイレスに着く。

〈資料1〉

(2)　略地図1に示したヨーロッパ州について，次の(a)～(c)の各問いに答えなさい。

(a)　デンマークでよく見られる，乳牛を飼い，バターやチーズを生産する農業を何というか，次の**ア～エ**から最も適当なものを1つ選び，その記号を書きなさい。

ア．遊牧

イ．混合農業

ウ．酪農

エ．地中海式農業

(b)　略地図1に示した区－Y間の断面図はどれか，次の**ア～エ**から最も適当なものを1つ選び，その記号を書きなさい。

〈略地図1〉

(c)　資料2は，略地図1にA～Dで示したそれぞれの国からドイツへの移住者数を示したもの，また，資料3は，各国の1人あたりの工業出荷額を示したものである。資料2に示した国からドイツへ移住するのはなぜか，その理由の1つとして考えられることを，資料3から読み取れることにふれて，「仕事」という言葉を用いて，書きなさい。

〈資料2〉

	ドイツへの移住者数（万人）
A	25.2
B	14.4
C	8.6
D	5.8

〔注：数値は2018年のもの〕
（International Migration Outlook から作成）

〈資料3〉

■ 20,000ドル以上
▨ 10,000ドル以上
▨ 5,000ドル以上
□ 5,000ドル未満

〔注：数値は2017年のもの〕
（『世界国勢図会 2019/20』ほかから作成）

(3)　略地図2に示したアジア州について，次の(a)，(b)の各問いに答えなさい。

(a)　資料4は，世界の宗教別人口の割合を示したものである。Zの国名と，Zの国で最も信仰されている宗教の組み合わせはどれか，次のア～カから最も適当なものを1つ選び，その記号を書きなさい。

　ア．国名－インドネシア　　宗教－Ⅰ
　イ．国名－インドネシア　　宗教－Ⅲ
　ウ．国名－タイ　　　　　　宗教－Ⅱ
　エ．国名－タイ　　　　　　宗教－Ⅲ
　オ．国名－フィリピン　　　宗教－Ⅰ
　カ．国名－フィリピン　　　宗教－Ⅱ

〈略地図2〉

〈資料4〉

（World Almanac 2018 から作成）

(b)　資料5は，世界のおもな自動車生産国における生産台数を示したものであり，ⓐ～ⓓは，日本，中国，韓国，ドイツのいずれかである。日本と韓国の組み合わせはどれか，次のア～エから最も適当なものを1つ選び，その記号を書きなさい。

　ア．日本－ⓑ　韓国－ⓐ
　イ．日本－ⓑ　韓国－ⓓ
　ウ．日本－ⓒ　韓国－ⓐ
　エ．日本－ⓒ　韓国－ⓓ

〈資料5〉

（『世界自動車統計年報 2019』から作成）

2　あとの各問いに答えなさい。（9点）

(1)　資料1は，地場産業として眼鏡関連の工業が盛んな鯖
江市における眼鏡の組み立て作業の写真である。鯖江市
について，次の(a)～(c)の各問いに答えなさい。

〈資料1〉

(a)　略地図1は，中部地方と近畿地方の一部を示したも
のである。鯖江市が属する府県はどれか，略地図1の
ア～エから最も適当なものを1つ選び，その記号を書
きなさい。

〈略地図1〉

(b)　次のページの資料2は，1975年と2018年における，鯖江市内の長泉寺山付近の一部を示し
た2万5千分の1地形図である。1975年と2018年の地形図を比べて，変化したことは何か，
資料2から読み取れる内容としてあてはまるものを，次のア～カから2つ選び，その記号を
書きなさい。

　（資料2は編集の都合で88％に縮小してあります。）

ア．みずおち（水落）駅から分岐する鉄道路線がなくなった。

イ．長泉寺山の山頂の標高が約2m高くなった。

ウ．北陸本線をまたぐ形で，北陸自動車道が建設された。

エ．日野川にかかっていた有定橋がなくなり，平成橋と丹南橋がかけられた。

オ．しもさばえ駅は西山公園駅に名前が変わり，駅の近くにあった博物館がなくなった。

カ．さばえ（鯖江）駅の東側に広がっていた水田が，住宅地になった。

〈資料2〉
(1975年)

(2018年)

(国土地理院2万5千分の1地形図「鯖江」(昭和50年，平成30年発行)から作成)

(c) 資料3は，鯖江市と全国における工業
出荷額の割合，資料4は，鯖江市と全国
における工業出荷額の総額をそれぞれ示
したものである。資料3，資料4から読
み取れることとして誤っているものはど
れか，下のア〜エから1つ選び，その記
号を書きなさい。

〈資料3〉　工業出荷額の割合

（資料3，資料4は，「工業統計調査」ほかから作成）

〈資料4〉　工業出荷額の総額

	1960年	2016年	1960年から2016年までの伸び率
鯖江市（眼鏡関連）	70億円（9億円）	1808億円（606億円）	25.8倍
全国	15.6兆円	302兆円	19.4倍

ア．鯖江市では，2016年は1960年と比べて，金属工業の割合が5倍以上になり，繊維工業の
割合が半分以下になった。

イ．全国では，2016年は1960年と比べて，機械工業の出荷額は15倍以上になった。

ウ．全国では，2016年は1960年と比べて，金属工業や繊維工業の割合は低下し，化学工業や
食料品工業の割合は増加した。

エ．1960年から2016年までの工業出荷額の伸び率において，鯖江市が全国を上回ったおもな
要因は，眼鏡関連の工業が伸びたからである。

(2) 略地図2に示した青森県，福島県，三重県，愛媛県
について，次の(a)，(b)の各問いに答えなさい。

(a) 資料5のア〜エは，それぞれの県庁所在地におけ
る雨温図を示したものである。三重県にあてはまる
ものはどれか，最も適当なものを1つ選び，その記
号を書きなさい。

〈略地図2〉

〈資料5〉

（『理科年表2020』から作成）

(b)　資料6は，それぞれの県における，米，野菜，果実の産出額を示したものである。資料6のAとCにあてはまる県名の組み合わせはどれか，次のア〜カから最も適当なものを1つ選び，その記号を書きなさい。

ア．A−青森県　　　C−三重県
イ．A−青森県　　　C−愛媛県
ウ．A−福島県　　　C−青森県
エ．A−福島県　　　C−愛媛県
オ．A−愛媛県　　　C−青森県
カ．A−愛媛県　　　C−三重県

〈資料6〉

	米（億円）	野菜（億円）	果実（億円）
A	513	780	790
B	747	458	250
C	164	206	537
D	275	141	67

〔注：数値は2017年のもの〕
（『データでみる県勢2020』から作成）

(3)　資料7は，名古屋市中央卸売市場における，かぼちゃの取扱量上位3産地からの入荷時期と入荷量を示したものであり，資料8は，かぼちゃの取り引き価格を示したものである。メキシコ産のかぼちゃは，ニュージーランド産，北海道産と比べて，どのような時期に入荷し，どのような価格で取り引きされているか，資料7，資料8から読み取り，書きなさい。

〈資料7〉

〔注：数値は2019年のもの〕

〈資料8〉

	取り引き価格（1kgあたり）
メキシコ産	1月…164円，　6月…147円
ニュージーランド産	3月…108円，　4月…126円
北海道産	9月…138円，　10月…141円

〔注：数値は2019年のもの〕
（資料7，資料8は，名古屋市Webページから作成）

③　右の表は，たくやさんの学級で歴史的分野の学習を行ったときに設定されたテーマを示したものである。これを見て，あとの各問いに答えなさい。（9点）

テーマ1	唐の誕生と緊迫する東アジア
テーマ2	戦国大名の登場
テーマ3	元禄文化
テーマ4	田沼意次の政治
テーマ5	立憲制国家の成立
テーマ6	第一次世界大戦と日本
テーマ7	戦後の日本経済

(1)　テーマ1について，百済を復興するため大軍を送った日本が，朝鮮半島で唐と新羅の連合軍に敗れた戦いを何というか，次のア〜エから最も適当なものを1つ選び，その記号を書きなさい。

ア．白村江の戦い　　イ．壇ノ浦の戦い　　ウ．桶狭間の戦い　　エ．長篠の戦い

(2) テーマ 2 について，資料 1 は，戦国大名の朝倉
氏が定めた「朝倉孝景条々」を要約したものの一
部である。資料 1 に示したような，戦国大名が定
めた，領国支配のための法律を何というか，漢字
で書きなさい。

〈資料 1 〉

> 本拠である朝倉 館のほかには，国内
> に城を構えてはならない。全ての有力な
> 家臣は，一 乗 谷に引っ越し，村には代
> 官を置くようにしなさい。

(3) テーマ 3 について，大阪の町人で，武士や町人の生活をもとにした浮世草子と呼ばれる小説
を書いた人物は誰か，次のア～エから最も適当なものを 1 つ選び，その記号を書きなさい。
ア．近松門左衛門　　イ．井原西鶴　　ウ．尾形光琳　　エ．菱川師宣

(4) テーマ 4 について，田沼意次が行った政治の内容について述べた文はどれか，次のア～エか
ら最も適当なものを 1 つ選び，その記号を書きなさい。
ア．生類憐みの令を出し，極端な動物保護を行った。
イ．財政難を切りぬけるために，金貨・銀貨の質を落としてその数量を増やした。
ウ．株仲間を認め，営業を独占させる代わりに税をとった。
エ．公事方御定書をつくり，裁判の基準とした。

(5) テーマ 5 について，大日本帝国憲法で定められたことがらについて述べた文はどれか，次の
ア～エから最も適当なものを 1 つ選び，その記号を書きなさい。
ア．天皇は，日本国・日本国民統合の象徴とされた。
イ．予算や法律の成立には，議会の同意が必要とされた。
ウ．基本的人権は，永久の権利として保障された。
エ．首長と議員は，住民の選挙によって選ばれるとされた。

(6) テーマ 6 について，資料 2 は，1911年か
ら1915年の日本の国別輸出額を示したもの
であり，ア～ウはイギリス，ドイツ，ロシ
アのいずれかである。ドイツにあてはまる
ものはどれか，最も適当なものを 1 つ選
び，その記号を書きなさい。また，そのよ
うに判断した理由を，「第一次世界大戦」と
いう言葉を用いて，書きなさい。

〈資料 2 〉

（『日本貿易精覧』から作成）

(7) テーマ 7 について，たくやさんは，1956年から2011年までの日本の経済成長率の推移を次の
ページの資料 3 にまとめた。資料 3 から読み取れる，日本の経済成長率について述べた文とし
て正しいものはどれか，下のア～エから最も適当なものを 1 つ選び，その記号を書きなさい。
ア．高度経済成長期には，経済成長率が毎年 4 ％以上あった。
イ．石油危機から世界金融危機まで，経済成長率が 0 ％を下回る年はなかった。
ウ．バブル経済時には，1956年以降で最高の経済成長率を示した年があった。
エ．2001年から2010年までの間に，経済成長率が－ 5 ％を下回る年があった。

〈資料3〉

〔注：経済成長率は，国民総所得を前年と比較した増減率〕

(『数字でみる日本の100年』から作成)

4　次の表は，さおりさんの学級で，歴史的分野を学習したときの内容をまとめたものである。これを見て，あとの各問いに答えなさい。(9点)

ヤマト王権（大和政権）は，①中国に小野妹子らを派遣し，対等の立場で国交を結ぼうとした。
桓武天皇は，寺院勢力の強い平城京から，山城国の②平安京に都を移した。
源頼朝は，鎌倉を本拠として指揮をとり，③集まってきた武士と主従関係を結んで御家人とし，武家の政治の仕組みを整えた。
1858年にアメリカやイギリスなどと通商条約が結ばれ，自由貿易が開始されると，④国内の綿織物の生産地は大きな打撃を受けた。
江戸や大阪で世が変わることへの期待と不安から，⑤「ええじゃないか」と群衆が熱狂し，歌い踊るさわぎが起こった。
連合国の代表は，1945年にサンフランシスコに集まり，国際連合憲章に調印し，⑥国際連合を成立させた。

(1)　下線部①について，ヤマト王権（大和政権）が小野妹子らを派遣した時の中国の王朝を何というか，次のア～エから最も適当なものを1つ選び，その記号を書きなさい。

ア．秦　イ．漢　ウ．魏　エ．隋

(2)　下線部②について，平安京が都とされてから鎌倉幕府が成立するまでの，平安時代のできごとについて述べた文はどれか，次のア～エから最も適当なものを1つ選び，その記号を書きなさい。

ア．奥州藤原氏によって，平泉に中尊寺金色堂が建設された。

イ．聖武天皇によって，東大寺が建てられ，大仏がつくられた。

ウ．運慶らによって，東大寺南大門の金剛力士像が制作された。

エ．観阿弥・世阿弥によって，能が大成された。

(3)　下線部③について，次のページの資料1は，鎌倉幕府の将軍と御家人との主従関係を模式的に表したものである。資料1の御恩にあたるものについて述べた文はどれか，後のア～エから

最も適当なものを１つ選び，その記号を書きなさい。

ア．口分田を与えられること。

イ．国司に任命されること。

ウ．領地を保護されること。

エ．管領に任命されること。

〈資料１〉

⑷　下線部④について，資料２は，1860年と1865年における日本の輸入総額とおもな輸入品を示したもの，資料３は，1865年における日本の輸入総額に占める国別割合を示したものである。通商条約が結ばれ，自由貿易が開始されると，国内の綿織物の生産地が大きな打撃を受けたのはなぜか，資料２，資料３から読み取れることをもとにして，書きなさい。

〈資料２〉

〔注：綿織物には綿糸も含む〕

〈資料３〉

その他 17 ％

1,315
万ドル

イギリス 83 ％

（資料２，資料３は，『横浜市史』から作成）

⑸　下線部⑤について，次の@〜@のカードはそれぞれ，「ええじゃないか」というさわぎが発生したころの，日本国内で起きたできごとを示したものである。@〜@のカードを，書かれた内容の古いものから順に並べると，どのようになるか，下のア〜エから最も適当なものを１つ選び，その記号を書きなさい。

@	徳川慶喜は，政権を朝廷に返上することを申し出た。	ⓑ	新政府は，五箇条の御誓文を出した。
ⓒ	新政府は，諸大名に土地と人民を政府に返させた。	ⓓ	坂本龍馬は，薩摩藩と長州藩の間を仲介し，薩長同盟を結ばせた。

ア．@→ⓓ→ⓒ→ⓑ　　イ．ⓓ→@→ⓑ→ⓒ

ウ．@→ⓓ→ⓑ→ⓒ　　エ．ⓓ→@→ⓒ→ⓑ

⑹　下線部⑥について，次のページの資料４は，国際連合加盟国数の推移を州別に示したものであり，A〜Fには，世界の６つの州のいずれかがあてはまる。後の資料５は，たくやさんが，Bがどの州であるかを考え，その理由をまとめたものである。資料５の　Ⅰ　にあてはまる言

葉は何か，書きなさい。

〈資料４〉

	A	B	C	D	E	F	合計
1945年の加盟国数	2	4	9	10	12	14	51
1955年の加盟国数	2	5	21	10	12	26	76
1965年の加盟国数	2	37	28	10	14	27	118

（国際連合広報センター Web ページから作成）

〈資料５〉

　Bは， **Ⅰ** 州だと考えられる。なぜなら，「 **Ⅰ** の年」と呼ばれた1960年に，多くの独立国が誕生し，国連への加盟国数が大幅に増加したからである。

5　右の表は，せいやさんの学級で行った公民的分野の調べ学習について，班ごとのテーマをまとめたものである。これを見て，あとの各問いに答えなさい。（14点）

A班	人権思想の成立
B班	行政改革
C班	多様化する家族
D班	国会の運営
E班	政治参加と選挙
F班	日本企業の海外進出
G班	日本の財政
H班	持続可能な社会

(1)　A班のテーマについて，資料１は，フランス人権宣言を記した版画であり，資料２は，資料１を説明したものの一部である。資料２の **A** にあてはまる言葉はどれか，下の**ア〜エ**から最も適当なものを１つ選び，その記号を書きなさい。

〈資料２〉

　版画には，前文と17か条が記載されています。左上には， **A** のくさりを断ち切る自由を表す女神が描かれ，中央上部には，理性の光を照らすという意味を表した絵が描かれています。

ア．議院内閣制　　**イ**．絶対王政
ウ．普通選挙制　　**エ**．立憲主義

〈資料１〉

(2)　B班のテーマについて，行政改革の１つとして，経済活動に対する規制緩和がある。経済活動に対する規制緩和の具体例にあてはまるものはどれか，次の**ア〜エ**から最も適当なものを１つ選び，その記号を書きなさい。

ア．かぜ薬がコンビニエンスストアで販売されること。
イ．タクシー運賃の変更が政府に認可されること。
ウ．産業が寡占や独占に近づき，独占価格が設定されること。
エ．同じ旅行先でも出発日によって異なる旅行代金が設定されること。

(3)　C班のテーマについて，なるみさんは，日本の家族構成に関する資料を集めた。資料３，資料４は，その一部であり，次のページの資料５は，資料３，資料４をもとに，なるみさんが，考えたことをまとめたものである。資料５の **a** にあてはまる理由は何か，後の**ア〜エ**から最も適当なものを１つ選び，その記号を書きなさい。

〈資料３〉

年	1世帯あたり人員（人）
1980	3.22
2000	2.67

〈資料４〉

年	全世帯にしめる核家族世帯の割合（%）
1980	60.3
2000	59.1

（資料３，資料４は，総務省 Web ページから作成）

〈資料5〉

> 1980年と2000年を比べて，1世帯あたり人員は
> 減少しているのに，全世帯にしめる核家族世帯の割
> 合が増加していないのは ┃　　a　　┃ だと考えら
> れる。

ア．日本の総人口が減少したから

イ．単独（一人）世帯の数が増加したから

ウ．夫婦と子どものいる世帯の数が増加したから

エ．祖父母と親と子どもで構成される世帯の数が増加したから

(4)　D班のテーマについて，国会において，両院協議会が開かれることがある。両院協議会はどのような時に開かれるか，両院とは何かを明らかにして，書きなさい。

(5)　E班のテーマについて，次の(a)，(b)の各問いに答えなさい。

(a)　資料6は，れいじさんが，参議院議員の任期と選挙についてまとめたものの一部である。資料6の ┃ あ ┃ にあてはまる，参議院議員選挙が3年ごとに行われる理由は何か，「改選」という言葉を用いて，書きなさい。

〈資料6〉

> 　　参議院議員の任期は6年です。参議院議員の選挙は，2000年以降では，2001年，2004年，
> 2007年，2010年，2013年，2016年，2019年に行われました。このように3年ごとに選挙
> が行われるのは， ┃　　あ　　┃ です。

(b)　資料7は，2019年に行われた参議院議員選挙における政策課題に対する有権者へのアンケート結果であり，Ⅰ～Ⅳは，医療・介護，消費税，子育て・教育，景気対策のいずれかである。また，資料8は，資料7の結果についてまとめたものである。資料7のⅠにあてはまるものはどれか，下のア～エから最も適当なものを1つ選び，その記号を書きなさい。

〈資料7〉

政策課題	18～29歳	30～49歳	50～69歳	70歳以上
Ⅰ	37.8	46.7	47.5	44.9
Ⅱ	36.2	48.0	27.9	25.2
Ⅲ	29.7	29.2	30.0	31.7
年金	27.6	38.0	60.6	63.7
Ⅳ	26.5	40.8	58.8	69.7

〔注：「今回の参院選では，どのような政策課題を考慮しましたか」という質問に対する回答であり，単位は％〕

〈資料8〉

> 　いずれの年代においても，景気対策は
> 消費税よりも上位に位置している。ま
> た，年代ごとの特色として，年金や医
> 療・介護については，高齢者層ほど考慮
> する順位が高まり，子育て・教育は，若
> 年者層ほど上位に位置している。

（資料7，資料8は，明るい
選挙推進協会資料から作成）

ア．医療・介護　　**イ**．消費税　　**ウ**．子育て・教育　　**エ**．景気対策

(6)　F班のテーマについて，資料9は，1999年，2009年，2019年の，ベトナムにおける日本の現地法人数を示したものであり，次のページの資料10は，つばきさんが，資料9をもとに

〈資料9〉

	1999年	2009年	2019年
ベトナムにおける日本の現地法人数	184	404	1278

（『海外進出企業総覧2020』ほかから作成）

立てた仮説である。資料10に示したつばきさんの仮説が正しいかどうかを確かめる場合，どのような資料が必要か，次のア〜エから最も適当なものを1つ選び，その記号を書きなさい。

〈資料10〉

> ベトナムで日本の現地法人数が増えているのは，ベトナムには安い労働力があるからだと考えられる。

ア．ベトナムにおける就職率の推移を示す資料。

イ．日本の労働者とベトナムの労働者の平均賃金を比較した資料。

ウ．日本の労働力人口とベトナムの労働力人口の平均年齢を比較した資料。

エ．ベトナムにおける日本の現地法人のベトナム人従業員数の推移を示す資料。

(7)　G班のテーマについて，次の(a)，(b)の各問いに答えなさい。

(a)　資料11の℗〜®は，1979年度，1999年度，2019年度のいずれかの年度の，日本の一般会計における歳出の内訳を示したものである。℗，⭕，®を古いものから順に並べると，どのようになるか，下のア〜カから最も適当なものを1つ選び，その記号を書きなさい。

〈資料11〉

（『数字で見る日本の100年』から作成）

ア．℗→⭕→®　　**イ**．℗→®→⭕　　**ウ**．⭕→℗→®

エ．⭕→®→℗　　**オ**．®→℗→⭕　　**カ**．®→⭕→℗

(b)　資料12は，税の1つである所得税についてまとめたものの一部である。資料12の $\boxed{X}$ ，$\boxed{Y}$ にあてはまる言葉の組み合わせはどれか，次のア〜エから最も適当なものを1つ選び，その記号を書きなさい。

〈資料12〉

> 所得税は，実際に税を負担する人と納税者とが $\boxed{X}$ 税金であり，$\boxed{Y}$ 。

ア．$\boxed{X}$ － 一致する　　　$\boxed{Y}$ － 所得が多いほど，高い税率が適用される

イ．$\boxed{X}$ － 一致する　　　$\boxed{Y}$ － 所得に関係なく，同じ税率が適用される

ウ．$\boxed{X}$ － 一致しない　　$\boxed{Y}$ － 所得が多いほど，高い税率が適用される

エ．$\boxed{X}$ － 一致しない　　$\boxed{Y}$ － 所得に関係なく，同じ税率が適用される

(8)　H班のテーマについて，せいやさんは，日本の廃プラスチックの処理状況に関する資料を集めた。資料13，資料14，資料15は，その一部である。廃プラスチックについて，持続可能な社会を実現するために解決すべき日本の課題は何か，その1つとして考えられることを，資料13，資料14，資料15から読み取れることをもとにして，「輸出」と「国内」という2つの言葉を用いて，書きなさい。

（資料13〜資料15は次のページにあります。）

〈資料13〉 2017年における日本の廃プラスチックの処理状況

211万トン	国内で処理(38.4%)	海外で処理(61.6%)

〔注：数値は，処理前と同様な用途の原料として再生利用するものの内訳〕

（プラスチック循環利用協会資料ほかから作成）

〈資料14〉 2017年7月における日本の廃プラスチックの主な輸出先

その他 3%
タイ 3%
台湾 5%
マレーシア 6%
ベトナム 7%
中国 76%

（「財務省貿易統計」から作成）

〈資料15〉 海外における廃プラスチックの輸入規制の動向

・中国	
2017年12月末	非工業由来廃プラスチックの輸入を禁止
2018年12月末	工業由来の廃プラスチック輸入を停止
・ベトナム	
2018年6月	輸入基準を厳格化
・マレーシア	
2018年7月	実質的に輸入禁止
・台湾	
2018年10月	輸入規制の厳格化
・タイ	
2021年	全面輸入禁止の方針

（経済産業省Webページほかから作成）

（一）【資料1】から読み取れることを、次の　　　の中の文にまとめた。　①　～　③　に入る言葉の組み合わせとして最も適当なものを、あとのア～エから一つ選び、その記号を書きなさい。

「バリアフリーという言葉とその意味を知っているか」についての回答は、「知っている／どちらかといえば知っている」と答えた人の割合が、調査したどの年も九割を超えており、多くの人に認知されていることが分かる。

一方で、「ユニバーサルデザインという言葉とその意味を知っているか」の回答においては「知っている／どちらかといえば知っている」と答えた人の割合は、二〇二〇年が最も大きくなっているものの、バリアフリーという言葉と意味を知っていると答えた人の割合と比較すると、その割合は大きくはない。

また、　①　に見ると、　②　よりも　③　の方が、ユニバーサルデザインという言葉とその意味を知っている人の割合が大きい傾向にある。

ア、① 年別　　② 二十代以下　　③ 三十代以上
イ、① 年別　　② 三十代以上　　③ 二十代以下
ウ、① 年代別　② 二十代以下　　③ 三十代以上
エ、① 年代別　② 三十代以上　　③ 二十代以下

（二）【資料2】から読み取れることについて、最も適当なものを次のア～エから一つ選び、その記号を書きなさい。

ア、「公衆トイレ」のユニバーサルデザインが最も進んだと考えられており、各年代ごとにみても、今後、ユニバーサルデザインの必要性が高いと考える公共空間として、「公衆トイレ」を挙げる人の割合が最も大きい。

イ、今後、「水辺・海辺の空間」のユニバーサルデザインの必要性が高いと考える人の割合は、全体では一桁台であるが、各年代ごとに比較してみると、二十歳未満では、「水辺・海辺の空間」のユニバーサルデザインの必要性が高いと考える人の割合は二桁台となっている。

ウ、今後、「商店街」をユニバーサルデザインとしていく必要性が高いと考える人の割合は三番目に大きく、また、「商店街」のユニバーサルデザインが進んだと考える人の割合も三番目に大きくなっている。

エ、今後、「公共の駐車場」のユニバーサルデザインの必要性が高いと考える人の割合は、年齢が上がるにつれ大きくなっており、同じように、ユニバーサルデザインの必要性が高いと考える人の割合が、年齢が上がるほど大きくなる傾向は、「歩行空間」にも当てはまる。

（三）中学生のひかりさんは、【資料3】を見て、困っている人に対して手助けをする人の割合を増やすためにどのようにしたらよいかを考えた。「困っている人に対して、積極的に手助けをする人を増やすための方法」について、あなたの考えを、あとの［作文の注意］にしたがって書きなさい。

［作文の注意］
① 題名は書かずに本文から書き出しなさい。
② 【資料3】の「手助けをしないのはなぜか」のグラフも参考にして、あなたが考える理由を明らかにし、具体的に書きなさい。
③ 原稿用紙の使い方にしたがい、全体を百六十字以上二百字以内にまとめなさい。

【資料1】 ユニバーサルデザインの認知度

バリアフリーという言葉とその意味を知っているか

		知っている／どちらかといえば知っている	あまり知らない／知らない	どちらともいえない
年別	2018 年	95.7 %	3.0 %	1.3 %
	2019 年	95.8 %	3.2 %	1.0 %
	2020 年	94.9 %	3.7 %	1.4 %

ユニバーサルデザインという言葉とその意味を知っているか

		知っている／どちらかといえば知っている	あまり知らない／知らない	どちらともいえない
年別	2018 年	58.9 %	39.3 %	1.8 %
	2019 年	58.4 %	39.7 %	1.9 %
	2020 年	60.1 %	37.8 %	2.1 %
年代別	15～19 歳	87.4 %	10.0 %	2.6 %
	20 代	77.9 %	19.6 %	2.5 %
	30 代	57.5 %	39.3 %	3.2 %
	40 代	55.8 %	41.2 %	3.0 %
	50 代	54.8 %	43.4 %	1.8 %
	60 代	56.2 %	42.8 %	1.0 %
	70 代	52.0 %	46.9 %	1.1 %

※ 「年代別」のデータは 2020 年のもの

【資料2】 公共空間におけるユニバーサルデザインの普及度と必要性（2020 年）

公共空間を利用する際に、どの程度ユニバーサルデザインが進んだと思うか

	十分進んだ／まあまあ進んだ	あまり進んでいない／ほとんど進んでいない	どちらともいえない
歩行空間	21.9 %	65.1 %	13.0 %
公衆トイレ	33.6 %	54.2 %	12.2 %
商店街	9.1 %	77.8 %	13.1 %
都市公園	24.5 %	60.7 %	14.8 %
水辺・海辺の空間	11.8 %	72.1 %	16.1 %
公共の駐車場	19.3 %	65.4 %	15.3 %

今後、特にどの公共空間を重点的にユニバーサルデザインとしていくことが必要だと思うか

		歩行空間	公衆トイレ	商店街	都市公園	水辺・海辺の空間	公共の駐車場
2020 年		65.8 %	63.3 %	26.2 %	13.2 %	8.8 %	22.8 %
年代別	15～19 歳	54.7 %	56.7 %	26.0 %	20.0 %	20.0 %	22.7 %
	20 代	58.7 %	60.3 %	28.5 %	16.7 %	9.6 %	26.3 %
	30 代	63.1 %	63.4 %	26.5 %	14.7 %	8.6 %	23.8 %
	40 代	65.2 %	65.8 %	23.4 %	11.5 %	9.6 %	24.6 %
	50 代	67.1 %	63.0 %	26.5 %	12.0 %	6.4 %	25.0 %
	60 代	67.1 %	63.7 %	27.2 %	12.2 %	7.9 %	21.8 %
	70 代	76.9 %	65.3 %	26.1 %	10.6 %	6.1 %	15.0 %

【資料3】 困っている人に対する手助けについて（2020 年）

外出の際，困っている人に対して手助けをしているか

- 常に手助けをしている 5.9 %
- できるだけ手助けをしている 42.5 %
- 手助けをしたいと思っているが，行動に移していない 46.5 %
- 手助けをしたいと思わない 5.1 %

手助けをしないのはなぜか

- かえって相手の迷惑になるといやだから 51.3 %
- 対応方法がわからないから 43.3 %
- 恥ずかしいから 19.1 %
- 周囲に気を配る余裕がないから 16.3 %
- 自分以外のことには関心がないから 7.1 %

※「手助けをしたいと思っているが，行動に移していない」「手助けをしたいと思わない」と答えた人に対しての質問

〔内閣府「ユニバーサルデザインに関する意識調査」から作成〕

足取りの教育で知識と技術を身に付けたときに、確実に発揮される。

4　次の文章を読んで、あとの各問いに答えなさい。（八点）

　後三条院、（注1）東宮にて①おはしましける時、学士実政朝臣、任国に赴きけるに、（注2）餞別の名残、②惜しませ給ひて、

　　　　　国の民が
　　州　民　縦　忘　多　年　風　月　遊
　　　たとひ　ルコト　　　　　　ふ　あそび

　　　　　③作二甘棠詠一
　　　　　なストモかん　たうノ　ヲ

　　莫レ忘多年風月遊
　　なかレ　　　　　　　　　宮中で開かれた、楽しかった詩歌の会のことを

この意は、（注3）毛詩にいはく、

　孔子曰、甘棠莫伐、（注4）召伯之所宿也
　こう　し　いはく　かん　たうなかレ　　きる　コト　せう　はく　リシ　なり

といへることなり。

　また御歌、
　忘れなかったならば、同じ空の下にいると思って、月を見てくれ。
　忘れずは同じ空とも月を見ん
　遠く離れていても雲居の空まで隔っていても再び雲居の宮中でめぐり会う時まで。
　ほどは雲居にめぐりあふまで

　君なれども、臣なれども、たがひに志の深く、隔つる思ひのなきは、（注5）朋友にひとしといへり。

　　　　　（『新編　日本古典文学全集　十訓抄』による。）
　　　　　じっきんしょう

　　　　　＊一部表記を改めたところがある。

（注1）　東宮——皇太子。

（注2）　餞別——送別。

（注3）　毛詩——中国最古の詩集である『詩経』のこと。
　　　　　　　　　しきょう

（注4）　召伯——善政を行い慕われた周の時代の人。召伯の善政を慕い、そのゆかりの甘棠（やまなし）の木を人民が歌に作ったという逸話がある。
　　　　　　　　　した　　　　　　　　　　　　　　　　　いつわ

（注5）　朋友——友人。

（一）傍線部分①「おはしましける」を現代仮名遣いに改め、すべてひらがなで書きなさい。
　　　　　　　　　　　　　　　　　かなづか

（二）傍線部分②「惜しませ給ひて」の主語はどれか。次のア～エから一つ選び、その記号を書きなさい。
　　ア、後三条院　　イ、実政朝臣　　ウ、州民　　エ、孔子

（三）傍線部分③「作二甘棠詠一」を書き下し文にするとどのようになるか。次のア～エから最も適当なものを一つ選び、その記号を書きなさい。
　　ア、詠を甘棠の作すとも
　　イ、詠を作すとも甘棠の
　　ウ、甘棠の詠を作すとも
　　エ、甘棠の作すとも詠を

（四）次の　　　　　の中は、後三条院と実政朝臣の関係に対する筆者の感想である。　　　　　に入る言葉を、五字以上十字以内の現代語で書きなさい。

> 主君と臣下の関係にあっても、お互いに思い合う心は深く、　　　　　　　　　といえる。心の隔たりがないのは、

5　次のページの【資料1】、【資料2】、【資料3】は、内閣府が実施した「ユニバーサルデザインに関する意識調査」についての結果をまとめたものである。これらを見て、あとの各問いに答えなさい。

（十点）

を持っているのだと思います。お尻の白い毛がなくなってからは、群れの中でさまざまな工夫をしながら、ひとりでより多くの食べ物を獲得していかなくてはなりません。それも若いころのことで、年齢を重ねていくうちに食べ物を取る順位も高くなり、それほど工夫をしなくても、これまでの知識と経験があれば優位に食べ物を手に入れることができるからでしょう。

若いうちに何かを渇望することがあり、それを成し遂げるために考え、努力することの重要性はチンパンジーでも人間でも変わりはないと思います。

（小菅正夫『動物が教えてくれた人生で大切なこと。』による。）

＊一部表記を改めたところがある。

（注1）蟻塚――土や、枯れ葉を積み上げて作ったアリの巣。

（注2）αオス　群れの中で序列が一番上のオス。

（一）波線部分①〜④の中には、動詞の活用の種類が他と異なるものが一つある。その番号を書きなさい。

（二）傍線部分(1)「昔取った杵柄」とあるが、「昔取った杵柄」は、本文中ではどのような意味を表しているか。次の**ア〜エ**から最も適当なものを一つ選び、その記号を書きなさい。

ア、他人の物を利用して自分に役立てること。

イ、若いころに世間にもまれて辛い経験を積むこと。

ウ、かつて習得した技はのちのちまで使えること。

エ、終わってしまうとその困難を忘れること。

（三）傍線部分(2)「この問題」とあるが、筆者の述べる「この問題」とは具体的にはどのような問題か。次の**ア〜エ**から最も適当なものを一つ選び、その記号を書きなさい。

ア、若オスが工夫をしてピーナッツ取りに成功すると、すぐにおとなメスに見つかって大騒ぎをされてしまうこと。

イ、おとなメスが執拗に丸太の反対側に座り込んでピーナッツが落ちてくるのを待っているために、若オスはピーナッツを食べられないこと。

ウ、おとなメスが穴に口をつけてピーナッツを吸い込む方法を編み出したために、若オスは穴からピーナッツを取ることができないこと。

エ、若オスに追い払われたおとなメスは、穴に細い枝を差し込んでピーナッツを取る経験を重ねることができないこと。

（四）二重傍線部分「子ども同士は、おとなとは違ってそれほど時間がかからずに技術の伝承が行われていくようです」とあるが、子どもが技術の伝承に時間がかからないのは、おとなと比べて子どもはどのような性質を持っていると筆者は考えているからか。次の　の中の文の　□　に入る言葉を、本文中から二十字以上三十字以内で抜き出して書きなさい。（句読点も一字に数える。）

おとなと比べて子どもは、□□□□□と考えているから。

（五）この文章の内容に合うものとして、次の**ア〜エ**から最も適当なものを一つ選び、その記号を書きなさい。

ア、チンパンジーの子どもは、群れの中で、親の様子を見てまねをしたり自分で考えたりして、食べ物を取ることができるようになる。

イ、チンパンジーの世界では、親は自分が工夫して取った食べ物を、我が子や我が子と同じくらいの年頃の子どもに食べさせてやる。

ウ、チンパンジーの食べ物を取る方法は、子どもから一部のおとなのオスへと広がり、その後、ほかのおとなたちに広がる。

エ、チンパンジーの食べ物を取る能力は、親から子どもへの手取り

込んでいて、たくさんのジュースを飲められたミコは、改めて枝の先を奥歯で噛んでもにマイスティックを取られたミコは、改めて枝の先を奥歯で噛んでぼそぼそにしてジュースを飲み始めましたが、そのときにでも「こうやって作るんだよ」とは教えませんでした。

しばらくして、チンパンジー舎へ行ってみると、子どもが自分で枝先をガシガシと噛んでから、ジュースを飲み始めました。とうとう自分で考えて、効率よくジュースを飲める枝作りに成功したのです。

チンパンジーの世界では、あらゆる技術がこのような形で伝承されていきます。手取り足取りの教育はせず、子は親のやることをただ見ているだけです。ただ、親では技術の伝承は割と早く行われるのですが、おとな同士では、なかなか伝わらないようです。枝先をぼそぼそにすることは、すぐに伝わりそうなものですが、ほかのおとなたちは、うらやましそうに見ているだけでした。そして子ども同士は、おとなとは違ってそれほど時間がかからずに技術の伝承が行われていくようです。

では、どうしてミコはすぐに枝先を噛んでぼそぼそにする方法を知っていたのでしょう。ミコはアフリカのシエラレオネ出身で、六歳のときに日本の施設へやってきて、二十一歳になって旭山動物園へ入園しました。ミコは旭山へ移籍する前の十五年間はアリ釣りをやっていません。ということは、アフリカで暮らしていた六歳までのあいだに、アリ釣りを経験し特技を身に付けていたと考えられます。ミコにとってアリ釣りは (1) 昔取った杵柄 だったのです。

このような経験をいくつか重ねていくと、チンパンジーたちはどのような局面でも工夫して問題を解決するようになります。あるとき、飼育係が直径五十センチメートルほどの丸太を垂直に立てて固定し、その中央にピーナッツをいくつか入れておきました。それに気付いた若オスがなんとか取ろうとするのですが指では届きませんので、細い枝を差し込んでピーナッツを丸太の向こう側に落として食べることを思いつきました。

数日後、その様子を見ていたおとなメスの一頭が、彼が枝を持って丸太に近づくとすぐに反対側に座り込んで、穴からピーナッツが落ちてくるのを待つようになったのです。彼は、いくら落としても彼女に食べられてしまい、大騒ぎをして追い払おうとするのですが、彼女は知らん顔で、彼が枝を持って丸太に近づくとすぐにやってきて反対側に座り込むのです。力ずくで追い払おうとしても、彼女は相手が若オスなので、喧嘩になっても負ける心配はなく、執拗にその場所をキープして、目的を達成していました。

彼もいろいろと対策を練っていました。枝を差し込みながら、反対側の穴に手を当ててピーナッツを受け取ろうと試みたのですが、彼女に邪魔されて上手く取れないのです。その後何日かしてチンパンジー舎に様子を見に行くと、ついに彼は (2) この問題を解決する方法を編み出したのです。彼は、穴に口をつけて一気にピーナッツを吸い込む方法を編み出したのです。これで確実に食べられるようになり、それは彼の得意技となりました。おとなメスは、もうピーナッツが落ちてこないことを知ると、丸太の近くで待つことをやめてしまいましたが、自分から丸太の中のピーナッツを取ろうとはしませんでした。努力をせずに甘い汁を吸おうというおとなのいやらしさをチンパンジーも持っていることがよく分かりました。

やはり、子どもの方が好奇心が強く、何事にもチャレンジする意欲

あるが、この部分は、いくつの文節に分けられるか。次のア～エから最も適当なものを一つ選び、その記号を書きなさい。

ア、四　イ、五　ウ、六　エ、七

(二) 傍線部分(2)「課」の偏を行書で書いたものはどれか。次のア～エから最も適当なものを一つ選び、その記号を書きなさい。

ア、　イ、　ウ、　エ、

(三) 傍線部分(3)「かすかに」の品詞として、次のア～エから最も適当なものを一つ選び、その記号を書きなさい。

ア、形容詞　イ、形容動詞　ウ、連体詞　エ、副詞

(四) 次の ☐ の中は、僕がくるみとの会話から気づいたことをまとめたものである。 ☐ に入る言葉を、本文中から十六字で抜き出して書きなさい。（句読点も一字に数える。）

┌──────────────────┐
│ くるみとの会話から、☐ は楽しいと気づいた。│
└──────────────────┘

(五) 傍線部分(4)「明日、学校に行ったら、宮多に例のにゃんこなんかというゲームのことを、教えてもらおう」とあるが、僕がこのように考えるようになったのはなぜか。宮多からのメッセージを読んで僕が気づいたことにふれて、本文中の言葉を使って、五十五字以上六十五字以内で書きなさい。（句読点も一字に数える。）

【3】次の文章を読んで、あとの各問いに答えなさい。（十二点）

旭山動物園（あさひやま）では、チンパンジーが何もすることがなく極めて退屈（たいくつ）な時間を少なくするために、放飼場（ほうし）に①〈〈〈〉いるあいだに、さまざまな給餌器（きゅうじ）を用意してチンパンジーの活動時間を長くすることを考え試行してきました。実はこれが行動展示の始まりだったわけです。

野生のチンパンジーは、（注1）蟻塚（ありづか）に枝を差し込み（さ）、②〈〈〈〉付いてきたシロアリを食べる「アリ釣り（つ）」という特技（とくぎ）を③〈〈〈〉持っています。この能力を発揮させようと、チンパンジーには手の届かない所へ蜂蜜（はちみつ）を入れたコップを④〈〈〈〉置き、放飼場の中には木の枝を数本入れておきました。

最初はコップを見て大騒ぎをしていたチンパンジーたちですが、すぐにミコというメスが木の枝を持ち出してきて、檻（おり）の隙間（すきま）から差し込んで先に付いた蜂蜜をなめ始めました。ミコがそうやって蜜をなめているのを見つけた子どもが近くにやってきて、その様子をただただ見ています。やはりミコは我が子であっても、決して枝を渡して（わた）「やってみなさい」と教えることはありません。どんなに美味しい蜜（おい）であっても、食べさせてやることはしないのです。

でも、じきにミコの子どもがまねをして蜂蜜をなめ始めると、それが子どもたちを中心にあっという間に広まっていきました。広まる順番は母親から子どもへ、その子どもから同じくらいの年頃（としごろ）の子どもたち、それから一部のおとなのメスへと広がり、（注2）αオスのキーボは横目で見ているだけでした。

甘い蜂蜜（あま）をたくさん与える（あた）のは良くないと考えた飼育係は、蜂蜜からオレンジジュースに中身を変えました。すると子どもの枝先はぬれる程度でほとんどジュースが付いてきませんが、ミコの使う枝先には甘い蜂蜜をたくさん与えるほどジュースが付いてきて、ミコはそれをチューチューと音をたてて吸っているのです。どうして自分の枝先には何も付いてこないのか、不思議で仕方がなくても、ミコは決して枝を貸してくれません。

あるとき、ミコの置き忘れた枝を見つけて、子どもがそれを使ってやってみると、枝先がぼそぼそになっていて、そこにジュースが染み（し）み込んであるほどジュースが染みあんし教えてもくれません。

やってみると、枝先がぼそぼそになっていて、そこにジュースが染み

なかった。わからなくて、おもしろい。わからないことに触れるということ。似たもの同士で「わかるわかる」と言い合うより、そのほうが楽しい。

ポケットの中でスマートフォンが鳴って、宮多からのメッセージが表示された。

「昼、なんか怒ってた？　もしや俺あかんこと言うた？」

違う。声に出して言いそうになる。宮多はなにも悪いことをしていない。ただ僕があの時、気づいてしまっただけだ。自分が楽しいふりをしていることに。

いつも、ひとりだった。

教科書を忘れた時に気軽に借りる相手がいないのは、心もとない。ひとりでぽつんと弁当を食べるのは、わびしい。でもさびしさをごまかすために、自分の好きなことを好きではないふりをするのは、好きではないことを好きなふりをするのは、もっともっとさびしい。好きなものを追い求めることは、楽しいと同時にとても苦しい。その苦しさに耐える覚悟が、僕にはあるのか。

「ちゃうねん。ほんまに本読みたかっただけ。（注1）既読の通知がつく。

ポケットからハンカチを取り出した。祖母に褒められた猫の刺繍を撮影して送った。すぐに（注1）既読の通知がつく。

「こうやって刺繍するのが趣味で、ゲームとかほんまはぜんぜん興味なくて、自分の席に戻りたかった。ごめん」

ポケットにスマートフォンをつっこんだ。数歩歩いたところで、またスマートフォンが鳴った。

「え、めっちゃうまいやん。松岡くんすごいな」

そのメッセージを、何度も繰り返し読んだ。

わかってもらえるわけがない。どうして勝手にそう思いこんでいたのだろう。

今まで出会ってきた人間が、みんなそうだったから。だとしても、宮多は彼らではないのに。

いつのまにか、また靴紐がほどけていた。しゃがんだ瞬間、川で魚がぱしゃんと跳ねた。波紋が幾重にも広がる。太陽の光を受けた川の水面が風で波打つ。まぶしさに目の奥が痛くなって、じんわりと涙が滲む。

きらめくもの。揺らめくもの。目に見えていても、かたちのないものには触れられない。すくいとって保管することはできない。太陽が翳ればたちまち消え失せる。だからこそ美しいのだとわかっていても、願う。布の上で、あれを再現できたらいい。そうすれば指で触れたしかめられる。身にまとうことだって。そういうドレスをつくりたい。着てほしい。すべてのものを「無理」と遠ざける姉にこそ。きらめくもの。揺らめくもの。どうせ触れられないのだから、なんてあきらめる必要などない。無理なんかじゃないから、ぜったい。

どんな布を、どんなかたちに裁断して、どんな装飾をほどこせばいいのか。それを考えはじめたら、いてもたってもいられなくなる。

それから、明日。（4）明日、学校に行ったら、宮多に例のにゃんこなんとかというゲームのことを、教えてもらおう。好きじゃないものを好きなふりをする必要はない。でも僕はまだ宮多たちのことをよく知らない。知ろうともしていなかった。

靴紐をきつく締め直して、歩く速度をはやめる。

（寺地　はるな『水を縫う』による。）

(注1)　既読──すでに読み終えていること。

(一)　傍線部分(1)「まさか道端の石を拾っているとは思わなかった」と

〈国語〉

時間　四五分　満点　五〇点

---

1 次の①～⑧の文の傍線部分について、漢字は読みをひらがなに書き、ひらがなは漢字に直しなさい。（八点）

① 約束の期日が迫る。
② 高い理想を掲げる。
③ 皆の前で宣誓する。
④ 腕前を披露する。
⑤ 説明を図解でおぎなう。
⑥ よい習慣をやしなう。
⑦ たんじゅんな作業をくり返す。
⑧ ひょうじゅんの記録を上まわる。

---

2 次の文章を読んで、あとの各問いに答えなさい。（十二点）

手芸が好きな高校生のキヨ（僕・松岡）は、結婚する姉のためにドレスを製作している。友達の宮多との会話に上手く入れなかったキヨは、帰り道、同じクラスのくるみから「気にすることはない」と声をかけられた。お礼を言おうと横を向くと、くるみは後ろでしゃがみこんでいた。

「なにしてんの？」

「うん、石」

うん、石。ぜんぜん答えになってない。入学式の日に「石が好き」だと言っていたことはもちろんちゃんと覚えていたが、⑴まさか道端の石を拾っているとは思わなかった。

「いつも石拾ってんの？　帰る時に」

「いつもではないよ。だいたい土日にさがしにいく。河原とか、山に」

「土日に？　わざわざ？」

「やすりで磨くの。つるつるのぴかぴかになるまで」

放⑵課後の時間はすべて石の研磨にあてているという。ほんまにきれいになんねんで、と言う頰が⑶かすかに上気している。

ポケットから取り出して見せられた石は三角のおにぎりのような形状だった。たしかによく磨かれている。触ってもええよ、と言われて、手を伸ばした。指先で、しばらくすべすべとした感触を楽しむ。

「さっき拾った石も磨くの？」

くるみはすこし考えて、これはたぶん磨かへん、と答えた。

「磨かれたくない石もあるから。つるつるのぴかぴかになりたくないっていうこの石が言うてる」

石には石の意思がある。駄洒落のようなことを真顔で言うが、意味がわからない。

「石の意思、わかんの？」

「わかりたい、といつも思ってる。それに、ぴかぴかしてないときれいやないってわけでもないやんか。ごつごつのざらざらの石のきれいさもあるから。そこは尊重してやらんとな」

じゃあね。その挨拶があまりに唐突でそっけなかったので、怒ったのかと一瞬焦った。

「キヨくん、まっすぐやろ。私、こっちやから」

川沿いの道を一歩踏み出してから振り返った。ずんずんと前進していくくるみの後ろ姿は、巨大なリュックが移動しているように見えた。

石を磨くのが楽しいという話も、石の意思という話も、よくわから

2021年度

解 答 と 解 説

《2021年度の配点は解答用紙集に掲載してあります。》

＜数学解答＞

$\boxed{1}$ (1) -5　　(2) $-\dfrac{10}{7}a$　　(3) $-4x+15y$　　(4) $1+2\sqrt{10}$　　(5) $(x+3)(x-4)$

　　(6) $x=\dfrac{7\pm\sqrt{37}}{6}$　　(7) ① A　② 0.36

$\boxed{2}$ (1) ① $a=40$　② 10時45分

　　③ 10時28分　(2) ① $x+y$

　　② $\dfrac{90}{100}x\times500+\dfrac{105}{100}y\times300$　③ 60　④ 80

　　⑤ 54　⑥ 84　(3) ① $\dfrac{8}{25}$　② $\dfrac{21}{25}$

$\boxed{3}$ (1) $A(-2,\ 2)$　　(2) $0\leqq y\leqq\dfrac{9}{2}$

　　(3) $E\left(\dfrac{3}{2},\ \dfrac{11}{2}\right)$　　(4) 40π

$\boxed{4}$ (1) ① $2\sqrt{5}$ cm　② $\dfrac{4\sqrt{5}}{5}$ cm　(2) 右図

$\boxed{5}$ (1) （ア）∠AGE　（イ）∠ABC　（ウ）2組の角　(2) 解説参照

　　(3) ① $\dfrac{25}{12}$ cm　② $\triangle BFG:\triangle OFG=7:1$

＜数学解説＞

$\boxed{1}$ （数・式の計算，平方根，因数分解，二次方程式，資料の散らばり・代表値）

(1) 異符号の2数の和の符号は絶対値の大きい方の符号で，絶対値は2数の絶対値の大きい方から小さい方をひいた差だから，$8+(-13)=(+8)+(-13)=-(13-8)=-5$

(2) 異符号の2数の商の符号は負で，絶対値は2数の絶対値の商だから，$-\dfrac{6}{7}a\div\dfrac{3}{5}=-\left(\dfrac{6a}{7}\times\dfrac{5}{3}\right)$
$=-\dfrac{10a}{7}$

(3) 分配法則を使って，$2(x+3y)=2\times x+2\times3y=2x+6y$，$3(2x-3y)=3\times2x+3\times(-3y)=6x-9y$だから，$2(x+3y)-3(2x-3y)=(2x+6y)-(6x-9y)=-4x+15y$

(4) 乗法公式 $(x+a)(x+b)=x^2+(a+b)x+ab$ より，$(3\sqrt{2}-\sqrt{5})(\sqrt{2}+\sqrt{5})=-(\sqrt{5}-3\sqrt{2})$
$(\sqrt{5}+\sqrt{2})=-\{\sqrt{5}+(-3\sqrt{2})\}(\sqrt{5}+\sqrt{2})=-[(\sqrt{5})^2+\{(-3\sqrt{2}+\sqrt{2})\}\times\sqrt{5}+(-3\sqrt{2})\times\sqrt{2}]$
$=-(5-2\sqrt{10}-6)=1+2\sqrt{10}$

(5) たして -1，かけて -12 になる2つの数は，$(+3)+(-4)=-1$，$(+3)\times(-4)=-12$より，$+3$と-4だから$x^2-x-12=\{x+(+3)\}\{x+(-4)\}=(x+3)(x-4)$

(6) 2次方程式 $ax^2+bx+c=0$ の解は，$x=\dfrac{-b\pm\sqrt{b^2-4ac}}{2a}$ で求められる。問題の2次方程式は，

$a=3$，$b=-7$，$c=1$の場合だから，$x=\dfrac{-(-7)\pm\sqrt{(-7)^2-4\times3\times1}}{2\times3}=\dfrac{7\pm\sqrt{49+12}}{6}=\dfrac{7\pm\sqrt{37}}{6}$

(7) 相対度数 $=\dfrac{\text{各階級の度数}}{\text{度数の合計}}$　Aの度数の合計は50，150g以上250g未満の階級の度数は18だか

ら，150g以上250g未満の階級の相対度数は$\dfrac{18}{50}=0.36$　Bの度数の合計は80，150g以上250g未満

の階級の度数は28だから，150g以上250g未満の階級の相対度数は$\frac{28}{80}=0.35$　よって，AとBを比較して「150g以上250g未満」の階級について，相対度数が大きいのはA…①の畑で収穫したジャガイモであり，その相対度数は0.36…②である。

2 （関数とグラフ，連立方程式の応用，確率）

(1) ①　問題のグラフより，AさんはP地点から800mの距離を進むのに20分かかったから，
$（速さ）=\dfrac{（道のり）}{（時間）}$より，$a=\dfrac{800}{20}=40$

② 右図の破線のグラフは，10時x分におけるP地点とBさんの距離をymとして，xとyの関係を表したものである。これより，A
さんとBさんが出会った（右図の点R）あと，AさんとBさんの距離が1000mであるときの時刻は，P地点とAさんの距離が1400m，P地点とBさんの距離が400mとなる10時45分である。

③ 右図の二重線のグラフは，10時x分におけるP地点とCさんの距離をymとして，xとyの関係を

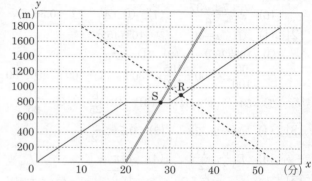

表したものである。これより，CさんがAさんに追いついた（図の点S）のは，AさんがP地点から800m離れているQ地点に到着し，止まって休んでいるときである。Cさんが800mを進むのにかかる時間は，$（時間）=（道のり）÷（速さ）$より，$800÷100=8$（分）だから，CさんがAさんに追いついた時刻は10時20分から8分後の10時28分である。

(2) 昨日の大人の入園者数をx人，昨日の子どもの入園者数をy人とすると，昨日の入園者数は，大人と子どもを合わせて140人であったことから，$x+y=140$…①　また，今日の大人と子どもの入園者数は，昨日のそれぞれの入園者数と比べて，大人の入園者数が10%減り，子どもの入園者数が5%増えたから，今日の大人と子どもの入園者数はそれぞれ，$\frac{90}{100}x$人と$\frac{105}{100}y$人となる。

そして，今日の大人と子どもの入園料の合計は52200円となったことから，$\frac{90}{100}x×500+\frac{105}{100}y×300=52200$…②　②を整理して，$10x+7y=1160$…②′　②′$-$①$×7$より，$10x-7y=1160-140×7$　$3x=180$　$x=60$…③　これを①に代入して，$60+y=140$　$y=80$…④　このことから，今日の大人の入園者数は$\frac{90}{100}×60=54$（人），今日の子どもの入園者数は$\frac{105}{100}×80=84$（人）となる。

(3) ①　1回目に1個の玉を取り出すときの取り出し方は5通り。そのそれぞれに対して，2回目に1個の玉を取り出すときの取り出し方が5通りずつあるから，玉の取り出し方はぜんぶで$5×5=25$（通り）。このうち，aとbの積が12以上になるのは，$(a, b)=(3, 4)$，$(3, 5)$，$(4, 3)$，$(4, 4)$，$(4, 5)$，$(5, 3)$，$(5, 4)$，$(5, 5)$の8通り。よって，求める確率は，$\frac{8}{25}$

②　aとbの，両方とも偶数であるのは，$(a, b)=(2, 2)$，$(2, 4)$，$(4, 2)$，$(4, 4)$の4通りだから，aとbのうち，少なくとも一方は奇数であるのは，$25-4=21$通り。よって，求める確率は，$\frac{21}{25}$

3 （図形と関数・グラフ）

(1)　点Aは$y=\frac{1}{2}x^2$上にあるから，そのy座標は　$y=\frac{1}{2}×(-2)^2=2$　よって，$A(-2, 2)$

(2)　xの変域に0が含まれているから，yの最小値は0。$x=-3$のとき，$y=\frac{1}{2}×(-3)^2=\frac{9}{2}$　$x=2$の

とき，$y=\frac{1}{2}\times2^2=2$　よって，yの最大値は$\frac{9}{2}$で，yの変域は，$0\leqq y\leqq\frac{9}{2}$

(3)　前問(1)と同様に考えると，点Bの座標はB$(4,8)$　2点A，Bを通る直線の式は，傾きが

$\frac{8-2}{4-(-2)}=1$なので，$y=x+b$とおいて点Aの座標を代入すると，$2=-2+b$　$b=4$　よって，直

線ABの式は$y=x+4$　四角形ACDBは台形でその面積は，$\frac{1}{2}\times(AC+BD)\times CD=\frac{1}{2}\times(2+8)\times$

$\{4-(-2)\}=30$　四角形ACDE：△BDE＝2：1より，四角形ACDB：△BDE＝$(2+1):1=3:1$

だから，△BDE＝四角形ACDB$\times\frac{1}{3}=30\times\frac{1}{3}=10$　点Eのx座標をeとすると，点Eは$y=x+4$上に

あるから，E$(e,e+4)$　△BDEの面積をeを使って表すと，△BDE＝$\frac{1}{2}\times$BD$\times$（点Bのx座標－

点Eのx座標）＝$\frac{1}{2}\times8\times(4-e)=-4e+16$　これが10に等しいから，$-4e+16=10$　より，$e=\frac{3}{2}$

よって，点Eの座標はE$\left(\frac{3}{2},\frac{3}{2}+4\right)=E\left(\frac{3}{2},\frac{11}{2}\right)$

(4)　直線ABの式$y=x+4$より，F$(0,4)$　直線ABとx軸との交点をGとすると，点Gのx座標は$y=$

$x+4$に$y=0$を代入して，$0=x+4$　$x=-4$　よって，G$(-4,0)$　以上より，求める立体の体積

は，（底面の半径OF，高さODの円錐の体積）＋（底面の半径OF，高さOGの円錐の体積）－（底面

の半径AC，高さCGの円錐の体積）＝$\frac{1}{3}\times\pi\times$OF$^2\times$OD＋$\frac{1}{3}\times\pi\times$OF$^2\times$OG$-\frac{1}{3}\times\pi\times$AC$^2\times$CG

$=\frac{1}{3}\times\pi\times\{OF^2\times($OD＋OG$)-AC^2\times$CG$\}=\frac{1}{3}\times\pi\times(OF^2\times$DG$-AC^2\times$CG$)=\frac{1}{3}\times\pi\times[4^2\times\{4$

$-(-4)\}-2^2\times\{-2-(-4)\}]=40\pi$

$\boxed{4}$　(空間図形，線分の長さ，作図)

(1)　①　△ADMに三平方の定理を用いると，DM$=\sqrt{\text{AD}^2+\text{AM}^2}=\sqrt{\text{AD}^2-\left(\frac{\text{AB}}{2}\right)^2}=\sqrt{4^2-\left(\frac{4}{2}\right)^2}=$

$2\sqrt{5}$（cm）

②　△ABCで，点M，Nはそれぞれ辺AB，ACの中点だから，中点連結定理より，MN//BC…㋐

MN$=\frac{1}{2}$BC$=\frac{1}{2}\times4=2$（cm）　また，BC⊥平面ADEB…㋑　㋐，㋑より，MN⊥平面ADEBだ

から，線分MNは三角錐MNDEの底面を△MDEとしたときの高さである。よって，三角錐MNDE

の体積は，$\frac{1}{3}\times$△MDE$\times$MN$=\frac{1}{3}\times\frac{1}{2}\times$DE$\times$AD$\times$MN$=\frac{1}{3}\times\frac{1}{2}\times4\times4\times2=\frac{16}{3}$（cm^3）　点Nか

ら辺BCへ垂線NPを引くと，NP//ABより，平行線と線分の比についての定理を用いると，BP

：PC＝AN：NC＝1：1　よって，点Pは辺BCの中点だから，BP$=\frac{1}{2}$BC$=\frac{1}{2}\times4=2$（cm）　こ

れより，△BEP≡△ADMだから，EP＝DM$=2\sqrt{5}$（cm）　NP//ABより，平行線と面積の関係を

用いると，△NDE＝△PDE$=\frac{1}{2}\times$DE$\times$EP$=\frac{1}{2}\times4\times2\sqrt{5}=4\sqrt{5}$（cm^2）　三角錐MNDEの底面を

△NDEとしたときの高さは線分MHであり，三角錐MNDEの体積は，$\frac{1}{3}\times$△NDE$\times$MH$=\frac{1}{3}\times$

$4\sqrt{5}\times$MH$=\frac{4\sqrt{5}}{3}$MH（cm^3）　これが$\frac{16}{3}$cm^{3}に等しいから，$\frac{4\sqrt{5}}{3}$MH$=\frac{16}{3}$　MH$=\frac{4\sqrt{5}}{5}$cm

(2)　(着眼点)円の中心をO，直線ℓと円Oとの接点をBと

するとき，OA＝OB＝（円Oの半径）であるから，円Oの半

径が最も短くなるのは，OA＋OBの値が最も小さくなる

ときである。点Oが線分AB上にあるとき，OA＋OBの値

は最も小さくなる。つまり，線分ABが円Oの直径である

とき，円Oの半径は最も短くなる。　(作図手順)次の①～

④の手順で作図する。　①　点Aを中心とした円を描き，

直線ℓ上に交点をつくる。　②　①でつくったそれぞれ

の交点を中心として，交わるように半径の等しい円を描

き，その交点と点Aを通る直線(点Aから直線ℓに引いた垂線)を引き，直線ℓとの交点をBとする。　③　点A，Bをそれぞれ中心として，交わるように半径の等しい円を描き，その交点を通る直線(線分ABの**垂直二等分線**)を引き，線分ABとの交点をOとする。　④　点Oを中心として，点Aを通る円を描く。(ただし，解答用紙には点O，Bの表記は不要である。)

⑤ (円の性質，合同と相似の証明，線分の長さ，面積の比)

(1) 2つの三角形の相似は，「3組の辺の比がそれぞれ等しい」か，「2組の辺の比とその間の角がそれぞれ等しい」か，「2組の角がそれぞれ等しい」ときにいえる。本問の場合は，「2組の角がそれぞれ等しい」をいうことで証明する。△AGEと△ACFにおいて，弧AFに対する円周角は等しいから，∠AGF＝∠ACF　つまり，∠AGE(ア)＝∠ACF…①　仮定のBC//FGより，**平行線の同位角は等しい**から，∠AEG＝∠ABC(イ)…②　弧ACに対する円周角は等しいから，∠ABC＝∠AFC…③　②，③より，∠AEG＝∠AFC…④　①，④より，2組の角(ウ)がそれぞれ等しいので，△AGE∽△ACF

(2) (証明) (例)△ADGと△BCHにおいて，仮定より，AD＝BC…①　弧CGに対する円周角は等しいから，∠DAG＝∠CBH…②　半円の弧ABに対する円周角だから，∠BCH＝90°…③　BC//FGより，平行線の同位角は等しいから，∠BCH＝∠FDA…④　③，④より，∠FDA＝90°…⑤　⑤より，∠ADG＝180°－∠FDA＝90°…⑥　③，⑥より，∠ADG＝∠BCH…⑦　①，②，⑦より，1組の辺とその両端の角がそれぞれ等しいので，△ADG≡△BCH

(3) ①　△ABCに三平方の定理を用いると，AC＝$\sqrt{AB^2-BC^2}$＝$\sqrt{13^2-5^2}$＝$\sqrt{144}$＝12(cm)　BC//FGより，平行線と線分の比についての定理を用いると，DE：BC＝AD：AC　DE＝$\dfrac{BC×AD}{AC}$＝$\dfrac{BC×BC}{AC}$＝$\dfrac{5×5}{12}$＝$\dfrac{25}{12}$(cm)

②　BC//FGより，平行線と線分の比についての定理を用いると，AE：AB＝AD：AC　AE＝$\dfrac{AB×AD}{AC}$＝$\dfrac{AB×BC}{AC}$＝$\dfrac{13×5}{12}$＝$\dfrac{65}{12}$(cm)　これより，BE＝AB－AE＝13－$\dfrac{65}{12}$＝$\dfrac{91}{12}$(cm)，OE＝OA－AE＝$\dfrac{AB}{2}$－AE＝$\dfrac{13}{2}$－$\dfrac{65}{12}$＝$\dfrac{13}{12}$(cm)　△BFEと△OFEで，高さが等しい三角形の面積比は，底辺の長さの比に等しいから，△BFE：△OFE＝BE：OE＝$\dfrac{91}{12}$：$\dfrac{13}{12}$＝7：1　△BFE＝7△OFE…⑦　同様に考えて，△BGE＝7△OGE…①　⑦，①より，△BFG＝△BFE＋△BGE＝7△OFE＋7△OGE＝7(△OFE＋△OGE)＝7△OFG　よって，△BFG：△OFG＝7：1

＜英語解答＞

① (1) ア　(2) No.1 ウ　No.2 イ　No.3 イ　(3) No.1 ウ　No.2 ア　No.3 ウ　No.4 イ　(4) No.1 ア　No.2 イ　No.3 イ

② (1) No.1 ① イ　② エ　No.2 ウ　(2) イ

③ (1) ① (例1)It rained yesterday, so I stayed home.　(例2)I was at home because it was rainy yesterday.　(例3)I stayed at home yesterday because of the rain.　②(例1)I finished reading the book my father gave me.　(例2)I finished reading a book given by my father.　(例3)I've finished the books my father gave to me.　③　(例1)Who's your favorite author?　(例2)Can you tell me who your favorite author is?　(例3)Which authors

do you like?　　(2)　①　(例1)I arrived at my house last night.
(例2)I came back here yesterday at night.　　(例3)Last night, I got home.
②　(例1)I learned many things through studying in Australia.　　(例2) I could learn a lot of things by studying abroad.　　(例3)I was able to learn a lot through studying in your country.　　③　(例1) I think it's important to understand other cultures.　　(例2) It's important for me to understand different cultures.　　(例3)In my opinion, understanding another culture is important.

4　(1)　①　ウ　　②　ア　　(2)　A　food　　B　liked　　(3)　ウ　　(4)　エ, カ

＜英語解説＞

1　(リスニング)

放送台本の和訳は，54ページに掲載。

2　(会話文問題・資料読み取り問題：文挿入，内容真偽)

(1)　(全訳)

コウジ：こんにちは，ノゾミ。

ノゾミ：こんにちは，コウジ。英語のベイカー先生が来月アメリカに帰るんだよ。

コウジ：知ってるよ。先週そのニュースを聞いてからずっと悲しいんだ。

ノゾミ：①(あなたの気持ちはわかる。)私は彼女の英語の授業がとても好きだった。

コウジ：僕もだよ。

ノゾミ：時間があると調理部の活動に参加してくれたのよ。部員は彼女と一緒に料理をするのを楽しんでいたの。私たちは彼女に日本食の作り方を教えて，彼女は私たちにケーキのレシピをくれた。

コウジ：彼女はいい先生だったよね。

ノゾミ：彼女を喜ばせるような何かをしたいな。

コウジ：いいね。何かいいアイディアある，ノゾミ？

ノゾミ：そうねえ，感謝を伝える英語の手紙を書きたいな。クラスメイトにも彼女に手紙を書くように頼むわ。

コウジ：いいね。

ノゾミ：他に彼女のために私たちができることはある，コウジ？

コウジ：写真帳を作るのはどう思う？　ベイカー先生と撮った写真がいくつかあるんだ。クラスメイトも彼女と撮った写真があると思う。

ノゾミ：素晴らしいわね。ベイカー先生と調理部の部員でたくさん一緒に写真を撮ったよ。明日持って来る。

コウジ：ありがとう。②(ベイカー先生が時々写真帳を見て僕たちのことを考えてくれるといいね。)

ノゾミ：私もそうだといいなと思う。

コウジ：手紙と写真帳を彼女の最後の授業のあとであげよう。

ノゾミ：それはいい考えね。

No.1　①　直前のコウジの悲しい気持ちを聞いての返答。　②　7つ目のコウジとノゾミの発話

ではベイカー先生に写真帳を作る話をしている。空欄直後のノゾミは「そうなるといい」という希望を述べている。　ア「ベイカー先生は日本にいる間に私たちとたくさん写真を撮るでしょう」，　イ「教室でベイカー先生に会うときに先生が何というか私たちは知っている」，　ウ「ベイカー先生は生徒たちとどこで写真を撮ったか覚えていない」は前後の内容と合わない。

No.2　ア「ノゾミはコウジから英語の先生についてのニュースを聞いたとき悲しく感じた」(×)　1つ目のノゾミ，2つ目のコウジの発話参照。　イ「コウジはベイカー先生に国に帰った後に手紙を書いてもらいたい」(×)　5つ目のノゾミ，7つ目のコウジの発話参照。　ウ「コウジは生徒たちがベイカー先生と一緒に撮った写真を使って写真帳を作る」(○)　7つ目のコウジの発話参照。　エ「ノゾミは何かをしたかったけれどもベイカー先生に何をすべきか知らなかった」(×)　5つ目のノゾミの発話参照。

(2)　ア「ジェインは11月13日の午後にメアリーからの伝言を受けた」(×)　メモの一番下の欄に「このメッセージは○○によって受けられました：ジェイン」とある。　イ「オガワさんがイベントについて質問を聞くためにメアリーに電話をしたとき彼女は不在だった」(○)　上から3つ目の欄「○○宛てのメッセージ：メアリー・スミス」，4つ目の欄「○○からのメッセージ：オガワさん」，2つ目の欄に「あなたが不在中」とある。5つ目の欄はオガワさんからメアリーへの伝言内容。1文目に「オガワさんは来月開かれるイベントについて質問がある」とある。　ウ「メアリーはオガワさんと話せなかったのでジェインにイベントについて聞いた」(×)　ジェインは伝言を受けた人。　エ「オガワさんは後でメアリーにいつ彼が彼女と話せるかを伝える」(×)　5つ目の欄最終文に「もしそのとき忙しかったら彼にメールをしてあなたがいつ電話をできるか伝えてください」とある。メアリーがオガワさんに伝えるのである。

③　(条件英作文：過去形，接続詞，前置詞，関係代名詞，分詞，間接疑問文，助動詞，不定詞，動名詞)

(1)　日常的な話題を主語と動詞を使った文で書く練習をしておくこと。　①　(例1)「昨日は雨が降ったので家にいました」so「だから，それで」　(例2)「昨日は雨だったので家にいました」(例3)「私は雨のため昨日は家にいました」because of「～の理由で」　②　(例1)「私は父が私にくれた本を読み終わりました」I finished reading the book. と My father gave me the book. の文を the book を先行詞にして関係代名詞で1つにした文。関係代名詞は書かなくてもよい。　(例2)「私は父によって与えられた本を読み終えました」動詞の過去分詞形は名詞の前後について「～された(名詞)」の意味を表すことができる。ここではa book の後ろからgiven by my father を続けて「父によって与えられた本」となっている。　(例3)「父が私にくれた本を読み終わりました」<give ＋もの＋ to ＋人><give ＋人＋もの>で「(人)に(もの)を与える」の意味を表せる。　③　(例1)「あなたの好きな小説家は誰ですか」favorite「好きな，お気に入りの」　(例2)「あなたの好きな小説家を教えていただけますか」Could you tell me ～?「～を教えていただけますか」この文に疑問詞の含まれた文を続けるときは<疑問詞＋主語＋動詞>の語順となる。　(例3)「どの小説家が好きですか」

(2)　①　(例1)「私は昨夜家に到着しました」arrive「到着する」　(例2)「昨日の夜ここに戻りました」(例3)「昨夜，家に帰りました」　②　(例1)「私はオーストラリアで勉強することを通して多くのことを学びました」(例2)「私は留学することによってたくさんのことを学べました」(例3)「私はあなたの国での勉強を通して多くを学ぶことができました」be able to に動詞の原形を続けて「～することができる」の意味。　③　(例1)「私は他の文化を理解することは大切だと思う」<It is ＋形容詞＋ for ＋人＋ to ＋動詞の原形～>で「(人)にとって～することは(形

容詞)だ」 （例2）「私にとって異なる文化を理解することは大切です」 （例3）「私の意見では他の
文化を理解することは大切だ」動詞の **ing** 形は動名詞で「〜すること」の意味を表せる。

4 （読解問題・物語文：文挿入，語句補充，内容真偽）

（全訳） オサムはワカバ町に住む高校生です。彼の学校の生徒たちは5日間の職場体験をしなくて
はならず，彼は観光案内所でそれをすることに決めました。

　彼の職場体験の初日に，観光案内所で働いている女性のモリモトさんがオサムに普段そこで働い
ている人たちが何をしているかを教えました。彼らにはするべきことがたくさんあると思いまし
た。彼女は彼にそこで売られている地元の工芸品を見せ「これらの地元の工芸品はワカバ町に住む
人たちによって作られています。私はこれらを売ることで多くの観光客にこの町について知っても
らいたいと思っています」と言いました。彼は「①(僕も同感です。)ワカバ町が観光客の間でもっ
と人気になるといいなと思います」と言いました。

　次の日，仕事でワカバ町に来た外国人女性が観光案内所を訪れました。彼女はそこで売られてい
る地元の工芸品を見ました。彼女は美しいと思ったのでそのうちの1つを買いました。すると彼女
は「ロンドンの両親に食べ物を買いたいです。いいお店を教えてもらえますか」とたずねました。
オサムは「もちろんです」と言いました。彼は自分のお気に入りのお店を彼女に伝えました。彼は
彼女にそれがどこにあるかを表す地図を描きました。彼は彼女に「そこまで歩けます。ほんの5分
です」と言いました。彼は彼女にそのお店の情報が載っている英語のちらしを渡したかったのです
が，1つもありませんでした。

　最後の日，オサムはモリモトさんに「僕にとってここであなたと働くことはとても興味深いこと
でした。僕は生まれてからずっとこの町に住んでいますが，観光案内所については知りませんでし
た」と言いました。彼は外国人旅行者のためにワカバ町にある彼のお気に入りの場所のちらしを作
りたいと思い，彼女に自分のアイディアを伝えました。彼女は「それはいいわね。②(作り終わっ
たら見せてくださいね)」と言いました。彼は「もちろんです。この町を旅するときに外国人に役
に立つちらしをつくるために全力を尽くします」と言いました。

　1週間後，オサムはクラスで観光案内所での経験について話しました。彼はクラスメイトに訪れ
る場所を伝える英語のちらしを作ることについて話をしました。彼は友達に手伝いを頼みました。
作り終えたとき彼らはモリモトさんに会いに行き，彼女にそれを見せました。彼女は彼らが作った
ちらしを気に入りました。彼女は「これを英語の情報が必要な人たちに渡しますね」と言いました。
彼らはそれを聞いてとても嬉しく思いました。

（10年後）

オサムはたくさんの外国人とある会社で働いています。

　8月のある日オサムはリーさんと一緒に彼の町の観光案内所を訪れました。彼女は中国出身で，
先週彼の会社で働き始めました。彼女は様々な言語で書かれているちらしを見ました。彼女は中国
語のちらしを取り，「これは他の国々から来た人たちに役に立つと思います」言いました。彼は自
分が高校生のときに友達と作ったちらしについて話しました。彼は「外国人がこのちらしでこの町
を旅するのを楽しんでくれたら僕は嬉しいです」と言いました。

（1）　①　直前のモリモトさんの発話内容も空欄を含むオサムの発話もワカバ町の観光について述
　　べている。agree「同意する，賛成する」　②　直後のオサムの発話からこれからちらし作り
　　を頑張ることがわかる。　イ「そこに何を書くか彼に伝えるつもり」　ウ「なぜあなたがちらし
　　を作ったのかが知りたい」　エ「彼らがちらしで私を助けてくれることを願っている」では文脈
　　に合わない。

(2)　第3段落第4文目以降の内容を確認する。「彼に彼女が両親へのA(食べ物)をどこで買うべきか聞いたとき，彼のB(好きな)お店への行き方を教えた」

(3)　第5段落第2文を参照。　ア　「ワカバ町に住んでいる人たちによって作られた地元の工芸品についてのちらし」(×)　イ　「わかば町で外国人に地元の工芸品を売りたい人たちのためのちらし」(×)　ウ　「外国人旅行者にワカバ町でどこを訪れるべきかを伝えるためのちらし」(○)　エ　「外国から来た人たちに観光案内所について伝えるちらし」(×)

(4)　各段落で誰が何をしたのかを意識して読む。　ア　「オサムの学校の生徒たちは5日間観光案内所で職場体験をするように言われた」(×)　第1段落参照。オサムが観光案内所を選んだ。　イ　「モリモトさんはワカバ町が旅行者の中で人気ではなかったので観光案内所で地元の工芸品を売り始めた」(×)　第2段落第3文目以降のモリモトさんの発話参照。　ウ　「オサムと外国から来た女性はワカバ町の人々によって作られた地元の工芸品について話しをした」(×)　第3段落参照。　エ　「オサムは高校生のころ，観光案内所を訪れた外国人の女性に英語のちらしをあげられなかった」(○)　第3，4段落参照。女性にあげられなかったのでちらしを作りたいと思った。　オ　「職場体験のあとオサムのクラスメイトはオサムに観光案内所で英語のちらしを作るように言った」(×)　第5段落参照。　カ　「リーさんは外国語で書かれたちらしを見たとき，そのちらしは外国人にとって役に立つと思った」(○)　第6段落第3，4文参照。

2021年度英語　リスニング検査

〔放送台本〕

　今から①のリスニング検査を行います。問題は，(1)，(2)，(3)，(4)の4つです。問題用紙の各問いの指示に従って答えなさい。聞いている間にメモを取ってもかまいません。

　それでは，(1)の問題から始めます。(1)の問題は，表を見て答える問題です。下の表についての英語による質問を聞いて，その質問に対する答えとして，ア～エから最も適当なものを1つ選び，その記号を書きなさい。質問は2回繰り返します。では，始めます。

> Who will go to a bookstore with her father on the weekend?

　これで(1)の問題を終わり，(2)の問題に移ります。

〔英文の訳〕

　週末に父親と一緒に本屋に行くのは誰ですか。

　答え：ア　トモカです。

〔放送台本〕

　(2)の問題は，英語による対話を聞いて，質問に答える問題です。それぞれの質問に対する答えとして，ア～エから最も適当なものを1つ選び，その記号を書きなさい。対話は，No. 1，No. 2，No. 3の3つです。対話と質問は2回繰り返します。では，始めます。

> No. 1　A: Hi, Sophia. How was your spring vacation?

> B: It was great. I spent three days in Okinawa with my family. On the first day, I swam in the sea, and I enjoyed shopping for the next two days.
>
> A: That sounds good.
>
> B: We wanted to stay there for five days, but we couldn't. My father was too busy.
>
> 質問します。　How long did Sophia stay in Okinawa?
>
> No. 2　A: Look at that woman. I think I have seen her before, but I can't remember who she is.
>
> B: Are you talking about the woman wearing a red sweater, Nancy?
>
> A: No, Steve. I'm talking about the woman who is walking with a boy wearing glasses.
>
> B: Oh, we saw her at our favorite restaurant when we ate dinner there last week. She sometimes works there.
>
> 質問します。　Who are Nancy and Steve talking about?
>
> No. 3　A: Hey, Sam. When you were taking a bath, Jack called you.
>
> B: Oh, did he? What did he say, Mom?
>
> A: He has some questions to ask you about his homework.
>
> B: OK. I will call him after dinner.
>
> A: Here is his phone number.
>
> B: Thank you.
>
> 質問します。　What does Jack want to do?

これで(2)の問題を終わり，(3)の問題に移ります。

〔英文の訳〕

No.1　A：こんにちは，ソフィア。春休みはどうだった？

　　　B：素晴らしかった。沖縄で家族と3日過ごしたの。初日は海で泳いで次の2日は買い物を楽しんだよ。

　　　A：いいね。

　　　B：5日間そこにいたかったんだけどできなかったの。父が忙しすぎて。

　　　質問：ソフィアは沖縄にどれくらい滞在しましたか。

　　　答え：ウ　3日間。

No.2　A：あの女の人を見て。前に見たことがあると思うんだけど，彼女が誰か思い出せない。

　　　B：赤いセーターを着ている女の人のことを言っているの，ナンシー？

　　　A：違うよ，スティーブ。眼鏡をかけている男の子と歩いている女の人のことを言ってるの。

　　　B：ああ，先週僕たちの気に入ってるレストランで夕飯を食べた時に彼女を見たよ。彼女はときどきそこで働いているんだ。

　　　質問：ナンシーとスティーブは誰について話していますか。

　　　答え：イ　男の子と歩いている女の人について。

No.3　A：ねえ，サム。あなたがお風呂に入っているときにジャックから電話があったよ。

　　B：あ，そう？　何て言ってた，お母さん？

　　A：宿題についていくつか質問があるって。

　　B：オーケー。夕飯のあとにかけるよ。

　　A：これが彼の電話番号。

　　B：ありがとう。

　　質問：ジャックは何をしたいですか。

　　答え：イ　彼はいくつか質問をしたい。

〔放送台本〕

　（3）の問題は，英語による対話を聞いて，答える問題です。それぞれの対話の最後の英文に対する受け答えとして，ア～ウから最も適当なものを1つ選び，その記号を書きなさい。対話は，No. 1，No. 2，No. 3，No. 4の4つです。対話は2回繰り返します。では始めます。

No. 1　A:　Did you find your umbrella, Naomi?

　　　　B:　Yes, I did. I'm glad that I found it.

　　　　A:　That's good. Where was it?

No. 2　A:　How was your summer vacation, Bob?

　　　　B:　I had a great time with my family in London.

　　　　A:　Oh, when did you come home?

No. 3　A:　How are you, Paul?

　　　　B:　I don't feel well.

　　　　A:　What's wrong?

No. 4　A:　What are you reading, Tom?

　　　　B:　I'm reading a book I borrowed from the library yesterday, Saki.

　　　　A:　Oh, it's written in English. Is it difficult?

　これで（3）の問題を終わり，（4）の問題に移ります。

〔英文の訳〕

No.1　A：傘は見つかった，ナオミ？

　　　B：うん，見つかった。見つかってよかった。

　　　A：それはよかった。どこにあったの？

　　　答え：ウ　車の中にあった。

No.2　A：夏休みはどうだった，ボブ？

　　　B：ロンドンで家族と素晴らしい時間を過ごしたよ。

　　　A：ああ，いつ帰って来たの？

　　　答え：ア　3日前

No.3　A：元気，ポール？

　　　B：気分が良くないよ。

　　　A：どうしたの？

　　　答え：ウ　胃が痛い。

No.4　A：何を読んでいるの，トム？

B：昨日図書館で借りた本を読んでいるよ，サキ。

A：ああ，英語で書かれているのね。難しい？

答え：イ　いや，学生向けだから。

〔放送台本〕

　(4)の問題は，シドニーにホームステイ中のKazuyaと，語学学校講師のMs. Hillとの英語による対話を聞いて，質問に答える問題です。それぞれの質問に対する答えとして，ア～エから最も適当なものを1つ選び，その記号を書きなさい。対話と質問は2回繰り返します。では，始めます。

Kazuya: Hi, Ms. Hill.

Ms. Hill: Hi, Kazuya. How was your weekend?

Kazuya: It was great. I went to the zoo, and I liked it very much.

Ms. Hill: It's very popular among tourists.

Kazuya: It was interesting to learn about animals that are only in Australia. I also went to the aquarium and enjoyed the dolphin show.

Ms. Hill: That's nice.

Kazuya: I wanted to go to the museum, but I didn't have time for that.

Ms. Hill: You can go there next weekend.

Kazuya: No, I can't. I will leave Sydney tomorrow afternoon. Today's English lesson was the last lesson for me. It was fun to learn English from you.

Ms. Hill: I'm glad you had a good time in my class.

Kazuya: I stayed here for two weeks, but I think it was too short.

Ms. Hill: What time are you going to leave here tomorrow?

Kazuya: At 2:30. I want to eat a nice fish for lunch before that. Do you know a good restaurant?

Ms. Hill: Yes. How about a restaurant in the airport? I often enjoy eating there with my friends when we travel. If you go to the airport early, you will have time to enjoy eating some delicious fish.

Kazuya: That's a good idea. It takes 45 minutes from the station to the airport by bus, so I will take a bus at 10:30 or 11:30.

Ms. Hill: You should take a bus at 10:30 in the morning because there will be less people.

Kazuya: OK. I will.

　　　　　質問します。

　　　　　　No. 1　Where did Kazuya visit on the weekend?

　　　　　　No. 2　Who will have lunch at the airport tomorrow?

　　　　　　No. 3　What time will Kazuya arrive at the airport tomorrow?

　これで①のリスニング検査の放送を終わります。

〔英文の訳〕

カズヤ　：こんにちは，ヒル先生。

ヒル先生：こんにちは，カズヤ。週末はどうでしたか？

カズヤ　：素晴らしかったです。動物園へ行って，それがとても好きでした。

ヒル先生：旅行者の間でとても人気ですね。

カズヤ　：オーストラリアにしかいない動物について知るのは面白かったです。水族館にも行って
　　　　　イルカショーを楽しみました。

ヒル先生：それはいいですね。

カズヤ　：博物館へ行きたかったのですが，その時間はありませんでした。

ヒル先生：次の週末にそこへ行けますよ。

カズヤ　：いいえ，行けません。明日の午後にシドニーを立つんです。今日の英語の授業が僕に
　　　　　とって最後の授業でした。あなたから英語を学ぶのは楽しかったです。

ヒル先生：私のクラスでいい時間を過ごしてくれたのは嬉しいです。

カズヤ　：2週間ここにいましたが，短すぎると思いました。

ヒル先生：明日何時にここを出発するんですか？

カズヤ　：2時半です。その前に美味しい魚を食べたいんです。いいレストランを知っています
　　　　　か？

ヒル先生：はい。空港のレストランはどうですか？　私は旅行するときに友達とよくそこで食べる
　　　　　のを楽しんでいるんです。早く空港へ行けばおいしい魚を楽しむ時間がありますよ。

カズヤ　：それはいいアイディアですね。駅から空港までバスで45分かかるから10時半か11時半の
　　　　　バスに乗ります。

ヒル先生：より人が少ないので朝の10時半のバスに乗るべきですね。

カズヤ　：オーケー。そうします。

　No.1：カズヤは週末どこを訪れましたか。

　答え：ア　動物園と水族館。

　No.2：明日空港でランチを食べるのは誰ですか。

　答え：イ　カズヤです。

　No.3：明日カズヤは何時に空港に着きますか。

　答え：イ　11時15分。

＜理科解答＞

$\boxed{1}$　(1)　(a) ウ　(b) イ　(2)　A→B→F→D→E→C

$\boxed{2}$　(1)　衛星　(2) D　(3)　(例)太陽，地球，月が一直線に並び，月が地球のかげに入る
　　　現象。

$\boxed{3}$　(1)　34.6[cm³]　(2) オ　(3) イ

$\boxed{4}$　(1)　垂直抗力[抗力]　(2) ウ　(3)　(a) 1.2[N]　(b) ウ

$\boxed{5}$　(1)　(a) 胎生　(b) トカゲ，ハト　(c) 恒温[定温](動物)
　　　(d)　あ　えら　い　肺　(2)　(a) 外とう(膜)　(b) 節[関節]　(c) エ

$\boxed{6}$　(1)　(a) ウ　(b) 非電解質　(c) エ　(d) (陽イオン) Na^+　(陰イオン) Cl^-
　　　(2)　(a)　(加えたうすい塩酸の体積と水素イオンの量との関係)　ウ　(加えたうすい塩
　　酸の体積と塩化物イオンの量との関係)　エ　(b)　$HCl+NaOH→NaCl+H_2O$

⑦ (1)　オ　　(2)　ウ→ア→エ→イ　　(3)　(a)　ア，イ
　(b)　等粒状(組織)　　(c)　火山(岩)　　(d)　(マグマ)
が地下深くで長い時間をかけて(冷やされたから。)
　(e)　エ
⑧ (1)　(a)　0.6〔A〕　　(b)　7.5〔V〕
　(2)　(a)　4074〔J〕
　(b)　(例1)熱が，放射したから。　　(例2)熱が，他の物体
に伝導したから。　　(例3)水が蒸発して，熱がうばわれた
から。　　(3)　(a)　右図　　(b)　6(分)45(秒後)

<理科解説>
① (細胞分裂)
(1)　(a)　細胞1つ1つを離れやすくするために，観察前に塩酸処理を行う。　　(b)　酢酸オルセイ
　ンは，染色体や核を染める染色液である。
(2)　核の中に染色体が現れると，これがしだいに太短くなり，細胞の中央に集まる。その後，染
　色体が縦に裂け，それぞれが細胞の両端に分かれていく。こうして分かれた染色体が新たな核を
　形成しながら細胞質が2つに分かれ，新しい細胞となる。

② (月の見え方)
(1)　月は，惑星である地球のまわりを公転している衛星である。
(2)　日食は，太陽−月−地球の順に一直線に並ぶため，地球から太陽を見たときに，太陽が新月
　の月に隠される現象である。
(3)　太陽−地球−月の順に一直線に並ぶと，満月の月が地球のかげに入るために月が欠けて見え
　る月食が起こる。

③ (状態変化，密度)
(1)　27.3〔g〕÷0.79〔g/cm³〕＝34.55…→34.6〔cm³〕
(2)　固体は，物質を構成する粒子が規則正しく並んでいるが，液体になると，粒子が自由に動き
　回ることができるようになる。気体になると，粒子どうしの間隔が広くなり，飛び回るようにな
　る。
(3)　混合した溶液にポリプロピレンが浮くことから，溶液の密度はポリプロピレンよりも大き
　いため，溶液の密度＞0.90g/cm³となる。また，ポリエチレンとポリスチレンが沈むことから，
　溶液の密度はポリエチレンやポリスチレンの密度よりも小さい。よって，0.95＞溶液の密度，
　1.05＞溶液の密度となる。これらを整理すると，0.95g/cm³＞溶液の密度＞0.90g/cm³となる。

④ (圧力)
(1)　物体が床を押すと，反作用として垂直抗力がはたらく。
(2)　床を押す力の大きさは重力に等しい。また，圧力〔Pa〕＝$\dfrac{力の大きさ〔N〕}{力がはたらく面積〔m²〕}$より，物体A
　が床におよぼす圧力は，$\dfrac{0.4〔N〕}{0.0004〔m²〕}$＝1000〔Pa〕　物体Bが床におよぼす圧力は，$\dfrac{1.2〔N〕}{0.0016〔m²〕}$＝

750〔Pa〕

(3)　(a)　0.4〔N〕×3＝1.2〔N〕　(b)　図2のときの圧力は，$\dfrac{0.4×3〔N〕}{0.0004〔m^2〕}=3000$〔Pa〕　ア～エの

それぞれの圧力は，アが$\dfrac{1.2×2〔N〕}{0.0016〔m^2〕}=1500$〔Pa〕　イが$\dfrac{1.2×3〔N〕}{0.0016〔m^2〕}=2250$〔Pa〕

ウが$\dfrac{1.2×4〔N〕}{0.0016〔m^2〕}=3000$〔Pa〕　エが$\dfrac{1.2×5〔N〕}{0.0016〔m^2〕}=3750$〔Pa〕

⑤　(動物の分類)

(1)　(a)　ウサギなどのほ乳類は，胎生でなかまをふやす。　(b)　鳥類とは虫類は卵生で，殻の
ある卵をうむ。　(c)　鳥類は体表が羽毛で，ほ乳類は毛でおおわれており，体温を保つのにつ
ごうがよいつくりになっている。　(d)　イモリなどの両生類は，子のときは水中でくらすので
えら呼吸を行い，親になると陸上に上がるため肺呼吸を行う。

(2)　(a)　外とう膜は筋肉でできた膜で，内臓をおおっている。　(b)　アサリなどの軟体動物は，
外骨格をもたないため，あしやからだに節は見られない。　(c)　外骨格をもたず，内臓が外と
う膜におおわれた動物が軟体動物に属する。

⑥　(物質の区別，イオン，中和)

(1)　(a)　ヨウ素液は，デンプンの検出を行う薬品である。　(b)　水にとけても電離せずイオン
を生じない物質は，その水溶液に電流が流れない。　(c)　物質Cは，フェノールフタレイン溶
液を赤色に変化させるので，水溶液がアルカリ性を示す水酸化ナトリウムである。　(d)　物質
Aはデンプン，物質Bは砂糖，物質Cは水酸化ナトリウムなので，物質Dは残りの塩化ナトリウム
となる。塩化ナトリウムは電離すると，ナトリウムイオンと塩化物イオンを生じる。

(2)　(a)　ビーカーcの水溶液は水酸化ナトリウム水溶液である。このビーカーに塩酸を加えてい
くと，溶液が完全に中和するまでは，水素イオンは中和に使われるために増加しない。完全に中
和したあとさらに塩酸を加えると，増加を始める。塩化物イオンは，中和が起こってもほかのイ
オンと結合しないため，塩酸を加える量に比例して増加する。　(b)　**塩化水素＋水酸化ナトリ
ウム→塩化ナトリウム＋水**の反応を，化学式を用いて表す。

⑦　(火成岩)

(1)　火山噴出物の色が白っぽい場合，マグマに無色鉱物が多くふくまれている。無色鉱物を多く
ふくむマグマのねばりけは強いため，このようなマグマによって形成された火山はドーム状とな
り，激しい噴火を起こす。

(2)　双眼実体顕微鏡を使うときは，左右の鏡筒の幅を調節してから，右目のピント→左目のピン
トの順に合わせる。

(3)　(a)　火成岩AとBは，いずれも等粒状組織をもつため深成岩である。よって，火成岩Aは火
成岩Bよりも有色鉱物を多くふくむ斑れい岩である。斑れい岩にカンラン石やキ石は多くふくま
れるが，クロウンモは流紋岩や花こう岩にふくまれやすい鉱物で，はんれい岩にはふくまれな
い。　(b)　等粒状組織は，大きな結晶となった鉱物が組み合わさってできている。　(c)　石基
と斑晶からなるつくりを斑状組織といい，流紋岩や玄武岩などの火山岩に見られるつくりであ
る。　(d)　石基は地表近くで急に冷え固まってできるため，結晶が大きく成長していないが，
斑晶は地下深くにあるときにゆっくりと冷え固まった部分であるため，大きな結晶を形成してい
る。　(e)　斑状組織で色が白っぽいことから，流紋岩である。

⑧　(電流とそのはたらき)

(1)　(a)　直列回路になっているので，回路の全抵抗は，2.0＋8.0＝10.0[Ω]　よって，オームの法則，**電圧[V]÷抵抗[Ω]＝電流[A]**より，回路に流れる電流は，6.0[V]÷10.0[Ω]＝0.6[A]

(b)　電熱線Xに1.5Vの電圧が加わったときに回路に流れる電流は，1.5[V]÷2.0[Ω]＝0.75[A]　この回路の全抵抗は10.0Ωなので，このときの電源電圧は，0.75[A]×10.0[Ω]＝7.5[V]

(2)　(a)　**4.2[J]×水の質量[g]×上昇温度[℃]＝水が得た熱量[J]**なので，100gの水を6.9℃上昇させるのに必要な熱量は，4.2[J]×100[g]×9.7[℃]＝4074[J]　(b)　電熱線から発生した熱は，水の温度上昇に使われるほか，装置自体を温めたり，熱が空気中に放出されたりする。

(3)　(a)　原点を通る直線のグラフとなる。　(b)　図5の並列回路が消費する電力は，**電力[W]＝電圧[V]×電流[A]**より，電熱線Xが6.0[V]×(6.0÷2.0)[A]＝18.0[W]　電熱線Yが6.0[V]×(6.0÷8.0)[A]＝4.5[W]より，合計で22.5W。図5の回路を6分間使用したときに消費する電力量は，**電力量[J]＝電力[W]×時間[s]**より，22.5[W]×(6×60)[s]＝8100[J]　よって，20Wの電熱線を使用して8100Jの電力量に達するまでにかかる時間は，8100[J]÷20[W]＝405[s]→6分45秒

＜社会解答＞

①　(1)　エ　(2)　(a)　ウ　(b)　エ　(c)　(例)工業が発達しているドイツに仕事を求めるから。　(3)　(a)　エ　(b)　イ

②　(1)　(a)　イ　(b)　ア，カ　(c)　ウ　(2)　(a)　エ　(b)　イ
(3)　(例)ニュージーランド産，北海道産が入荷しない時期に入荷し，それらよりも高い価格で取り引きされている。

③　(1)　ア　(2)　分国法　(3)　イ　(4)　ウ　(5)　イ
(6)　(記号)　ウ　(理由)　(例)ドイツは，第一次世界大戦で日本と戦ったので，貿易を行わなくなったと考えられるから。　(7)　ア

④　(1)　エ　(2)　ア　(3)　ウ　(4)　(例)大量の綿織物がイギリスから輸入されるようになったから。[安価な綿織物がイギリスから輸入されるようになったから。]　(5)　イ
(6)　アフリカ

⑤　(1)　イ　(2)　ア　(3)　イ　(4)　(例)衆議院と参議院の議決が異なる時。
(5)　(a)　(例)半数ずつ改選する(から)　(b)　エ　(6)　イ　(7)　(a)　ウ　(b)　ア
(8)　(例1)輸出できなくなってきているので，国内で排出される量を減らすこと。
(例2)輸出するのではなく，国内における再生利用を進めること。

＜社会解説＞

①　(地理的分野―世界―人々のくらし，地形・気候，産業)

(1)　資料1は**正距方位図法**で描かれている。地図の右が東。　ア　あといの都市は，図の中心からの同心円上に位置していることから，東京からの距離が等しいことを表している。　イ　図の中心から離れるほど，面積が大きく表されている。　ウ　地球一周は**約40000km**なので，北極から南極までの距離は約20000km。

(2)　(a)　ヨーロッパでは，デンマークのほかにスイスなどでも**酪農**がさかん。　(b)　スイス・

イタリア国境付近に**アルプス山脈**が位置することから，$\boxed{Y}$付近の標高が高くなると判断する。$\boxed{X}$付近のオランダには**ポルダー**とよばれる干拓地が広がるため標高が低くなると判断する。
　(c)　資料3から，1人あたりの工業出荷額についてA・Cの国は5000ドル未満，B・Dの国は5000ドル以上10000ドル未満ということが読み取れ，これらの国々ではドイツをはじめとする西ヨーロッパ諸国に比べて工業が発達していないことがわかる。
(3)　(a)　資料4中の I にはキリスト教，II にはイスラム教，III には仏教があてはまる。インドネシアにはイスラム教徒，フィリピンにはキリスト教徒が多い。　(b)　2000年以降の生産台数が急増しているⓐが中国，1980年代後半の生産台数がアメリカを上回っているⓑが日本，1980年代後半以降順調に生産台数を伸ばし続けているⓓが韓国，残ったⓒがドイツと判断する。

$\boxed{2}$　(地理的分野—日本—地形図の見方，日本の国土・地形・気候，人口・都市，農林水産業，工業)
(1)　(a)　鯖江市は福井県に位置する。アが京都府，ウが石川県，エが富山県。　(b)　ア　1975年の地形図からは「みずおち」駅から分岐した路線に「えちぜんへい」駅が見られるが，2018年の地形図には見られない。　イ　長泉寺山の山頂の標高は，1975年の地形図では112.6m，2018年の地形図では110.8mと約2m低くなっている。　ウ　北陸本線と北陸自動車道はほぼ平行にはしっている。　エ　2018年の地形図にも有定橋が見られる。　オ　2018年の地形図において西山公園駅西側に見られる博物館の地図記号が1975年の地形図には見られないことから，博物館が新しく建てられたことがわかる。　カ　2018年の地形図では，鯖江駅東側の柳町や東鯖江などが住宅地となっている。　(c)　資料3より，全国における食料品工業の割合は，1960年は13.1%であるのに対して，2016年は12.6%と低下している。
(2)　(a)　太平洋側に位置する三重県は，**夏の降水量が多くなる**ことから判断する。同じく太平洋側に位置する福島県は，三重県より北に位置するため冬の気温が比較的低いアと判断する。イが愛媛県，ウが青森県。　(b)　米の産出額が最も多いBが福島県，果実の産出額は2番目に多いが米の産出額が最も少ないCが愛媛県，果実の産出額が最も多いAが，**りんご**の産出量が日本一の青森県，残ったDが三重県と判断する。
(3)　メキシコ産のかぼちゃについて，資料7より，ニュージーランド産と北海道産が入荷しない1月や6月などに多いことが読み取れる。また，資料8より，ニュージーランド産や北海道産が108円~141円で取り引きされているのに対して，メキシコ産の取引価格がそれよりも高値であることが読み取れる。

$\boxed{3}$　(歴史的分野—日本史—時代別—古墳時代から平安時代，鎌倉・室町時代，安土桃山・江戸時代，明治時代から現代，日本史—テーマ別—政治・法律，経済・社会・技術，文化・宗教・教育，外交)
(1)　白村江の戦いは663年におこった。その後，676年に新羅が朝鮮半島を統一した。
(2)　**分国法**にはほかに，武田氏が定めた「甲州法度之次第」や長宗我部氏が定めた「長宗我部氏掟書」などがある。
(3)　問題文中の「浮世草子」から判断する。**元禄文化**は17世紀末頃に大阪で栄えた町人文化。
　ア　人形浄瑠璃などの台本を書いた。　ウ　「燕子花図屏風」などの装飾画を描いた。　エ　「見返り美人図」などの浮世絵を描いた。
(4)　**田沼意次**はほかに，長崎貿易の積極化をはかったり，蝦夷地の開拓や印旛沼・手賀沼の干拓をすすめるなどした。ア・イは江戸幕府6代将軍徳川綱吉，エは8代将軍徳川吉宗の政策。
(5)　大日本帝国憲法では立法権は天皇に属し，議会は天皇のもつ立法権に協賛するものとされた。ア・ウ・エは日本国憲法の内容。

(6)　第一次世界大戦が始まったのは1914年。日本は日英同盟を理由に連合国側で参戦したため，同盟国側のドイツとは敵対していたことになる。

(7)　イ　石油危機がおこった1973年から世界金融危機がおこった2008年までの期間で，経済成長率が0％を下回ったのは1974年，1993年，1998年，2001年，2008年の5回。　ウ　1956年以降で最高の経済成長率を示したのは1968年で，バブル経済時ではない。　エ　2001年から2010年までの間で経済成長率が最も低い2008年でも，－5％を上回っている。

④　(歴史的分野—日本史—時代別—旧石器時代から弥生時代，古墳時代から平安時代，鎌倉・室町時代，安土桃山・江戸時代，明治時代から現代，日本史—テーマ別—政治・法律，経済・社会・技術，文化・宗教・教育，外交，世界史—政治・社会・経済史)

(1)　小野妹子は遣隋使として，隋の皇帝煬帝に謁見した。

(2)　奥州藤原氏は，11世紀におこった前九年・後三年合戦を経て，東北地方で勢力を拡大した。イは奈良時代，ウは鎌倉時代，エは室町時代のできごと。

(3)　鎌倉幕府の将軍と御家人は，土地を仲立ちとした主従関係を結んだ。　ア　口分田は，古代の律令制において朝廷から6歳以上の男女に支給された田のこと。　イ　国司を任命するのは朝廷。　エ　管領とは，室町幕府の将軍の補佐役。

(4)　資料2から，綿織物の輸入が急増していること，資料3から，当時の最大輸入相手国がイギリスであることが読み取れる。イギリスでは18世紀に産業革命がおこり，機械による大量生産が行われていたことから，安価な綿織物製品が国内に大量に流入したと考える。

(5)　ⓐが1867年，ⓑが1868年，ⓒが1869年，ⓓが1866年のできごと。

(6)　資料4中のBについて，1955年の加盟国数が5か国であったのに対し，「アフリカの年」を経た1965年には加盟国数が37か国に急増していることが読み取れる。

⑤　(公民的分野—憲法の原理・基本的人権，財政・消費生活・経済一般，地理的分野—公害・環境問題)

(1)　フランス人権宣言がフランス革命の際に出されたことから判断する。当時，ルイ16世による絶対王政が敷かれていた。

(2)　規制緩和とは，自由な経済活動を活発化させてサービスの向上を図るため，法律などによる規制をなくすこと。

(3)　単独世帯の増加の原因として，未婚率の上昇や高齢化の進行などが挙げられる。ウの世帯を核家族という。

(4)　衆議院と参議院が異なる議決をし，両院協議会を開いても意見が一致しない場合には，衆議院の優越の原則が適用される。

(5)　(a)　参議院は議員の任期6年で解散がなく，3年ごとに半数を改選する。衆議院は議員の任期は4年で解散がある。　(b)　資料8から，高齢者層ほど割合が高いとある医療・介護がⅣ，若年者層ほど割合が高いとある子育て・教育がⅡにあてはまることがわかる。残ったⅠ・Ⅲのうち，いずれの年代においても割合が高いⅠに景気対策，Ⅲに消費税があてはまる。

(6)　資料10中の「ベトナムには安い労働力がある」ことを確かめるための資料だと判断する。

(7)　(a)　日本では高齢化が進行しているため，歳出に占める社会保障関係費の割合が年々高くなっていることから判断する。　(b)　担税者と納税者が一致する直接税には累進課税の制度が採用されている。

(8)　資料13・14から，日本の廃プラスチックの多くは中国や東南アジアなどの国や地域に輸出し

て処理していることが読み取れる。また，資料15から，資料14で示された主な輸出先の国々において，廃プラスチックの輸入規制が進んでいることが読み取れる。以上から，日本国内での排出量の削減や再生利用を進める必要性があると考える。

＜国語解答＞

1　① せま(る)　② かか(げる)　③ せんせい　④ ひろう　⑤ 補(う)
　　⑥ 養(う)　⑦ 単純　⑧ 標準

2　(一) ウ　(二) エ　(三) イ　(四) わからないことに触れるということ
　　(五)　(例)自分の好きなものをわかってもらえるわけがないと勝手に思いこんでいたことに気づき，自分も宮多たちのことを知ろうと思ったから。

3　(一) ①　(二) ウ　(三) イ　(四) 好奇心が強く，何事にもチャレンジする意欲を持っている　(五) ア

4　(一) おわしましける　(二) ア　(三) ウ　(四)(例)友人に等しい[友達と同じ]

5　(一) エ　(二) イ　(三)(例一)　手助けをしないのは，「かえって相手の迷惑になるといやだから」と「対応方法がわからないから」の二つの理由が大きいことがわかる。私は，相手の迷惑にならない対応方法が分かれば，手助けをする人が増えると考えた。そこで，地域で開かれるボランティアによる学習会等の案内をSNSで友達に知らせて，一緒に学ぶ人を少しずつ増やしていこうと思う。このような私の行動が，手助けをする人が増えるきっかけになれば，うれしい。
　　(例二)　私は，恥ずかしいから手助けをしないという理由に注目しました。私も，恥ずかしいからという理由で，困っている人に声をかけることができなかった経験があります。困っている人に声をかけることは，勇気がいることです。しかし，私が，勇気を出して声をかける行動を取れば，それを見た人も，困っている人に声をかけることができるようになるかもしれません。私自身が行動で示すことで，手助けをする人が増えるようにしたいです。

＜国語解説＞

1　(知識問題－漢字の読み書き)
　① 音読みは「ハク」で，熟語は「迫力」などがある。　② 音読みは「ケイ」で，熟語は「掲示」などがある。　③ 「宣誓」は，多くの人の前で誓いを述べること。　④ 「披露」は，人に見せること。　⑤ 音読みは「ホ」で，熟語は「補給」などがある。　⑥ 音読みは「ヨウ」で，熟語は「養護」などがある。　⑦ 「単純」は，簡単で込み入っていないという意味。　⑧ 「標準」は，基準という意味。

2　(小説－情景・心情，内容吟味，筆順・画数・部首，文と文節，品詞・用法，書写)
　(一)　「まさか／道端の／石を／拾って／いるとは／思わなかった」の六文節に分けられる。
　(二)　「課」の偏はごんべん。アはいとへん，イはゆみへん，ウはさんずい。
　(三)　「かすかに」は，用言を修飾する形容動詞「かすかだ」の連用形。
　(四)　くるみと別れた直後，くるみの話は「よくわからなかった」が，それが「おもしろい」と「僕」

は感じている。石に興味を持つということは自分にはわからないことだが，だからこそ「似たもの同士で『わかるわかる』と言い合うより」も，「わからないことに触れるということ」のほうが「楽しい」と気づいたのである。

（五）　趣味である刺繍を宮多が好意的に捉えてくれたため，「僕」は自分の趣味のことを「わかってもらえるわけがない」と勝手に思いこんでいたと気づいた。だから，宮多が自分の趣味を受け入れてくれたように，自分も宮多の好きなことを知ろうと思うようになったのである。

3 （説明文－大意・要旨，内容吟味，指示語の問題，ことわざ・慣用句，品詞・用法）

（一）　動詞の活用の種類は，打ち消しの「ない」をつけた未然形の活用語尾の音で確かめる。①「いる」の未然形は「い」と，活用語尾がイ段音になるので，上一段活用。ほかの未然形はそれぞれ「付か」，「持た」，「置か」と，活用語尾がア段音になるので，五段活用。

（二）　「昔取った杵柄」とは，過去に身につけた技能のこと。アフリカで暮らしていたミコは，その際にアリ釣りを経験し，その技術を身につけたと考えられるのである。

（三）　直前までの内容に注目する。若オスは，穴に「細い枝を差し込んでピーナッツを丸太の向こう側に落として」食べようとしたが，決まっておとなメスが反対側に座り込んで，穴から落ちてくるピーナッツを食べてしまうため，若オスがピーナッツを食べられないという問題のことである。

（四）　子どものチンパンジーが親から技術を早く伝承されたり，若オスがおとなメスにピーナッツを食べられてしまうという問題を解決できたりしたことから，筆者は「子どもの方が好奇心が強く，何事にもチャレンジする意欲を持っている」のだろうと考えている。

（五）　アは，文章前半で述べられている，ミコとその子どもの様子にあてはまる。

4 （和歌，古文，漢文・漢詩－内容吟味，仮名遣い）

＜口語訳＞　後三条院が東宮でいらっしゃった時，学士の藤原実政朝臣が任国に赴くので，送別の名残を惜しみなさって，

　国の民が甘棠の詠を作ったとしても，

　長い年月宮中で開かれた，楽しかった詩歌の会のことを忘れないでほしい。

この意味は，『詩経』にある，

　孔子がいうには，甘棠の木を切ってはいけない，召伯が宿っているところである。

ということにある。

別の歌に，

　忘れなかったならば，同じ空の下にいると思って，月を見てくれ。

　遠く離れていて雲居の空まで隔っていても再び雲居の宮中でめぐり会う時まで。

君主であっても，臣下であっても，互いに気持ちが深く，心に隔たりがなければ，友人に等しいといえる。

（一）　歴史的仮名遣いのハ行は，語頭以外の場合，現代仮名遣いのワ行にあたる。

（二）　宮中での詩歌の会を忘れないでほしいという詩を，任国に赴く実政に対して，別れを惜しんで送っているのだから，主語は後三条院である。

（三）　「作」に二点がついているので，最初に「甘」を読み，「棠」を続ける。「詠」に一点がついているので，「詠」を読んでから「作」に返る。よって，「甘党の詠を作すとも」と書き下す。

（四）　本文最後の一文の内容である。思い合う気持ちの強い後三条院と実政の関係は，「朋友にひとし」だと筆者は述べている。

5 （作文（自由・課題））

(一) 【資料1】の下の表を読み取る。ユニバーサルデザインという言葉と意味を「知っている／どちらかといえば知っている」と答えた人の割合は、15〜19歳は90％近く、20代は80％近くと高い割合を示しているが、30代以上はどの年代も50％代にとどまっている。

(二) アは、各年代で「『公衆トイレ』を挙げる人の割合が最も大きい」が合わない。ウは、「『商店街』のユニバーサルデザインが進んだと考える人の割合も三番目に大きくなっている」が合わない。エは、「『公共の駐車場』のユニバーサルデザインの必要性が高いと考える人の割合は、年齢が上がるにつれて大きく」なるが合わない。

(三) グラフから手助けをしない理由を推測し、どうすれば手助けしやすくなるかを具体的に考える。自分の体験や見聞きしたことなどを交えると、より説得力のある文章になる。

三重県公立高等学校

2020年度
★★★★★★★★★★★★★★★★★★★★★★★

入 試 問 題

2020
年
度

●くわしい解説 …… 51 ページ

＜数学＞　　時間　45分　　満点　50点

1　あとの各問いに答えなさい。(12点)

(1)　$(-9) \times 7$　を計算しなさい。

(2)　$\dfrac{4}{5}x - \dfrac{3}{4}x$　を計算しなさい。

(3)　$7(a-b) - 4(2a-8b)$　を計算しなさい。

(4)　$(\sqrt{5} - \sqrt{2})^2$　を計算しなさい。

(5)　$x^2 - 36$　を因数分解しなさい。

(6)　二次方程式　$x^2 + 5x - 1 = 0$　を解きなさい。

(7)　次の表は，Aさんが4月から9月まで，図書館で借りた本の冊数を表したものである。Aさんが4月から9月まで，図書館で借りた本の冊数の1か月あたりの平均が5.5冊のとき，n の値を求めなさい。

月	4月	5月	6月	7月	8月	9月
図書館で借りた本の冊数(冊)	5	4	3	7	n	5

2　あとの各問いに答えなさい。(13点)

(1)　P中学校で，文集をつくることにした。注文する会社を決めるために，P中学校の近くにあるA社とB社それぞれの作成料金を下の表にまとめた。
　　このとき，次の各問いに答えなさい。

	作成料金
A社	文集1冊あたりの費用は，1250円 ただし，作成冊数に関わらず，初期費用は，無料
B社	文集1冊あたりの費用は，600円 ただし，作成冊数に関わらず，初期費用は，18000円

A社とB社で文集を作成するとき，総費用は，次の式で求められる。

（総費用）＝（初期費用）＋（文集1冊あたりの費用）×（作成する冊数）

① B社で文集を15冊作成するとき，総費用はいくらになるか，求めなさい。

② B社で文集を x 冊作成するときの総費用を y 円として，x と y の関係を，次のような一次関数のグラフに表した。

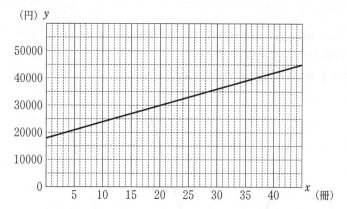

⑦ B社で文集を総費用4万円以内で作成するとき，最大何冊作成することができるか，求めなさい。

④ A社で文集を x 冊作成するときの総費用を y 円として，x と y の関係を，グラフに表しなさい。

⑨ B社で文集を作成する総費用が，A社で文集を作成する総費用より安くなるのは，文集を何冊以上作成したときか，求めなさい。

⑵ Aさんは家から1800m離れた駅まで行くのに，はじめ分速60mで歩いていたが，途中から駅まで分速160mで走ったところ，家から出発してちょうど20分後に駅に着いた。

次の 　　　 は，Aさんが家から駅まで行くのに，歩いた道のりと，走った道のりを，連立方程式を使って求めたものである。 ① ～ ④ に，それぞれあてはまる適切なことがらを書き入れなさい。

⑶ 大小2つのさいころを同時に1回投げ，大きいさいころの出た目の数を十の位の数，小さいさいころの出た目の数を一の位の数としてできる2けたの数を m としたとき，次の各問いに答えなさい。

ただし，さいころの目の出方は，1，2，3，4，5，6 の6通りであり，どの目が出ることも

同様に確からしいものとする。

① m が素数となる確率を求めなさい。

② $\sqrt{m}$ が自然数となる確率を求めなさい。

3　次の図のように，関数 $y = ax^2 \cdots$ ⑦ のグラフと関数 $y = 3x + 7 \cdots$ ④ のグラフとの交点Aが
あり，点Aの x 座標が -2 である。
　　このとき，あとの各問いに答えなさい。(8 点)

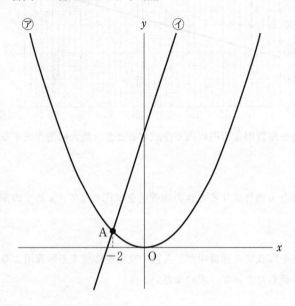

(1)　a の値を求めなさい。

(2)　⑦について，x の変域が $-2 \le x \le 3$ のときの y の変域を求めなさい。

(3)　④のグラフと y 軸との交点をBとし，⑦のグラフ上に x 座標が 6 となる点Cをとり，四角形
ADCBが平行四辺形になるように点Dをとる。
　　このとき，次の各問いに答えなさい。

①　点Dの座標を求めなさい。

②　点Oを通り，四角形ADCBの面積を 2 等分する直線の式を求めなさい。
　　ただし，原点をOとする。

4　あとの各問いに答えなさい。(6 点)
(1)　次のページの図のような，点A，B，C，Dを頂点とする正四面体ABCDがある。辺ABを
1 : 2 に分ける点E，辺CDの中点Fをとり，3 点B，E，Fを結んで△BEFをつくる。
　　辺ABの長さが 6 cmのとき，次の各問いに答えなさい。

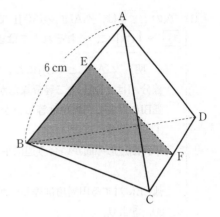

なお，各問いにおいて，答えに√がふくまれるときは，√の中をできるだけ小さい自然数にしなさい。

① 辺BFの長さを求めなさい。

② 辺BFを底辺としたときの△BEFの高さを求めなさい。

⑵ 次の図で，中心が四角形ABCDの辺AB上にあり，辺BCと辺ADに接する円と辺BCの接点P を，定規とコンパスを用いて作図しなさい。

　　なお，作図に用いた線は消さずに残しておきなさい。

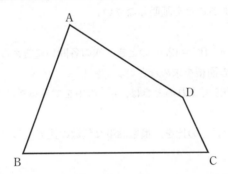

5 次の図のように，∠BAD＞∠ADC となる平行四辺形ABCDがあり，3点A，B，Cを通る 円Oがある。辺ADと円Oの交点をE，線分ACと線分BEの交点をF，∠BACの二等分線と線分 BE，辺BC，円Oとの交点をそれぞれG，H，Iとする。また，線分EIと辺BCの交点をJとする。

　　このとき，あとの各問いに答えなさい。

　　ただし，点Iは点Aと異なる点とする。(11点)

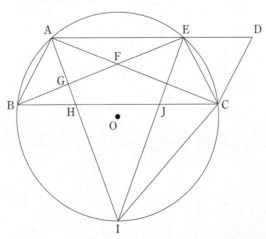

(1) 次の 　　 は，△AHC∽△CJI であることを証明したものである。
　　 ⑦ ～ ⑦ に，それぞれあてはまる適切なことがらを書き入れなさい。

〈証　明〉　△AHCと△CJIにおいて，
　　線分AIは∠BACの二等分線だから，　　　∠HAC = ⑦ 　　…①
　　弧BIに対する円周角は等しいから，　　　 ⑦ = ∠JCI 　　…②
　　①，②より，　　　　　　　　　　　　　　∠HAC = ∠JCI 　　…③
　　平行四辺形の向かい合う辺は平行だから，AD∥BCとなり，錯角は等しいから，
　　　　　　　　　　　　　　　　　　　　　　∠ACH = ⑦ 　　…④
　　弧CEに対する円周角は等しいから，　　　 ⑦ = ∠CIJ 　　…⑤
　　④，⑤より，　　　　　　　　　　　　　　∠ACH = ∠CIJ 　　…⑥
　　③，⑥より，　　 ⑦ 　　がそれぞれ等しいので，
　　　　　　　　　　　　　　　　　　　　　　△AHC ∽ △CJI

(2) △ADC≡△BCE であることを証明しなさい。

(3) AB＝5㎝，AE＝8㎝，BC＝12㎝ のとき，次の各問いに答えなさい。

① 平行四辺形ABCDの面積を求めなさい。
　　なお，答えに√がふくまれるときは，√の中をできるだけ小さい自然数にしなさい。

② 線分BGと線分FEの長さの比を，最も簡単な整数の比で表しなさい。

※この解答用紙は154%に拡大していただきますと，実物大になります。

＜英語＞ 　時間 45分　満点 50点

1　放送を聞いて，あとの各問いに答えなさい。（18点）

(1)　下の表についての英語による質問を聞いて，その質問に対する答えとして，ア～エから最も適当なものを1つ選び，その記号を書きなさい。

ア．Miki did.
イ．Kenta did.
ウ．Paul did.
エ．Kate did.

名前	留学した国	留学した期間
Miki	フランス	6か月間
Kenta	ドイツ	6か月間
Paul	ドイツ	3か月間
Kate	フランス	3か月間

(2)　英語による対話を聞いて，それぞれの質問に対する答えとして，ア～エから最も適当なものを1つ選び，その記号を書きなさい。

No. 1　ア．An omelet and some coffee.
　　　　イ．An omelet and some milk.
　　　　ウ．A hamburger and some coffee.
　　　　エ．A hamburger and some milk.

No. 2　ア．Ken did.　　　イ．Saki did.
　　　　ウ．Saki's father did.　　エ．Saki's brother did.

No. 3　ア．One book.　　　イ．Two books.
　　　　ウ．Three books.　　　エ．Four books.

(3)　英語による対話を聞いて，それぞれの対話の最後の英文に対する受け答えとして，ア～ウから最も適当なものを1つ選び，その記号を書きなさい。

No. 1　ア．With my family.
　　　　イ．For six days.
　　　　ウ．By plane.

No. 2　ア．Sorry, I'm busy then.
　　　　イ．Nice to meet you.
　　　　ウ．I hope the weather will be nice.

No. 3　ア．It's too expensive for me.
　　　　イ．I'm just looking.
　　　　ウ．Here you are.

No. 4　ア．Can you ask him to call me?
　　　　イ．Can I take a message?
　　　　ウ．Could you tell me your phone number?

(4)　大学生の Makoto と同じ大学に通う留学生の Helen との英語による対話を聞いて，それぞ

れの質問に対する答えとして，**ア〜エ**から最も適当なものを1つ選び，その記号を書きなさい。

No. 1　ア．Helen will.　　　　　　　イ．John will.

　　　　ウ．John's parents will.　　エ．Emily will.

No. 2　ア．Yes, she does.　　　　　イ．No, she doesn't.

　　　　ウ．Yes, she has.　　　　　　エ．No, she hasn't.

No. 3　ア．She likes to send e-mails.　イ．She likes to go shopping.

　　　　ウ．She likes to go to the zoo.　エ．She likes to take pictures.

2　あとの各問いに答えなさい。（8点）

⑴　次の対話文は，高校生の Ken が，外国語指導助手（ALT）の Jones 先生と，放課後に話を
　　しているときのものです。対話文を読んで，次の各問いに答えなさい。

Ken　　　　：Hello, Ms. Jones.

Ms. Jones：Hi, Ken.　What are you doing here?

Ken　　　　：I'm drawing a comic for the student from Canada, Tim.

Ms. Jones：Oh, really?　（　①　）

Ken　　　　：15 students came from Canada to my city for seven days last month,
　　　　　　　and Tim was one of them.　He stayed in my house during his
　　　　　　　stay in Japan.

Ms. Jones：I see.　What did you do with him?

Ken　　　　：We did lots of things together.　I felt happy because he loved
　　　　　　　reading the comics I drew.

Ms. Jones：（　②　）

Ken　　　　：Now I'm drawing a new comic for him because his birthday is
　　　　　　　next month.　I promised to send it to him for his birthday when
　　　　　　　he left Japan.

Ms. Jones：I'm sure he'll like it.

Ken　　　　：I hope so.　When I met him for the first time, I didn't know what
　　　　　　　to say.　But I got to know him very quickly.　He was very friendly.
　　　　　　　I want to go and see him in Canada.

Ms. Jones：That's a good idea.　Can I read the comic you are drawing for
　　　　　　　him when you finish drawing it?

Ken　　　　：Of course.

　（注）promised 〜　〜を約束した　　for the first time　初めて

　　　　got to know 〜　〜と親しくなった

No. 1　（①），（②）に入るそれぞれの文として，**ア〜エ**から最も適当なものを1つ選び，その
　　　記号を書きなさい。

　①　ア．What was that?　　イ．When will he come?

　　　ウ．Where was Tim?　　エ．Who is Tim?

　②　ア．You didn't have to spend your time with him in Japan.

　　　イ．I'm glad that you had a good time with him.

　　　ウ．It was exciting for me to help a foreign student.

　　　エ．He wants to see you again during his stay in Japan.

No. 2　対話文の内容に合う文として，ア〜エから最も適当なものを１つ選び，その記号を書きなさい。

　　　ア．It was fun for Tim to read the comics drawn by Ken while he stayed in Ken's city.

　　　イ．Ms. Jones was happy because Ken was drawing comics for her birthday.

　　　ウ．Tim was a student from Canada who stayed in Ken's city for a month last year.

　　　エ．Ken asked Ms. Jones to talk about Canada because he was going to visit Canada.

(2)　下のグラフは，先週，中学生の Mariko がピアノの練習をした時間を表しています。このグラフから読み取れることを正しく表している文として，ア〜エから最も適当なものを１つ選び，その記号を書きなさい。

　　　ア．Last Sunday, Mariko practiced playing the piano the longest.

　　　イ．Mariko practiced playing the piano every day last week.

　　　ウ．Mariko played the piano longer on Monday than on Saturday.

　　　エ．Mariko played the piano on Tuesday as long as on Thursday.

3　あとの各問いに答えなさい。(12点)

(1)　次のような状況において，あとの①〜③のとき，あなたならどのように英語で表しますか。それぞれ５語以上の英文を書きなさい。

　　ただし，I'm などの短縮形は１語として数え，コンマ (,)，ピリオド (.) などは語数に入れません。

【状況】

　　　あなたは，カナダから来た外国語指導助手（ALT）の David 先生と，廊下で話をしているところです。

①　放課後に時間があるか尋ねるとき。

②　昨夜書いたレポートを読んでほしいと伝えるとき。

③　日本の伝統文化についてのレポートだと伝えるとき。

(2)　Reina は，留学先のロンドンでホストファミリーが開いてくれる歓迎パーティーに出席することになりました。そこで挨拶することになり，下の原稿を準備しました。

　　あなたが Reina なら，①〜③の内容をどのように英語で表しますか。それぞれ４語以上の英文を書き，下の原稿を完成させなさい。

　　ただし，I'm などの短縮形は１語として数え，コンマ (,)，ピリオド (.) などは語数に入れません。

【原稿】

Hello, everyone.　My name is Reina.　Nice to meet you.
①　５人家族だということ。
②　テニスが得意だということ。
③　英語を勉強するためにロンドンに来たということ。
Thank you.

4　次の文章を読んで，あとの各問いに答えなさい。(12点)

Haruka is sixteen.　She has just become a student at Hikari High School.

One day after school in April, Haruka was talking with her friend, Masato.　She asked him, "What club are you going to join?"　He said, "I'll join the basketball club.　(　①　)"　She said, "Well, I'm interested in the broadcasting club."　When she was a junior high school student, she visited Hikari High School with her friends.　She saw a short movie about Hikari High School made by the members of the broadcasting club.　Because of the movie, she could learn a lot about the high school.　She thought she wanted to make a movie like that as a member of the club.　She said to Masato, "I want to give a message to people through short movies."

A few weeks later, Haruka became a member of the broadcasting club.　One day in July, Mr. Kawamoto, a famous journalist from Haruka's city, was invited to Hikari High School for a lecture about his career.　After the lecture, the members of the club had a chance to talk with him.　He asked the members, "What do you do in your club?"　One of the members explained their activities.　Another member asked him what to do to be a journalist.　They were excited to talk with him, but Haruka could not join their conversation.　She was too shy.　Then, he said to her, "Don't be shy.　I like to meet new people because I can learn different ways of thinking from them.　You should enjoy talking with people you don't know."　She agreed.

In September, Haruka and the other members were talking about the movie shown at the school festival in October.　She said, "Mr. Kawamoto taught me an important thing when I talked with him in July."　She wanted to tell people about that through a movie she would make.　She talked about her idea to the other members, and they agreed.　Then they made a movie about a high school student who learned many things by meeting a lot of people.

On the day of the school festival, many people enjoyed watching the movie. When Haruka was going home with Masato after the school festival, he said, "(　②　) It was great."　She told him what she learned from Mr. Kawamoto when she talked with him three months ago.　She said to him, "I've tried to enjoy talking with new people since I met Mr. Kawamoto."

(Ten years later)

Haruka works at a city hall now.　One Sunday, she had lunch with Masato. She said to him, "I'm very busy, but it's interesting to learn different ideas from different people.　I changed myself after I talked with Mr. Kawamoto."　He said, "Are you talking about your conversation with him after that lecture ten years ago?"　She said, "Yes.　I was lucky to meet him when I was a high school student."

　(注)　the broadcasting club　放送部　　lecture　講演　　career　職業
　　　　explained ～　～を説明した　　conversation　会話　　thinking　考え

(1)　(①), (②) に入るそれぞれの文として，ア～エから最も適当なものを1つ選び，その記号を書きなさい。

①　ア．What is it about?　　イ．What was it?
　　ウ．How are you?　　　　エ．How about you?

②　ア．I enjoyed watching the movie you made.
　　イ．It was interesting to listen to Mr. Kawamoto.
　　ウ．I told him about your movie when I saw him.
　　エ．You should make another movie for him.

(2)　本文の内容に合うように，下の英文の（A），（B）のそれぞれに入る最も適当な1語を，本文中から抜き出して書きなさい。

　　Haruka learned an important thing from the （　A　） who came to her school in July.　Then, she told people about that on the day of the school festival through the （　B　） she made with the other members of the broadcasting club.

(3)　下線部に Are you talking about your conversation with him after that lecture ten years ago? とあるが，10年前に Mr. Kawamoto が Haruka に話した内容として適切な英文となるように，下の英文の（　）に入る最も適当なものをア～エから1つ選び，その記号を書きなさい。

　　　Mr. Kawamoto told Haruka (　　　).

　ア．why he came to Hikari High School.
　イ．how to make good movies.

ウ．to enjoy talking with new people.

エ．to invite him to her high school.

(4)　本文の内容に合う文として，**ア～カ**から適当なものを<u>2つ</u>選び，その記号を書きなさい。

ア．Masato asked Haruka to join the basketball club with him though she was interested in the broadcasting club.

イ．Haruka made a short movie about Hikari High School with her friends, and showed it to the junior high school students.

ウ．One of the members in the broadcasting club told Mr. Kawamoto about the activities in the club.

エ．Mr. Kawamoto visited Hikari High School to talk about his career to the high school students when Haruka was a high school student.

オ．Mr. Kawamoto didn't like to learn different ways of thinking from other people because he was shy.

カ．Masato told Haruka what he learned about Mr. Kawamoto after he saw the movie made by the members of the broadcasting club.

※この解答用紙は154%に拡大していただきますと，実物大になります。

＜理科＞　　時間　45分　　満点　50点

1 　図1は，ヒトの体の細胞と毛細血管を模式的に示したものである。図2は，ヒトの血液の循環を模式的に示したものであり，a～hは血管を表し，矢印──は血液が流れる向きを表している。また，W～Zは，肝臓，小腸，じん臓，肺のいずれかの器官を表している。このことについて，あとの各問いに答えなさい。（4点）

図2

図1

体の細胞

毛細血管

(1) 　次の文は，図1に示した体の細胞と毛細血管の間で行われている物質のやりとりについて説明したものである。文中の（あ）に入る最も適当な言葉は何か，漢字で書きなさい。

> 　血しょうの一部は毛細血管からしみ出して（　あ　）となり，細胞のまわりを満たす。血液によって運ばれてきた養分や酸素は，（　あ　）を通して細胞に届けられる。

(2) 　図2で，ブドウ糖やアミノ酸などは器官Yで吸収されて毛細血管に入り，血管eを通って器官Xに運ばれる。器官Xは何か，次のア～エから最も適当なものを1つ選び，その記号を書きなさい。

ア．肝臓

イ．小腸

ウ．じん臓

エ．肺

(3) 　尿素の割合が最も低い血液が流れている血管はどれか，図2のa～hから最も適当なものを1つ選び，その記号を書きなさい。

(4) 　動脈血が流れている血管はどれか，図2のa～dから適当なものをすべて選び，その記号を書きなさい。

2 　まさみさんの部屋には水温を管理できる，水の入った水そうがある。まさみさんは，水そうの表面に水滴がついているときと，ついていないときがあることに気づき，室温，湿度，水そうの水温を測定し，水そうの表面の水滴がついているか，ついていないかを調べた。結果は表1のとおりであった。また，表2は，温度と飽和水蒸気量の関係を示したものである。このことについて，あとの各問いに答えなさい。ただし，水そうの表面付近の空気の温度は水温と等しいものとする。（4点）　　　　　　　　　　（表1，表2は次のページにあります。）

表1

測定	室温(℃)	湿度(%)	水温(℃)	水そうの表面の水滴
測定1	28	54	20	（　B　）
測定2	26	62	20	ついていない
測定3	X	62	20	ついている
測定4	26	Y	20	ついている
測定5	26	62	Z	ついている

表2

温度(℃)	飽和水蒸気量(g/m³)	温度(℃)	飽和水蒸気量(g/m³)
0	4.8	16	13.6
2	5.6	18	15.4
4	6.4	20	17.3
6	7.3	22	19.4
8	8.3	24	21.8
10	9.4	26	24.4
12	10.7	28	27.2
14	12.1	30	30.4

(1) 水そうの表面に水滴がついたのは，空気中の水蒸気が冷やされて水滴に変わったためである。空気中の水蒸気が冷やされて水滴に変わりはじめるときの温度を何というか，その名称を書きなさい。

(2) 次の文は，測定1の結果について，まさみさんが考えたことをまとめたものである。文中の（　A　）に入る最も適当な数を書きなさい。また，（　B　）に入る言葉は何か，下のア，イから最も適当なものを1つ選び，その記号を書きなさい。ただし，（　A　）は小数第2位を四捨五入し，小数第1位まで求めなさい。

> 測定1のとき，この部屋の空気1m³にふくまれる水蒸気量は（　A　）gであるので，20℃のときの飽和水蒸気量から考えると，水そうの表面に水滴は（　B　）。

（B）の語群

ア．ついている　　　イ．ついていない

(3) 表1の測定3〜測定5では，水そうの表面に水滴がついていた。測定3の室温X，測定4の湿度Y，測定5の水温Zは，測定2の室温，湿度，水温と比べて高いか，低いか，次のア〜クから最も適当なものを1つ選び，その記号を書きなさい。

	ア	イ	ウ	エ	オ	カ	キ	ク
測定3の室温　X	高い	高い	高い	高い	低い	低い	低い	低い
測定4の湿度　Y	高い	高い	低い	低い	高い	高い	低い	低い
測定5の水温　Z	高い	低い	高い	低い	高い	低い	高い	低い

3 たろうさんは，家から花火大会の花火を見ていて，次の①，②のことに気づいた。このことについて，あとの各問いに答えなさい。（4点）

> ① 花火が開くときの光が見えてから，その花火が開くときの音が聞こえるまでに，少し時間がかかる。
> ② 花火が開くときの音が聞こえるたびに，家の窓ガラスが揺れる。

(1) たろうさんが，家で，花火が開くときの光が見えてから，その花火が開くときの音が聞こえるまでの時間を，図のようにストップウォッチで計測した結果，3.5秒であった。家から移動し，花火が開く場所に近づくと，その時間が2秒になった。このとき，花火が開く場所とたろ

うさんとの距離は何m短くなったか，求めなさい。ただし，音が空気中を伝わる速さは340m／秒とする。

図

(2)　①について，花火が開くときの光が見えてから，その花火が開くときの音が聞こえるまでに，少し時間がかかるのはなぜか，その理由を「光の速さ」という言葉を使って，簡単に書きなさい。

(3)　②について，次の文は，たろうさんが，花火が開くときの音が聞こえるときに，家の窓ガラスが揺れる理由をまとめたものである。文中の（X），（Y）に入る最も適当な言葉は何か，それぞれ書きなさい。

　　音は，音源となる物体が（　X　）することによって生じる。音が伝わるのは，（　X　）が次々と伝わるためであり，このように（　X　）が次々と伝わる現象を（　Y　）という。
　　花火が開くときの音で窓ガラスが揺れたのは，花火が開くときに空気が（　X　）し，（　Y　）として伝わったためである。

4　次の実験について，あとの各問いに答えなさい。（5点）

〈実験〉　気体の性質を調べるために，次の①，②の実験を行った。
①　図1の実験装置を用いて，三角フラスコに入れた石灰石に，うすい塩酸を加え，発生した気体Aを水上置換法で集気びんに集めた。
②　図2の実験装置を用いて，試験管aに塩化アンモニウムと水酸化カルシウムを入れて加熱し，発生した気体Bを上方置換法で乾いた試験管bに集めた。気体Bがじゅうぶんに集まったことを確認するために，試験管bの口に水でぬらしたリトマス紙をあらかじめ近づけておいた。

図1

うすい塩酸

石灰石

水

図2

試験管a

塩化アンモニウムと
水酸化カルシウム

乾いた
試験管b

水でぬらした
リトマス紙

---

(1)　①，②について，気体A，Bはそれぞれ何か，化学式で書きなさい。

(2)　②について，次の(a)，(b)の各問いに答えなさい。

　(a)　気体Bを上方置換法で集めたのは，気体Bには，水に溶けやすいという性質以外にどのような性質があるからか，「密度」という言葉を使って，簡単に書きなさい。

　(b)　次のページの文は，気体Bがじゅうぶんに集まったことを確認するために，試験管bの口に水でぬらしたリトマス紙を近づけておいた理由をまとめたものである。文中の（Ⓧ）～（Ⓩ）に入る言葉はそれぞれ何か，次のページのア～エから最も適当な組み合わせを1つ選び，そ

の記号を書きなさい。

> 　気体Bは水に溶けると（　Ⓧ　）性を示すので，水でぬらしたリトマス紙に気体Bがふれると，（　Ⓨ　）色のリトマス紙が（　Ⓩ　）色に変化する。試験管bの口に近づけておいたリトマス紙の色の変化を観察することで，試験管bの口まで気体Bが集まったことを確認することができるため。

ア．Ⓧ－酸　　Ⓨ－青　　Ⓩ－赤　　　イ．Ⓧ－アルカリ　　Ⓨ－青　　Ⓩ－赤
ウ．Ⓧ－酸　　Ⓨ－赤　　Ⓩ－青　　　エ．Ⓧ－アルカリ　　Ⓨ－赤　　Ⓩ－青

5　次の文を読んで，あとの各問いに答えなさい。（9点）

> 　図は，天球上の黄道を模式的に示したものである。図のように，黄道を12等分した位置を点A～Lで示したところ，天の北極Yに最も近い黄道上の位置が点Dになった。この図を見て，三重県に住んでいるみずきさんは，太陽や星座を1年を通して観測したことや，資料集やインターネットで調べたことを，次の①～③のようにノートにまとめた。ただし，みずきさんが観測をした地点は北緯34.0°とする。

【みずきさんのノートの一部】

> ①　太陽と星の見かけの動きについて
> 　太陽と星座の星を1年を通して観測したとき，太陽は，星座の星の位置を基準にすると，天球上の星座の間を少しずつ移動するように見える。
> ②　季節ごとの太陽と黄道上の星の位置について
> 　黄道は天の赤道から23.4°傾（かたむ）いている。このことと，観測をする地点の緯度から，天の北極の位置Yと太陽の位置との間の角度や，季節ごとに観測できる黄道上の星，および，太陽の南中高度がわかる。
> ③　太陽の見かけの動きと「うるう年」の関係についで
> 　暦（こよみ）の上では，1年は365日である。これに対して，見かけの太陽の位置が，点Aから黄道上を1周して，次に点Aの位置になるまでの時間はおよそ（　あ　）日である。このことから，太陽の位置と毎年の暦が大きくずれないようにするために，暦の上で1年を366日にする「うるう年」が定められていることが説明できる。

⑴　①について，太陽と星座の星を1年を通して観測したとき，次の⒜～⒞の各問いに答えなさい。

　⒜　黄道上を太陽が1周する見かけの動きはどちらからどちらの向きか，その向きを東，西，南，北を使って書きなさい。

(b)　黄道上を太陽が1周する見かけの動きは地球の何という動きによるものか，その名称を漢字で書きなさい。

(c)　太陽の見かけの動きが星座の星の見かけの動きとちがうのはなぜか，その理由を「地球」，「距離」という2つの言葉を使って，簡単に書きなさい。

(2)　②について，次の(a)～(d)の各問いに答えなさい。

(a)　夏至の日の太陽の位置を点Zとするとき，地球の中心X，天の北極Yについて∠ZXYは何度か，求めなさい。ただし，∠ZXYは180°より小さい角とする。

(b)　太陽の位置が黄道上の点Gの位置になる日，点Bの位置にある星が南中するのは日の入りから何時間後か，整数で求めなさい。

(c)　春分の日の午前0時に，地平線からのぼりはじめる黄道上の星はどの位置にあるか，点A～Lから最も適当なものを1つ選び，その記号を書きなさい。

(d)　点Fの位置にある星が南中してから2時間後に日の出を迎えた。この日の太陽の南中高度は何度か，求めなさい。

(3)　③について，文中の（あ）に入る数は何か，次のア～エから最も適当なものを1つ選び，その記号を書きなさい。

ア．364.76　　イ．365.24　　ウ．365.76　　エ．366.24

6　次の文は，マグネシウムをガスバーナーで加熱した実験を振り返ったときの，やすおさんと先生の会話文と，その後，やすおさんが疑問に思ったことを別の実験で確かめ，ノートにまとめたものである。これらを読んで，あとの各問いに答えなさい。（8点）

①　【やすおさんと先生の会話】

先　生：　マグネシウムをガスバーナーで加熱すると，どのような化学変化が起きましたか。

やすお：　加熱した部分から燃焼が始まり，加熱をやめても燃焼し続けました。マグネシウムがあんなに激しく反応するとは予想していなかったので驚きました。

先　生：　そうでしたね。では，燃焼した後の物質のようすはどうでしたか。

やすお：　燃焼後は，マグネシウムが白い物質になりました。マグネシウムが空気中の酸素と結びついたと考えると，白い物質は酸化マグネシウムだと思います。

先　生：　そのとおりです。ほかに調べてみたいことはありますか。

やすお：　マグネシウムが空気中の酸素と結びついたということから，燃焼前のマグネシウムと燃焼後の酸化マグネシウムの質量を比べると，結びついた酸素の分だけ質量が増加していると思います。マグネシウムが酸化マグネシウムに化学変化するときの，マグネシウムと酸素の質量の比について，実験で調べてみたいです。

　　　　また，マグネシウムは空気中で燃焼し続けましたが，二酸化炭素で満たした集気びんに，燃焼しているマグネシウムを入れるとどのようになるのか，実験で調べてみたいです。

② やすおさんは，マグネシウムが酸化マグネシウムに化学変化するときの，マグネシウムと酸素の質量の比について調べる実験を行い，次のようにノートにまとめた。

【やすおさんのノートの一部】

<課題> マグネシウムが酸化マグネシウムに化学変化するときの，マグネシウムと酸素の質量の比はどのようになるのだろうか。

図1

<方法> 図1のように，細かくけずったマグネシウム0.60 gをステンレス皿全体にうすく広げ，加熱したときにマグネシウムが飛び散るのを防ぐためにステンレス皿に金あみでふたをして，ガスバーナーで一定時間加熱した。加熱後，ステンレス皿全体をよく冷ましてから，加熱後の物質の質量を測定した。

　測定後，ステンレス皿の中の物質をよくかき混ぜてからふたたび加熱し，冷ましてから質量を測定する操作を，質量が増えることなく一定になるまでくり返した。加熱後の物質の質量は，加熱後の金あみをふくめた皿全体の質量から，金あみと皿の質量を引いて求めた。

<結果> 加熱回数ごとの加熱後の物質の質量は，次の表のようになった。

表

加熱回数	1回目	2回目	3回目	4回目	5回目	6回目	7回目
加熱後の物質の質量(g)	0.86	0.88	0.94	0.98	1.00	1.00	1.00

③ やすおさんは，二酸化炭素で満たした集気びんの中に燃焼しているマグネシウムを入れるとどのようになるのか実験で調べ，次のようにノートにまとめた。

【やすおさんのノートの一部】

<課題> 二酸化炭素で満たした集気びんの中でもマグネシウムは燃焼し続けるのだろうか。

図2

<方法> 空気中でマグネシウムをガスバーナーで加熱し，燃焼しているマグネシウムを，図2のように，二酸化炭素で満たした集気びんに入れた。

二酸化炭素

<結果> 二酸化炭素で満たした集気びんの中でも，マグネシウムは燃焼し続けた。燃焼後，集気びんの中には，酸化マグネシウムと同じような白い物質のほかに，黒い物質もできていた。

(1)　①について，次の(a)，(b)の各問いに答えなさい。

(a)　マグネシウムを空気中で加熱したときに起きた化学変化を，化学反応式で表すとどうなるか，書きなさい。ただし，できた酸化マグネシウムは，マグネシウムと酸素の原子が 1：1 の割合で結びついたものとする。

(b)　次の文は，燃焼について説明したものである。文中の（　A　），（　B　）に入る最も適当な言葉は何か，それぞれ漢字で書きなさい。

> 燃焼とは，（　A　）や（　B　）を出して，激しく酸化する化学変化のことである。

(2)　②について，次の(a)，(b)の各問いに答えなさい。

(a)　マグネシウムと酸素が結びついて酸化マグネシウムができるとき，マグネシウムと酸素の質量の比はどうなるか，最も簡単な整数の比で表しなさい。

(b)　マグネシウムの加熱回数が 1 回目のとき，加熱後の物質にふくまれる酸化マグネシウムは何 g か，求めなさい。

(3)　③について，次の(a)，(b)の各問いに答えなさい。

(a)　二酸化炭素で満たした集気びんの中で，マグネシウムが燃焼したときにできる黒い物質は何か，その名称を漢字で書きなさい。

(b)　二酸化炭素で満たした集気びんの中で，マグネシウムが燃焼したときに，二酸化炭素に起きる化学変化を何というか，書きなさい。

7　次の観察や実験について，あとの各問いに答えなさい。（8点）

> 植物の葉のはたらきを調べるためにオオカナダモを使って，次の観察や実験を行った。
>
> 〈観察〉
>
> 　図1のように，明るいところに置いたオオカナダモ**L**と，1日暗いところに置いたオオカナダモ**M**から，それぞれ先端近くの葉をとり，次の①，②の観察を行った。
>
> ①　**L**，**M**それぞれの葉のプレパラートをつくり，図2の顕微鏡で観察した。次のページの図3は，顕微鏡で観察したオオカナダモの葉の細胞をスケッチしたものである。
>
> ②　**L**，**M**それぞれの葉を熱湯に入れた後，あたためたエタノールの中に入れ，エタノールからとり出して水でよくゆすいだ。この葉をスライドガラスにのせて，うすめたヨウ素液をたらし，カバーガラスをかけて，顕微鏡で観察した。次のページの表1は，ヨウ素液による色の変化をまとめたものである。
>
> 図1
>
> L　　　　　　　　M　　　　　　　　　　　　　図2
>
>

図3　　　　　　　　　　　　　　　　　　　　表1

	ヨウ素液による色の変化
オオカナダモLの葉	青紫色になった
オオカナダモMの葉	変化しなかった

〈実験〉

　　青色のBTB溶液に二酸化炭素をふきこんで緑色にした後，これを4本の試験管A，B，C，Dに入れた。図4のように，試験管AとCにオオカナダモを入れ，試験管BとDにはオオカナダモを入れなかった。また，試験管CとDにはアルミニウムはくを巻き，光が当たらないようにした。4本の試験管A，B，C，Dにしばらく光を当てた後，BTB溶液の色の変化を調べた。表2は，4本の試験管A，B，C，Dにおける，BTB溶液の色の変化をまとめたものである。ただし，BTB溶液の温度は変化しないものとする。

図4　A　　B　　C　　D　　　　　表2

試験管	BTB溶液の色の変化
A	青色になった
B	変化しなかった
C	黄色になった
D	変化しなかった

⑴　観察について，次の(a)～(d)の各問いに答えなさい。

　(a)　顕微鏡を用いて観察するときの，顕微鏡の使い方や説明として正しいものはどれか，次のア～エから最も適当なものを1つ選び，その記号を書きなさい。

　　ア．ピントを合わせるときは，対物レンズとプレパラートを遠ざけておいて，接眼レンズをのぞきながら調節ねじをゆっくり回し，対物レンズとプレパラートを近づける。

　　イ．高倍率で観察するときは，低倍率の対物レンズでピントを合わせた後，レボルバーを回して高倍率の対物レンズにし，しぼりなどで明るさを調節する。

　　ウ．観察倍率は，接眼レンズの倍率と対物レンズの倍率の和で求められる。

　　エ．対物レンズの倍率が高くなると，ピントを合わせたとき，対物レンズの先端とプレパラートの間隔は，対物レンズの倍率が低いときと比べて広くなる。

　(b)　①では，細胞の中に多くの緑色の粒が観察できた。図3に示した，緑色の粒のことを何というか，その名称を漢字で書きなさい。

　(c)　②で，あたためたエタノールの中に葉を入れたのは何のためか，その目的を簡単に書きなさい。

　(d)　②で，明るいところに置いたオオカナダモLの葉の細胞の中にある粒の色が，ヨウ素液で青紫色に変化したことから，緑色の粒の中で，ある物質ができていたと考えられる。緑色の粒の中でできていたと考えられる物質は何か，その名称を書きなさい。

⑵　実験について，次の(a)～(c)の各問いに答えなさい。

　(a)　試験管Bを用意して実験を行ったのはなぜか，その理由を「試験管Aで見られたBTB溶液

の色の変化は」に続けて，簡単に書きなさい。

(b) 次の文は，表2にまとめたBTB溶液の色の変化について考察したものである。文中の（あ）～（え）に入る言葉は何か，次のア～オから最も適当なものを1つずつ選び，その記号を書きなさい。

> 試験管Aでは，BTB溶液に溶けている二酸化炭素が（　あ　）なり，（　い　）性に変化したと考えられる。また，試験管Cでは，BTB溶液に溶けている二酸化炭素が（　う　）なり，（　え　）性に変化したと考えられる。

ア. 多く　　**イ**. 少なく　　**ウ**. 酸　　**エ**. 中　　**オ**. アルカリ

(c) 表2にまとめたBTB溶液の色の変化には，オオカナダモの光合成と呼吸が関係している。試験管Aで出入りする気体の量について正しく述べたものはどれか，次のア～ウから最も適当なものを1つ選び，その記号を書きなさい。

ア. 光合成によって出入りする気体の量は，呼吸によって出入りする気体の量より多い。

イ. 光合成によって出入りする気体の量は，呼吸によって出入りする気体の量より少ない。

ウ. 光合成によって出入りする気体の量と，呼吸によって出入りする気体の量は等しい。

8　次の実験について，あとの各問いに答えなさい。（8点）

> 〈実験〉　物体の運動について調べるため，台車，斜面Ⅰに固定した1秒間に60回打点する記録タイマーを用いて，次の①～③の実験を行った。①，②では，いずれの台車も斜面Ⅰを下り，水平面をまっすぐに進み，斜面Ⅱを上り，斜面Ⅱ上で一瞬静止してふたたび斜面Ⅱを逆向きに下りはじめた。斜面Ⅱを下りはじめてから台車を手で停止させた。③では，木片を水平面に置いて実験を行った。ただし，斜面Ⅰおよび斜面Ⅱのそれぞれと水平面はなめらかにつながっており，台車の運動にかかわる摩擦や空気の抵抗，記録タイマーと紙テープの間の摩擦はないものとする。また，③では，台車のもっているエネルギーはすべて木片に伝わるものとする。
>
> ①　図1のように，台車の後ろに紙テープをつけ，台車の先端部をAの位置に合わせて静かに手をはなした。

図1

②　図2（次のページ）のように，①と同じ装置を用いて，水平面からのDの高さが，図1における水平面からのAの高さの2倍になるように斜面Ⅰの傾きを大きくした。次に台車の先端部をDの位置に合わせて静かに手をはなした。

図2

③ 図3のように，②と同じ装置の水平面に木片を置き，台車の先端部をDの位置に合わせて静かに手をはなして，台車を木片に当てた。

図3

⑴ ①について，図4は，①で台車が斜面Ⅰを下りるときに記録された紙テープの一部を示したものである。また，図4の打点（あ）〜（え）は，（あ），（い），（う），（え）の順に記録されたもので，打点（あ）〜（い）間の距離は0.9㎝，打点（い）〜（う）間の距離は1.8㎝，打点（う）〜（え）間の距離は2.7㎝であった。次の(a)〜(d)の各問いに答えなさい。

図4

(a) 台車が斜面Ⅰを下りるとき，台車にはたらく力のうち，斜面に平行で下向きの力の大きさについて正しく述べたものはどれか，次のア〜エから最も適当なものを1つ選び，その記号を書きなさい。

　　ア．力の大きさは，しだいに小さくなる。

　　イ．力の大きさは，しだいに大きくなる。

　　ウ．力の大きさは，常に一定である。

　　エ．力は，はたらいていない。

(b) 台車が斜面Ⅰを下りるとき，図4の打点（あ）〜（え）間の台車の平均の速さは何㎝／秒か，求めなさい。

(c) 台車が斜面Ⅰを下りるとき，台車がもつ位置エネルギーと運動エネルギーは，それぞれどのように変化するか，簡単に書きなさい。

(d) 台車がBを通過した後から，水平面をまっすぐに進むとき，水平面上での台車の運動を何というか，その名称を漢字で書きなさい。

⑵ ①，②について，それぞれの台車が運動をはじめてから斜面Ⅱで一瞬静止するまでの速さと時間の関係を模式的に示しているグラフはどれか，次のア〜エから最も適当なものを1つ選

び，その記号を書きなさい。ただし，①，②において，斜面Ⅰ上のＡＢ間の距離とＤＢ間の距離は等しく，ＢＣ間の距離と，斜面Ⅱの傾きはそれぞれ等しいものとする。

(3)　③について，台車が木片に当たり，木片はＣに向かって移動し水平面上で静止した。移動している木片が静止するまでの間に，木片がもつエネルギーはどのように変わるか，次のア～エから最も適当なものを１つ選び，その記号を書きなさい。

ア．運動エネルギーが位置エネルギーに変わる。

イ．位置エネルギーが運動エネルギーに変わる。

ウ．運動エネルギーが音，熱のエネルギーに変わる。

エ．音，熱のエネルギーが運動エネルギーに変わる。

※この解答用紙は154%に拡大していただきますと，実物大になります。

＜社会＞　　時間　45分　満点　50点

1　次の略地図を見て，あとの各問いに答えなさい。（9点）

〈略地図〉

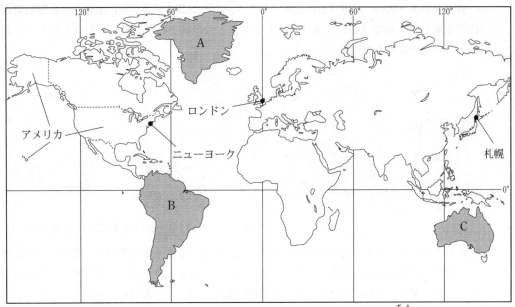

（『世界国勢図会 2018/19』ほかから作成）

(1)　略地図に示した札幌，ロンドン，ニューヨークについて，資料1は，都市の位置，資料2は，月別平均気温を示したものである。これらを見て，次の(a)，(b)の各問いに答えなさい。

〈資料1〉

	都市の位置	
	緯度	経度
札幌	北緯　43°	東経 141°
ロンドン	北緯　51°	0°
ニューヨーク	北緯　41°	西経　74°

〈資料2〉

	1月	2月	3月	4月	5月	6月	7月	8月	9月	10月	11月	12月
札幌	－ 3.6	－ 3.1	0.6	7.1	12.4	16.7	20.5	22.3	18.1	11.8	4.9	－ 0.9
ロンドン	5.8	6.2	8.0	10.5	13.9	17.0	18.7	18.5	16.2	12.4	8.5	5.7
ニューヨーク	1.0	2.0	5.9	11.6	17.1	22.4	25.3	24.8	20.8	14.7	9.2	3.7

〔注：単位は℃〕(資料1，資料2は，『理科年表』ほかから作成)

(a)　札幌とニューヨークの時差を正しく述べた文はどれか，次のア～エから最も適当なものを1つ選び，その記号を書きなさい。

　　ア．札幌の時刻は，ニューヨークの時刻よりも7時間早い。

イ．札幌の時刻は，ニューヨークの時刻よりも７時間遅い。

ウ．札幌の時刻は，ニューヨークの時刻よりも14時間早い。

エ．札幌の時刻は，ニューヨークの時刻よりも14時間遅い。

(b) 12月から３月において，ロンドンが，札幌やニューヨークと比べて温暖なのはなぜか，その理由を，海流と風に着目して，「ロンドンは，」に続けて書きなさい。

(2) 略地図に示したアメリカについて，次の(a)，(b)の各問いに答えなさい。

(a) 資料３の**ア～エ**は，アメリカ，日本，カナダ，フランスのいずれかの国における発電量の内訳を示したものである。アメリカにあてはまるものはどれか，最も適当なものを１つ選び，その記号を書きなさい。

〈資料３〉

〔注：数値は 2015 年のもの〕（『世界国勢図会 2018/19』から作成）

(b) けんたさんは，アメリカが農産物の世界有数の生産国であることを知り，穀物の生産について調べ，資料４にまとめた。資料４の**あ**，**い**は，小麦ととうもろこしのいずれかを示しており，**X**，**Y**は，世界における，生産量の国別割合と輸出量の国別割合のいずれかを示している。小麦にあてはまるのは**あ**，**い**のどちらか，また，生産量の国別割合にあてはまるのは**X**，**Y**のどちらか，下の**ア～エ**から最も適当な組み合わせを１つ選び，その記号を書きなさい。

〈資料４〉

〔注：数値は 2016 年のもの〕（『世界国勢図会 2018/19』から作成）

ア．小麦－あ　　　生産量－**X**　　　**イ**．小麦－あ　　　生産量－**Y**

ウ．小麦－い　　　生産量－**X**　　　**エ**．小麦－い　　　生産量－**Y**

(3) 略地図に ▰ で示したＡ，Ｂ，Ｃの陸地を面積の大きい順に並べると，略地図上ではＢ→Ａ→Ｃの順に見えるが，実際にはＢ→Ｃ→Ａの順になる。なるみさんは，その理由を資料５にまとめた。資料５の □Ⅰ□ ，□Ⅱ□ にあてはまる言葉は何か，□Ⅰ□ については下の**ア**

～ウから，Ⅱ については下のエ～カから，最も適当なものをそれぞれ１つずつ選び，その記号を書きなさい。

〈資料５〉

略地図は， Ⅰ 地図で， Ⅱ ほど実際の面積より大きく表されるから。

Ⅰ ア．面積が正しい
　　イ．緯線と経線が直角に交わる
　　ウ．中心からの距離と方位が正しい
Ⅱ エ．本初子午線から離れる　　オ．低緯度になる　　カ．高緯度になる

2　あとの各問いに答えなさい。(9点)

(1)　資料１は，世界遺産に登録されている「日光の社寺」がある日光市の一部を示した２万５千分の１地形図である。また，資料２は，５cmの長さを示したものさしである。この地形図について，次の(a)，(b)の各問いに答えなさい。

〈資料１〉

(国土地理院　電子地形図 25000 から作成)

〈資料２〉

(a)　略地図１は，関東地方を示したものであり，日光市は，略地図１に ▉ で示した県に属している。日光市の属する県の名称は何か，次のア～エから最も適当なものを１つ選び，その記号を書きなさい。

ア．茨城県　　イ．群馬県
ウ．埼玉県　　エ．栃木県

〈略地図１〉

(b) 資料1から読み取れることを述べた文はどれか，次のア～カから適当なものを2つ選び，その記号を書きなさい。

ア．日光駅から見て，東照宮は北東の方角にある。

イ．A地点の標高は，600mである。

ウ．X地点から――に沿ってY地点へ向かう途中に，郵便局が2か所，病院が1か所ある。

エ．○で囲まれたZ地域に，水田や畑がある。

オ．大谷川は，西側が上流である。

カ．日光駅から東照宮までの実際の直線距離は，5km以上ある。

(2) 日本の川と，川がつくる地形について，次の(a)，(b)の各問いに答えなさい。

(a) 資料3は，日本と世界のおもな川の，河口からの距離と標高を示した模式図である。日本の川には，世界のおもな川と比べて，どのような特徴があるか，資料3から読み取り，書きなさい。

〈資料3〉

（『理科年表』ほかから作成）

(b) 資料4は，川が山間部から平野や盆地に出たところに，土砂がたまってつくられた地形の写真である。資料4に示した地形における，土砂のつぶの大きさと土地利用について正しく述べた文はどれか，次のア～エから最も適当なものを1つ選び，その記号を書きなさい。

〈資料4〉

ア．つぶの大きい砂や石からできており，おもに水田として利用される。

イ．つぶの大きい砂や石からできており，おもに畑や果樹園として利用される。

ウ．つぶの小さい砂や泥からできており，おもに水田として利用される。

エ．つぶの小さい砂や泥からできており，おもに畑や果樹園として利用される。

(3) 略地図2に示した秋田県，三重県，広島県，宮崎県について，次の(a)，(b)の各問いに答えなさい。

(a) 資料5は，それぞれの県庁所在地における月別平均降水量を示したものである。資料5の**B**と**C**にあてはまる県庁所在地名の組み合わせはどれか，下の**ア～カ**から最も適当なものを1つ選び，その記号を書きなさい。

〈略地図2〉

〈資料5〉

（『理科年表』から作成）

ア．B－秋田市　　　C－広島市　　　**イ**．B－秋田市　　　C－宮崎市
ウ．B－広島市　　　C－秋田市　　　**エ**．B－広島市　　　C－宮崎市
オ．B－宮崎市　　　C－秋田市　　　**カ**．B－宮崎市　　　C－広島市

(b) 資料6は，それぞれの県における製造品出荷額等割合を示したものであり，ⓐ，ⓑは，電子部品，輸送用機械のいずれかである。資料6の**Z**にあてはまる県名とⓑにあてはまる製造品の組み合わせはどれか，次のページの**ア～カ**から最も適当なものを1つ選び，その記号を書きなさい。

〈資料6〉

〔注：数値は2016年のもの〕
（『データでみる県勢　2019』ほかから作成）

　　　ア．Ｚ－秋田県　　　ⓑ－電子部品

　　　イ．Ｚ－秋田県　　　ⓑ－輸送用機械

　　　ウ．Ｚ－広島県　　　ⓑ－電子部品

　　　エ．Ｚ－広島県　　　ⓑ－輸送用機械

　　　オ．Ｚ－宮崎県　　　ⓑ－電子部品

　　　カ．Ｚ－宮崎県　　　ⓑ－輸送用機械

3　次の表のＡ～Ｆは，こはるさんが，歴史的分野を学習したときの内容をまとめたものの一部である。これを見て，あとの各問いに答えなさい。（9点）

A	大和政権（ヤマト王権）の勢力が広がるにつれて，各地に古墳がつくられるようになった。
B	奈良時代には，和歌が盛んになり，歌集がつくられた。
C	室町時代には，明との間で貿易が行われた。
D	江戸時代には，将軍に任命された老中が政治を行った。
E	明治時代には，政府は近代国家をめざして政治や外交を行った。
F	戦後の高度経済成長によって，国民の所得は増え，生活も大きく変わった。

(1)　Aについて，資料１は，日本最大の古墳である大仙古墳（仁徳陵古墳）の写真である。大仙古墳を示した場所はどれか，略地図に示したア～エから最も適当なものを１つ選び，その記号を書きなさい。

〈資料１〉

〈略地図〉

(2)　Bについて，資料２は，天皇や貴族，民衆の和歌を4500首ほど集めた歌集に収められている一首である。資料２の和歌が収められている歌集を何というか，その名称を漢字で書きなさい。

〈資料２〉

可良己呂武
須宗尓等里都伎
奈苦古良乎
意伎弖曽伎怒也
意母奈之尓志弖

（訳）すそに取
りついて泣く子
どもたちを置い
てまた来てし
まった。その子
の母もいないの
に。

(3) Cについて，資料3は，こはるさんがまとめたものの一部である。資料3の $\boxed{Ⅰ}$ ，$\boxed{Ⅱ}$ にあてはまる言葉の組み合わせはどれか，次のア～エから最も適当なものを1つ選び，その記号を書きなさい。

〈資料3〉

> 足利義満は，明に朝貢する形をとって貿易を始め，民間貿易船と区別するために $\boxed{Ⅰ}$ という証明書を持たせた。日本からは，銅や $\boxed{Ⅱ}$ などを輸出した。

ア．$\boxed{Ⅰ}$ －勘合　　　$\boxed{Ⅱ}$ －刀剣
イ．$\boxed{Ⅰ}$ －勘合　　　$\boxed{Ⅱ}$ －生糸
ウ．$\boxed{Ⅰ}$ －朱印状　　$\boxed{Ⅱ}$ －刀剣
エ．$\boxed{Ⅰ}$ －朱印状　　$\boxed{Ⅱ}$ －生糸

(4) Dについて，資料4は，老中の水野忠邦が行った政治についてまとめたものの一部である。資料4に示したように，水野忠邦が，株仲間に解散を命じたのはどのような目的があったからか，その1つとして考えられることを，「物価」という言葉を用いて，書きなさい。

〈資料4〉

> 水野忠邦は，営業を独占している株仲間に解散を命じた。

(5) Eについて，明治時代における，政府の外交について正しく述べた文はどれか，次のア～エから最も適当なものを1つ選び，その記号を書きなさい。

ア．岩倉使節団を朝鮮に派遣して日朝修好条規を結び，朝鮮を開国させた。
イ．ロシアと樺太・千島交換条約を結び，樺太をロシアに譲る一方，千島列島のすべてを日本領とした。
ウ．陸奥宗光外相のもとで，日清戦争の直前に関税自主権の回復に成功した。
エ．ロシア，ドイツ，フランスから，下関条約で日本が獲得した台湾を清に返還するよう勧告され，これを受け入れた。

(6) Fについて，資料5は，家庭電化製品の普及率を示したものであり，ア～エは，エアコン，白黒テレビ，電気洗濯機，電気冷蔵庫のいずれかである。白黒テレビにあてはまるものはどれか，最も適当なものを1つ選び，その記号を書きなさい。また，そのように判断した理由を，「カラーテレビ」という言葉を用いて，書きなさい。

〈資料5〉

〔注：普及率は全世帯に対する保有世帯の比率〕
（内閣府Webページから作成）

4 次のカードは，たろうさんが歴史的分野の学習を行ったときに設定したテーマを示したものである。これらを見て，あとの各問いに答えなさい。（9点）

テーマ1	中国文明のおこり

テーマ2	大航海時代と日本

テーマ4	アメリカ合衆国の発展

テーマ4	二度の世界大戦

(1) テーマ1について，資料1は，漢字のもととなった甲骨文字が刻まれた牛の骨の写真である。黄河流域におこり，甲骨文字がつくられた国の名称は何か，次のア～エから最も適当なものを1つ選び，その記号を書きなさい。

〈資料1〉

ア．殷
イ．秦
ウ．漢
エ．隋

(2) テーマ2について，ポルトガルやスペインなどヨーロッパの人たちが，海路によって世界に進出した大航海時代のころに，日本で起こったできごとを述べた文はどれか，次のア～エから最も適当なものを1つ選び，その記号を書きなさい。

ア．平清盛が，日宋貿易を進めるために，兵庫に港を整え，瀬戸内海の航路を整備した。
イ．北条時宗が，元寇に備えて，博多湾沿いに石の防壁を築かせた。
ウ．織田信長が，長篠の戦いで，足軽の鉄砲隊を活用して武田氏の騎馬隊に勝利した。
エ．伊能忠敬が，全国の海岸線を測量し，正確な日本地図をつくった。

(3) テーマ3について，資料2は，19世紀に起こったアメリカでの南北戦争について，たろうさんがまとめたものの一部である。資料2の X ～ Z にあてはまる言葉の組み合わせはどれか，次のア～エから最も適当なものを1つ選び，その記号を書きなさい。

〈資料2〉

> X を主張して，奴隷制度に反対する北部と， Y を主張して，奴隷制度に賛成する南部の対立により起こった南北戦争は，北部，南部ともに多大な被害を出した後， Z の勝利で終わった。

ア． X －自由貿易　　 Y －保護貿易　　 Z －南部
イ． X －自由貿易　　 Y －保護貿易　　 Z －北部
ウ． X －保護貿易　　 Y －自由貿易　　 Z －南部
エ． X －保護貿易　　 Y －自由貿易　　 Z －北部

(4) テーマ4について，資料3は，たろうさんが，二度の世界大戦の間に起こったできごとをまとめたものの一部である。これを見て，次の(a)～(c)の各問いに答えなさい。

　(a) 資料3の あ にあてはまる，アメリカのウィルソン大統領の提案により，平和と国際協調を目

〈資料3〉

西暦	おもなできごと
1914年	第一次世界大戦が始まる
1920年	あ が発足する
1929年	世界恐慌が起こる
1933年	① 日本が あ を脱退する
1945年	第二次世界大戦が終わる

的として設立された機構を何というか，その名称を漢字で書きなさい。

(b)　次の**ア～エ**のカードは，資料３の二度の世界大戦の間における，日本で起こったできごとを示したものである。**ア～エ**のカードを，書かれた内容の古いものから順に並べると，どのようになるか，その記号を書きなさい。

ア	ほとんどの政党や政治団体が解散して，大政翼賛会という組織にまとめられた。	**イ**	満州に配置されていた関東軍は，清の最後の皇帝であった溥儀を元首とする満州国の建国を宣言した。
ウ	陸軍の青年将校が，大臣などを殺害し，東京の中心部を占拠する二・二六事件が起こった。	**エ**	立憲政友会総裁の原敬は，立憲政友会の党員が閣僚のほとんどを占める本格的な政党内閣を組織した。

(c)　資料３の下線部①について，アメリカのルーズベルト大統領は，世界恐慌への対策として，1933年からニューディール（新規まき直し）政策を行った。資料４は，ニューディール政策によって建設されているダムの写真，資料５は，アメリカの失業率の推移を示したものである。資料４に示したように，ニューディール政策によって，ダムが建設されたのは，どのような目的があったからか，その１つとして考えられることを，資料５から読み取れることにふれて，「公共事業」という言葉を用いて，書きなさい。

〈資料４〉

〈資料５〉　アメリカの失業率の推移

（『南北アメリカ歴史統計』から作成）

5　右の表は，こずえさんの学級で行った公民的分野のレポート作成について，班ごとのテーマをまとめたものである。これを見て，あとの各問いに答えなさい。(14点)

(1)　テーマ１について，次のページの資料１は，憲法改正の手続きについて模式的に示したものである。資料１の　**あ**　～　**う**　にあてはまる言葉の組み合わせはどれか，次のページの**ア～エ**から最も適当なものを１つ選び，そ

テーマ１	国民主権と憲法改正
テーマ２	国会の仕事
テーマ３	労働者の権利
テーマ４	地球環境問題
テーマ５	生活と財政
テーマ６	行政のしくみ
テーマ７	社会権

の記号を書きなさい。

〈資料1〉

ア. あ －出席議員　　　い －過半数　　　　う －3分の2以上

イ. あ －出席議員　　　い －3分の2以上　　う －過半数

ウ. あ －総議員　　　　い －過半数　　　　う －3分の2以上

エ. あ －総議員　　　　い －3分の2以上　　う －過半数

(2) テーマ2について，次の(a)，(b)の各問いに答えなさい。

(a) 資料2は，2017年の国会の動きをまとめたものの一部であり，X～Zは国会の種類を示している。資料2のZにあてはまるものはどれか，下のア～エから最も適当なものを1つ選び，その記号を書きなさい。

〈資料2〉

1月	2月	3月	4月	5月	6月	7月	8月	9月	10月	11月	12月
20日開会		27日予算可決		26日改正民法成立	18日閉会			28日閉会 衆議院の解散	22日衆議院総選挙	1日開会 内閣総理大臣の指名	9日閉会
←			X		→			Y		←Z→	

(衆議院 Web ページほかから作成)

ア. 通常国会　　イ. 臨時国会　　ウ. 特別国会　　エ. 参議院の緊急集会

(b) 裁判官としての職務を果たさなかったり，裁判官としてふさわしくない行為をしたりした裁判官を辞めさせるかとうかを，国会が判断する裁判を何というか，その名称を書きなさい。

(3) テーマ3について，資料3は，労働者の権利を保障するための法律の内容をまとめたものの一部である。資料3にまとめた法律を何というか，その名称を漢字で書きなさい。

〈資料3〉

・労働者が使用者との交渉において対等な立場に立つことを促進することにより，労働者の地位を向上させる。

・労働者がその労働条件について交渉するために自ら代表者を選出する。

(4) テーマ4について，資料4は，日本で行われた国際会議についてまとめたものの一部である。資料4と関わりが深い資料はどれか，次のア～エから最も適当なものを1つ選び，その記号を書きなさい。

〈資料４〉

1997年12月，京都市で環境問題に関する国際会議が開催された。この会議では，京都議定書が採択された。

ア

特に水鳥の生息地として国際的に重要な湿地に関する条約

○条約締約国：168 か国

○日本の登録地数：50 か所

○日本の主な登録地
釧路湿原，藤前干潟，琵琶湖，宍道湖，串本沿岸海域など

(2015 年 6 月 26 日現在)

イ

二酸化炭素排出量

中国 28.0 ％
その他 42.6 ％
合計 約 323 億トン
アメリカ 15.0 ％
インド 6.4 ％
日本 3.5 ％
ロシア 4.5 ％
(2016 年)

ウ

絶滅のおそれのある動物の種数
(種)

ほ乳類　鳥類　は虫類　両生類　魚類
(2018 年)

エ

オゾンホール面積の年最大値
(万 km²)

1997　2002　2007　2012　2017(年)

(環境省 Web ページほかから作成)

(5) テーマ５について，資料５は，おもな税金の種類をまとめたものの一部である。資料５のＡ〜Ｄは，下のア〜エの税金のいずれかがあてはまる。資料５のＤにあてはまる税金はどれか，ア〜エから最も適当なものを１つ選び，その記号を書きなさい。

〈資料５〉

	国税	道府県税	市町村税
直接税	A	B	D
間接税	揮発油税など	C	入湯税など

ア．固定資産税　　イ．地方消費税　　ウ．自動車税　　エ．所得税

(6) テーマ６について，資料６は，政府の方針を決定する会議についてまとめたものの一部である。資料６にまとめた会議を何というか，その名称を漢字で書きなさい。

〈資料６〉

・首相が主催

・国務大臣が全員出席

・全会一致を原則

(7)　テーマ７について，ゆうたさんは社会権についてのレポートを作成するために，資料７，資料８，資料９，資料10を準備した。これらを見て，次の(a)，(b)の各問いに答えなさい。

〈資料７〉　日本国憲法第25条

①すべて国民は，健康で文化的な最低限度の生活を営む権利を有する。
②国は，すべての生活部面について，社会福祉，社会保障及び公衆衛生の向上及び増進に努めなければならない。

〈資料８〉　国民年金（基礎年金）のしくみ

・日本に住んでいる20歳以上60歳未満のすべての人が加入する。
・国民年金（基礎年金）の支給開始年齢は65歳で，保険料を納付した期間に応じて給付額が決定される。
・20歳から60歳の40年間保険料を納付していれば，満額を受給することができる。
・納めた保険料は，その年に年金を必要とする人たちに給付される。（世代間扶養方式）

（厚生労働省Webページほかから作成）

〈資料９〉　一人あたりの国民年金保険料の推移
（円/月）
（日本年金機構Webページから作成）

〈資料10〉　日本の世代別人口の推移
（万人）
（『日本国勢図会 2019/20』ほかから作成）

(a)　資料７の①に示されている，社会権の中で基本となる権利を何というか，その名称を**漢字**で書きなさい。

(b)　資料８に示した国民年金のしくみのもと，資料９に示したように，日本の一人あたりの国民年金保険料が増加しているのはなぜか，その理由の１つとして考えられることを，資料10から読み取り，「負担者」と「受給者」という２つの言葉を用いて，書きなさい。

※この解答用紙は200%に拡大していただきますと，実物大になります。

（四）

受検番号　　番

得点

1　① _____ う　② _____ る　③ _____　④ _____
　　　ひたい　　　　　　おさな　　　　　　こんきつ　　　　　えんじゅく

　⑤ _____　⑥ _____ い　⑦ _____　⑧ _____

2　(一) ____　(二) _____　(三) ____

　(四)
　　　　　　　　　　　　　　　　　　　　　　　　　　　　　　　25
　　　　　　　　　　　　　　　　　　　　　　から。
　　　30　　　　　　　　　　　　40

　(五) ____

3　(一) ____

　(二) _____

　(三)
　　　　　　　　　　　　　　　　　　　　　20　　　　　25
　　　　　　　　　こと。
　　　30

　(四) ____　(五) ____

4　(一) _____　(二) ____　(三) ____

　(四)
　　　　　　　　　10　　　　　15

5　(一) ____　(二) ____　(三) ____

※この解答用紙は154％に拡大していただきますと、実物大になります。

のを一つ選び、その記号を書きなさい。

ア、アンケート結果をもとに、全員で話し合うテーマを提示している。

イ、自分の考えを述べ、アンケート結果を分析し理由を推測している。

ウ、全員で出し合った意見について、共通点や相違点を整理している。

エ、他の人の意見をふり返り、自分の考えが正しいかを確認している。

（四）【話し合いの様子】の中の二重傍線部分「ボランティア活動の参加者を増やすための工夫」について、あなたの考えを、次の【注意】にしたがって書きなさい。

〔注意〕

① 題名は書かずに本文から書き出しなさい。

② 具体的なボランティア活動を一つ取り上げ、【資料2】または【資料3】をふまえて、そのボランティア活動の参加者を増やすための工夫を明確にして書きなさい。

③ あなたの考えが的確に伝わるように書きなさい。

④ 原稿用紙の使い方にしたがい、全体を百六十字以上二百字以内にまとめなさい。

さつきさん　そうかもしれないね。ボランティア活動はやっぱり　②　なのかな。

はるとさん　そんなことはないと思うよ。私たちにも参加できて、今まで参加したことがない人も「やってみよう」と思えるようなボランティア活動があるのではないかな。

あやかさん　そうだね。ボランティア活動の参加者を増やすための工夫を考えたいね。

(一)【話し合いの様子】の中の　①　に入る言葉として最も適当なものを、次のア～エから一つ選び、その記号を書きなさい。

ア、ボランティア活動に参加したことのある人の数は、全校生徒の大部分にまで増加しているということ

イ、ボランティア活動に参加したことのある人の数は、参加したことのない人の数とほぼ同数ということ

ウ、ボランティア活動に参加したことのない人の数は、参加したことのある人の数より少ないということ

エ、ボランティア活動に参加したことのない人の数は、全校生徒のうち半数以上を占めているということ

(二)【話し合いの様子】の中の　②　に入る言葉として最も適当なものを、次のア～エから一つ選び、その記号を書きなさい。

ア、身近なこと　　イ、楽しいこと
ウ、特別なこと　　エ、簡単なこと

(三)【話し合いの様子】の中の、そうたさんの発言は、話し合いの中でどのような役割を果たしているか。次のア～エから最も適当なも

【資料3】

ボランティア活動に参加しない理由	
参加する時間がないから	94
何をすればよいのかわからないから	69
自分にできるかどうか自信がないから	48
1人で参加するのは不安だから	12
その他	5

単位：人
（「ボランティア活動に参加したことがない」と回答した228人が回答）

【資料1】

ボランティア活動に参加したことがあるか

62人
228人

□参加したことがある　■参加したことがない
（全校生徒290人が回答）

【資料4】

今後，ボランティア活動に参加してみたいか

195人
12人
17人
4人

■今後，ボランティア活動に参加してみたい
□誘われればボランティア活動に参加してみてもよい
▨今後も，ボランティア活動に参加するつもりはない
▨わからない

（「ボランティア活動に参加したことがない」と回答した228人が回答）

【資料2】

ボランティア活動に参加した理由	
社会の役に立ちたいから	19
自分の成長につながると考えたから	16
知人に誘われたから	13
楽しそうだと思ったから	11
その他	3

単位：人
（「ボランティア活動に参加したことがある」と回答した62人が回答）

㈠ 傍線部分① 「にほひおこせよ」を現代仮名遣いに改め、すべてひらがなで書きなさい。

㈡ 傍線部分② 「春な忘れそ」の、現代語訳として最も適当なものを、次のア〜エから一つ選び、その記号を書きなさい。
ア、春を忘れてはいけない
イ、春を忘れないだろう
ウ、春を忘れてしまってもよい
エ、春を忘れてしまいそうだ

㈢ 傍線部分③ 「先人於故宅に於て」を、「先人故宅に於て」と読むことができるように返り点をつけたものは、次のア〜エのうちどれか。最も適当なものを一つ選び、その記号を書きなさい。
ア、先 人二 於 故 宅一　　イ、先 人 於レ 故 宅
ウ、先 人 於レ 故 宅一　　エ、先 人 於 故 宅一

㈣ 傍線部分④ 「あさましともあはれとも、心も及ばれね」は、筆者の感想である。これはどのようなことに対しての筆者の感想か。次の 　 の中の文の 　 に入る言葉を、十字以上十五字以内の現代語で書きなさい。

> 梅の木が、主人の移った土地まで飛んで行き、生えついたうえに、 [　] こと。

5 次の【話し合いの様子】は、中学校の生徒会長のあやかさんが他の生徒会役員とボランティア活動について話し合ったときの様子の一部であり、【資料1】、【資料2】、【資料3】、【資料4】は、全校生徒に実施したアンケートの結果をまとめたものである。これらを読んで、あとの各問いに答えなさい。(十点)

【話し合いの様子】

あやかさん
はじめに、全校生徒に実施したアンケートの結果を見てみよう。まず【資料1】で、 [①] がわかるよね。

はるとさん
【資料2】を見ると、ボランティア活動に参加した理由は、「社会の役に立ちたいから」がいちばん多く、次いで、「自分の成長につながると考えたから」、「知人に誘われたから」の順になっているね。

あやかさん
【資料3】を見ると、ボランティア活動に参加しない理由は、「参加する時間がないから」、「自分にできるかどうか自信がないから」、「何をすればよいのかわからないから」が多いことがわかるね。

さつきさん
でも、ボランティア活動に参加したことがない人で「今後、ボランティア活動に参加してみたい」と答えた人が一九五人もいることが【資料4】でわかるよ。ボランティア活動に参加したことがない人のほとんどが、参加する意思はあるということだよね。

そうたさん
これらの結果から考えると、もしかして、ボランティア活動は [②] と捉えられているのかも。私も、「ボランティア活動」と聞くと、災害救助や被災地の復興支援のように、現地に行って、困っている人を支援するような活動を想像するよ。全校生徒の多くの人がそういうイメージをもっていることによって、【資料1】のような結果になっだのではない

色	黄色（例　イチョウ）	紅葉（例　カエデ、ナナカマド）
色素	カロテノイド	アントシアニン
色づくしくみ	緑色の色素が消えていくと、隠れていた黄色の色素がだんだん目立ってくる。	緑色の色素がなくなるにつれて、赤い色素が　A　。
色づきの状態	年や場所によって　B　。	年や場所によって　C　。

（五）この文章の表現や構成の特徴として最も適当なものを、次のア〜エから一つ選び、その記号を書きなさい。

ア、植物を擬人化した表現を用いることによって、読者に親しみを持たせている。

イ、文体を常体で統一することによって、研究論文のような印象を持たせている。

ウ、植物に関する実験の結果を示すことで、自分の意見に説得力を持たせている。

エ、前半と後半とで相反する考え方を示すことで、主張に広がりを持たせている。

4　次の文章を読んで、あとの各問いに答えなさい。（八点）

菅原道真が、（注1）大宰府におぼしめしたちけるころ、
菅家、　　旅立つことを決心された

東風吹かば①にほひおこせよ梅の花主なしとて②春な忘れそ
こち　　　　　　　　　　　　　あるじ

とよみおきて、都を出でて、筑紫に移り給ひてのち、かの紅梅殿、梅の片枝、飛び参りて、生ひ付きにけり。
　　　　　　　　　　　　　一本の枝が　生えついた

ある時、この梅に向ひて、
　　　　　　　むか

ふるさとの花のものいふ世なりせばいかに昔のことをとはまし
世であったなら　どうにかして昔のことを尋ねただろうに

とながめ給ひければ、この木、
お詠みになった時

③　先　人　於　故　宅　（先人の旧宅に於て）
　　　　　　　　　　　　先人の旧宅　　おい

籠　廃　猶　於　旧　年（籠、旧年に廃る）
ル　　　　　　ニ　　　昨年から荒れはて
　　　　　　　　　　　まがき

麋　鹿　猶　棲　所（麋鹿、猶棲む所）
ム　　　　　　　　　鹿たちの住み家と化し
　　　　　　　　　　びろく　なほ

無　主　独　碧　天（主無くして独り碧天）
レ　　　　　　　　青空のみが澄みわたる
クシテ　　リ　へきてん

④　あさましともあはれとも、心も及ばれね。
　驚くほどで　　　　　　　　想像もつかないことではないか

と申したりけるこそ、
返事をした

（本文は『新編　日本古典文学全集　十訓抄』による。）
　　　　　　　　　　　　　　　　　　じっきんしょう
＊一部表記を改めたところがある。

（注1）大宰府——筑前の国（今の福岡県）に置かれた官庁。
　　　　　　　　ちくぜん
（注2）東風——東方から吹いてくる風。春風。
（注3）筑紫——九州北部を中心とする地域の古い呼び名。
（注4）紅梅殿——都にあった菅原道真の邸宅。
（注5）籠——柴や竹で間を広くあけて造った垣根。

陽の光の当たり方は、場所によって異なります。そのため、紫外線の当たり具合も、場所によって違うのです。

さらに、赤い色素をつくりだす反応は、葉っぱがカラカラに乾燥した状態では進みません。水分が保持されていなければなりません。ですから、紅葉には、湿度の高い場所が適しています。また、紅葉したあとも、湿度の高いほうが、美しい状態が長く保たれます。

そのため、紅葉の名所というと、高い山の中腹の、太陽の光がよく当たる斜面が多くなります。高い山では、空気が澄んでおり、紫外線が多く当たります。斜面には、昼間は太陽の光がよく当たり、高い山ですから、夜は冷えます。しかも、山の斜面の下には、川が流れており、朝には霧がかかるほど、湿度が高くなります。高い山の斜面には、美しく紅葉する条件がよくそろっているのです。紅色の色素はアントシアニンです。これは、黄葉の色素である黄色のカロテノイドと同じように、太陽の光に含まれる紫外線の害を防ぐ物質です。ですから、(2)この色素には、イチョウの黄葉と同じ役割が考えられます。

「何のために、カエデやナナカマドなどが紅色になるのか」と不思議がられます。

（田中　修『植物のひみつ』による。）

＊一部表記を改めたところがある。

（注1）　ナナカマド──バラ科の落葉高木。秋に紅葉して赤い実をつける。

(一)　波線部分①「隠れ」と波線部分②「隠し」について、これらの動詞の活用の種類の組み合わせとして最も適当なものを、次のア～エから一つ選び、その記号を書きなさい。

ア、①─五段活用　　②─下一段活用
イ、①─下一段活用　②─上一段活用
ウ、①─下一段活用　②─五段活用
エ、①─上一段活用　②─下一段活用

(二)　傍線部分(1)「紅葉の名所といわれるところ」とあるが、次の□の中の文は、美しく紅葉する条件について、本文の内容をまとめたものである。□に入る最も適当な言葉を、本文中の言葉を使って、五字で書きなさい。

　美しく紅葉する条件として、昼が暖かいこと、夜に冷える□こと、紫外線を多く含む太陽の光が強く当たることに加え、紅葉の名所といわれるところは、これらの条件がよくそろっている、高い山の斜面が多くなる。

(三)　傍線部分(2)「この色素には、イチョウの黄葉と紅葉との同じ役割が考えられます」とあるが、赤い色素であるアントシアニンと黄色の色素であるカロテノイドに共通する役割とはどのようなことか。本文中の言葉を使って、「……こと。」につながるように、二十字以上三十字以内で書きなさい。（句読点も一字に数える。）

(四)　次の表は、本文に述べられている黄葉と紅葉との違いについてまとめたものである。表の中の A ～ C に入る言葉の組み合わせとして最も適当なものを、あとのア～エから一つ選び、その記号を書きなさい。

ア、A─だんだん消えていく　B─あまり変化がない　C─異なる
イ、A─新たにつくられる　　B─あまり変化がない　C─異なる
ウ、A─だんだん消えていく　B─異なる　　　　　　C─あまり変化がない
エ、A─新たにつくられる　　B─異なる　　　　　　C─あまり変化がない

されて葉っぱから消えていきます。そのため、隠れていた黄色い色素がだんだん目立ってきて、葉っぱは黄色くなります。

しかし、冬が近づき温度が下がれば、緑色の色素は完全になくなります。ですから、隠れていた黄色の色素が目立ってきて、必ず同じような黄色になります。ということは、イチョウの黄葉には、年ごとに、場所ごとに、あまり変化がないということです。

このしくみは、イチョウの葉っぱは、自分の生涯の終わりに際し、春から夏にかけて主役を務めてきた緑の色素に代わり、ずっと陰でその色素の働きを支えてきた黄色の色素に主役を譲るというものです。イチョウの葉っぱが、このように洒落た気配りの「ひみつ」をもっていることに「すごい」と感服せざるを得ません。

「何のために、イチョウの葉っぱが黄色になるのか」と不思議がられます。残念ながら、明確な理由はわかっていません。でも、黄色い色素はカロテノイドです。これには、太陽の光に含まれる紫外線の害を防ぐ働きがあります。ですから、この色素に考えられる役割があります。

イチョウの木のあちこちに、小さな芽があります。これらは、翌年の春には、葉っぱを展開するものです。イチョウの木にとっては、次の世代を背負っていく大切なものです。秋の日差しにはまだ多くの紫外線が含まれていますから、これらの芽は、紫外線から守られなければなりません。

黄葉の葉っぱの色素は、日差しが弱くなる冬までの一時期、紫外線を吸収して、次の年の春に活躍する芽が傷つけられることから守っているのです。冬が近づき、日差しが弱くなると、黄葉は

役目を終えて散るのです。

イチョウの黄葉に対して、葉っぱが赤く色づく紅葉は、同じ季節の現象ですが、そのしくみは異なります。紅葉する植物の代表は、カエデやナナカマドなどです。これらの紅葉は、「今年の色づきはきれい」とか「昨年は色づきが色づきが色づきがよくなかった」など、例年と比較されます。年によって、紅葉の色づきが異なるからです。

あるいは、「あそこのカエデがきれい」とか「あそこのカエデは、(1)色づきがよくない」のように、場所による色づきの違いがいわれます。

(1)紅葉の名所といわれるところも、場所によって、色づきに違いがあります。

紅葉は、黄葉とは異なり、年によっても、場所によっても、色づきが異なるのです。「なぜ、そんなに異なっているのだろうか」とのふしぎが感じられます。それは、紅葉には、黄葉とは異なる、色づくための「ひみつ」があるからです。

カエデやナナカマドの葉っぱは、緑色のときに、赤い色素をもっていません。ですから、赤色になるためには、葉っぱの緑色の色素であるクロロフィルがなくなるにつれて、「アントシアニン」という赤い色素が新たにつくられなければなりません。

アントシアニンがきれいにつくられるためには、三つの大切な条件があります。一つ目は、昼が暖かいことです。二つ目は、夜に冷えることです。三つ目は、紫外線を多く含む太陽の光が強く当たることです。これらの三つの条件がそろったとき、赤い色素であるアントシアニンが葉っぱの中で多くつくられます。

年によって、昼の暖かさと夜の冷えこみ具合は異なります。そのため、年ごとに、色づきが「よい」とか「よくない」ということがおこります。また、場所によっても、昼と夜の寒暖の差は異なります。太

さい。

ア、楷書と比べ、筆順が異なっている。

イ、楷書と比べ、点画が省略されている。

ウ、楷書ではらう部分を、はねている。

エ、楷書ではねる部分を、とめている。

(二)傍線部分②「ドライブの前にお父さんが車を洗ったり点検したり調整を行う目的は何であると言っているか。本文中から六字で抜き出して書きなさい。

(三)傍線部分③「メガネをかけて帰ってくる」とあるが、この部分は、いくつの単語に分けられるか。次のア〜エから最も適当なものを一つ選び、その記号を書きなさい。

ア、四　イ、五　ウ、六　エ、七

(四)傍線部分④「急に照れくさくなって、もじもじしてしまって、でも、なんとなく、胸がふわっと温もった」とあるが、なっちゃんが、このように感じたのはなぜか。その理由を、なっちゃんが嫌だったことにふれて、本文中の言葉を使って、「……から。」につながるように、三十字以上四十字以内で書きなさい。（句読点も一字に数える。）

(五)傍線部分⑤「メガネは目をよくしてくれるだけなのに、しゃべる声までくっきりと聞こえてくる」とあるが、この文で表現されている、なっちゃんの心情の説明として最も適当なものを、次のア〜エから一つ選び、その記号を書きなさい。

ア、川野さんが学校以外でもおしゃべりだということを知って、もっと話したいと思っている。

イ、川野さんのメガネを使ってきれいな虹ができたので、親しくなってよかったと感じている。

ウ、川野さんとメガネの話をしたことにより、明るくて前向きな気持ちになっている。

エ、川野さんに悩みごとを聞いてもらったため、今後は川野さんを大切にしようと決めている。

3　次の文章を読んで、あとの各問いに答えなさい。（十二点）

秋に葉っぱが黄色くなるのは、黄色い色素が新しくつくられるのではなく、すでにつくられて①～～～隠れていたものが姿を見せるためです。

それを知ると、「黄色い色素は、どこに隠れていたのか」との疑問がおこります。

それは、葉っぱの緑色の色素の下にまぎれて隠されていたのです。夏に葉っぱが緑色のときにすでに黄色い色素がつくられており、この色素の黄色は葉っぱの緑色の色素で隠されていたのです。葉っぱの緑色の色素「クロロフィル」、黄色の色素は「カロテノイド」という名前です。緑色のクロロフィルは、光合成に必要な光を吸収する主な色素です。カロテノイドも光を吸収し、その光も光合成に使われます。クロロフィルは、春からずっと緑色の葉っぱの中で、主役を務めます。葉っぱの緑色が濃いときには、黄色い色素は緑色の陰に隠されて目立ちません。濃い緑色が黄色の色素の色を②～～～隠しているというのが、「ひみつ」のしくみの前半部分なのです。

「ひみつ」のしくみの後半部分は、隠れていた黄色の色素が秋に目立ってくることです。温度がだんだん低くなると、緑色の色素が分解

でも、「今度はどんなのにしようかなあ」と、目をしょぼしょぼさせたまま、ほとんど手探りで商品棚のメガネをかける川野さんは、とても楽しそうだった。この子、メガネが好きなんだな、と思う。自分のたいせつなものだから、好きなんだな。

「こういうの、どう?」

川野さんがかけたのは、レンズの部分がまるっこいメガネだった。いつもの四角いメガネより、そっちのほうが似合う。「すごくかわいい」と、なっちゃんは言った。川野さんは「じゃあ、クリスマスプレゼント、これにしてもらおうかな」と笑った。ずいぶん気の早い話だけど、クリスマスプレゼントにかわいいメガネを買ってもらうのっていいな、と思った。ゲームを買ってもらうより、ずっといい。クリーニングと調整が終わったメガネを受け取ると、川野さんはまたメガネちゃん1号に戻った。

「これで二学期の準備完了」と言って、旅に出かける前のゲームの主人公みたいに、よし、とうなずいた。なっちゃんも「わたしも準備完了」と笑い返す。メガネちゃん1号と2号、二学期に向かって出発――。

川野さんはカウンターの上の記念品を見つけて、「なっちゃん、なに選んだの?」と訊いてきた。「まだ決めてない」と答えると、「これがいいよ」と液体クリーナーを勧めてくれた。「汚れもよく落ちるし、あと、遊べるの」

「遊べる、って?」

「ちょっと貸して」

川野さんはなっちゃんからメガネを受け取り、レンズの隅のほうに一滴垂らした。店員さんもよく知っているのだろう、あとで拭き取るためのティッシュペーパーを用意してくれている。

「このまま、かけてみて」

「拭かなくていいの?」

「いいのいいの、このままかけて、照明を見て」

言われたとおりにした。クリーナーが垂れて、視界がにじんだ。天井の照明を見つめると、クリーナーのしずくに光があたって、キラキラと虹のように光った。

「きれいでしょ?」

「うん……すごく、きれい……」

「わたし、ときどき、そうやって遊んでるの。メガネって面白いんだよ」

「うん……わかる……」

虹が光る。すごい。メガネは虹をつくることもできる。これで外に出て歩くと危なそうだけど。

なっちゃんはメガネをはずし、店員さんの差し出すティッシュで濡(ぬ)れたレンズを拭いた。

じゃあ行こうか、と川野さんが目で誘う。その誘いも、メガネをかけると、くっきり見える。

「行こう」「うん、行こう」「わたし、宿題まだ終わってないし」「えー、ヤバいじゃん、それ」……。

不思議だ。⑤メガネは目をよくしてくれるだけなのに、しゃべる声までくっきりと聞こえてくる。

自動ドアが開く。外に出る。夏休み最後のまぶしい陽射(ひざ)しが、クリーナーをちょっとだけ拭き残していたレンズの隅に、小さな、小さな、虹をつくった。

（重松(しげまつ)　清(きよし)『季節風　夏　〈虹色メガネ〉』による。）

(一)　次の漢字は、傍線部分(1)「無」を行書で書いたものである。この行書で書かれた漢字の○で囲まれた部分に見られる特徴として最も適当なものを、あとのア～エから一つ選び、その記号を書きな

〈国語〉

時間　四五分　満点　五〇点

1

次の①〜⑧の文の傍線部分について、漢字は読みをひらがなで書き、ひらがなは漢字に直しなさい。（八点）

① 本を大切に扱う。
② みかんを搾る。
③ 愉快な一日を過ごす。
④ 文章の体裁を整える。
⑤ ひたいに汗する。
⑥ おさない妹と遊ぶ。
⑦ こんざつを避ける。
⑧ えんじゅくした演技を観る。

2

次の文章を読んで、あとの各問いに答えなさい。（十二点）

小学校三年生のなっちゃんと川野さんは同じクラスである。なっちゃんは、視力検査で近視であることがわかり、夏休みの最終日、母親と一緒にメガネ屋に来た。

「明日から学校だから」

背中に、声が聞こえた。女の子の声だった。小学生ぐらいの、学年で言えば三年生ぐらいの、どこかで聞いたことのある……。

あれっ？と振り向くと、川野さんがいた。

川野さんも、あれっ？という顔をしていた。メガネのおかげではっきりと見える。くっきりと見える。視力は四月のクラス替えの頃から落ちていたのだろうか。顔をしかめ、目を(1)無理に細めて見ていたから、川野さんのメガネ姿がヘンによく見えたのだろうか。いま向き合った川野さんは、メガネがとてもよく似合っていて、かわいらしい。

「なっちゃん、メガネつくったの？」と笑って訊いてきて、かわいらしい。教室ではおとなしくてクライ印象しかなかったのに、いまの川野さんは、元気で、明るくて、友だちになれそうな気もした。メガネちゃん1号とメガネちゃん2号だから、というわけではなくて。

メガネをはずした川野さんは、目をしょぼしょぼさせて、「なっちゃんの顔も、あんまり見えない」と苦笑いを浮かべた。

川野さんのメガネは、いま、超音波をつかった洗浄器でクリーニングされている。洗い終わると、鼻当てのパッドを交換したりネジを締め直したりという調整をしてもらうのだという。

「明日から二学期だから、ほら、(2)ドライブの前にお父さんが車を洗ったり点検したりするのと同じ」

あ、そうか、となっちゃんはうなずいた。べつに「メガネはすごいんだ」と言われたわけではないけど、そういうのって、なんかカッコいいな、と思った。

クリーニングや調整が終わるのを待つ川野さんに付き合って、なっちゃんもお店に残ることにした。お母さんは「いい？だいじょうぶ？ちゃんと(3)メガネをかけて帰ってくるのよ」と何度も念を押して、先に帰った。

最初はメガネ姿を川野さんに見られることも嫌だった。とっさにはずそうとして、メガネに手も伸びた。

でも、川野さんは「似合うよ、なっちゃん」と言ってくれた。「いいフレーム選んだんだね」とも言ってくれた。お母さんや店員さんにほめられたときとは違って、「ほんと？そうかなあ、自分だとよくわかんないけど……」と(4)急に照れくさくなって、もじもじしてしまって、でも、なんとなく、胸がふわっと温もった。

二人でいても、べつに盛り上がったりはしない。顔がくっきり見えたからといって、無口な川野さんが急におしゃべりになるわけではない。

2020年度

解 答 と 解 説

《2020年度の配点は解答用紙集に掲載してあります。》

＜数学解答＞

$\boxed{1}$　(1)　-63　　(2)　$\dfrac{1}{20}x$　　(3)　$-a+25b$

　　(4)　$7-2\sqrt{10}$　　(5)　$(x+6)(x-6)$

　　(6)　$x=\dfrac{-5\pm\sqrt{29}}{2}$　　(7)　$n=9$

$\boxed{2}$　(1)　①　27000円　　②　⑦　36冊

　　②　右図　　⑰　28冊以上

　　(2)　①　$x+y$　　②　$\dfrac{x}{60}+\dfrac{y}{160}$

　　③　840　　④　960

　　(3)　①　$\dfrac{2}{9}$　　②　$\dfrac{1}{9}$

$\boxed{3}$　(1)　$a=\dfrac{1}{4}$　　(2)　$0\leqq y\leqq\dfrac{9}{4}$

　　(3)　①　D$(4,\ 3)$　　②　$y=\dfrac{5}{2}x$

$\boxed{4}$　(1)　①　$3\sqrt{3}$ cm　　②　$\dfrac{4\sqrt{6}}{3}$cm

　　(2)　右図

$\boxed{5}$　(1)　(ア)　$\angle$HAB　　(イ)　$\angle$CAE

　　(ウ)　2組の角　　(2)　解説参照

　　(3)　①　$12\sqrt{21}$cm^2　　②　BG：FE＝75：94

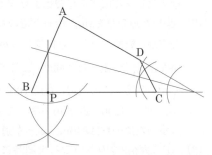

＜数学解説＞

$\boxed{1}$　(数・式の計算，平方根，因数分解，二次方程式，方程式の応用)

(1)　異符号の2数の積の符号は負で，絶対値は2数の絶対値の積だから，$(-9)\times 7=-(9\times 7)=-63$

(2)　$\dfrac{4}{5}x-\dfrac{3}{4}x=\left(\dfrac{4}{5}-\dfrac{3}{4}\right)x=\left(\dfrac{16}{20}-\dfrac{15}{20}\right)x=\dfrac{1}{20}x$

(3)　分配法則を使って，$7(a-b)=7\times a-7\times b=7a-7b$，$4(2a-8b)=4\times 2a-4\times 8b=8a-32b$

だから，$7(a-b)-4(2a-8b)=(7a-7b)-(8a-32b)=7a-7b-8a+32b=7a-8a-7b+32b$
$=-a+25b$

(4)　乗法公式$(a-b)^2=a^2-2ab+b^2$より，$(\sqrt{5}-\sqrt{2})^2=(\sqrt{5})^2-2\times\sqrt{5}\times\sqrt{2}+(\sqrt{2})^2=5-2\sqrt{10}$
$+2=7-2\sqrt{10}$

(5)　乗法公式$(a+b)(a-b)=a^2-b^2$より，$x^2-36=x^2-6^2=(x+6)(x-6)$

(6)　2次方程式$ax^2+bx+c=0$の解は，$x=\dfrac{-b\pm\sqrt{b^2-4ac}}{2a}$で求められる。問題の2次方程式は，

$a=1$，$b=5$，$c=-1$の場合だから，$x=\dfrac{-5\pm\sqrt{5^2-4\times 1\times(-1)}}{2\times 1}=\dfrac{-5\pm\sqrt{25+4}}{2}=\dfrac{-5\pm\sqrt{29}}{2}$

(7)　Aさんが4月から9月まで，図書館で借りた本の冊数の1か月あたりの平均が5.5冊ということ
は，4月から9月まで，図書館で借りた本の冊数の合計が5.5冊×6か月＝33冊ということだから，

$n=33-(5+4+3+7+5)=9$

2 （関数とグラフ，グラフの作成，連立方程式の応用，確率）

(1) ① B社で文集を15冊作成するとき，（総費用）＝（初期費用）＋（文集1冊あたりの費用）×（作成する冊数）＝18000円＋600円×15冊＝27000円

② ⑦ B社で文集をx冊作成するときの総費用をy円として，xとyの関係を表すグラフは，点$(0,\ 18000)$，$(15,\ 27000)$を通る一次関数だから，その傾き$=\dfrac{27000-18000}{15-0}=600$　より，直線の式は　$y=600x+18000\cdots$(i)　これより，B社で文集を総費用4万円以内で作成するとき，作成することができる最大の冊数は，(i)に$y=40000$を代入して，$40000=600x+18000$　$x=36\dfrac{2}{3}$　最大36冊作成することができる。

④ A社で文集をx冊作成するときの総費用をy円として，xとyの関係は，（総費用y円）＝（初期費用）＋（文集1冊あたりの費用）×（作成する冊数x冊）＝0円＋1250円×x冊　より，$y=1250x\cdots$(ii)　(ii)は$x=40$のとき$y=1250\times40=50000$　これより，xとyの関係を表すグラフは，点$(0,\ 0)$，$(40,\ 50000)$を通る直線になる。

⑨ 前問④のグラフで，A社とB社のグラフの交点の座標は，(i)と(ii)の連立方程式の解。(ii)を(i)に代入して，$1250x=600x+18000$　$x=27\dfrac{9}{13}$　よって，B社で文集を作成する総費用が，A社で文集を作成する総費用より安くなるのは，文集を28冊以上作成したとき。

(2) 歩いた道のりをxm，走った道のりをymとすると，歩いた道のりと走った道のりの和は，Aさんの家から駅までの道のりに等しいから　$x+y=1800\cdots$①　また，（時間）$=\dfrac{(道のり)}{(速さ)}$より，歩いた時間は$\dfrac{x}{60}$分，走った時間は$\dfrac{y}{160}$分で，家から出発してちょうど20分後に駅に着いたから　$\dfrac{x}{60}+\dfrac{y}{160}=20\cdots$②　②の両辺に60と160の最小公倍数の480をかけて　$8x+3y=9600\cdots$⑤　⑤－①×3より　$5x=4200$　$x=840\cdots$③　これを①に代入して　$840+y=1800$　$y=960\cdots$④　以上より，歩いた道のりは840m，走った道のりは960mとなる。

(3) ① 大小2つのさいころを同時に1回投げるとき，全ての目の出方は　$6\times6=36$通り。11以上66以下の整数の中で，素数は11，13，17，19，23，29，31，37，41，43，47，53，59，61，67だから，mが素数となるのは，$m=11$，13，23，31，41，43，53，61の8通り。よって，求める確率は　$\dfrac{8}{36}=\dfrac{2}{9}$

② $\sqrt{m}$が自然数となるのは，mが（自然数）^{2}の形になる数。11以上66以下の自然数の中で，（自然数）^{2}の形になる数は$16=4^2$，$25=5^2$，$36=6^2$，$49=7^2$，$64=8^2$だから，mが（自然数）^{2}の形になる数は，$m=16$，25，36，64の4通り。よって，求める確率は　$\dfrac{4}{36}=\dfrac{1}{9}$

3 （図形と関数・グラフ）

(1) 点Aは$y=3x+7$上にあるから，そのy座標は　$y=3\times(-2)+7=1$　よって，A$(-2,\ 1)$　$y=ax^2$は点Aを通るから，$1=a\times(-2)^2=4a$　$a=\dfrac{1}{4}$

(2) xの変域に0が含まれているから，yの最小値は0　$x=-2$のとき，$y=\dfrac{1}{4}\times(-2)^2=1$　$x=3$のとき，$y=\dfrac{1}{4}\times3^2=\dfrac{9}{4}$　よって，yの最大値は$\dfrac{9}{4}$で，yの変域は　$0\leqq y\leqq\dfrac{9}{4}$

(3) ① 関数$y=3x+7$の切片は7だから，B$(0,\ 7)$　点Cは$y=\dfrac{1}{4}x^2$上にあるから，そのy座標は$y=\dfrac{1}{4}\times6^2=9$　よって，C$(6,\ 9)$　平行四辺形の対角線はそれぞれの中点で交わる。対角線の交点をP，点Dの座標をD$(s,\ t)$とすると，点Pは対角線ACの中点だから，中点公式：「2点

$(x_1,\ y_1),\ (x_2,\ y_2)$の中点座標は$\left(\dfrac{x_1+x_2}{2},\ \dfrac{y_1+y_2}{2}\right)$」を利用して，$\mathrm{P}\left(\dfrac{-2+6}{2},\ \dfrac{1+9}{2}\right)=\mathrm{P}(2,\ 5)$

…(i)　また，点Pは対角線BDの中点でもあるから，$\mathrm{P}\left(\dfrac{0+s}{2},\ \dfrac{7+t}{2}\right)=\mathrm{P}\left(\dfrac{s}{2},\ \dfrac{7+t}{2}\right)$…(ii)　(i)，

(ii)より，$\begin{cases}\dfrac{s}{2}=2\\[2mm]\dfrac{7+t}{2}=5\end{cases}$　これを解いて，$s=4$，$t=3$　よって，$\mathrm{D}(4,\ 3)$

② **平行四辺形の対角線の交点を通る直線は，その平行四辺形の面積を2等分するから**，原点O
を通り，平行四辺形ADCBの面積を2等分する直線の式を　$y=ax$　とすると，この直線は点P
を通るから，点Pの座標を代入して，$5=a\times2$　$a=\dfrac{5}{2}$　よって，原点Oを通り，平行四辺形
ADCBの面積を2等分する直線の式は$y=\dfrac{5}{2}x$

[4] (空間図形，辺の長さ，三角形の高さ，作図)

(1)　①　△BCFは30°，60°，90°の直角三角形で，3辺の比は$2:1:\sqrt{3}$だから，$\mathrm{BF}=\dfrac{\sqrt{3}}{2}\mathrm{BC}=$
$\dfrac{\sqrt{3}}{2}\times6=3\sqrt{3}$ cm

②　△ABFはAF＝BF＝$3\sqrt{3}$ cmの二等辺三角形だから，点Fから辺ABへ垂線FHを引くと，**二等
辺三角形の頂角からの垂線は底辺を2等分するから**，AH＝BH。△BFHで三平方の定理を用い
ると，$\mathrm{FH}=\sqrt{\mathrm{BF}^2-\mathrm{BH}^2}=\sqrt{(3\sqrt{3})^2-3^2}=3\sqrt{2}$ cm　よって，△ABFの面積は，$\triangle\mathrm{ABF}=\dfrac{1}{2}\times$
$\mathrm{AB}\times\mathrm{FH}=\dfrac{1}{2}\times6\times3\sqrt{2}=9\sqrt{2}$ cm²　△ABFと△BEFで，**高さが等しい三角形の面積比は，底辺
の長さの比に等しいから**，$\triangle\mathrm{BEF}=\triangle\mathrm{ABF}\times\dfrac{\mathrm{BE}}{\mathrm{AB}}=9\sqrt{2}\times\dfrac{2}{1+2}=6\sqrt{2}$ cm²　△BEFの辺BFを
底辺としたときの高さをhとすると，$\triangle\mathrm{BEF}=\dfrac{1}{2}\times\mathrm{BF}\times h=6\sqrt{2}$　より，$h=\dfrac{6\sqrt{2}\times2}{\mathrm{BF}}=\dfrac{6\sqrt{2}\times2}{3\sqrt{3}}$
$=\dfrac{4\sqrt{6}}{3}$cm

(2)　(着眼点)辺AB上にある円の中心をOとすると，
**角をつくる2辺から距離が等しい点は，角の二等分
線上にあるから**，円Oが辺BCと辺ADに接するとい
うことは，円の中心Oは辺BCと辺ADがつくる角の
二等分線上にある。また，**接線と接点を通る半径は
垂直に交わるから**，OP⊥BCである。

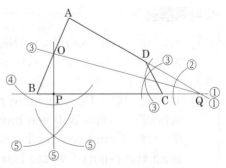

(作図手順)次の①〜⑤の手順で作図する。　①　辺
BCと辺ADを延長し，交点をQとする。　②　点Q
を中心とした円を描き，直線BC，AD上に交点を作
る。　③　②で作ったそれぞれの交点を中心として，交わるように半径の等しい円を描き，その
交点と点Qを通る直線(辺BCと辺ADがつくる角の二等分線)を引き，辺ABとの交点をOとする。
④　点Oを中心とした円を描き，直線BC上に交点を作る。　⑤　④で作ったそれぞれの交点を
中心として，交わるように半径の等しい円を描き，その交点と点Oを通る直線(点Oから辺BCに
引いた垂線)を引き，辺BCとの交点をPとする。(ただし，解答用紙には点O，Qの表記は不要で
ある。)

[5] (円の性質，合同・相似の証明，面積，線分の長さの比)

(1)　2つの三角形の相似は，「3組の辺の比がそれぞれ等しい」か，「2組の辺の比とその間の角が
それぞれ等しい」か，「2組の角がそれぞれ等しい」ときにいえる。本証明は，「2組の角がそれ

ぞれ等しい」をいうことで証明する。仮定より，線分AIは∠BACの二等分線だから，∠HAC＝∠HAB(ア)…①　$\overset{\frown}{BI}$に対する円周角は等しいから，∠HAB＝∠JCI…②　①，②より，∠HAC＝∠JCI…③　平行四辺形の向かい合う辺は平行だから，AD//BCとなり，錯角は等しいから，∠ACH＝∠CAE(イ)…④　$\overset{\frown}{CE}$に対する円周角は等しいから，∠CAE＝∠CIJ…⑤　④，⑤より，∠ACH＝∠CIJ…⑥　③，⑥より，「2組の角(ウ)がそれぞれ等しい」ことがいえる。

(2)　(証明)　(例)△ADCと△BCEにおいて，平行四辺形の向かい合う辺はそれぞれ等しいから，AD＝BC…①　$\overset{\frown}{EC}$に対する円周角は等しいから，∠CAD＝∠EBC…②　AB//DCより，錯角は等しいから，∠ACD＝∠BAC…③　$\overset{\frown}{BC}$に対する円周角は等しいから，∠BAC＝∠BEC…④　③，④より，∠ACD＝∠BEC…⑤　三角形の内角の和が180°であることと，②，⑤から，∠ADC＝∠BCE…⑥　①，②，⑥より，1組の辺とその両端の角がそれぞれ等しいので，△ADC≡△BCE

(3)　①　△ADC≡△BCEより，∠ADC＝∠BCE…①　AD//BCで，平行線の錯角は等しいから，∠CED＝∠BCE…②　①，②より，△CDEは∠CDE＝∠CEDの二等辺三角形　点Cから線分DEへ垂線CPを引くと，二等辺三角形の頂角からの垂線は底辺を2等分するから，DP＝EP＝$\dfrac{DE}{2}=\dfrac{BC-AE}{2}=\dfrac{12-8}{2}=2$cm　△CDPで三平方の定理を用いると，CP＝$\sqrt{CD^2-DP^2}=\sqrt{5^2-2^2}=\sqrt{21}$cm　以上より，平行四辺形ABCDの面積は　BC×CP＝$12\times\sqrt{21}=12\sqrt{21}$cm²

②　AE//BCで，平行線と線分の比についての定理より，BF：FE＝CF：FA＝BC：AE＝12：8＝3：2＝141：94…①　△ACPで三平方の定理を用いると，AC＝$\sqrt{AP^2+CP^2}=\sqrt{(AE+EP)^2+CP^2}=\sqrt{(8+2)^2+(\sqrt{21})^2}=11$cm　FA＝AC×$\dfrac{FA}{AC}=11\times\dfrac{2}{3+2}=\dfrac{22}{5}$cm　仮定より，線分AGは∠BAFの二等分線だから，角の二等分線と線分の比の定理より，BG：GF＝AB：FA＝5：$\dfrac{22}{5}$＝25：22＝75：66…②　①，②より，BG：FE＝75：94

＜英語解答＞

$\boxed{1}$　(1)　ウ　　(2)　No.1　エ　　No.2　ア　　No.3　ウ　　(3)　No.1　イ　　No.2　ウ　　No.3　ア　　No.4　ア　　(4)　No.1　イ　　No.2　エ　　No.3　エ

$\boxed{2}$　(1)　No.1　①　エ　　②　イ　　No.2　ア　　(2)　エ

$\boxed{3}$　(1)　①　(例1) Do you have time after school?　　(例2) Are you free after school?　　(例3) Will you have some free time after school?

②　(例1) Could you read a report that I wrote last night?　　(例2) Will you read the report I wrote last night?　　(例3) I want you to read my report written last night.　　③　(例1) My report is about traditional Japanese culture.　　(例2) It's about the traditional cultures of Japan.　　(例3) I wrote about traditional Japanese culture in my report.　　(2)　①　(例1) There are five people in my family.　　(例2) My family has 5 people.　　(例3) We are a family of five.　　②　(例1) I can play tennis well.　　(例2) I'm a good tennis player.　　(例3) I'm good at tennis.　　③　(例1) I came to London to study English.　　(例2) I'm in London because I want to study English.　　(例3) My purpose of staying here is to study English.

$\boxed{4}$　(1)　①　エ　　②　ア　　(2)　A　journalist　B　movie　　(3)　ウ　　(4)　ウ，エ

＜英語解説＞

1 （リスニング）

　　放送台本の和訳は，57ページに掲載。

2 （会話文問題・資料読み取り問題：文挿入，内容真偽）

（1）（全訳）

ケン　　　　　：こんにちは，ジョーンズ先生。

ジョーンズ先生：こんにちは，ケン。ここで何をしているんですか？

ケン　　　　　：カナダから来た生徒のティムのためにマンガを描いているんです。

ジョーンズ先生：あら，本当ですか？　①（ティムは誰ですか？）

ケン　　　　　：先月7日間カナダからこの町に15人の生徒が来て，ティムはその一人なんです。彼は日本滞在中僕の家に泊まっていたんです。

ジョーンズ先生：なるほど。彼とは何をしたんですか？

ケン　　　　　：僕たちはたくさんのことを一緒にしました。彼は僕の描くマンガを読むのが大好きだったので幸せに思いました。

ジョーンズ先生：②（彼といい時間を過ごせて嬉しく思います。）

ケン　　　　　：来月は彼の誕生日なので今新しいマンガを彼のために書いているんです。彼が日本から帰るときに誕生日に送ると約束したんです。

ジョーンズ先生：彼はそれを気に入るに違いないわね。

ケン　　　　　：そうだといいですね。初めて彼に会ったとき何を言っていいかわかりませんでした。でもとてもすぐに彼のことをわかるようになりました。彼はとてもフレンドリーでした。カナダに彼に会いに行きたいです。

ジョーンズ先生：いいアイディアですね。描き終わったら彼のために書いているマンガを読ませてもらえますか？

ケン　　　　　：もちろんです。

No.1　①　3つ目のケンの発話でティムについて説明があるので who「だれ」の文がふさわしい。

　　②　4つ目のケンの発話内容に対する感想。ア「一緒に過ごす時間がなかった」，ウは「私が外国の生徒を助けて興奮した」，エ「彼は日本にいる間にまたあなたに会いたい」は発話内容に合わない。

No.2　ア　「ケンの町に滞在している間，ティムはケンが描いたマンガを読むのが楽しかった」（○）4つ目のケンの発話参照。　イ　「ジョーンズ先生は誕生日にケンがマンガを描いてくれたので嬉しかった」（×）5つ目のケンの発話，最後のジョーンズ先生の発話参照。　ウ「ティムは昨年1か月ケンの町に滞在したカナダから来た生徒だ」（×）3つ目のケンの発話参照。　エ「ケンはカナダを訪れるつもりなのでジョーンズ先生にカナダについて話してもらうように頼んだ」（×）6つ目のケンの発話参照。

（2）　ア　「この前の日曜日，マリコは一番長くピアノの練習をした」（×）　＜the ＋形容詞・副詞の最上級形＞で「一番～，最も～」の意味。　イ　「マリコは先週毎日ピアノの練習をした」（×）金曜日はしていない。　ウ　「マリコは土曜日よりも月曜日の方が長くピアノの練習をした」（×）＜形容詞・副詞の比較級＋ than…＞で「…よりも～だ」の意味。　エ　「マリコは木曜日と同じくらい長く火曜日にピアノを練習した」（○）　＜as ＋形容詞・副詞＋ as …＞で「…と同じくらい～だ」の意味。グラフを表す文には比較の表現がよく使われるので練習しておくとよい。

③ （条件英作文：助動詞，不定詞，前置詞，過去形，接続詞）

(1)　日常によくあることなどを自分の知っている単語や表現で使って書けるように練習すること。　①　(例1)「放課後時間がありますか」　(例2)「放課後時間があいていますか」　(例3)「放課後手があいた時間はありますか」　②　(例1)「昨夜私が書いたレポートを読んでくださいますか」Could you ～? は「～してくださいますか」という依頼の意味。　(例2)「昨夜私が書いたレポートを読んでくれませんか」Will you ～? は「～してくれませんか」という依頼の表現。　(例3)「昨夜書かれた私のレポートを読んでもらいたいです」＜**want** ＋人＋ **to** ＋動詞の原形＞「(人)に～して欲しいと思う」　③　(例1)「私のレポートは伝統的な日本の文化についてです」　(例2)「これは日本の伝統文化についてです」　(例3)「私はレポートで伝統的な日本の文化について書きました」

(2)　①　(例1)「私の家族は5人います」＜**There are** ＋複数名詞＞で「～(複数のもの)がある，いる」　(例2)「私の家族は5人います」　(例3)「私たちは5人家族です」　②　(例1)「私は上手にテニスができます」助動詞 **can** は「～できる」の意味で後ろには動詞の原形が来る。　(例2)「私はいいテニスプレイヤーです」　(例3)「私はテニスが上手です」　③　(例1)「私は英語を勉強するためにロンドンに来ました」　(例2)「私は英語を勉強したいのでロンドンにいます」　(例3)「私がここで勉強している目的は英語を勉強することです」＜**to** ＋動詞の原形＞には主語や目的語などになる「～すること」，動詞を修飾する「～するために」，形容詞を修飾する「～して」，名詞を修飾する「～すべき，～するための」と様々な使い方があるので練習しておくこと。　**purpose**「目的」

④ （読解問題・物語文：文挿入，語句補充，内容真偽）

（全訳）　ハルカは16歳です。ヒカリ高校の生徒になったばかりです。

　4月のある日の放課後，ハルカは友達のマサトと話していました。彼に「何部に入るつもりなの？」と聞きました。彼は「野球部に入るよ。①(きみは？)」と言いました。彼女は「ええと，私は放送部に興味があるの」と言いました。彼女は中学生のとき友達とヒカリ高校を訪れました。放送部の部員によって作られたヒカリ高校についての短い映画を観ました。この映画のおかげでこの高校についてたくさん知ることができました。彼女は部員としてそういう映画を作りたいと思いました。彼女はマサトに「短い映画を通して人にメッセージを送りたいのよ」と言いました。

　数週間後ハルカは放送部の部員になりました。7月のある日ハルカの街の有名なジャーナリスト，カワモトさんが職業についての講演でヒカリ高校に招待されました。講演後，部員は彼と話す機会を持てました。彼は部員に「部活では何をしているんですか」と聞きました。部員の1人が活動について説明しました。もう一人の部員がジャーナリストになるために何をすべきか聞きました。彼らは彼と話して興奮していましたが，ハルカは会話に参加できませんでした。彼女は内気過ぎたのです。すると彼は彼女に「遠慮しないで。私は新しい人に会うのが好きでなんだ。彼らから違う考え方を知ることができるからね。知らない人たちと話すのを楽しんだ方がいいよ」と言いました。彼女は同意しました。

　9月，ハルカと他の部員は10月の学園祭で見せる映画について話しをしていました。彼女は「カワモトさんと7月に話したときに大事なことを1つ教えてくれました」と言いました。彼女が作る映画を通してそのことを人々に伝えたいと思っていました。彼女は自分の考えを他の部員に話すと，彼らは賛成しました。そしてたくさんの人に会うことで多くを学んだ高校生についての映画を作りました。

　学園祭の日，多くの人たちがその映画を観て楽しみました。学園祭のあとにハルカがマサトと

家に帰るとき，彼は「②(きみが作った映画を観て楽しかったよ。)素晴らしかった」と言いました。彼女は3か月前にカワモトさんと話したときに彼から学んだことを彼に話しました。彼女は彼に「カワモトさんと会って以来新しい人たちと話すことを楽しむようにしてるの」と言いました。

　（10年後）

　ハルカは今市役所で働いています。ある日曜日，マサトとランチをしました。彼女は彼に「とても忙しいけど，様々な人から違う考えを知るのは面白いわ。カワモトさんと話したあとから自分自身を変えたのよ」と言いました。彼は「10年前のあの講演のあととの彼との会話のことについて話してるの？」と言いました。彼女は「そうよ。高校生のときに彼に会えてラッキーだったわ」と言いました。

(1)　①　直後にハルカが自分の入りたい部活を伝えているのがヒント。　②　直後のマサトの感想から学園祭での映画のことだと考える。

(2)　(A)　「ハルカは7月に学校に来たジャーナリストから大切なことを学んだ」第3段落参照。関係代名詞 **who** は先行詞に人を表す語が来る。　(B)　「そして放送部の部員と作った映画を通して，学園祭の日にそのことについて人々に伝えた」第4段落参照。

(3)　10年前の内容は第3段落第9文カワモトさんの発話を参照する。ウ「カワモトさんはハルカに新しい人と話すのを楽しむように話した」

(4)　ア　「ハルカは放送部に興味があったけれどマサトはハルカに一緒に野球部に入るように言った」(×)　第2段落第3，4文参照。　イ　「ハルカは友達とヒカリ高校についての短い映画を作り，中学生に見せた」(×)　第2段落第5，6文，第4段落参照。　ウ　「放送部の部員の1人はカワモトさんに部の活動について話をした」(○)　第3段落第4，5文参照。　エ　「ハルカが高校生のとき，カワモトさんがヒカリ高校を訪れ高校生たちに自分の職業について話しをした」(○)　第3段落第2文参照。　オ　「カワモトさんは内気だったので，他の人たちから違う考え方を知るのが好きではなかった」(×)　第3段落第8，9文参照。ハルカが内気だった。　カ　「マサトは放送部が作った映画を見たあとに，カワモトさんについて学んだことをハルカに話した」(×)　第5段落参照。誰が何をしたのか，言ったのか意識して読むこと。

2020年度英語　リスニング検査

〔放送台本〕

　今から①のリスニング検査を行います。問題は，(1)，(2)，(3)，(4)の4つです。問題用紙の各問いの指示に従って答えなさい。聞いている間にメモを取ってもかまいません。

　それでは，(1)の問題から始めます。(1)の問題は，表を見て答える問題です。下の表についての英語による質問を聞いて，それぞれの質問に対する答えとして，ア〜エから最も適当なものを1つ選び，その記号を書きなさい。質問は2回繰り返します。では，始めます。

Who studied in Germany for three months?

　これで(1)の問題を終わり，(2)の問題に移ります。

〔英文の訳〕

　誰が3か月間ドイツで勉強をしましたか。

答え：ウ　ポールがしました。

〔放送台本〕

(2)の問題は，英語による対話を聞いて，質問に答える問題です。それぞれの質問に対する答えとして，ア～エから最も適当なものを1つ選び，その記号を書きなさい。対話はNo.1，No.2，No.3の3つです。対話と質問は2回繰り返します。では始めます。

No. 1　A:　What do you want to eat for lunch?

　　　　B:　Well… I'd like to have an omelet and some coffee. How about you, Tomoya?

　　　　A:　I'm very hungry. So I'd like to have a hamburger and some milk.

　　　　B:　Then, shall we eat at a cafeteria near the station?

　　　　質問します。 What is Tomoya going to have for lunch?

No. 2　A:　Is this your new computer, Ken?

　　　　B:　Yes, Saki. I bought it on the Internet last week. You should buy one because computers are very useful.

　　　　A:　I already have a computer. My father gave it to me.

　　　　B:　How long have you used it?

　　　　A:　For two years. My brother also uses it to send e-mails to his friends.

　　　　質問します。 Who bought a new computer on the Internet last week?

No. 3　A:　Excuse me. I want to read these two books. Can I borrow them until Monday?

　　　　B:　Of course. Actually, students can borrow four books during the summer vacation.

　　　　A:　Really? I didn't know that. There is another book I want to read, so can I go and get it?

　　　　B:　Sure.

　　　　A:　Thank you. I'll come back here soon.

　　　　質問します。 How many books is the student going to borrow today?

これで(2)の問題を終わり，(3)の問題に移ります。

〔英文の訳〕

No.1　A：ランチに何を食べたい？

　　　　B：そうねえ…。オムレツとコーヒーがいいわ。トモヤはどう？

　　　　A：とてもお腹が空いているんだ。だからハンバーガーと牛乳がいいな。

　　　　B：じゃあ駅のそばのカフェテリアに行きましょうか。

　　　　質問：トモヤはランチに何を食べますか。

　　　　答え：エ　ハンバーガーと牛乳。

No.2　A：これ新しいコンピューター，ケン？

　　　　B：そうだよ，サキ。先週インターネットで買ったんだ。コンピューターはとても役に立つか

　　　　ら1つ買った方がいいよ。

　　　A：もう持ってるわよ。父がくれたの。

　　　B：どれくらい使ってるの？

　　　A：2年。弟も友達にメールを送るのに使ってるのよ。

　　　質問：先週インターネットで新しいコンピューターを買ったのは誰ですか。

　　　答え：ア　ケンが買いました。

No.3　A：すみません。この2冊を読みたいんですが。月曜日まで借りられますか？

　　　B：もちろんです。実は学生は夏休み中は4冊借りられるんですよ。

　　　A：本当ですか？　知りませんでした。読みたい本がもう1冊あるから，取りに行っていいで
　　　　　すか？

　　　B：もちろん。

　　　A：ありがとうございます。すぐ戻ります。

　　　質問：この生徒は今日何冊の本を借りるつもりですか。

　　　答え：ウ　3冊。

〔放送台本〕

　(3)の問題は，英語による対話を聞いて，答える問題です。それぞれの対話の最後の英文に対す
る受け答えとして，ア～ウから最も適当なものを1つ選び，その記号を書きなさい。対話は，No. 1,
No. 2, No. 3, No. 4の4つです。対話は2回繰り返します。では始めます。

No. 1　A:　Have you ever been to a foreign country?

　　　　B:　Yes. I went to Russia last year.

　　　　A:　Oh, I see. How long did you stay there?

No. 2　A:　What are you going to do this weekend?

　　　　B:　I'm going to go fishing in the sea with my father if it's sunny.

　　　　A:　Really? That will be fun.

No. 3　A:　May I help you?

　　　　B:　Yes, I'm looking for a blue jacket.

　　　　A:　How about this one?

No. 4　A:　Hello?

　　　　B:　This is Yoko. May I speak to Jim, please?

　　　　A:　I'm sorry, but he isn't at home now.

　これで(3)の問題を終わり，(4)の問題に移ります。

〔英文の訳〕

No.1　A：外国に行ったことがありますか？

　　　B：はい。昨年ロシアに行きました。

　　　A：ああ，そうですか。どれくらいそこに滞在したんですか？

　　　答え：イ　6日間です。

No.2　A：今週末何をするつもりですか。

　　　B：もし晴れたら父と海で釣りをするつもりです。

A：本当ですか？　楽しいでしょうね。

答え：ウ　天気がいいといいんですが。

No.3　A：おうかがいしましょうか。

B：はい。青いジャケットを探しているんです。

A：これはどうですか？

答え：ア　私には高すぎます。

No.4　A：もしもし。

B：ヨウコです。ジムはいらっしゃいますか？

A：すみません，今家にいないんです。

答え：ア　私に電話するように伝えてもらえますか。

〔放送台本〕

　(4)の問題は，大学生のMakotoと同じ大学に通う留学生のHelenとの英語による対話を聞いて，質問に答える問題です。それぞれの質問に対する答えとして，ア～エから最も適当なものを1つ選び，その記号を書きなさい。対話と質問は2回繰り返します。では始めます。

Helen:	Hi, Makoto. What will you do during the spring vacation?
Makoto:	My family will spend five days in Tokyo with my friend, John. He is a high school student from Sydney. I met him there.
Helen:	I see. Did you live in Sydney?
Makoto:	Yes. My father worked there when I was small. John's parents asked my father to take care of John in Japan. He will come to my house next week.
Helen:	Has he ever visited Japan?
Makoto:	No, he hasn't. I haven't seen him for a long time, but we often send e-mails to each other.
Helen:	How long will he stay in Japan?
Makoto:	For ten days. Have you ever been to Tokyo, Helen?
Helen:	No, but I'll visit there this May with my friend, Emily. Do you often go there?
Makoto:	Yes. My grandmother lives there. We will visit the zoo and the museum with her. We will also go shopping together.
Helen:	That sounds good. John will be very glad.
Makoto:	I hope so. Well, I sent him a book about Tokyo which has a lot of beautiful pictures.
Helen:	Cool. I also want to give a book like that to Emily because she likes taking pictures of beautiful places. Actually, she has been to many foreign countries to take pictures.
Makoto:	That's interesting. I like taking pictures, too. So I want to see the pictures she took in other countries.
Helen:	OK. I'll tell her about that.
Makoto:	Thank you.

質問します。
No. 1　Who will come to Makoto's house next week?
No. 2　Has Helen visited Tokyo before?
No. 3　What does Emily like to do?

これで①のリスニング検査の放送を終わります。

〔英文の訳〕
ヘレン：こんにちは，マコト。春休みは何をするの？
マコト：家族で僕の友達のジョンと東京で5日間過ごすんだよ。シドニーの高校生だよ。そこで出会ったんだ。
ヘレン：そうなのね。シドニーに住んでいたの？
マコト：うん。僕が小さいときに父がそこで働いていたんだ。ジョンの両親が父に日本でジョンの世話をするように頼んだんだよ。彼は来週僕の家に来るよ。
ヘレン：彼は日本に来たことがあるの？
マコト：ないよ。長い間彼に会ってないけど，メールをよくやり取りしているんだ。
ヘレン：どれくらい日本にいるの？
マコト：10日間。ヘレンは東京に行ったことある？
ヘレン：ないけどこの5月に友達のエミリーと行くのよ。よく東京に行くの？
マコト：うん。祖母がそこに住んでるんだよ。彼女と動物園と博物館に一緒に行くんだ。一緒に買い物も行くよ。
ヘレン：いいわね。ジョンは喜ぶわね。
マコト：そうだといいな。ああ，ジョンにたくさんきれいな写真が載っている東京の本を送ったんだ。
ヘレン：いいね。私もエミリーにそういう本をあげたいのよ，彼女はきれいな場所の写真を撮るのが好きだから。実は彼女はね，写真を撮るためにたくさん外国に行っているのよ。
マコト：それは面白いね。僕も写真を撮るの好きなんだ。だから彼女が他の国で撮った写真を見たいな。
ヘレン：オーケー。そのことを伝えておくわ。
マコト：ありがとう。
No.1：誰が来週マコトの家に来ますか。
　　　答え：イ　ジョンが来ます。
No.2：ヘレンは以前東京に行ったことがありますか。
　　　答え：エ　いいえ，ありません。
No.3：エミリーは何をするのが好きですか。
　　　答え：エ　彼女は写真を撮るのが好きです。

＜理科解答＞

① (1)　組織液　　(2)　ア　　(3)　h　　(4)　b, c
② (1)　露点　　(2)　A　14.7　　B　イ　　(3)　イ
③ (1)　510〔m〕　　(2)　音が伝わる速さは，光の速さより遅いから。　　(3)　X　振動

Y　波

4 (1) A　CO_2　　B　NH_3　　(2)　(a)　空気より密度が小さいという性質があるから。
(b)　エ

5 (1) (a)　西(から)東(の向き)　　(b)　(地球の)公転　　(c)　地球から星座の星までの距
離と比べて，地球から太陽までの距離が短いから。　　(2)　(a)　66.6[度]　　(b)　8[時間
後]　　(c)　J　　(d)　32.6[度]　　(3)　イ

6 (1) (a)　$2Mg+O_2 \rightarrow 2MgO$　　(b)　A　熱　　B　光　　(2)　(a)　(マグネシウム：酸
素＝)3：2　　(b)　0.65[g]　　(3)　(a)　炭素　　(b)　還元

7 (1) (a)　イ　　(b)　葉緑体　　(c)　脱色するため。　　(d)　デンプン　　(2)　(a)　(試
験管Aで見られたBTB溶液の色の変化は)オオカナダモのはたらきによるものであることを
明らかにするため。　　(b)　あ　イ　　い　オ　　う　ア　　え　ウ　　(c)　ア

8 (1) (a)　ウ　　(b)　18[cm/秒]　　(c)　(位置エネルギー)　小さくなる。　　(運動エネ
ルギー)　大きくなる。　　(d)　等速直線(運動)　　(2)　ア　　(3)　ウ

＜理科解説＞

1 (動物の体のつくりとはたらき)

(1)　血しょうは，毛細血管からしみ出ると組織液と呼ばれるようになる。細胞との物質のやりと
りは，組織液を通して行われる。

(2)　Xは，小腸で吸収された養分が運ばれる器官で，肝臓である。

(3)　血液中の尿素は，じん臓で血液中からこし取られるため，じん臓を通過した直後の血液中に
おける尿素の割合が最も低くなる。

(4)　動脈血は，**酸素を多く含む血液**である。肺を通過した後，全身に向かう血液が動脈血である。

2 (湿度)

(1)　空気の温度が下がるなどして，空気中の水蒸気が飽和水蒸気量に達すると水蒸気が水滴に変
化し始める。このときの温度を**露点**という。

(2)　28℃の飽和水蒸気量は27.2g/m³より，27.2[g/m³]×0.54＝14.688→14.7g/m³　20℃における
飽和水蒸気量は17.3g/m³で14.7g/m³以上の水蒸気をまだ含むことができるため，水滴はできない。

(3)　X…20℃のときの飽和水蒸気量17.3g/m³が湿度62％に相当するとき，X℃の飽和水蒸気量は，
17.3[g/m³]÷0.62＝27.9…[g/m³]　27.9g/m³が飽和水蒸気量になる温度は測定2の26℃よりも高
い。Y…26℃の空気で，20℃で水滴ができていることから，この空気の湿度は，$\frac{17.3[g/m^3]}{24.4[g/m^3]} \times 100$
＝70.9…[％]より，測定2の62％よりも高い。Z…26℃の空気中に含まれる水蒸気量を求めると，
24.4[g/m³]×0.62＝15.128[g/m³]　この値は18℃の飽和水蒸気量に最も近いことから，このと
きの露点は18℃くらいであるといえる。よって，測定2の20℃よりも低い。

3 (音の性質)

(1)　340[m/秒]×(3.5−2)[秒]＝510[m]

(2)　光の秒速は約30万km/秒で大変速いが，音はこれに比べて340m/秒と大変遅い。

(3)　音源の振動が波のように伝わることで，周囲に音が伝わる。

4　(気体の性質)

(1)　石灰石にうすい塩酸を加えると二酸化炭素が発生する。塩化アンモニウムと水酸化カルシウ
　　ムの混合物を加熱するとアンモニアが発生する。

(2)　(a)　上方置換法で集めることができる気体は，空気よりも軽くなければならない。つまり，
　　空気よりも密度が小さいという条件が必要である。　(b)　アンモニアは水にとけるとアンモニ
　　ア水となってアルカリ性を示すようになる。**赤色リトマス紙はアルカリ性を検知すると青色に変
　　化する。**

5　(天体)

(1)　(a)　地球から見ると，太陽は黄道上を西から東へ動いているように見える。　(b)　太陽が
　　黄道上を動いているように見えるのは，地球が太陽の周りを公転しているためである。
　　(c)　太陽は，1年をかけて星座の間を動いているように見えるが，様々な星座はその位置関係が
　　ずれることはない。これは，地球から太陽までの距離が比較的近いのに対し，地球から星座まで
　　の距離は非常に遠いからである。

(2)　(a)　∠ZXYは，観測地点から見た，夏至の日の南中した太陽の位置から天の北極の位置ま
　　での角度で表すことができる。180°－夏至の南中高度－北極星の高度＝180°－(90－34＋23.4)°
　　－34°＝66.6°　(b)　地球の西の地平線がGの方向にきたとき，Jの星が南中している。この後，
　　地球が自転を続け，Bの位置の星が南中するまで，地球は30°×4＝120°自転すればよい。**地球は
　　1時間に15°ずつ自転を行うため，120°÷15°＝8〔時間〕**　(c)　夏至の日に南中した太陽はDの位
　　置にある。この3か月前が春分にあたるので，春分の日の太陽の位置はAとなる。よって，午前0
　　時には，Gにある星が南中している。このとき東の地平線はJの位置となる。　(d)　Fの位置の
　　星が南中したとき東の地平線はIの位置にある。この2時間後に日の出となることから，太陽は東
　　の地平線の延長上のJの位置にある。これは，**冬至の日の太陽と地球との位置関係**となる。よっ
　　て，この日の南中高度は，**90°－(緯度＋23.4°)＝90°－(34°＋23.4°)＝32.6°**

(3)　4年に1度，うるう年のみ366日にすることで，Aの方向にあった太陽が再び同じ時刻にAの位
　　置にもどる。よって，Aから動き始めた太陽は，365日後の同じ時刻にはまだAに到達していな
　　いといえる。Aにあった太陽が再び同じ時刻にAの位置に戻るためには，365日が3年間と366日
　　が1年間必要であることから，365〔日〕×3＋366〔日〕＝1461〔日〕が必要である。よって，1年あ
　　たり1461〔日〕÷4＝365.25〔日〕より，イが最も近い。

6　(化学変化と質量)

(1)　(a)　**マグネシウム＋酸素→酸化マグネシウム**の反応が起こる。矢印の左右で，原子の種類
　　と数が等しくなるようにする。　(b)　熱や光を出しながら起こる激しい酸化を燃焼という。

(2)　(a)　0.60gのマグネシウムに化合した酸素の質量は，1.00－0.60＝0.40〔g〕　よって，質量の
　　比を求めると，マグネシウム：酸素＝0.60：0.40＝3：2　(b)　0.60gのマグネシウムに結合し
　　た酸素の質量は，0.86－0.60＝0.26〔g〕　マグネシウム：酸素＝3：2の質量の比で化合すること
　　から，0.26gの酸素を使って生じた酸化マグネシウムの質量をxgとすると，2：(3＋2)＝0.26：x
　　x＝0.65〔g〕

(3)　(a)　二酸化炭素＋マグネシウム→酸化マグネシウム＋炭素の化学変化が起こる。　(b)　二
　　酸化炭素は炭素の酸化物であるが，これがマグネシウムによって酸素をうばわれている。このよ
　　うな化学変化を還元という。

7 (植物の体のつくりとはたらき)

(1) (a) ア…顕微鏡のピントを合わせるときは，対物レンズとプレパラートをあらかじめできるだけ近づけておき，接眼レンズをのぞきながら，対物レンズとプレパラートの距離を離しながらピントを合わせる。ウ…観察倍率は，接眼レンズの倍率と対物レンズの倍率の積で求める。エ…対物レンズは倍率が高くなるほど長さが長くなるので，高い倍率の対物レンズを使うほど，対物レンズとプレパラートの間隔はせまくなる。　(b) 植物の細胞には，光合成を行う緑色の粒である葉緑体が見られることが多い。　(c) エタノールを使い，葉を脱色することで，ヨウ素液による反応を見やすくする。　(d) ヨウ素液は，デンプンと反応して青紫色を示す。

(2) (a) 試験管AとBのちがいはオオカナダモがあるか無いかのみである。よって，AとBに実験結果にちがいが出た場合，その原因はオオカナダモにあることが説明できる。　(b) BTB溶液は，酸性(二酸化炭素多量)で黄色，中性(二酸化炭素中量)で緑色，アルカリ性(二酸化炭素少量)で青色を示す。試験管Aでは光合成を行うため溶液中の二酸化炭素が減少し，その結果，BTB溶液はアルカリ性(青色)に変化する。試験管Cではオオカナダモが呼吸のみを行うため，溶液中の二酸化炭素が増加し，黄色に変化する。　(c) 植物に十分な日光が当たると，呼吸で排出する二酸化炭素の量よりも，光合成で吸収する二酸化炭素の量が多くなる。

8 (運動とエネルギー)

(1) (a) 斜面上にある台車には，常に重力の斜面に沿う分力がはたらいているが，重力と斜面の角度が一定であるため，重力の斜面に沿う分力の大きさも一定である。　(b) (0.9＋1.8＋2.7)〔cm〕÷0.3〔秒〕＝18〔cm/秒〕　(c) 斜面を下るにしたがって高さが減少するため位置エネルギーは減少するが，速さが増加するため運動エネルギーは増加する。　(d) 水平面上で一直線上を同じ速さで移動する運動を，等速直線運動という。

(2) 運動を始めたときの高さが②のほうが高いので，水平面に達したときの速さは②のほうが速い。また，AB＝DBより，同じ距離をより速く運動する②のほうが，水平面に達する時間は短く，CB間を通過するのにかかる時間も短い。

(3) 水平面でもっている力学的エネルギーはすべて運動エネルギーである。このエネルギーをもとに摩擦に対して仕事を行うときに，運動エネルギーは音や熱のエネルギーに変わる。

<社会解答>

1 (1) (a) ウ　(b) (例)ロンドンは，暖流と偏西風の影響を受けるから。
(2) (a) エ　(b) ウ　(3) Ⅰ イ　Ⅱ カ

2 (1) (a) エ　(b) エ・オ　(2) (a) (例)長さが短く，急流であるという特徴。
(b) イ　(3) (a) オ　(b) ア

3 (1) イ　(2) 万葉集　(3) ア　(4) (例1)物価の引き下げを図る目的。(例2)物価の上昇を抑える目的。　(5) イ　(6) (記号) ア　(理由) (例)カラーテレビの普及率が上がるにつれて，白黒テレビの普及率は下がるから。

4 (1) ア　(2) ウ　(3) エ　(4) (a) 国際連盟　(b) エ→イ→ウ→ア
(c) (例) 高くなってきた失業率を公共事業によって下げようとする目的。

5 (1) エ　(2) (a) ウ　(b) 弾劾裁判　(3) 労働組合法　(4) イ　(5) ア
(6) 閣議　(7) (a) 生存権　(b) (例)国民年金保険料の負担者が減少し，受給者が増加しているから

＜社会解説＞

1 （地理的分野―世界―地形・気候，産業，交通・貿易，資源・エネルギー）

(1)　(a)　わが国の標準時子午線が**東経135度**，ニューヨークは西経60度以西に位置することから，札幌の時刻は少なくともニューヨークよりも13時間以上早いと判断する。　(b)　暖流の**北大西洋海流**によって暖められた上空の空気が偏西風によって運ばれてくるため，ロンドンは高緯度の割に温暖な**西岸海洋性気候**となっている。

(2)　(a)　アメリカや日本では**火力発電**の割合が高い。わが国では2011年の東日本大震災以降，原子力発電の割合が極端に減少したことから，アが日本，エがアメリカと判断する。**原子力発電**の割合が高いイがフランス，**水力発電**の割合が高いウがカナダ。　(b)　フランスで生産や輸出がさかんなことから，いが小麦と判断する。世界一の人口をほこる中国では，農作物の生産量は多いが輸出量は少ないと考えることができるため，あ・いともに中国がみられるXが生産量を表すと判断する。

(3)　Aが世界最大の島グリーンランド，Bが南アメリカ大陸，Cがオーストラリア大陸。略地図は，赤道から離れる地域ほど東西方向に引き延ばされて描かれる特徴をもつ，**メルカトル図法**で描かれている。

2 （地理的分野―日本―地形図の見方，日本の国土・地形・気候，工業）

(1)　(a)　栃木県の県庁所在地は宇都宮市。茨城県・群馬県・福島県と県境を接する。　(b)　ア…東照宮は日光駅の北西の方角にある。イ…A地点の標高は約700m。ウ…X地点からY地点に向かう途中に郵便局は2か所あるが，病院はない。エ…Z地域の西部一帯に水田，南東部に畑がある。オ…X地点・Y地点付近の水準点から，西側に位置するY地点の標高の方が高いことがわかる。カ…資料1中の日光駅から東照宮までの直線距離が10cm程度なので，実際の距離は10cm×25000＝250000cm＝2.5kmとなる。

(2)　(a)　日本列島は国土面積が小さく，環太平洋造山帯に含まれているため国土の4分の3が山地である。　(b)　資料4が表す地形は**扇状地**。山のふもとに形成されるため河川の中流域に位置し，緩やかな傾斜がみられるので，水田には不向き。河口付近に形成される**三角州**は，つぶの小さい砂や泥からできている。

(3)　(a)　夏の降水量が多いBは太平洋側に位置する宮崎市，冬の降水量が多いCは日本海側に位置する秋田市と判断する。　(b)　機械工業がさかんな**中京工業地帯**の一端をになう三重県で割合が高い⑧が，輸送用機械を示すと考えられる。Zは⑥の電子部品の割合が高いことから，シリコンロード（東北自動車道）が通り，IC（集積回路）などの生産がさかんな秋田県であると判断する。Xには広島県，Yには宮崎県があてはまる。

3 （歴史的分野―日本史―時代別―古墳時代から平安時代，鎌倉・室町時代，安土桃山・江戸時代，明治時代から現代，歴史的分野―日本史―テーマ別―，経済・社会・技術，文化・宗教・教育，外交）

(1)　大仙古墳は大阪府に位置する。2019年には百舌鳥・古市古墳群の一つとして世界文化遺産に登録された。

(2)　**万葉集**は，奈良時代に編纂された日本最古の和歌集。この頃の文化を**天平文化**という。

(3)　室町幕府第3代将軍である**足利義満**は，倭寇と正式な貿易船を区別するために合い札を持たせて**明**と貿易を行ったことから，この貿易を**勘合貿易**という。朱印状を持たせておもに東南アジアと行った**朱印船貿易**は，安土桃山時代から江戸時代初期にかけて行われた。

(4)　水野忠邦は1841年から天保の改革を行った。1830年代前半に天保のききんがおこり，物価が高騰していた。

(5)　ア…岩倉使節団は朝鮮ではなく欧米へ派遣された。ウ…陸奥宗光のもとで日清戦争の直前に成功したのは，**領事裁判権(治外法権)の撤廃**。エ…三国干渉でわが国に返還を勧告されたのは，台湾ではなく遼東半島。

(6)　カラーテレビが普及した1970年代に，唯一下がっているアの普及率に着目する。ア・イ・ウには**三種の神器**，エには**3C**(カラーテレビ，エアコン，乗用車)のいずれかがあてはまる。イには電気洗濯機，ウには電気冷蔵庫，エにはエアコンがあてはまる。

④　(歴史的分野―日本史―時代別―明治時代から現代，歴史的分野―日本史―テーマ別―政治・法律，歴史的分野―世界史―政治・社会・経済史)

(1)　殷は紀元前1600年頃に成立した王朝。

(2)　大航海時代とは，15世紀後半以降，スペインやポルトガルがアジア航路の開拓に乗り出した時期をさす。アは12世紀後半，イは13世紀後半，エは19世紀前半。

(3)　アメリカの北部では産業革命がすすみ保護貿易を主張したのに対して，奴隷を用いて綿花栽培がさかんな南部は輸出を拡大するため自由貿易を主張した。**南北戦争**中に「人民の，人民による，人民のための政治」を説く演説を行った**リンカン**大統領率いる北部が勝利した。

(4)　(a)　**国際連盟**の本部はスイスのジュネーブに置かれ，発足当初の常任理事国はイギリス・フランス・日本・イタリアの4か国。アメリカは議会の反対にあい参加しなかった。　(b)　アが1940年，イが1932年，ウが1936年，エが1918年のできごと。　(c)　**世界恐慌**であふれた失業者に仕事と賃金を与えて購買力を高めるために，テネシー川流域総合開発公社(TVA)などを設立した。

⑤　(公民的分野―憲法の原理・基本的人権，三権分立・国の政治の仕組み，国民生活と社会保障，財政・消費生活・経済一般，国際社会との関わり)

(1)　憲法改正の手続きについては，日本国憲法第96条に規定されている。

(2)　(a)　Xは1月から開催されていることから**通常国会**，Zは衆議院総選挙後に開催されていることから**特別国会**，残ったYが臨時国会と判断する。エは衆議院の解散中の緊急時に開催する。
　(b)　日本国憲法第78条には「裁判官は，…公の弾劾によらなければ罷免されない。」とある。最高裁判所の裁判官は，**弾劾裁判**のほか，**国民審査**でも辞めさせることができる。

(3)　資料3から，使用者と対等な立場に立つために労働者が労働組合を結成する権利を認める法律であることが読み取れる。この権利を**団結権**という。

(4)　資料4の**京都議定書**で，先進国の二酸化炭素排出量の削減目標を定めたことから判断する。アはラムサール条約。

(5)　固定資産税は所有する土地や家屋にかかる税。Aには所得税のエ，Bには自動車税のウ，Cには地方消費税のイがあてはまる。

(6)　各大臣の隔意のない意見交換を実現するため，**閣議**は原則非公開で行われる。

(7)　(a)　**社会権**には生存権のほか，教育を受ける権利(第26条)，勤労の権利(第27条)，労働三権(第28条)が含まれる。　(b)　国民年金保険料を負担するのは20歳以上60歳未満，受給するのは原則65歳以上であることから判断する。

＜国語解答＞

|1| ①　あつか(う)　　②　しぼ(る)　　③　ゆかい　　④　ていさい　　⑤　額
　　⑥　幼(い)　　⑦　混雑　　⑧　円熟

|2| (一)　イ　　(二)　二学期の準備　　(三)　エ　　(四)　(例)メガネ姿を川野さんに見られることも嫌だったが，川野さんが似合うと言ってくれた(から。)　　(五)　ウ

|3| (一)　ウ　　(二)　(例)湿度が高い　　(三)　(例)紫外線を吸収して，次の年の芽が傷つけられることから守る(こと。)　　(四)　イ　　(五)　ア

|4| (一)　においおこせよ　　(二)　ア　　(三)　エ　　(四)　(例)主人の詠んだ歌に返事をした

|5| (一)　エ　　(二)　ウ　　(三)　イ
　　(四)　(例一)私は，学校の近くにある山や森，海岸などでごみ拾いをするボランティア活動を学校で企画すればよいと思います。
　　ボランティア活動に参加した理由として「社会の役に立ちたいから」が最も多く挙げられています。だから，参加者を増やすためには，ごみ拾いをするボランティア活動が地域の環境を守ることにつながるということをポスターに書いて掲示したり，校内放送で呼びかけたりすればよいと考えます。
　　(例二)　学校や地域で花を植えて，見る人の心がいやされるような，美しい花壇をつくる活動をすればよいのではないだろうか。
　　資料3では，ボランティア活動に参加したことがない理由として，「時間がないから」「何をすればよいのかわからないから」が挙げられている。だから，昼休みや放課後に，校門の周りや地域の公園へ短時間で少しずつ花を植えていく活動の案内チラシをつくり，配布すれば参加者が増えると考える。

＜国語解説＞

|1|　(知識問題−漢字の読み書き)
　①　「扱う」は，ものを使用したり操作したりするという意味。
　②　音読みは「サク」で，熟語は「搾取」などがある。
　③　「愉快」は，楽しくて気分のよいこと。
　④　「体裁」は，見た目，形式のこと。
　⑤　音読みは「ガク」で，熟語は「額縁」などがある。
　⑥　音読みは「ヨウ」で，熟語は「幼稚」などがある。
　⑦　「混雑」は，多くの人が集まって混み合うという意味。
　⑧　「円熟」は，技術や知識，人格などが十分に発達して豊かであるという意味。

|2|　(小説−情景・心情，文脈把握，文と文節，書写)
　(一)　楷書では四画で書く部分だが，行書では二画になる。
　(二)　川野さんは「明日から二学期だから」と，メガネのクリーニングや調整をする理由を説明している。また，クリーニングと調整が終わったときには「二学期の準備」が完了したと言っており，この部分から抜き出せる。
　(三)　「メガネ／を／かけ／て／帰っ／て／くる」の七単語に分けられる。

（四）　なっちゃんは，「最初はメガネ姿を川野さんに見られることも嫌だった」が，その思いに反するかのように，川野さんは「似合うよ」「いいフレーム選んだんだね」と，メガネ姿をほめてくれた。そのために，「照れ」を感じながらも「胸がふわっと温もった」ようなうれしさも感じたのである。

（五）　なっちゃんと川野さんは，ずっとメガネについての話をしている。その過程でなっちゃんは，「最初はメガネ姿」を「見られることも嫌だった」のに，「クリスマスプレゼントにかわいいメガネを買ってもらうのっていいな」と思ったり，「メガネって面白い」と言う川野さんに共感したりしている。メガネに対する気持ちが前向きなものに変化していったのである。

3　（説明文－内容吟味，段落・文章構成，品詞・用法）

（一）　動詞の活用の種類は，打ち消しの「ない」をつけた未然形の活用語尾の音で確かめる。「隠れ」は，「隠れる」の連用形。未然形は「隠れ」と，活用語尾がエ段音になるので，**下一段活用**。「隠し」は，「隠す」の連用形。未然形は「隠さ」と，活用語尾がア段音になるので，**五段活用**。

（二）　「紅葉の名所」となると，「高い山の中腹の，太陽の光がよく当たる斜面が多く」なる理由を探す。「アントシアニンがきれいにつくられるため」の「三つの条件」以外に，「湿度の高い場所」が紅葉に適しているということが述べられている。

（三）　イチョウの「黄色い色素」には「太陽の光に含まれる紫外線の害を防ぐ働き」があると説明されている。その働きがあるため，色素は「紫外線を吸収して，次の年の春に活躍する芽」を「傷つけられることから」守ることができるのである。

（四）　カロテノイドは緑色の下に隠れている色素であるが，対してアントシアニンは緑色の色素がなくなるにつれて「新たにつくられ」るものである。そのような違いがあるため，イチョウの黄葉は「必ず同じような黄色」になるが，カエデなどの紅葉は「年によっても，場所によっても，色づきが異なる」のである。

（五）　「主役を務めます」など，植物を擬人化した表現が見られるので，アが合う。イは「常体で統一する」が誤り。「常体」とは「～だ，～である」調のこと。ウは，実験の結果については書かれていないので誤り。黄葉と紅葉という異なる性質について説明している文章なので，「相反する考え方を示す」としているエも誤り。

4　（古文，漢文・漢詩－内容吟味，仮名遣い，古文の口語訳）

＜口語訳＞　菅原道真が，大宰府に旅立つことを決心されたころ，「春風が吹いたのならば香りを立たせてくれ，梅の花よ。主人がいないとしても春を忘れてはいけない」という歌を詠み残して，都を出て，筑紫にお移りになった後，その紅梅殿に梅の一本の枝が飛んできて，生えついた。

　あるとき，この梅に向かって，「ふるさとの花が何かを話すような世であったなら，どうにかして昔のことを尋ねただろうに」とお詠みになったとき，この木は，「先人の旧宅では，垣根が昨年から荒れはて，鹿たちの住み家と化し，主人がいなくなり青空のみが澄みわたる」と返事をしたというのは，驚くほどでしみじみとすることだが，想像もつかないことではないか。

（一）　歴史的仮名遣いのハ行は，**現代仮名遣いのワ行**にあたる。

（二）　「な～そ」は，「～するな」という意味である。

（三）　「先人」の次に「故宅」を読み，最後に「於」という順番で読みたいので，「宅」に一点をつけ，「於」に二点をつける。

（四）　道真は，梅に向かって昔のことを尋ねたいという意味の歌を詠んでいる。梅はその歌に対し，旧宅の様子を伝える漢詩を返している。

5　（会話・議論・発表－脱文・脱語補充，作文（自由・課題））

（一）　資料1が示している内容が入る。ボランティア活動に参加したことがある生徒が62人なのに対し，参加したことがない生徒は228人である。よって，エが合う。

（二）　そうたさんは，空欄の後で，ボランティア活動について「災害救助や被災地の復興支援」という具体的なイメージを語っている。よって，ウ「特別なこと」がよい。

（三）　そうたさんの発言内容は，ボランティア活動について自分の具体的なイメージや，資料1の結果となった理由が含まれている。

（四）　「私たちにも参加できて，今まで参加したことがない人も『やってみよう』と思えるようなボランティア活動があるのではないかな」というはるとさんの発言に注目し，そのようなボランティア活動を具体的に挙げるとよい。さらに，参加者を増やすためにどうすべきかということについて，自分自身の考えを示すこと。

大切なことはメモしておこうネ!

三重県公立高等学校

2019年度
★★★★★★★★★★★★★★★★★★★★★

入 試 問 題

●くわしい解説 …… 47ページ

＜数学＞　　時間　45分　　満点　50点

1　あとの各問いに答えなさい。(12点)

(1)　$(-20) \div 4$　を計算しなさい。

(2)　$\dfrac{x}{2} - \dfrac{x}{3}$ を計算しなさい。

(3)　$3(a + 2b) - (2a - b)$　を計算しなさい。

(4)　$(\sqrt{7} - 2\sqrt{5})(\sqrt{7} + 2\sqrt{5})$　を計算しなさい。

(5)　$x^2 - x - 30$　を因数分解しなさい。

(6)　二次方程式　$2x^2 - 3x - 1 = 0$　を解きなさい。

(7)　Aの箱に赤玉が45個，Bの箱に白玉が27個入っている。Aの箱とBの箱から赤玉と白玉の個数の比が 2：1 となるように取り出したところ，Aの箱とBの箱に残った赤玉と白玉の個数の比が 7：5 になった。Bの箱から取り出した白玉の個数を求めなさい。

2　あとの各問いに答えなさい。(10点)

(1)　次の表は，ある中学校の 2 年生 6 人の生徒A，B，C，D，E，Fの夏休み中に読んだ本の冊数について，夏休みの読書目標である 6 冊を基準にして，それより多い場合を正の数，少ない場合を負の数で表したものである。

　　このとき，次の各問いに答えなさい。

生　徒	A	B	C	D	E	F
基準との差(冊)	＋10	0	＋2	－3	＋4	－1

①　6 人の夏休み中に読んだ本の冊数の平均値を求めなさい。

②　6 人の夏休み中に読んだ本の冊数の中央値を求めなさい。

(2)　ある店で，ノート 1 冊とボールペン 1 本を定価で買うと，合計の値段は145円となる。ノートが定価の10％引き，ボールペンが定価の20％引きとなる割引セールで，ノート 2 冊とボールペン 3 本を買うと，合計の値段は294円となった。

　　次のページの ☐ は，ノート 1 冊とボールペン 1 本の定価を連立方程式を使って求めたものである。① ～ ④ に，それぞれあてはまる適切なことがらを書き入れなさい。

ノート 1 冊の定価を x 円，ボールペン 1 本の定価を y 円とすると，

$$\begin{cases} \boxed{①} = 145 \\ \boxed{②} = 294 \end{cases}$$

これを解くと，$x = \boxed{③}$ ，$y = \boxed{④}$

ノート 1 冊の定価は $\boxed{③}$ 円，ボールペン 1 本の定価は $\boxed{④}$ 円となる。

(3) 500円，100円，50円，10円の硬貨が 1 枚ずつある。この 4 枚を同時に投げるとき，次の各問いに答えなさい。

① 4 枚のうち，少なくとも 1 枚は裏となる確率を求めなさい。

② 表が出た硬貨の合計金額が，510円以上になる確率を求めなさい。

3 次の図のように，関数 $y = ax^2 \cdots ⑦$ のグラフと関数 $y = -x + 6 \cdots ④$ のグラフとの交点 A，B があり，点 A の x 座標が 3 ，点 B の座標が $(-6,\ p)$ である。y 軸に平行な直線 ℓ を $x < 0$ の範囲にひき，④のグラフ，⑦のグラフ，x 軸との交点をそれぞれ E，F，G とする。

このとき，あとの各問いに答えなさい。(8点)

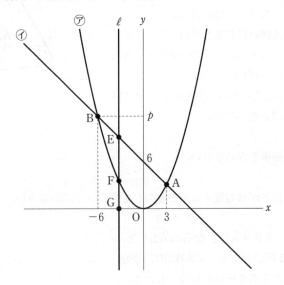

(1) a，p の値を求めなさい。

(2) 関数⑦について，x の変域が $-2 \leqq x \leqq 4$ のときの y の変域を求めなさい。

(3) EF $=$ 2 FG となるとき，点 E の x 座標を求めなさい。

(4) x 軸上の $x > 0$ の範囲に点 C をとり，△ABC をつくる。△ABC の面積と△OAB の面積が等しくなるとき，点 C の座標を求めなさい。

ただし，原点を O とする。

4 あとの各問いに答えなさい。(8点)

(1) 次の図で，四角形ABCDの辺AB上に点P，辺BC上に点Q，辺CD上に点Rがあるひし形PBQRを，定規とコンパスを用いて作図しなさい。

　　なお，作図に用いた線は消さずに残しておきなさい。

(2) 右の図のように，長さが6cmの線分ABを直径とする円を底面とし，母線の長さが6cmの円すいPがある。この円すいPの側面に，点Aから点Bまで，ひもをゆるまないようにかける。

　　このとき，次の各問いに答えなさい。

　　ただし，円周率はπとし，答えの分母に√がふくまれるときは，分母を有理化しなさい。また，√の中をできるだけ小さい自然数にしなさい。

① 円すいPの体積を求めなさい。

② 円すいPの側面積を求めなさい。

③ かけたひもの長さが最も短くなるときのひもの長さを求めなさい。

5 右の図のように，AB＝ACとなる△ABCと，3点A，B，Cを通る円Oがある。∠ABCの二等分線と辺AC，円Oとの交点をそれぞれD，Eとし，線分AEと線分CEをひく。点Aを通り線分EBに平行な直線と円Oの交点をFとし，線分FEと，辺AB，辺ACとの交点をそれぞれH，Gとする。

　　このとき，あとの各問いに答えなさい。

　　ただし，点Eは点Bと異なる点とする。(12点)

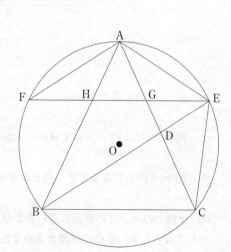

(1) 次の □ は，△DBC∽△DEGであることを証明したものである。

　　(ア)　～　(ウ)　にそれぞれあてはまる適切なことがらを書き入れなさい。

〈証 明〉 △DBCと△DEGにおいて，

対頂角は等しいから， ∠BDC ＝ [(ア)] …①

線分BEは∠ABCの二等分線だから， ∠DBC ＝ [(イ)] …②

EB∥AFより，錯角は等しいから， [(イ)] ＝ ∠BAF …③

②，③より， ∠DBC ＝ ∠BAF …④

弧BFに対する円周角は等しいから， ∠BAF ＝ ∠DEG …⑤

④，⑤より， ∠DBC ＝ ∠DEG …⑥

①，⑥より， [(ウ)] がそれぞれ等しいので，

△DBC∽△DEG

(2) △AEG≡△AFH であることを証明しなさい。

(3) AB＝3 cm，BC＝2 cmのとき，次の各問いに答えなさい。

① 線分CDの長さを求めなさい。

② 線分DGの長さを求めなさい。

③ △AFHと△DBC の面積の比を，最も簡単な整数の比で表しなさい。

※この解答用紙は153%に拡大していただきますと，実物大になります。

＜英語＞ 　時間　45分　　満点　50点

1　放送を聞いて，あとの各問いに答えなさい。(18点)

(1)　下の絵や表についての英語による質問を聞いて，それぞれの質問に対する答えとして，**ア**〜
エから最も適当なものを 1 つ選び，その記号を書きなさい。

No. 1

ア．One.
イ．Two.
ウ．Three
エ．Four.

No. 2

名前	昨日，読んだ本の内容	昨日，本を読んだ場所
Akari	科学者について	図書館
Hiroki	音楽家について	図書館
Tomoko	科学者について	自分の部屋
Yuji	音楽家について	自分の部屋

ア．Akari did.
イ．Hiroki did.
ウ．Tomoko did.
エ．Yuji did.

(2)　英語による対話を聞いて，それぞれの質問に対する答えとして，**ア**〜**エ**から最も適当なもの
を 1 つ選び，その記号を書きなさい。

No. 1
　ア．Marie did.　　　　　　　　イ．Kenta did.
　ウ．Erika did.　　　　　　　　エ．Erika's grandmother did.

No. 2
　ア．To finish his homework.　　イ．To wash the dishes.
　ウ．To go to the supermarket.　エ．To clean the table.

No. 3
　ア．Yes, he did.　　　　　　　イ．No, he didn't.
　ウ．Yes, he does.　　　　　　エ．No, he doesn't.

(3)　英語の授業で，高校生の Masashi がスピーチをしているときの英文を聞いて，話の内容に合
うように，次のページの表の（①）〜（⑤）に入る最も適当な日本語または数字を書きなさい。

Masashi が家族と大阪に行った日	8月（ ① ）日
Masashi と家族が大阪に着いた時刻	午前（ ② ）時
Masashi と家族が博物館に行った目的	日本の（ ③ ）を学ぶため
Masashi が博物館の中の店で買ったもの	（ ④ ）
Masashi と家族が午後に訪れた場所	（ ⑤ ）

⑷ 留学生の Bob と同じ学校に通う高校生の Rika との英語による対話を聞いて，それぞれの質問に対する答えとして，**ア**〜**エ**から最も適当なものを1つ選び，その記号を書きなさい。

No. 1

　　ア. Rika did. **イ**. Bob did.

　　ウ. Rika's uncle did. **エ**. Miki did.

No. 2

　　ア. In the department store. **イ**. In the park.

　　ウ. At Aoba Stadium. **エ**. At her uncle's house.

No. 3

　　ア. She will listen to the CDs. **イ**. She will watch a baseball game.

　　ウ. She will get the tickets. **エ**. She will meet Miki.

⑸ 第二文を英語で正しく書き取りなさい。

（第一文） This jacket is too large.

（第二文）

2　次の対話文は，高校生で新聞部員の Ayumi が，学校新聞（school newspaper）の記事を作るために，外国語指導助手（ALT）の White 先生にインタビューをしているときのものです。対話文を読んで，あとの各問いに答えなさい。（8点）

Ayumi　：Good afternoon, Mr. White.　My name is Ayumi, and I'm in the newspaper club.　I'd like to write about you for our school newspaper, so （ ① ）

Mr. White：Of course, Ayumi.

Ayumi　：When did you come to Japan?

Mr. White：I came to Japan about two years ago, and I have lived in Minami Town since then.

Ayumi　：I see.　Do you enjoy living in this town?

Mr. White：Yes.　I have a lot of Japanese friends and have a good time with them.　It's a wonderful experience for me to teach Japanese students English at school, too.

Ayumi　：That's good.　I like your English classes.　I think I have improved my English little by little.　Then, let's change the topic.　Could you tell me about your hobby?

Mr. White : Well, my hobby is running.　I started running when I was a college student in Australia.　Now I run before breakfast every morning.

Ayumi　　 : Wow, every morning?　It's difficult for me to run every morning.

Mr. White : Actually, running in this town is a lot of fun for me because I can see many kinds of flowers of each season.

Ayumi　　 : Are they the flowers on the street along the river?

Mr. White : Yes, they are.

Ayumi　　 : Volunteers living in this town grow the flowers, and my mother is one of them.　So she will be very happy to hear that.

Mr. White : I hope so.

Ayumi　　 : Thank you for your time, Mr. White.　I want to tell students in the next school newspaper why you enjoy running in Minami Town.

Mr. White : I'm looking forward to reading it.

Ayumi　　 : (　②　)

（注）　little by little　少しずつ　　topic　話題　　hobby　趣味　　grow ～　～を育てる

---

(1)　（①），（②）に入るそれぞれの文として，ア～エから最も適当なものを1つ選び，その記号を書きなさい。

　　①　ア．how can I answer your questions?
　　　　イ．may I ask you some questions?
　　　　ウ．shall I answer your questions?
　　　　エ．what questions should I ask you?

　　②　ア．I hope you'll like it.
　　　　イ．I'm sorry to hear that.
　　　　ウ．I don't have to look at it.
　　　　エ．I know you understood it.

(2)　下線部に I want to tell students in the next school newspaper why you enjoy running in Minami Town. とあるが，Mr. White がみなみ町（Minami Town）を走ることを楽しんでいる理由を，具体的に日本語で書きなさい。

(3)　対話文の内容に合う文として，ア～エから最も適当なものを1つ選び，その記号を書きなさい。

　　ア．Ayumi asked Mr. White to write about his hobby in English for the school newspaper.

　　イ．When Mr. White was a college student in his country, he wasn't interested in running.

　　ウ．Ayumi's mother is one of the volunteers growing flowers on the street along the river.

　　エ．When Ayumi was taking care of the flowers on the street along the river, she met Mr. White.

3　あとの各問いに答えなさい。(12点)

(1)　次のような状況において，あとの①～③のとき，あなたならどのように英語で表しますか。それぞれ5語以上の英文を書きなさい。

　　ただし，I'm などの短縮形は1語として数え，コンマ (,)，ピリオド (.) などは語数に入れません。

【状況】

> 　オーストラリアから来た留学生の Lucy が，あなたの家でホームステイをしています。あなたは，Lucy と話をしています。

①　昨日作ってくれた夕食はおいしかったと伝えるとき。

②　日本での学校生活はどうかと尋ねるとき。

③　日本にいる間にしたいことを尋ねるとき。

(2)　Masato は，英語の授業で，大切な人について紹介することになり，祖父についてスピーチをすることにしました。

　　あなたが Masato なら，①～③の内容をどのように英語で表しますか。それぞれ4語以上の英文を書き，下の原稿を完成させなさい。

　　ただし，I'm などの短縮形は1語として数え，コンマ (,)，ピリオド (.) などは語数に入れません。

【原稿】

> Hello, everyone.　Today I'm going to tell you about my grandfather.
> ①　祖父の家は学校の近くにあること。
> ②　祖父と私は一緒に彼の犬をしばしば散歩させること。
> ③　祖父の家には彼の犬の写真がたくさんあること。
> Thank you.

4　次の文章を読んで，あとの各問いに答えなさい。(12点)

　Hiroki is a junior high school student.　He lives in a small town, and a summer festival is held at a park there every year.　All the second-year junior high school students living in the town play the *taiko* drum at the festival.　The performance of the *taiko* drums is very popular as one of the traditional events among the people living in the town.

　In April, thirty second-year students began to practice the *taiko* drum at the community center every Saturday.　Hiroki was one of them, but he wasn't interested in playing the *taiko* drum at first.　Some people in the town taught the students how to play the *taiko* drum, and Hiroki began to think playing the *taiko* drum was fun for him.

　One Saturday in May, when Hiroki was practicing together with the other students, he thought he could play the *taiko* drum well.　However, after they practiced, Sanae, one of the students, said to Hiroki, "(①) So you need to match the timing with the other students." He was a little surprised to hear that. Then, Mr. Kojima, an elderly man, said to Hiroki, "You should listen to the sound of the other students and play the *taiko* drum more slowly." After that, Hiroki tried to follow Mr. Kojima's advice when he was practicing together with the other students. Soon he understood what his problem was.

On the day of the summer festival, many people came to the park and watched the performance of the *taiko* drums. Hiroki did his best for them. After the performance, Sanae said to Hiroki, "We played the *taiko* drum very well because we practiced hard." Mr. Kojima said, "That was your best performance, Hiroki!" Hiroki was happy to hear that and said, "Thank you very much." Then, an elderly woman said to the students, "We really look forward to the performance every year. I hope this traditional event of our town will continue for a long time." ② Hiroki hoped so, too. An elementary school student came to them and said, "I want to play the *taiko* drum like you." After Hiroki talked with some people in the town, he realized that this traditional event was important to all the people living there.

(Ten years later)

When Hiroki was twenty-four years old, he was at the community center in his town with Sanae again. They began to teach the junior high school students how to play the *taiko* drum there. It was a lot of fun for Hiroki to do that. One of the students had the problem that Hiroki had ten years ago. ③ So he gave the student the advice that Mr. Kojima gave Hiroki at that time.

On the day of the summer festival, the students played the *taiko* drum very well, and many people said they were moved by the performance. Hiroki hoped that the students would be proud of the traditional event of their town.

> (注) second-year　2年生の　　*taiko* drum(s)　太鼓　　performance　演奏
> community center　公民館，コミュニティーセンター　　at first　初めは
> match the timing with ～　～とタイミングを合わせる　　elderly　年配の
> realized ～　～だと気づいた　　were moved by ～　～に感動した

⑴ （ ① ）に入る文として，ア～エから最も適当なものを1つ選び，その記号を書きなさい。

　ア．Actually we practice the *taiko* drum very hard.

　イ．Sometimes you play the *taiko* drum too fast.

　ウ．We should play the *taiko* drum like you.

　エ．You don't have to practice the *taiko* drum.

⑵ 下線部②に Hiroki hoped so, too. とあるが，Hiroki が望んだのはどのようなことか，その内容を具体的に日本語で書きなさい。

⑶ 下線部③に So he gave the student the advice that Mr. Kojima gave Hiroki at that time. とあるが，Mr. Kojima が Hiroki に伝えたアドバイスはどのようなことか，その内容を具体的に日本語で書きなさい。

(4) 下の質問に対する答えとして，本文の内容に合うものはどれか，ア～エから最も適当なものを１つ選び，その記号を書きなさい。

> ＜質問＞ Why was Hiroki at the community center with Sanae again when he was twenty-four?

ア．To play the *taiko* drum with her for elderly people living in his town.

イ．To give Mr.Kojima some advice about how to play the *taiko* drum.

ウ．To meet people who came there to watch the performance of the *taiko* drums.

エ．To teach the junior high school students how they should play the *taiko* drum.

(5) 本文の内容に合う文として，ア～カから適当なものを<u>２つ</u>選び，その記号を書きなさい。

ア．The second-year junior high school students living in Hiroki's town are the *taiko* drum players at the summer festival there.

イ．Hiroki practiced the *taiko* drum at the community center every Saturday because Mr.Kojima told him to do so.

ウ．Sanae told Hiroki what his problem was after they played the *taiko* drum on the day of the summer festival.

エ．Hiroki did his best for people who watched the performance of the *taiko* drums at the summer festival when he was a second-year junior high school student.

オ．An elementary school student played the *taiko* drum with Hiroki and the other students on the day of the summer festival.

カ．Hiroki told Sanae how important the performance of the *taiko* drums was for all the people living in his town after he talked with some people living there.

※この解答用紙は156%に拡大していただきますと，実物大になります。

＜理科＞ 　時間　45分　満点　50点

1　アブラナの花のつくりを調べるために，おしべ，め
しべ，がく，花弁を，外側についているものから順に
とりはずして花を分解した。次に，めしべの子房の部
分をカッターナイフで縦に切り，断面のようすを図1
のルーペを用いて観察しスケッチした。図2は子房の
断面をスケッチしたものである。このことについて，
あとの各問いに答えなさい。（4点）

図1　　図2

(1)　アブラナの花のめしべのように，手に持って観察
できるものを図1のようなルーペを用いて観察するとき，ルーペの使い方として正しいものは
どれか，次のア～エから最も適当なものを1つ選び，その記号を書きなさい。
　ア．ルーペを目に近づけて持ち，めしべを前後に動かしてよく見える位置をさがす。
　イ．ルーペを目から離して持ち，めしべを前後に動かしてよく見える位置をさがす。
　ウ．ルーペを目に近づけて持ち，顔を前後に動かしてよく見える位置をさがす。
　エ．ルーペを目から離して持ち，顔を前後に動かしてよく見える位置をさがす。

(2)　アブラナの花のおしべ，めしべ，がく，花弁は，外側から中心に向かってどのような順で並
んでいたか，次のア～エを並んでいた順に左から並べて書きなさい。
　ア．おしべ　　イ．めしべ　　ウ．がく　　エ．花弁

(3)　次の文は，アブラナの受粉と受粉後のめしべの変化について説明したものである。文中の
（あ），（い）に入る最も適当な言葉は何か，その名称をそれぞれ書きなさい。ただし，（あ）
については漢字で書きなさい。

> 　めしべの先端の（　あ　）に花粉がつくことを受粉という。受粉が起こると，やがて子
> 房は果実に，図2のAで表される（　い　）は種子になる。

2　次の実験について，あとの各問いに答えなさい。（5点）

〈実験〉　硝酸カリウムと塩化ナトリウムについて，水の温
度によるとけ方のちがいを調べるために，次の①，②の実
験を行った。
①　試験管A，Bに水を5.0cm³（5.0g）ずつ入れ，図1の
ように試験管Aに硝酸カリウム3.0gを，試験管Bに塩
化ナトリウム3.0gをそれぞれ入れた。その後，試験管
A，Bを加熱し，ときどき水溶液をふり混ぜながら，水
溶液の温度を60℃まで上げ，試験管A，Bの中のようす
を観察した。

図1
硝酸カリウム　　塩化ナトリウム
水
水
試験管A　　試験管B

② 水5.0cm³（5.0 g）を入れた試験管Cに硝酸カリウムをとかし，60℃の飽和水溶液を用意した。試験管Cの飽和水溶液の温度を20℃まで下げ，試験管Cの中のようすを観察すると，試験管Cの水溶液にとけていた硝酸カリウムが，水溶液の温度を下げることで，固体として出てきた。

(1) 図2は100 gの水にとける物質の質量と水の温度との関係を表したグラフである。①で，試験管A，Bそれぞれについて，物質が水にすべてとけている場合には〇，とけ残っている場合には×を書きなさい。

(2) 表は図2のグラフの20℃，40℃，60℃の100 gの水にとける硝酸カリウムの質量を読みとったものである。②について，次の(a)～(c)の各問いに答えなさい。

(a) 試験管Cで硝酸カリウムをとかした60℃の飽和水溶液の質量パーセント濃度は何％か，表を用いて求めなさい。ただし，答えは小数第2位を四捨五入し，小数第1位まで求めなさい。

(b) 固体の物質を水に一度とかし，とかした水溶液の温度を下げることで再び物質を固体としてとり出すことを何というか，その名称を書きなさい。

(c) 固体として出てきた硝酸カリウムの質量は何 gか，表を用いて求めなさい。ただし，答えは小数第2位を四捨五入し，小数第1位まで求めなさい。

図2

表

水の温度 (℃)	100 gの水にとける 硝酸カリウムの質量 (g)
20	31.6
40	63.9
60	109.2

3 次の実験について，あとの各問いに答えなさい。（4点）

〈実験〉 仕事と仕事率について調べるために，質量400 gのおもり（1個），ばねばかり，動滑車を用いて，次の①，②の実験を行った。ただし，実験において100 gの物体にはたらく重力を1Nとし，ひもやばねばかりや動滑車の重さ，ひもと動滑車にはたらく摩擦力は考えないものとする。

① 図1のように，矢印 ⇒ の向きに手でひもに力を加え，おもりを3cm／秒の一定の速さで15cm引き上げた。このとき，ばねばかりの示す値を読みとった。

② 図2のように，動滑車を1つ用いて，矢印 ⇒ の向きに手でひもに力を加え，おもりを3cm／秒の一定の速さで15cm引き上げた。

(1) ①について，読みとったばねばかりの値は何Nか，書きなさい。

(2) ①について，手がひもにした仕事の量は何 Jか，求めなさい。

(3) 次の文は①，②についてまとめたものである。文中の（A），（B）に入る最も適当な数を書

きなさい。また，（ **C** ）に入ることがらは何か，下の**ア～ウ**から最も適当なものを1つ選び，
その記号を書きなさい。

> 実験②は実験①に比べて，手でひもを引く力の大きさは（　**A**　）倍で，手でひもを引
> く長さは（　**B**　）倍であるので，実験②で手がひもにした仕事の量は，実験①の（　**C**　）。

（ **C** ）の語群
　ア．仕事の量より大きい　　**イ**．仕事の量より小さい　　**ウ**．仕事の量と変わらない

(4)　②について，手がひもにした仕事率は何Wか，求めなさい。

4　三重県のある地点で2018年5月22日午後9時頃(ごろ)に月の
観察を行ったところ，南西の空に上弦(じょうげん)の月が見えた。図
は，地球と月との位置関係及(およ)び太陽の光の向きを模式的(もしきてき)に
表したものである。このことについて，あとの各問いに答
えなさい。（4点）

(1)　観察した日に，月はどの位置にあったと考えられる
　か，図の**A～H**から最も適当なものを1つ選び，その記
　号を書きなさい。

(2)　観察した日から1週間後の午後9時頃，同じ場所で月を観察すると，月はどの方位に見える
　か，次の**ア～オ**から最も適当なものを1つ選び，その記号を書きなさい。
　ア．東　**イ**．南東　**ウ**．南　**エ**．南西　**オ**．西

(3)　(2)のとき，月はどのような形に見えるか，次の**ア～オ**から最も適当なものを1つ選び，その
　記号を書きなさい。

　ア．　　　**イ**．　　　**ウ**．　　　**エ**．　　　**オ**．

(4)　月の公転によって，月が図の**E**の位置にくるとき，太陽と地球と月が一直線上に並び，月の
　全体，または一部が地球のかげに入ることがある。月の全体，または一部が地球のかげに入る
　現象を何というか，その名称を**漢字**で書きなさい。

5　次の実験について，あとの各問いに答えなさい。（8点）

〈実験〉酸化銀を加熱した
ときの変化を調べるため
に，次の①～③の実験を
行った。
①　図1のように，質量
　1.00gの酸化銀を試験管
　Aに入れ，試験管Aの口
　を少し下げてガスバー

ナーで加熱した。酸化銀を加熱すると気体が発生して，酸化銀とは色の異なる固体が残った。実験をはじめてすぐに出てきた気体を試験管**B**に集めた後，続けて出てきた気体を試験管**C**に集めた。気体が発生しなくなってから加熱をやめ，試験管**A**の中の物質をよく冷ましてから，試験管**A**の中の物質の質量を測定すると，その値は0.93 gであった。

図2

② 図2のように，①で試験管**C**に集めた気体の中に火のついた線香（せんこう）を入れたところ，線香が激しく燃えた。ただし，①で試験管**C**には安全のために水を少し残しておいた。

③ 図1の試験管**A**に入れる酸化銀の質量を2.00 g，3.00 g，4.00 gにかえて①と同様の実験を行った。加熱後の試験管**A**に残った固体を調べると，酸化銀の質量を4.00 gにかえて実験を行ったときは，気体が発生しなくなる前に加熱をやめたため，加熱後の物質の中に酸化銀が一部残っていることがわかった。表は，加熱した酸化銀の質量と加熱後の試験管**A**の中の物質の質量をまとめたものである。

表

酸化銀の質量(g)	1.00	2.00	3.00	4.00
加熱後の試験管**A**の中の物質の質量(g)	0.93	1.86	2.79	3.79

(1) ①について，次の(a)～(d)の各問いに答えなさい。

(a) 酸化銀を加熱する実験のように，試験管に固体を入れて加熱する実験では，図1のように加熱する試験管**A**の口を少し下げるのはなぜか，次の**ア**～**エ**から最も適当なものを1つ選び，その記号を書きなさい。

ア．加熱する固体全体を均一に加熱しやすくするため。

イ．加熱する固体全体を高温で加熱しやすくするため。

ウ．実験で気体が発生した場合に，気体をガラス管の方に流れやすくするため。」

エ．実験で液体が生じた場合に，液体が加熱部分に流れないようにするため。

(b) 加熱後に試験管**A**の中に残った固体の物質は何色か，次の**ア**～**エ**から最も適当なものを1つ選び，その記号を書きなさい。

ア．白色　　**イ**．黒色　　**ウ**．赤色　　**エ**．茶色

(c) 試験管**A**に入れた酸化銀を加熱したときに起きた化学変化を，化学反応式で表すとどうなるか，書きなさい。ただし，酸化銀の化学式はAg_2Oとする。

(d) この実験のように，1種類の物質が2種類以上の物質に分かれる化学変化の中でも，特に加熱によって起こる化学変化を何というか，その名称を書きなさい。

(2) ②について，①で発生した気体の性質を調べるとき，試験管**B**に集めた気体を使わなかったのはなぜか，その理由を「空気」という言葉を使って，簡単に書きなさい。

(3) ③について，酸化銀の質量を4.00 gにかえて実験を行ったとき，加熱後の質量3.79 gの物質の中に，化学変化でできた物質は何gふくまれているか，その質量を求めなさい。

6 次の文を読んで，あとの各問いに答えなさい。（8点）

　みゆきさんは，遺伝について関心をもち，メンデルの行った実験と遺伝の規則性について調べたことを，次の①，②のようにノートにまとめた。

【みゆきさんのノートの一部】

① メンデルの行った実験
　自家受粉をくり返して，純系のエンドウを得たメンデルは，そこから対立形質である丸い種子をつくる純系としわのある種子をつくる純系を選び，次の実験を行った。
実験1
　図1のように，しわのある種子をつくる純系の花粉を使って，丸い種子をつくる純系の花に受粉させると， 子 にあたる種子では，すべて丸い種子が得られた。
実験2
　図2のように，実験1で得られた 子 にあたる丸い種子を育てて自家受粉させると， 孫 にあたる種子では，丸い種子としわのある種子が，一定の割合で得られた。

② 遺伝の規則性
　実験2を遺伝子の伝わり方で考えてみた。丸い種子をつくる遺伝子をA，しわのある種子をつくる遺伝子をaとする。図3のように，丸い種子をつくる純系は，Aの遺伝子をもつ染色体が対になって存在していると考える。同様に，しわのある種子をつくる純系は，aの遺伝子をもつ染色体が対になって存在していると考える。図4はメンデルが行った実験2の結果について考察したものである。Xは生殖細胞ができるときの細胞分裂を表している。

(1) ①について，実験1のように，対立形質をもつ純系の親どうしをかけ合わせたときに，子に現れる形質を何というか，その名称を書きなさい。

(2)　②について，次の(a)～(e)の各問いに答えなさい。

(a)　遺伝子の本体は何という物質か，その名称を書きなさい。

(b)　図4のXの細胞分裂を何というか，その名称を書きなさい。

(c)　図4のあ，いに入る生殖細胞はどれか，次のア～カから最も適当な組み合わせを1つ選び，その記号を書きなさい。

(d)　次の文は，図4をもとに，孫にあたる種子の数について考えたものである。文中の（う），（え）に入る数は何か，下のア～オから最も適当なものをそれぞれ1つずつ選び，その記号を書きなさい。

> 孫にあたる種子の中で，しわのある種子が1800個得られたとすると，丸い種子は（　う　）個得られると考えられ，丸い種子のうち，Aaの遺伝子をもつ種子は（　え　）個得られると考えられる。

ア．900　　イ．1800　　ウ．3600　　エ．5400　　オ．7200

(e)　孫にあたる種子のうち丸い種子だけをすべて育て，それぞれを自家受粉させたときに得られるエンドウの種子について，丸い種子としわのある種子の数の比はどうなるか，次のア～エから最も適当なものを1つ選び，その記号を書きなさい。

ア．7：1　　イ．5：3　　ウ．5：1　　エ．3：1

(3)　エンドウでは，生殖によってもとの個体と同じ形質が現れるとは限らない。一方，さし木のような無性生殖では，もとの個体と同じ形質が現れる。無性生殖で，もとの個体と同じ形質が現れるのはなぜか，その理由を「遺伝子」という言葉を使って，簡単に書きなさい。

7　次の文を読んで，あとの各問いに答えなさい。（9点）

> はるかさんは，大気の動きや日本の季節による天気について興味をもち，資料集やインターネットで調べたことを，次の①～③のようにノートにまとめた。
>
> 【はるかさんのノートの一部】
>
> ①　地球規模での大気の動きについて
>
> 　　次のページの図1は，北半球での大気の動きの一部を模式的に表したものである。中緯度の上空で南北に蛇行しながら西から東へ向かう大気の動きを　X　という。とくに強い　X　をジェット気流という。低緯度と高緯度にもそれぞれの大気の動きがあり，このような，いくつかの大きな大気の動きが合わさって，大気は地球規模で循

環しているといえる。

図1

② 陸風と海風について

　陸と海とでは，あたたまり方がちがうので，陸上と海上とで気温差が生じて，風がふくことがある。これを，海陸風という。

③ 日本の季節による天気について

〔冬の天気〕

　図2は，日本の冬の季節風と天気を模式的に表したものである。大陸で発達した気団から冷たく乾燥した大気がふき出し，日本海を越えて日本列島の山脈にぶつかると日本海側の各地に雪を降らせ，山脈を越えて太平洋側にふき下りる。

図2

〔春と秋の天気〕

　日本付近は，おおむね4～7日の周期で天気が移り変わることが多い。

〔つゆの天気〕

　6月頃になると，日本の北側の気団と太平洋上の気団が日本付近でぶつかり合い，間にできた気圧の谷に停滞前線が発生し，ほぼ同じ場所にしばらくとどまる。

〔夏の天気〕

　日本の南側にある太平洋高気圧が発達し，日本はあたたかく湿った気団におおわれる。蒸し暑く晴れることが多い日本の夏の天気は，主に太平洋高気圧によってもたらされている。

⑴　①について，次の(a)，(b)の各問いに答えなさい。

(a)　$\boxed{X}$ に入る大気の動きは何か，その名称を書きなさい。

(b)　日本の天気の変化に関わる現象の中で，$\boxed{X}$ が直接影響をあたえている現象は何か，次のア～エから最も適当なものを1つ選び，その記号を書きなさい。

ア．春の強い風が南からふくこと。　　イ．日本付近で台風の進路が変化すること。

ウ．秋雨前線による雨が降ること。　　エ．冬の朝方に濃霧がみられること。

⑵　②について，晴れた日の昼と夜において，それぞれ気温が高いのは陸上と海上のどちらか，また，晴れた日の昼と夜において，海陸風の向きとして正しいものはA，Bのどちらか，次のア～エから最も適当な組み合わせを1つ選び，その記号を書きなさい。

	ア	イ	ウ	エ
昼に気温が高い	海上	海上	陸上	陸上
夜に気温が高い	陸上	陸上	海上	海上
昼	A	B	A	B
夜	B	A	B	A

⑶　③について，次の(a)～(d)の各問いに答えなさい。

(a)　冬の天気について，冬の季節風が大陸の上では乾いているにもかかわらず，日本海側の各地に雪を降らせるのは，大気の状態のどのような変化によるものか，「暖流」，「水蒸気」という2つの言葉を使って，簡単に書きなさい。

(b)　春と秋の天気について，日本の天気が周期的に移り変わるのは，日本付近を低気圧と高気圧が交互に通過することが原因である。このとき日本付近を通過する高気圧を何というか，その名称を書きなさい。

(c)　つゆの天気について，停滞前線を表す天気記号はどれか，次のア～エから最も適当なものを1つ選び，その記号を書きなさい。また，つゆの時期にみられる停滞前線を何というか，その名称を漢字で書きなさい。

ア．　　　　　　イ．　　　　　　ウ．　　　　　　エ．

(d)　夏の天気について，太平洋高気圧の発達によって日本の南の海上にできるあたたかく湿った気団を何というか，その名称を書きなさい。

⑧　次の実験について，あとの各問いに答えなさい。（8点）

〈実験〉　凸レンズの性質を調べるために，次の①～③の実験を行った。

①　図1のように，物体（J字形の穴をあけた板）と光源，焦点距離4cmの凸レンズ，スクリーン，光学台を用いて，スクリーンに実像を映す実験を行った。凸レンズを光学台の中央に固定し，物体とスクリーンを動かして，スクリーン

図1

に物体と同じ大きさの実像を映した。ただし，
物体と光源は一体となっているとする。

② ①の実験で，凸レンズに物体を近づけると実
像がスクリーンに映らなくなった。

そこで，図2のように光源とスクリーンをと
り外し，凸レンズを通して物体を見ると，実際
の物体より大きな像が見えた。

③ 図3のように，物体（J字形の穴をあけた板）
と光源，焦点距離4cmの凸レンズ，スクリー
ン，光学台を用いて，凸レンズと物体の距離を
12cmに固定し，スクリーンを動かして，スク
リーンに実像を映す実験を行った。ただし，物
体と光源は一体となっているとする。

図2

図3

(1) ①について，次の(a)～(d)の各問いに答えなさい。

(a) スクリーンに物体と同じ大きさの実像を映したとき，凸レンズとスクリーンの距離は何cm
か，求めなさい。

(b) スクリーンに映った実像は，どのように見えるか，次のア～エから最も適当なものを1つ
選び，その記号を書きなさい。

ア． イ． ウ． エ．

(c) 図4は，ヒトの目のつくりを模式的に表したものであ
る。図1のスクリーンのように，ヒトの目で実像が映る部
分はどこか，図4のア～エから最も適当なものを1つ選
び，その記号を書きなさい。

また，ヒトの目で実像が映る部分を何というか，その名
称を書きなさい。

図4

(d) この実験から，凸レンズで屈折した光が実像をつくることがわかった。屈折に関係するこ
とがらについて述べたものはどれか，次のア～エから最も適当なものを1つ選び，その記号
を書きなさい。

ア．光ファイバーに光を通すと，光ファイバーが曲がっていても光が伝わる。

イ．道路にあるカーブミラーを見ると，車が来ないかを確認できる。

ウ．舞台でスポットライトを浴びた人を，どの客席からでも見ることができる。

エ．水を満たしたプールの底に置いた物体が，実際よりも浅いところにあるように見える。

(2) ②について，次の(a)，(b)の各問いに答えなさい。

(a) 物体よりも大きく像が見えるのは，凸レンズと物体の距離が何cmのときか，次のア～オか
ら適当なものをすべて選び，その記号を書きなさい。

ア．5cm　イ．4cm　ウ．3cm　エ．2cm　オ．1cm

(b) 凸レンズを通して見える像を何というか，その名称を書きなさい。

⑶　③について，図5は物体と凸レンズの位置を示したものである。実像ができる位置を作図で求めるため，物体の1点Aから光軸に平行に凸レンズに入った光と，物体の1点Aから焦点を通って凸レンズに入った光について，それぞれの光の道すじを，図5に――を使って表しなさい。ただし，光は凸レンズの中心線上で屈折することとする。

　また，図5に光の道すじを表した結果から，凸レンズとスクリーンの間の距離は何cmか，下の**ア**～**オ**から最も適当なものを1つ選び，その記号を書きなさい。

図5

ア．4cm　　**イ**．6cm　　**ウ**．8cm　　**エ**．10cm　　**オ**．12cm

※この解答用紙は154％に拡大していただきますと，実物大になります。

＜社会＞　　時間　45分　　満点　50点

1　次の略地図1～3は，それぞれ世界の一部の地域をあらわしている。これらを見て，あとの各問いに答えなさい。（9点）

〈略地図1〉

〈略地図2〉

〈略地図3〉

〔注：縮尺は同じではない。国境は一部省略。〕
（『世界国勢図会 2017/18』ほかから作成）

(1)　略地図1について，次の(a)，(b)の各問いに答えなさい。

(a)　資料1は，ア～エで示したいずれかの都市における雨温図である。資料1はいずれの都市の雨温図か，ア～エから最も適当なものを1つ選び，その記号を書きなさい。

(b)　資料2は，Ｉで示した国で生産が盛んな農産物の写真，資料3は，その農産物の国別生産割合を示したものである。資料2に示した農産物は何か，その農産物名を書きなさい。

〈資料1〉

（『理科年表　平成30年』から作成）

〈資料2〉

〈資料3〉

（『世界国勢図会 2017/18』から作成）

(2)　略地図2について，次の(a)，(b)の各問いに答えなさい。

(a)　ⅡとⅢで示した国について，資料4は，挨拶に使われる言葉，資料5は，産業についての説明である。Ⅲの国の言葉と説明の組み合わせはどれか，あとのア～エから最も適当なものを1つ選び，その記号を書きなさい。（資料4，資料5は次ページ）

〈資料4〉　挨拶に使われる言葉（言語系統）

A．Guten Morgen（グーテン モルゲン）（ゲルマン系言語）
B．Bonjour（ボンジュール）（ラテン系言語）

〈資料5〉　産業についての説明

a．EU加盟国の中で農業生産額が最も高い。
b．EU加盟国の中で工業生産額が最も高い。

ア．言葉—A　　　説明—a　　　イ．言葉—A　　　説明—b
ウ．言葉—B　　　説明—a　　　エ．言葉—B　　　説明—b

(b)　**オ**で示した町では，夏になると，太陽が一日中沈まなかったり，沈んでも暗くならなかったりする時期がある。太陽が沈んでも暗くならない現象のことを何というか，その名称を**漢字**で書きなさい。

(3)　略地図3について，次の(a)，(b)の各問いに答えなさい。

(a)　**Ⅳ**で示した国を通る**あ**，**い**で示した緯線のうち，赤道を示しているものと，**Ⅳ**の国で主に使われる言語の組み合わせはどれか，次の**ア～エ**から最も適当なものを1つ選び，その記号を書きなさい。

ア．赤道—あ　　　言語—スペイン語　　　イ．赤道—い　　　言語—スペイン語
ウ．赤道—あ　　　言語—ポルトガル語　　エ．赤道—い　　　言語—ポルトガル語

(b)　資料6，資料7は，**Ⅳ**で示した国の貿易についてまとめたものの一部である。**Ⅳ**の国について，資料6，資料7から読み取れることを正しく述べたものはどれか，後の**ア～キ**から適当なものを**2つ**選び，その記号を書きなさい。

〈資料6〉　**Ⅳ**の国の貿易相手上位4か国の輸出入額割合

1970年　輸出総額27億ドル

輸出相手国	割合
アメリカ合衆国	24.7 %
西ドイツ	8.6 %
イタリア	7.2 %
アルゼンチン	6.8 %

1970年　輸入総額28億ドル

輸入相手国	割合
アメリカ合衆国	32.3 %
西ドイツ	12.6 %
日本	6.3 %
アルゼンチン	6.0 %

2015年　輸出総額1,911億ドル

輸出相手国	割合
中国	18.6 %
アメリカ合衆国	12.7 %
アルゼンチン	6.7 %
オランダ	5.3 %

2015年　輸入総額1,714億ドル

輸入相手国	割合
中国	17.9 %
アメリカ合衆国	15.6 %
ドイツ	6.1 %
アルゼンチン	6.0 %

〈資料7〉　**Ⅳ**の国の主要輸出品の割合

〔注：単位は％〕

（資料6，資料7は，UN Comtrade ほかから作成）

ア．1970年には，日本向けの輸出額がアルゼンチン向けの輸出額を上まわっていた。

イ．1970年には，コーヒーに依存したモノカルチャー経済だったが，その後重化学工業が発展した。

ウ．2015年には，中国が最大の貿易相手国であり，中国に対して赤字になっている。

エ．2015年には，ＥＵ加盟国との輸出入総額は全体の5％以下になっている。

オ．1970年と2015年を比べると，鉄鉱石の輸出額はほとんど変わっていない。

カ．1970年と比べて2015年は，輸出入総額は50倍以上になり，貿易黒字になっている。

キ．1970年と比べて2015年は，貿易相手上位2か国の輸出入総額に占める割合は増えている。

2　次の略地図を見て，あとの各問いに答えなさい。（9点）

(1)　略地図に ◯ で示した東北地方には，地域の伝統に根差した各地の祭りがあり，近年，観光資源となっている。資料1は，1980年に国の重要無形民俗文化財に指定された，ねぶた祭の写真である。資料1に示したねぶた祭が開催される県はどこか，その県名を漢字で書きなさい。

〈資料1〉

〈略地図〉

（『日本国勢図会 2018/19』ほかから作成）

(2)　略地図に示した茨城県，山口県，愛媛県，三重県について，資料2は，面積，野菜の産出額，果実の産出額，化学工業の製造品出荷額を示したものである。資料2のA〜Cにあてはまる県名の組み合わせはどれか，下のア〜カから最も適当なものを1つ選び，その記号を書きなさい。

〈資料2〉

	面積 (km²)	野菜の 産出額 （億円）	果実の 産出額 （億円）	化学工業の 製造品出荷額 （億円）
A	5,676	203	497	3,455
B	6,112	134	41	16,458
C	6,097	1,890	127	14,941
三重県	5,774	153	74	13,695

〔注：数値は2015年のもの。ただし，化学工業の製造品出荷額は2014年のもの。〕

（『データでみる県勢 2018』ほかから作成）

ア．A—山口県　　B—茨城県　　C—愛媛県

イ．A—山口県　　B—愛媛県　　C—茨城県

ウ．A—愛媛県　　B—茨城県　　C—山口県

エ．A—愛媛県　　B—山口県　　C—茨城県

オ．A—茨城県　　B—山口県　　C—愛媛県

カ．A—茨城県　　B—愛媛県　　C—山口県

(3) 略地図に示した鹿児島県について，次の(a)，(b)の各問いに答えなさい。

(a) 鹿児島県の農業について述べた文はどれか，次のア～エから最も適当なものを1つ選び，その記号を書きなさい。

ア．飼育頭数全国1位の豚をはじめ，鶏や肉牛の飼育が盛んであり，茶の生産量も全国有数である。

イ．日本最大級の砂丘が広がり，なしやメロン，らっきょうの栽培が盛んである。

ウ．施設園芸農業が盛んで，夜間に照明を当てて生長を遅らせる方法で，菊の生産量は全国1位となっている。

エ．泥炭地に農業に適した土を運び入れて土地を改良し，全国有数の米の生産地になっている。

(b) 鹿児島県で見られる，火山活動による噴出物が積み重なってできた台地を何というか，その名称を書きなさい。

(4) ひろとさんは，略地図に示した三陸海岸の沖で漁業が盛んなことに興味を持ち，日本の漁業について調べ，資料3，資料4，資料5にまとめた。これらを見て，次の(a)，(b)の各問いに答えなさい。

(a) 資料3のア～エは，遠洋漁業，沖合漁業，沿岸漁業，養殖業のいずれかである。養殖業にあてはまるものはどれか，最も適当なものを1つ選び，その記号を書きなさい。

(b) 1985年から1995年まで，資料3に示した日本の漁獲量は減少しているのに対して，資料4に示した1人あたりの魚介類消費量が減少していないのはなぜか，その理由として考えられることを，資料5から読み取れることをもとにして，書きなさい。

〈資料3〉 日本の漁業種類別漁獲量

（『数字でみる日本の100年』ほかから作成）

〈資料4〉 日本の1人あたりの魚介類消費量

〈資料5〉 日本の魚介類の自給率

（資料4，資料5は，農林水産省「食料需給表」から作成）

3　次の表のA～Eは，けんとさんの学級で，各時代における人・物資の交流や交通の発達について，学習した内容をまとめたものの一部である。これを見て，あとの各問いに答えなさい。
（9点）

A	平　清盛は，中国との貿易を進めるために，瀬戸内海の航路を整備し，兵庫の港を整えた。
B	西ヨーロッパでは，11世紀から始まった十字軍の遠征の影響により，イスラム世界との交流が促進された。
C	南蛮貿易では，ポルトガルやスペインの商船によって，ヨーロッパや中国の品物が輸入され，日本からは主に銀が輸出された。
D	江戸を中心に五街道が整備され，参勤交代の大名や商人，飛脚がゆきかい，江戸は18世紀はじ 　　　　　　　　　　　　　　　　　　　① めには人口100万人を数え，国内最大の消費地になった。 　　　　　　　　　　　　　　②
E	明治時代，日本では軽工業を中心に，産業革命の時代をむかえ，製品をアメリカ等に輸出した。

(1)　Aについて，平清盛が中国との貿易を進めたときの中国の王朝を何というか，次のア～エから最も適当なものを1つ選び，その記号を書きなさい。
　　ア．漢　イ．唐　ウ．宋　エ．明

(2)　Bについて，十字軍の遠征の影響により，14世紀に西ヨーロッパで起きたことについて述べた文はどれか，次のア～エから最も適当なものを1つ選び，その記号を書きなさい。
　　ア．ローマ帝国は，キリスト教徒を迫害したが，その後，キリスト教を国の宗教として認めた。
　　イ．古代ギリシャやローマの文化を手がかりに，人間のいきいきとした姿が文学や美術で描かれ始め，ルネサンス（文芸復興）が花開いた。
　　ウ．バスコ・ダ・ガマの船隊がインドに到達して，ヨーロッパとインドが初めて海路で直接つながった。
　　エ．カトリック教会内部の改革運動が盛んになり，イエズス会は，勢力回復のためにアジアやアメリカなどにキリスト教を伝えた。

(3)　Cについて，資料1は，16世紀のヨーロッパでも知られていた日本の銀山の場所を示した略地図である。資料1に示した□Ⅰ□銀山は，2007年に世界文化遺産に登録された。資料1に示した□Ⅰ□にあてはまる地名は何か，次のア～エから最も適当なものを1つ選び，その記号を書きなさい。
　　ア．足尾　イ．生野　ウ．石見　エ．別子

〈資料1〉

□Ⅰ□　銀山

(4)　Dについて，次の(a)，(b)の各問いに答えなさい。
(a)　下線部①について，資料2は，1635年に幕府が出した法令を，現代語訳したものの一部である。資料2に示した法令を何というか，その名称を書きなさい。

〈資料2〉

> 大名が国元と江戸とを参勤交代するよう定めるものである。毎年四月中に参勤せよ。……

(b)　下線部②について，けんとさんは，江戸が国内最大の消費地であったことを知り，江戸の人々の生活を支える品物の中で，あかり用の燃料について調べ，資料3，資料4，資料5にまとめた。江戸のあかり用の燃料はどのように供給されたか，その1つとして考えられることを，資料3，資料4，資料5から読み取れることにふれて，「加工」という言葉を用いて書きなさい。

〈資料3〉　菜種油と江戸時代の人々の生活との関連について

　　江戸時代には，あかり用の燃料の1つとして菜種油が使われた。菜種油は，油菜の種子（菜種）を乾燥させ，蒸したものをしぼりとってできる。菜種は，あかり用の油原料として，需要が高まった。

〈資料4〉　大阪における農産物の移出入（1714年）

〔注：単位は貫（銀の貨幣単位）〕
（大石慎三郎『日本近世社会の市場構造』ほかから作成）

〈資料5〉　江戸に移入された菜種油に占める大阪からの菜種油の割合

〔大石慎三郎「享保改革期江戸経済に対する大坂の地位」ほかから作成〕

(5)　Eについて，資料6は，1910年における，日本の主要な輸出品を示したもの，資料7は，資料6に示したあを作る作業の様子をあらわした写真である。あを作る工業は，主にアメリカ向けの輸出によって発展した。あにあてはまる輸出品は何か，漢字で書きなさい。

〈資料6〉

〔注：単位は%〕
（『数字でみる日本の100年』から作成）

〈資料7〉

4　次のカードは，歴史上のできごとについて，ひとみさんの学級のそれぞれの班がまとめたものの一部である。これらを見て，あとの各問いに答えなさい。（9点）

【A班】　奈良時代に，国家のおこりや天皇の由来などを説明する歴史書や全国の国ごとの記録がまとめられた。①

【B班】　平安時代に，最澄と空海は，新しい仏教の教えを日本に伝えた。②

【C班】　1467年にはじまった戦乱は京都から全国に広がり，<u>地方の社会に新たな動きが始まった</u>。③	【D班】　1854年に，江戸幕府はアメリカと<u>日米和親条約</u>を結んだ。④
【E班】　明治時代に，<u>国民が政治に参加する権利</u>の確立を目指す自由民権運動が進められた。⑤	【F班】　冷戦が終結し，<u>国際社会に変化が起こった</u>。⑥

(1)　下線部①について，全国の国ごとに，自然，産物，伝説などを記録したものを何というか，その名称を**漢字**で書きなさい。

(2)　下線部②について，資料1は，ひとみさんがまとめたものの一部である。資料1の　X ， 　Y にあてはまる言葉の組み合わせはどれか，次の**ア～エ**から最も適当なものを1つ選び，その記号を書きなさい。

〈資料1〉

　最澄は，唐にわたり，仏教を学んだ。その後，比叡山に　X　を建てて，　Y　を広めた。

ア．　X─延暦寺　　Y─天台宗　　　　**イ**．　X─金剛峯寺　　Y─天台宗
ウ．　X─延暦寺　　Y─真言宗　　　　**エ**．　X─金剛峯寺　　Y─真言宗

(3)　下線部③について，えいじさんは，近畿・北陸や東海地方で起こった一揆を調べる中で，資料2の旗の写真を見つけた。15世紀後半から16世紀にかけて起こり，資料2の旗と関係がある一揆について述べた文はどれか，次の**ア～エ**から最も適当なものを1つ選び，その記号を書きなさい。

〈資料2〉

注：「進めば往生極楽，退けば無間地獄」と書かれている。

ア．百姓たちが，不正を働く役人の解任や年貢の引き下げのほか，商品作物の自由な売買などを求めて起こした一揆。

イ．武士と農民たちが浄土真宗の信仰で固く結びついて，荘園領主や守護大名に対抗して起こした一揆。

ウ．兵になる義務を新たに負った農民が，徴兵に反対して起こした一揆。

エ．民衆が，借金の帳消しや売りわたした耕地の返還，生活用品の値下げなどの「世直し」を求めて起こした一揆。

(4)　下線部④について，条約で定められ，開港したのは，函館ともう1つどこか，略地図に示した**ア～エ**から最も適当なものを1つ選び，その記号を書きなさい。

〈略地図〉

(5) 下線部⑤について，次の**ア**～**エ**のカードは，明治時代以降日本で起こった，国民が政治に参
加する権利の拡大に関するできごとを示したものである。**ア**～**エ**のカードを，書かれた内容の
古いものから順に並べると，どのようになるか，その記号を書きなさい。

ア	満25歳以上の男子に選挙権を与える普通選挙法が成立した。	**イ**	初めての女性国会議員が誕生した。
ウ	民撰議院設立建白書が政府に提出された。	**エ**	第1回帝国議会が開かれた。

(6) 下線部⑥について，資料3，資料4，資料5は，1989年から1992年までの国際社会の変化に
ついて，Ｆ班が集めた資料の一部である。資料5に示したように，1991年から1992年にかけて，
資料3の⬤で示した地域で国際連合に加盟した国の数が増加したのはなぜか，その理由とし
て考えられることを，資料3，資料4から読み取れることをもとにして，書きなさい。

〈資料3〉　ユーラシア大陸の一部における国境の変化を示した
　　　　　略地図

〈資料4〉　取り払われるレーニン像

1989年

1992年

注：破線は国境を示す。
⬤は，1991年に生まれた独立国を示す。

（外務省Webページほかから作成）

〈資料5〉　新たに国際連合に加盟し
　　　　　た国の数

年	新たに国際連合に加盟した国の数	資料3の⬤で示した地域で国際連合に加盟した国の数
1989	0	0
1990	2	0
1991	7	3
1992	13	9

（国際連合広報センターWebページ
ほかから作成）

---

5 右の表は，ゆいかさんの学級で行った公民的分野の調
べ学習について，班ごとのテーマをまとめたものである。
これを見て，あとの各問いに答えなさい。(14点)

(1) Ａ班のテーマについて，地方交付税交付金を説明した
文はどれか，次の**ア**～**エ**から最も適当なものを1つ選
び，その記号を書きなさい。

ア．住民税など，地方公共団体が徴収するお金である。

A班	地方財政のしくみ
B班	国会と内閣の関係
C班	社会保障のしくみ
D班	国際連合の目的とはたらき
E班	司法制度改革
F班	人権と共生社会
G班	景気の動きとその対策
H班	グローバル化する経済

イ．義務教育や公共事業など特定の費用の一部について国が負担するお金である。

ウ．住民などから資金を集める地方公共団体の借金である。

エ．地方公共団体間の財政格差をおさえるために国から配分されるお金である。

(2)　B班のテーマについて，資料1は，たかやさんがまとめたものの一部である。資料1に示したような，内閣が国会の信任に基づき，国会に対して連帯して責任を負うしくみを何というか，その名称を書きなさい。

〈資料1〉

・内閣総理大臣は国会議員の中から，国会によって指名される。
・内閣総理大臣は国務大臣を指名するが，その過半数は国会議員でなければならない。
・衆議院は内閣を信頼できなければ，内閣不信任の決議を行うことができる。
・内閣不信任の決議が可決されると，内閣は10日以内に衆議院の解散をするか，総辞職しなければならない。

(3)　C班のテーマについて，資料2は，社会保障の種類とその内容をまとめたものの一部である。資料2のX～Zにあてはまる社会保障の種類の組み合わせはどれか，下の**ア**～**エ**から最も適当なものを1つ選び，その記号を書きなさい。

〈資料2〉

社会保障の種類	社会保障の内容
社会福祉	自立することが困難な人々に対して，生活の保障や支援を行う。
X	最低限度の生活を送ることができない人々に対して，生活費などを支給する。
Y	加入者や事業主がかけ金を積み立てておき，病気など必要が生じたとき給付を受ける。
Z	国民の健康の保持・増進を目的に，感染症の予防や下水道の整備などを行う。

ア．X―社会保険　　　Y―公衆衛生　　　Z―公的扶助

イ．X―社会保険　　　Y―公的扶助　　　Z―公衆衛生

ウ．X―公的扶助　　　Y―公衆衛生　　　Z―社会保険

エ．X―公的扶助　　　Y―社会保険　　　Z―公衆衛生，

(4)　D班のテーマについて，資料3は，紛争を平和的に解決するために，国際連合が行う活動をまとめたものの一部である。資料3にまとめた国際連合が行う活動の略称は何か，次の**ア**～**エ**から最も適当なものを1つ選び，その記号を書きなさい。

〈資料3〉

・紛争の拡大防止
・停戦の監視
・選挙の監視

ア．EPA　**イ**．PKO　**ウ**．TPP　**エ**．NPO

(5)　E班のテーマについて，司法制度改革の一環として2009年から始まった，国民が裁判官とともに刑事裁判を行う制度を何というか，その名称を書きなさい。

(6)　F班のテーマについて，資料4は，日本国憲法第12条の一部である。社会全体の共通の利益を意味する，資料4の　I　にあてはまる言葉は何か書きなさい。

〈資料4〉

この憲法が国民に保障する自由及び権利は，国民の不断の努力によって，これを保持しなければならない。又，国民は，これを濫用してはならないのであって，常に　I　のためにこれを利用する責任を負ふ。

(7)　G班のテーマについて，資料5は，日本経済が不景気のときに，政府と日本銀行が，それぞれ行う政策についてまとめたものの一部

〈資料5〉

・政府は，税率を引き　あ　。
・日本銀行は，市場に出回る通貨量を　い　。

である。資料5の あ ， い にあてはまる言葉の組み合わせはどれか，あとの**ア〜エ**から最も適当なものを1つ選び，その記号を書きなさい。

ア． あ —上げる　 い —増やす　　**イ．** あ —上げる　 い —減らす

ウ． あ —下げる　 い —増やす　　**エ．** あ —下げる　 い —減らす

(8)　H班のテーマについて，次の(a)，(b)の各問いに答えなさい。

(a)　各国が，得意分野の商品を生産し，貿易によって交換（こうかん）し合うことを何というか，その名称を**漢字**で書きなさい。

(b)　ゆいかさんは，日本では近年，海外からの旅行客が増え，日本経済に好影響を与えていることを知り，いくつかの資料を集めた。資料6，資料7，資料8，資料9はその一部である。海外からの旅行客が増えたことで，旅行消費額※が増えたことのほかに，日本経済に好影響を与えている要因は何か，その1つとして考えられることを，資料8，資料9から読み取れることをもとにして，書きなさい。

※　旅行により日本国内に支払われた金額。

〈資料6〉　訪日外国人旅行者数と訪日
　　　　　　外国人旅行消費額の推移

〈資料7〉　訪日外国人旅行者の内訳（2017年）

〈資料8〉　中国におけるインターネット取引による日本からの商品購入（こうにゅう）額の推移

〈資料9〉　中国におけるインターネット取引で日本の商品を購入する理由（2017年）

中国内では販売（はんばい）されていない製品だから	44.4 %
日本に旅行したときに購入して気に入った製品だから	40.4 %
価格が安いから	30.1 %
注文してから商品が届くまでの時間が短いから	29.8 %

（資料6，資料7，資料8，資料9は，観光庁「観光白書」ほかから作成）

※この解答用紙は154％に拡大していただきますと，実物大になります。

受　検　番　号

番

得　点

1
① あ（ ＜ ）
② （ ）める は ぶ
③ じゅんび
④ ちょそう

⑤ （ ）びる あ
⑥ （ ＜ ）
⑦
⑧

2
（一）
（二）
（三）

（四） 25 / 45 / 50 / 55

（五） 25 / 50 / 60　強さを感じ取った。

3
（一） 25 / 30　こと。

（二）
（三）

（四） 25 / 50 / 60 / 70

（五）

4
（一） ○
（二）
（三）

※この解答用紙は152％に拡大していただきますと、実物大になります。

（三）果、回答人数が一番多かった「部活動」について話している。

【発表原稿】の続きとして、【質問アンケートの結果概要】に沿って話を進める場合、ひかりさんはどのように話を進めていくとよいか、次の**ア～エ**から最も適当なものを一つ選び、その記号を書きなさい。

ア　小学生からの質問に対応した後、部活動、主な行事のことを説明し、最後に小学生へのメッセージを話す。

イ　小学生からの質問に対応した後、続けて勉強のことを詳しく説明し、他のことには触れずに発表を終える。

ウ　小学生からの質問に対応した後、中学校生活の日課を詳しく説明し、中学校生活のリズムをイメージさせる。

エ　小学生からの質問に対応した後、一年間の主な行事を詳しく説明し、小学生の不安を取り除くようにする。

6　次は、まいかさんと、えいじさんの会話の一部である。この会話を参考にして、買い物をしたときにレジ袋を利用することについて、あなたの考えや意見を、あとの[注意]にしたがって書きなさい。（六点）

まいかさん　買い物をしたときのレジ袋などが海に流れ込んで、海の環境を汚しているという記事が新聞に載っていたよ。

えいじさん　大変な問題だよね。でも、レジ袋が利用できないと、不便なときもあるよね。

まいかさん　買い物をしたときにレジ袋を利用することについては、いろいろな考え方があるみたいだよ。

[注意]
①　題名は書かずに本文から書き出しなさい。
②　あなたの考えや意見と、その根拠を明確にして書きなさい。
③　あなたの考えや意見が的確に伝わるように書きなさい。
④　原稿用紙の使い方にしたがい、全体を百六十字以上二百字以内にまとめなさい。

【資料】

①日課表

朝の読書	朝の会	授業1限~4限	昼食	授業5限~6限	掃除	帰りの会	部活動
8:25~	8:35~	8:50~	12:40~	13:20~	15:15~	15:30~	15:50~

②野原中学校の部活動

〈運動部活動〉
・野球部　・サッカー部　・テニス部
・陸上部　・バスケットボール部
・バレーボール部　・卓球部

〈文化部活動〉
・吹奏楽部　・美術部　・家庭部

③野原中学校の主な行事

4 月	始業式、入学式、新入生歓迎会
5 月	中間試験、体育祭
6 月	期末試験
7 月	終業式
8 月	
9 月	始業式、中間試験
10 月	文化祭、合唱コンクール
11 月	期末試験
12 月	終業式
1 月	始業式、百人一首大会
2 月	学年末試験
3 月	卒業式、修了式

に、授業中に先生の話をしっかり聞くことと、家庭学習をしっかりすることで、より理解できるようになります。中学校での勉強に不安を感じている人は、小学生のうちから、家庭学習をする習慣をつけておくとよいと思います。小学校で勉強したことを、さらに詳しく勉強できる中学校の授業は楽しいですよ。ここまでの話を聞いて、何か質問はありませんか。

【質問アンケートの結果概要】

「中学校生活について一番知りたいことは何ですか」の回答人数

（対象：小学6年生104人）

〈小学生からの具体的な回答の内容〉

◆「勉強」について
・勉強は難しいですか。
・普段の勉強は、どのようなことをするとよいですか。

◆「部活動」について
・どのような部活動がありますか。

◆「学校行事」について
・1年間に、どのような行事がありますか。

(一) ひかりさんが発表の中で【資料】の「①日課表」を見るように指示するとき、【発表原稿】の【Ａ】～【Ｄ】のどこで指示するとよいか、次のア～エから最も適当なものを一つ選び、その記号を書きなさい。

ア、Ａ　イ、Ｂ　ウ、Ｃ　エ、Ｄ

(二) 【発表原稿】について、ひかりさんはどのように話を進めようとしているか、次のア～エから最も適当なものを一つ選び、その記号を書きなさい。

ア、中学校生活の一日の流れを説明し、次に、質問アンケートの結果、回答人数が一番多かった「勉強」について話している。

イ、中学校生活の一日の流れを説明し、次に、質問アンケートの結果、回答人数が一番多かった「部活動」について話している。

ウ、中学校生活の年間の流れを説明し、次に、質問アンケートの結果、回答人数が一番多かった「勉強」について話している。

エ、中学校生活の年間の流れを説明し、次に、質問アンケートの結

【発表原稿】

5　中学生のひかりさんは、小学校六年生に対して、中学校生活について説明することになった。次の【発表原稿】、【資料】は、ひかりさんが説明のために作成したものの一部であり、【質問アンケートの結果概要】は、事前に小学校六年生に行った質問アンケートの結果をまとめたものの一部である。これらを読んで、あとの各問いに答えなさい。（六点）

（一）二重傍線部分①～④の中には、主語が他と異なるものが一つある。その番号を書きなさい。

（二）波線部分「いふべきやうはなし」を現代仮名遣いに改め、すべてひらがなで書きなさい。

（三）本文の内容に合うものとして、次のア～エから最も適当なものを一つ選び、その記号を書きなさい。
ア、一休は、ある人からの難問にすぐに答え、相手が答えられない難問を返し、反対に相手を降参させてしまった。
イ、一休は、ある人からの難問に直接答えず、相手も答えられない難問を返し、自分も同様に答えられないと返答した。
ウ、一休は、ある人からの難問に答えるため、相手が答えられない難問を返し、相手が考えている間に答えを考えた。
エ、一休は、ある人からの難問に答えようと、相手にも同じ難問を聞き返し、二人で考えることで答えを導き出した。

（注4）おうしう――奥州。東北地方の古い呼び名。
（注5）つくし――筑紫。九州の古い呼び名。

の唱えごとの一種といわれる。

みなさん、こんにちは。私は野原中学校で生徒会長をしている青木ひかりです。今日は、中学校生活について、みなさんに回答してもらった質問アンケートの結果に基づいて、説明したいと思います。中学校では、教科ごとに担当の先生が決まっていたり、放課後に部活動があったりと、小学校までの学校生活と変わる部分がたくさんあります。A今、みなさんは、中学校生活への期待もあり、不安もあると思います。B今から、私の話を聞いて、みなさんの不安が少しでも解消し、中学校生活への期待が膨らんでくれれば嬉しいです。

最初に、登校してから下校するまでの、大まかな中学校生活の流れを説明します。C教室には、八時二十五分までに入ります。野原中学校では、朝の読書活動に取り組んでいますので、まず、読書をします。朝の読書後は、朝の会で担任の先生からの連絡があり、午前中は四限、午後は二限、授業があります。その後、掃除、帰りの会があり、部活動に入っている人は、部活動に参加します。小学校よりも授業時間が長く、放課後に部活動がありますが、勉強と部活動の両立が中学校生活を充実させるポイントだと私は考えています。

次に、みなさんに行った質問アンケートの結果、中学校生活について一番知りたいことは、「勉強について」、「部活動について」、「学校行事について」の順に多かったので、一番多かった、D中学校では、小学校での勉強から順に、話をします。

中学校での勉強も、小学校での勉強と同じように勉強したことを基本にして、発展的な勉強をします。でも、心配はいりません。中学校での勉強も、小学校での勉強と同じよう

（一）傍線部(1)「読書をすること、あるいは学問をすることの意味と
は何なのだろうか」とあるが、これまで知らなかった知識を得るこ
とのほか、どのようなことに読書や学問をすることの意味があると
筆者は述べているか、「……こと。」につながるように、本文中から
三十字以内で抜き出して書きなさい。（句読点も一字に数える。）

（二）傍線部(2)「確かに」と品詞が同じものはどれか、次のア～エか
ら最も適当なものを一つ選び、その記号を書きなさい。
ア、大きな意味を持つ。　　　イ、静かな環境で過ごす。
ウ、直ちに出発する。　　　　エ、実におもしろい本だ。

（三）文中の□に当てはまる言葉として、次のア～エから最も適当
なものを一つ選び、その記号を書きなさい。
ア、または　　イ、ところで　　ウ、しかし　　エ、なぜなら

（四）傍線部(3)「学ぶということの最初の経験」とあるが、
「学ぶということの最初の経験」の具体的な例として、筆者が挙げ
ているのはどのようなことか、本文中の言葉を使って、六十字以上
七十字以内で書きなさい。（句読点も一字に数える。）

（五）この文章の内容に合うものとして、次のア～エから最も適当なも
のを一つ選び、その記号を書きなさい。
ア、「何も知らない自分」を知ることで、世界は自分のために回っ
ているような錯覚を持ち、感動が生まれる。
イ、日常を普通に生きていることに満足するところから、学問や研
究などへの興味、モチベーションが生まれる。
ウ、世界を所有し、世界に包まれることで、それぞれの個人のなか
に世界と向き合うための基盤が生まれる。
エ、勉強や読書をすると、自分を客観的に眺めることになり、自分
を見る新しい視線が自分のなかに生まれる。

4　次の文章には、ある人（かの人、かのもの）と和尚（一休）が
山野を散策したときの様子が書かれている。これを読んで、あとの
各問いに答えなさい。（六点）

むつきのすゑつかた、ある人和尚にともなはれ、逍遥して山野にあ
そび、見るにつき、聞につき、ひた物例のかる口を仰られ、われも
よろこび、人をも興ぜさせ給ふ。

折りふしはるかに雲井のそらを、かりがねの友をしのび、こしにか
へるかと思しくて、二羽つらなりてとび過ける。かの人一休に申け
は、「いかに、只今そらを過るかりがねは、いづちへかかおり申さん、御
申あれ」。和尚聞しめされ、「天にかね一ぱい、じやのひげ
三すじといへる、じやのひげは、いか計ながからん。ちやくと申され
よ」とのたまふ。かのものいふべきやうはなし。「さればじやのひげと
やらんは、けふまでいまだ見たる事侍らず。しらぬに候」と申ける。
一休、「されば、あのかりも、おうしうへかおりなん、つくしへかおり
なん、終にかりがねなどと、同心してあゆみたる事侍らねば、しらぬ
なり」とこたへ給ふ。

（「一休ばなし」による。）

（注1）かる口――即座に、軽妙に洒落を言うこと。
（注2）こし――越。北陸地方の古い呼び名。
（注3）天にかね一ぱい――星空を渡る雁の隊列の例え、あるいは、子ども

ふれていることを垣間見ることができれば、おのずから知ることに対する敬意、リスペクトの思いにつながるはずである。

こんなちっぽけな私の身体のなかには、地球十五周分もの細胞が詰まっているのだという驚きと感動、その驚きは必ず自分という存在を見る目に変更を迫るはずである。自分という存在を尊厳の思いとともに見ることのできる基盤ができることでもあるが、いっぽうで、このまま何も知らずに人生を漫然と送っていては、こんな喜びに出会えないだけでも大きな損だろうと思えば、シメタものである。

わが家に小さな子どもがやってきた。まだ一歳にもならない女の子である。世の中では孫と呼ぶらしいが、それが可愛いのである。自分の子のときには見えていなかったことばかりである。彼女は世界の中心にいる。天動説のようなもので、自分では何もしなくても、すべてが彼女のまわりをまわっている。世界を所有し、世界は包んではくれても、対峙することはない。

保育園や幼稚園に行くようになって、同じような年齢層の〈他者〉に初めて出会うことになる。ここで〈他者〉を知ることが、すなわち自分という存在を意識する最初の経験となるのだろう。世界は自分のためにまわっているのではないことを初めて知る。〈他者〉を知ることによって初めて〈自己〉というものへの意識が芽生える。「自我のめばえ」は、〈他者〉によって意識される〈自己〉への視線である。自分を外から見るという経験、これはすなわち学ぶということの最初の経験なのである。

先に述べたように、読書をするということは、「こんなことも知らなかった自分」を発見すること、すなわち自分を客観的に眺めることである。〈自己〉の相対化であると言ってもいい。こんなことを考えている人がいたのかと思う。こんなひたすらな愛

があったのか、こんな辛い別れがあるのかと、小説に涙ぐむ。それらは「読む」という行為の以前には、知らなかった世界ばかりである。それを知るということは、すなわち「それを知らなかった自分」を知るということである。一冊の書物を読めば、その分、自分を見る新しい視線が自分のなかに生まれる。〈自己〉の相対化とはそういうことである。

勉強をするのは、そのためである。読書にしても、勉強にしても、それは知識を広げるということもだが、もっと大切なことは、自分を客観的に眺めるための、新しい場所を獲得するということ。小さな子が他者と出会って初めて自分に気づいたように、私たちは〈自己〉をいろいろな角度から見るための、複数の視線を得ることに、勉強をし、読書をする。それを欠くと、ひとりよがりの自分を抜け出すことができない。〈他者〉との関係性を築くことができない。

勉強や読書は、自分では持ち得ない〈他の時間〉を持つということでもある。過去の多くの時間に出会うということでもある。過去の時間を所有する、それもまた、自分だけでは持ちえなかった自分への視線を得ることでもあるだろう。そんな風にして、それぞれの個人は世界と向き合うための基盤を作ってゆく。

（永田 和宏『知の体力』による。）

*一部表記を改めたところがある。

(注1)モチベーション——ある行動をしようという意欲を起こさせること。
(注2)リスペクト——尊敬すること。
(注3)漫然——特別の意識や目的を持たないままに何かをする様子。
(注4)天動説——地球は宇宙の中心に静止し、天体はすべて地球の周囲をめぐるという説。
(注5)対峙——行動を起こさずに、にらみあったまま対立すること。

ア、記　イ、烈　ウ、兼　エ、習

（二）　文中の　□　に当てはまる言葉として、次のア～エから最も適当なものを一つ選び、その記号を書きなさい。

ア、困ったような　　　イ、さびしそうな

ウ、さわやかな　　　　エ、ゆううつな

（三）　傍線部分(2)「られ」と用法・はたらきが同じものはどれか、次のア～エから最も適当なものを一つ選び、その記号を書きなさい。

ア、私は友だちに助けられる。　　イ、私は六時に起きられる。

ウ、作品には力強さが感じられる。　エ、先生が会議に出られる。

（四）　傍線部分(3)「やってほしいこと、ある」とあるが、この発言を受けて、優希（ゆき）がめぐみにお願いしたことはどのようなことか、優希がめぐみにお願いした理由にふれて、本文中の言葉を使って、四十五字以上五十五字以内で書きなさい。（句読点も一字に数える。）

（五）　傍線部分(4)「人はどんなとき、なにがきっかけで強くなるんだろう」とあるが、めぐみは優希のどのような行動から、どのような強さを感じ取ってそう思ったのか、「……強さを感じ取った。」につながるように、本文中の言葉を使って、五十字以上六十字以内で書きなさい。（句読点も一字に数える。）

3　次の文章を読んで、あとの各問いに答えなさい。（十二点）

(1)　読書をすること、あるいは学問をすることの意味とは何なのだろうか。一般には、これまで知らなかった知識を得ることという答えが返ってきそうだが、読書の〈意味〉、学問の〈意味〉というものを考えたとき、その答えだけでは十分ではないだろうと私は考えている。

読書によって、あるいは学ぶということによって、確かに新しい知識が自分のものとなる。しかし読書や学問をすることの〈意味〉(2)は、端的に言って、そこに〈意味〉があるのだと思う。ある知識を得ることは初めて知る、そこに〈意味〉があるのだと思う。ある知識を得ることは、そんな知識も持っていなかった〈私〉を新たに発見することなのだ。

私一人の身体のなかに地球十五周分もの細胞が詰まっていると知ることは、そんなにすごい存在だったのかと感動することとは、そんなことも知らない自分であったということを、改めて知ることからくる感動なのだ。初めから何でも知っていたら、感動などは生まれない。

「知らない存在としての自分を知る」こと、学問はそこから出発する。

自分の知っていることは世界のほんの一部にしか過ぎないのだと自覚する、それはすなわち自分という存在の相対化ということである。自分だけしか見えていない。世界は自分のために回っているような錯覚を持つ。

自分は〈まだ〉何も知らない存在なのだと知ることによって、相手と自分との関係も見えてくるだろうし、世界のなかでの自分が存在することの意味も考えることになるだろう。私は〈まだ〉何も知らないと自覚することは、いまから世界を見ることができるということでもある。それが学問のモチベーション（注1）になり、駆動力になる。

「何も知らない自分」を知らないで、ただ日常を普通に生きていることに満足、充足しているところからは、敢えてしんどい作業を伴う学問、研究などへの興味もモチベーションも生まれないのは当然である。

□　、ああ、自分は実は世界のほんのちっぽけな一部しかこれまで見てこなかった、知っていなかったと実感できれば、そして自分がこれまで知らなかった世界がいかに驚異に満ち、知る喜びにあ

ンを返してくれた。オッケー、といって、ふたりで笑った。

優希の出国日は八月一日に決まった。

イギリスの学校も八月いっぱいは夏休みで、学校がはじまるのは九月からららしい。でも、向こうの生活にすこしでもはやく慣れるため、一か月はやく日本をでるという。

わたしは一日が終わるたびに赤いサインペンを持ち、部屋の壁かけカレンダーに×じるしをつけた。夏休みがはじまる七月は、いつもなら時間がたつのがじれったくてしかたないのに、今年はちがった。休みが近づくにつれゆううつになるなんて、はじめてのことだった。

七月九日の金曜日、優希にプールへ行こうと誘われた。もちろんふたつ返事でオーケーし、学校から帰ったあと、ふたりで公民館のとなりにある市営プールに向かった。

『ふたば』に寄っていい？

優希がわたしにきいてきた。「ふたば書房」はこのあたりで一番おおきな本屋さんだ。マンガでも買うのかと思っていたら、優希が向かったのは洋書のコーナーだった。

「どれにしようかな、迷っちゃうな」

「優希、英語の本、読めるの？」

洋書の背表紙がずらりとならんだその場所に圧倒されながら、わたしはたずねた。

「ほんのちょっとね。むずかしいのはぜんぜん、無理だけど」

転勤の話をきいてから、優希は学校の英語の授業とは別に、独学で英語の勉強を続けていたのだという。わたしは心のなかでうなった。優希がいなくなったあとの生活を、わたしはなるべく考えないようにしていた。でも、優希はさびしさを受けとめた上で、ちゃんと未来を

見ている。前に、進もうとしている。

ふと、むかしの優希の記憶が頭をよぎった。

教室で、わたしや理奈にくっついて、どこにいくときも決してはなれようとしなかった優希。わたしの家に泊まった日、突然、夜中に泣きだした優希。おかあさん、おかあさん、といいながら、震えていた優希……ちいさいころの優希は、ほんとうに泣いてばかりいた。

(4)優希……ちいさいころの優希は、なにがきっかけで強く泣くなるんだろう。

人はどんなとき、なにがきっかけで強くなるんだろう。そう思った。

真剣な表情で本を選んでいる優希の横顔を見ながら、そう思った。

夕方まで、プールで泳いだ。

帰り道、自転車をこぐわたしたちの右手には、熟れた果物みたいな太陽がうかんでいた。それはほんとうにおおきく、前を走る優希が、川沿いの背の高いマンションの上に見えた。

わぁ、とちいさな声をあげた。たことのない鳥がとび、(注1)琥珀色に光る入道雲が、ゆっくりと流れていた。

人はどんなとき、ちいさな声をあげた。川沿いの背の高いマンションの上に見たことのない鳥がとび、琥珀色に光る入道雲が、ゆっくりと流れていた。

郵便局まで来たとき、自転車を止めて優希とわかれた。またあした、と手をふってからも、なかなかその場からはなれられなかった。自転車にまたがったまま、遠ざかる優希の背中をながめた。赤く染まった街がしだいに青い夕闇につつまれていく。優希の転校を知ってはじめて、わたしはちいさく声をあげて泣いた。

(蒼沼　洋人『さくらいろの季節』による。)

（注1）琥珀色──茶色をおびた黄色。

（一）傍線部分(1)「深」は、総画数が十一画の漢字である。次のア～エの行書で書かれた漢字をそれぞれ楷書で書いた場合、総画数が『深』と同じ十一画になるものはどれか、最も適当なものを一つ選び、その記号を書きなさい。

＜国語＞

時間　四五分　満点　五〇点

1

次の①〜⑧の文の傍線部分について、漢字は読みをひらがなで書き、ひらがなは漢字に直しなさい。（八点）

① 観衆の声が響く。
② 自らを戒める。
③ 装飾を施す。
④ 選手を激励する。
⑤ 日の光をあびる。
⑥ 無駄をはぶく。
⑦ 材料をじゅんびする。
⑧ 食糧をちょぞうする。

2

次の文章を読んで、あとの各問いに答えなさい。（十二点）

　小学生のめぐみは、幼なじみで親友の優希（ゆき）から、親の転勤のためイギリスの学校へ転校することを打ち明けられた。優希と会えなくなることをさびしく思うめぐみだが、姉からの助言で、優希が出国するまでの残りの時間も、今までどおり接することを決める。

　次の日、教室のドアをあける前に。おおきく深呼吸をした。(1)
　まだ胸は苦しいし、心の整理はついていなかったけど、優希の顔を見たらにっこり笑って、おはよう、といおうと決めていた。お姉ちゃんのいうとおり、いつまでもさびしい顔してちゃだめだ。やせがまんでいいから笑って、優希を元気づけるのがわたしの役目だと思った。
　よし行くぞ、と気合いをいれて教室に入った。だけど、気合いをいれるまでもなかった。
「おはよう」と呼びかけてきた優希の顔には、いつものように、笑顔がひろがっていた。
「お、おはよー」

　わたしが返すと、優希は笑顔のままくちびるに人差し指をあて、「きのうの話、みんなにはまだないしょね」と小声でいった。わたしはうなずいた。うなずきながら、なんだ元気じゃないかと、ほっとしたような、拍子ぬけしたような気持ちになった。
　その日は勉強にならなかった。授業中も、休み時間も、知らず知らずのうちに優希の姿を目で追ってしまう。夏休みが明けたあと、教室に優希がいないなんて、ほんとに信じられない。(2)
　帰り道、わたしは優希にたずねた。
「ねえ、向こう行く前にやっておきたいこととか、やってほしいこ(3)と、ある？」
　できることならなんでもするよ、とつけたすと、優希はわたしの顔を見て三度まばたきした。ぎゅっと口元を結び、ひどく真剣な顔で、うーん、とうなった。
　優希があんまり長いこと考えているので、今決めなくてもいいよ、と声をかけかけた瞬間、よし、とつぶやいた。
「決めた。やってほしいことというか、お願いなんだけど、いい？」
「いいよ」深く考えずにうなずいた。車道を走りさるダンプカーの風が、アスファルトの上のビニール袋を高々と舞いあげる。
「あのね、わたしの前では泣かないでほしい」
「え？」
「めぐみが泣いたら、わたしもぜったい泣いちゃうと思うの。そうなったらもう、イギリスに行けなくなる気がする。だから……」
「わかった」きっぱりといった。「わたしは泣かない。でも、優希も泣いちゃだめだよ」
　右手でV（ブイ）サインをつくると、優希も親指を立て、GOOD（グッド）！のサイ

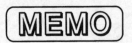

大切なことはメモしておこうネ！

2019年度

解答と解説

《2019年度の配点は解答用紙集に掲載してあります。》

＜数学解答＞

1 (1) -5　　(2) $\frac{1}{6}x$　　(3) $a+7b$　　(4) -13　　(5) $(x+5)(x-6)$

　　(6) $x=\frac{3\pm\sqrt{17}}{4}$　　(7) 12個

2 (1) ① 8冊　　② 7冊　　(2) ① $x+y$

　　② $2\times\frac{90}{100}x+3\times\frac{80}{100}y$　　③ 90　　④ 55

　　(3) ① $\frac{15}{16}$　　② $\frac{7}{16}$

3 (1) $a=\frac{1}{3}$, p=12　　(2) $0\leqq y\leqq\frac{16}{3}$

　　(3) $x=-3$　　(4) C(12, 0)

4 (1) 右図　　(2) ① $9\sqrt{3}\,\pi\,(\mathrm{cm}^3)$

　　② $18\pi\,(\mathrm{cm}^2)$　　③ $6\sqrt{2}\,(\mathrm{cm})$

5 (1) （ア） $\angle$EDG　　（イ） $\angle$DBA　　（ウ） 2組の角　　(2) 解説参照

　　(3) ① $\frac{6}{5}(\mathrm{cm})$　　② $\frac{27}{40}(\mathrm{cm})$　　③ $\triangle$AFH：$\triangle$DBC＝135：256

＜数学解説＞

1 （数・式の計算，平方根，因数分解，二次方程式，方程式の応用）

(1) 異符号の2数の商の符号は負で，絶対値は2数の絶対値の商だから，$(-20)\div4=-(20\div4)=-5$

(2) $\frac{x}{2}-\frac{x}{3}=\left(\frac{1}{2}-\frac{1}{3}\right)x=\left(\frac{3}{6}-\frac{2}{6}\right)x=\frac{1}{6}x$

(3) $3(a+2b)-(2a-b)=3a+6b-2a+b=3a-2a+6b+b=(3-2)a+(6+1)b=a+7b$

(4) 乗法公式$(a+b)(a-b)=a^2-b^2$より，$(\sqrt{7}-2\sqrt{5})(\sqrt{7}+2\sqrt{5})=(\sqrt{7})^2-(2\sqrt{5})^2=7-20=-13$

(5) たして-1，かけて-30になる2つの数は，$5+(-6)=-1$，$5\times(-6)=-30$より，5と-6だから　$x^2-x-30=(x+5)\{x+(-6)\}=(x+5)(x-6)$

(6) 2次方程式$ax^2+bx+c=0$の解は，$x=\frac{-b\pm\sqrt{b^2-4ac}}{2a}$で求められる。問題の2次方程式は，$a=2$，$b=-3$，$c=-1$の場合だから，$x=\frac{-(-3)\pm\sqrt{(-3)^2-4\times2\times(-1)}}{2\times2}=\frac{3\pm\sqrt{9+8}}{4}=\frac{3\pm\sqrt{17}}{4}$

(7) Bの箱から取り出した白玉の個数をx個とすると，Aの箱とBの箱から赤玉と白玉の個数の比が2：1となるように取り出したから，Aの箱から取り出した赤玉の個数は$2x$個。Aの箱とBの箱に残った赤玉と白玉の個数の比が7：5になったから　$(45-2x):(27-x)=7:5$　より　$5(45-2x)=7(27-x)$　これを解いて　$x=12$　よって，Bの箱から取り出した白玉の個数は12個。

2 （資料の散らばり・代表値，連立方程式の応用，確率）

(1) ① 6人の夏休み中に読んだ本の冊数の平均値は，（基準にした本の冊数）＋｛（基準との差）の平均｝で求められるから　$6+\dfrac{(+10)+0+(+2)+(-3)+(+4)+(-1)}{6}=6+\dfrac{12}{6}=8$冊。

　　② 中央値は資料の値を大きさの順に並べたときの中央の値。生徒の人数は6人で偶数だから，中央値は読んだ本の冊数の多い方から3番目と4番目の生徒の冊数の平均値。6人の読んだ本の冊数を多い順に並べると，16，10，8，6，5，3。よって，中央値＝$\dfrac{8+6}{2}=7$冊

(2) ノート1冊の定価をx円，ボールペン1本の定価をy円とする。ノート1冊とボールペン1本を定価で買うと，合計の値段は145円となるから　$x+y=145\cdots$㋐　また，ノートが定価の10%引き，ボールペンが定価の20%引きとなる割引セールで，ノート2冊とボールペン3本を買うと，合計の値段は294円となったから　$x\times\left(1-\dfrac{10}{100}\right)\times2+y\times\left(1-\dfrac{20}{100}\right)\times3=294$　整理して　$2\times\dfrac{90}{100}x+3\times\dfrac{80}{100}y=294$　両辺を10倍して　$18x+24y=2940$　両辺を6で割って　$3x+4y=490\cdots$㋑　㋐×4−㋑より　$x=90$　これを㋐に代入して，$90+y=145$　$y=55$　以上より，ノート1冊の定価は90円，ボールペン1本の定価は55円となる。

(3) ① 「4枚のうち，少なくとも1枚は裏となる」とは，1枚か2枚か3枚か4枚が裏となる場合のことであり，「4枚とも表にならない」場合と同じことだから，（4枚のうち，少なくとも1枚は裏となる確率）＋（4枚とも表になる確率）＝1　より　（4枚のうち，少なくとも1枚は裏となる確率）＝1−（4枚とも表になる確率）　の関係が成り立つ。4枚の硬貨を同時に投げるとき，表と裏の出方は全部で右図の樹形図に示す16通り。このうち，4枚とも表になるのは☆印を付けた1通りだから，求める確率は　$1-\dfrac{1}{16}=\dfrac{15}{16}$

　　② 表が出た硬貨の合計金額が510円以上になるのは，右図の樹形図で△印を付けた7通りだから，求める確率は　$\dfrac{7}{16}$

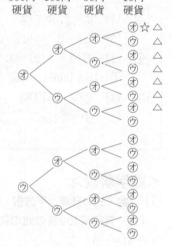

500円硬貨　100円硬貨　50円硬貨　10円硬貨

3 （図形と関数・グラフ）

(1) 点A，Bは$y=-x+6$上にあるから，そのy座標はそれぞれ　$y=-3+6=3$　$p=-(-6)+6=12$　よって，A(3，3)　B(−6，12)　$y=ax^2$は点A(3，3)を通るから，$3=a\times3^2=9a$　$a=\dfrac{1}{3}$

(2) xの変域に0が含まれているから，yの最小値は0　$x=-2$のとき，$y=\dfrac{1}{3}\times(-2)^2=\dfrac{4}{3}$　$x=4$のとき，$y=\dfrac{1}{3}\times4^2=\dfrac{16}{3}$　よって，yの最大値は$\dfrac{16}{3}$で，yの変域は　$0\leqq y\leqq\dfrac{16}{3}$

(3) 点Eのx座標をeとすると，3点E，F，Gの座標はE(e，$-e+6$)，F$\left(e，\dfrac{1}{3}e^2\right)$，G($e$，0)と表せる。$e\leqq-6$のときEF＜FGとなりEF＝2FGとなるような点Eはない。$-6<e<0$のとき，EF＝2FGより　$(-e+6)-\dfrac{1}{3}e^2=2\left(\dfrac{1}{3}e^2-0\right)$　整理して　$e^2+e-6=0$　$(e-2)(e+3)=0$　$-6<e<0$より，$e=-3$　以上より，EF＝2FGとなるような点Eのx座標は−3

(4) 原点Oを通り直線㋑に平行な直線を　$y=-x\cdots$㋒，y軸上の点(0，12)を通り直線㋑に平行な直線を　$y=-x+12\cdots$㋓とすると，点Cが直線㋒，または直線㋓上にあるとき，平行線と面積の関係より△ABC＝△OABとなる。このような点Cのうち，x軸上の$x>0$の範囲にある点Cは，直線㋓とx軸との交点であり，㋓に$y=0$を代入して　$0=-x+12$　$x=12$　点Cの座標は(12，0)

4 （作図，体積，側面積，線分の長さ）

(1) （着眼点）∠ABCの二等分線上に点Rがあり，線分BRの垂直二等分線上に点P，Qがある。（作図手順）次の①～④の手順で作図する。　① 点Bを中心とした円を描き，辺AB，CD上に交点を作る。　② ①で作ったそれぞれの交点を中心として，交わるように半径の等しい円を描き，その交点と点Bを通る直線（∠ABCの二等分線）をひき，辺CDとの交点をRとする。　③ 点B，Rをそれぞれ中心として，交わるように半径の等しい円を描き，その交点を通る直線（線分BRの垂直二等分線）をひき，辺AB，BCとの交点をそれぞれP，Qとする。　④ 線分PRと線分QRをひく。

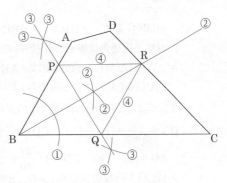

(2) ① 円すいPの高さをhとすると，三平方の定理を用いて　$h=\sqrt{(母線の長さ)^2-\left(\dfrac{AB}{2}\right)^2}=\sqrt{6^2-\left(\dfrac{6}{2}\right)^2}=3\sqrt{3}$ cm　（円すいPの体積）$=\dfrac{1}{3}\times$底面積$\times$高さ$=\dfrac{1}{3}\times(\pi\times3^2)\times3\sqrt{3}=9\sqrt{3}\,\pi$ cm^3

② 半径r，弧の長さℓのおうぎ形の面積は$\dfrac{1}{2}\ell r$で求められる。円すいPの側面は，展開したとき，半径6cm，弧の長さ6πcmのおうぎ形になるから，（円すいPの側面積）$=\dfrac{1}{2}\times6\pi\times6=18\pi$ cm^2

③ 円すいPを展開したときの側面のおうぎ形の中心角をa°とすると，（おうぎ形の弧の長さ）＝（底面の円の円周の長さ）より　$2\pi\times6\times\dfrac{a^\circ}{360^\circ}=\pi\times6$　$a=180$　だから，かけたひもの長さが最も短くなるときの円すいPの側面の展開図は右図のようになる。△ABOは**直角二等辺三角形**で，3辺の比は**$1:1:\sqrt{2}$**だから，かけたひもの長さが最も短くなるときのひもの長さは　$AB=AO\times\sqrt{2}=6\sqrt{2}$ cm

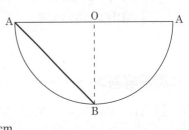

5 （円の性質，合同・相似の証明，線分の長さ，面積の比）

(1) 2つの三角形の相似は，「3組の辺の比がそれぞれ等しい」か，「2組の辺の比とその間の角がそれぞれ等しい」か，「2組の角がそれぞれ等しい」ときにいえる。本証明は，「2組の角がそれぞれ等しい」をいうことで証明する。**対頂角は等しいから**，∠BDC＝∠EDG…①　仮定より，線分BEは∠ABCの二等分線だから，∠DBC＝∠DBA…②　仮定のEB∥AFより，**平行線の錯角は等しいから**，∠DBA＝∠BAF…③　②，③より，∠DBC＝∠BAF…④　**弧BFに対する円周角は等しい（円周角の定理）**から，∠BAF＝∠DEG…⑤　④，⑤より，∠DBC＝∠DEG…⑥　①，⑥より，「2組の角がそれぞれ等しい」ことがいえる。

(2) （証明）（例）△AEGと△AFHにおいて，弧CEに対する円周角は等しいから，∠EAG＝∠CBD…①　線分BEは∠ABCの二等分線だから，∠CBD＝∠ABD…②　①，②より，∠EAG＝∠ABD…③　AF∥EBより，錯角は等しいから，∠ABD＝∠FAH…④　③，④より，∠EAG＝∠FAH…⑤　△DBC∽△DEGより，∠DBC＝∠DEG…⑥　⑥より，錯角が等しいから，BC∥FE…⑦　⑦より，AG：AC＝AH：AB…⑧　⑧とAB＝ACより，AG＝AH…⑨　⑨より，△AHGは二等辺三角形だから，∠AGH＝∠AHG…⑩　⑩より，∠AGE＝∠AHF…⑪　⑤，⑨，⑪より，1組の辺とその両端の角がそれぞれ等しいので，△AEG≡△AFH

(3) ① 角の二等分線と線分の比の定理より，AD：CD＝AB：BC＝3：2　$CD=\dfrac{2}{3+2}AC=\dfrac{2}{5}\times$

$3=\dfrac{6}{5}$cm

② 前間(1)より，∠DBA＝∠DEG…① △AEG≡△AFHより，∠AEG＝∠AFH…② 弧AE に対する円周角は等しい(円周角の定理)から，∠DBA＝∠AFH…③ ①，②，③より，∠DEG ＝∠AEGだから，線分EFは∠AEBの二等分線 また，∠BDC＝∠ADE(対頂角)，∠DBC＝ ∠DAE(弧CEに対する円周角)より，2組の角がそれぞれ等しいから △DBC∽△DAE よっ て，角の二等分線と線分の比の定理より，AG：DG＝AE：ED＝BC：CD＝2：$\dfrac{6}{5}$＝5：3

DG＝$\dfrac{3}{5+3}$AD＝$\dfrac{3}{8}$(AC－CD)＝$\dfrac{3}{8}$$\left(3-\dfrac{6}{5}\right)$＝$\dfrac{27}{40}$cm

③ AG＝AC－DG－CD＝3－$\dfrac{27}{40}$－$\dfrac{6}{5}$＝$\dfrac{9}{8}$cm ∠BDC＝∠FAG(平行線の同位角)と∠BCD＝ ∠FGA(平行線の同位角)より，2組の角がそれぞれ等しいから，△DBC∽△AFG その相似比 は，CD：AG＝$\dfrac{6}{5}$：$\dfrac{9}{8}$＝16：15 これより，FG＝BC×$\dfrac{15}{16}$＝2×$\dfrac{15}{16}$＝$\dfrac{15}{8}$cm また，相似な図 形では，面積比は相似比の2乗に等しいから，△DBC：△AFG＝16^2：15^2＝256：225 △AFG ＝$\dfrac{225}{256}$△DBC…① BC//FEだから，平行線と線分の比についての定理より，HG：BC＝AG： AC＝$\dfrac{9}{8}$：3＝3：8 HG＝$\dfrac{3}{8}$BC＝$\dfrac{3}{8}$×2＝$\dfrac{3}{4}$cm 高さが等しい三角形の面積比は，底辺の長さ の比に等しいから，△AFG：△AFH＝FG：FH＝FG：(FG－HG)＝$\dfrac{15}{8}$：$\left(\dfrac{15}{8}-\dfrac{3}{4}\right)$＝5：3 △AFH＝$\dfrac{3}{5}$△AFG…② ①，②より，△AFH＝$\dfrac{3}{5}$×$\dfrac{225}{256}$△DBC＝$\dfrac{135}{256}$△DBC よって，△AFH ：△DBC＝135：256

＜英語解答＞

$\boxed{1}$ (1) No.1 エ　　No.2 ア　　(2) No.1 ウ　　No.2 イ　　No.3 イ　　(3) ① 5 ② 10 ③ 歴史 ④ ハンカチ ⑤ 寺　　(4) No.1 ア　　No.2 エ No.3 ウ　　(5) (第二文) Can you show me a smaller one?

$\boxed{2}$ (1) ① イ ② ア　　(2) (例)それぞれの季節の多くの種類の花を見ることができ るから。　　(3) ウ

$\boxed{3}$ (1) ① (例1) The dinner you made yesterday was delicious.　　(例2) I liked the dinner you cooked for me yesterday.　　(例3) I enjoyed the meal you prepared for dinner yesterday.　　② (例1) How's your school life here? (例2) Is your school life in Japan all right?　　(例3) Do you have any problems at school in Japan?　　③ (例1) What do you want to do while you are here?　　(例2) What would you like to do during your stay in Japan? (例3) Can you tell me what you want to try in Japan?　　(2) ① (例1) His house is near our school.　　(例2) He lives near here.　　(例3) My grandfather's house is close to this school.　　② (例1) My grandfather and I often walk his dog.　　(例2) We often walk his dog together. (例3) I often go out for a walk with him and his dogs.　　③ (例1) There are many pictures of his dog in his house.　　(例2) My grandfather has a lot of pictures of the dog at home.　　(例3) His house has many photos of the dogs.

4 (1) イ　　(2) (例)町の伝統行事(太鼓の演奏)が長い間続くこと。　　(3) (例)他の生徒の音を聞いて太鼓をもっとゆっくり演奏すること。　　(4) エ　　(5) ア, エ

＜英語解説＞

1 (リスニング)

放送台本の和訳は, 53ページに掲載。

2 (会話文問題：文挿入, 語句解釈, 内容真偽)

(全訳)

アユミ　　　：こんにちは, ホワイト先生。私の名前はアユミで, 新聞部に入っています。学校新聞に先生のことを書きたいので, ①(いくつか質問してもよろしいでしょうか。)

ホワイト先生：もちろんですよ, アユミ。

アユミ　　　：いつ日本にいらしたんですか。

ホワイト先生：2年くらい前に日本に来て, それ以来ずっとミナミ町に住んでいます。

アユミ　　　：なるほど。この町に住むのは楽しいですか。

ホワイト先生：はい。日本人の友達がたくさんいて, 彼らと楽しい時間を過ごしています。学校で日本人生徒たちに英語を教えることも素晴らしい経験です。

アユミ　　　：それはいいですね。私は先生の英語の授業が好きです。少しずつ英語が上達していると思います。では話題を変えましょう。先生の趣味について教えていただけますか。

ホワイト先生：そうですね, 私の趣味は走ることです。オーストラリアで大学生だったころに走り始めました。今は毎朝朝食の前に走っています。

アユミ　　　：わあ, 毎朝ですか？　私には毎朝走ることは難しいです。

ホワイト先生：実はこの町を走るのは私にとってはとても楽しいんです。なぜならそれぞれの季節の多くの種類の花を見ることができるからです。

アユミ　　　：川沿いの道の花のことですか？

ホワイト先生：はい, そうです。

アユミ　　　：この町に住んでいるボランティアがその花を育てていて, 私の母はその一人なんです。だから彼女はそれを聞いたらとても喜ぶと思います。

ホワイト先生：そうだといいですね。

アユミ　　　：お時間をありがとうございました, ホワイト先生。なぜ先生がミナミ町を走るのを楽しんでいるかを次の学校新聞で生徒たちに伝えたいと思います。

ホワイト先生：読むのを楽しみにしています。

アユミ　　　：②(気に入っていただけることを願っています。)

(1)　①　アユミがホワイト先生に質問をするので, 質問をしていいか聞いていると考える。**May I ～?** 「～してよろしいですか」の意味。ウの Shall I ～?　は「～しましょうか」の意味なので「あなたの質問に答えましょうか」では文脈に合わない。　②　直前の先生の発話から先生が楽しみにしているのは新聞のことだとわかる。新聞を作る側のアユミが思うであろうアがふさわしい。**look forward to ～**「～を楽しみに待つ」

(2)　先生の5つ目の発話で理由を述べている。because ～「～なので」

(3)　ア　「アユミはホワイト先生に学校新聞のために英語で先生の趣味について書くように頼ん

だ」(×)　1つ目のアユミの発話参照。　イ　「ホワイト先生が自分の国で大学生だったころ，彼は走ることに興味がなかった」(×)　4つ目のホワイト先生の発話参照。　ウ　「アユミの母親は川沿いの道の花を育てるボランティアの一人である」(○)　6つ目のアユミの発話参照。　エ　「アユミが川沿いの道の花の世話をしていたときホワイト先生に会った」(×)　5つ目のホワイト先生，6つ目のアユミの発話参照。

3　(条件英作文：関係代名詞，不定詞，接続詞，前置詞，形容詞，副詞)
(1)　①　(例1)「あなたが昨日作った夕食は美味しかった」　(例2)「私はあなたが昨日私に作ってくれた夕食が好きでした」　(例3)「私は昨日あなたが夕食に準備した食事を楽しみました」 **delicious**「おいしい」だけでなく，like「好きだ」や enjoy「～を楽しむ」などの表現を使うことができる。　②　(例1)「ここでの学校生活はどうですか」 How は「どう(ですか)」の意味。　(例2)「日本の学校生活は大丈夫ですか」　(例3)「日本の学校で何か問題はありますか」　③　(例1)「ここにいる間何をしたいですか」 **while** は「～している間に」の接続詞。＜**want to** ＋動詞の原形＞「～したい」　(例2)「日本を滞在中に何をしたいですか」 **during** は「～の間」の意味の前置詞。＜**would like to** ＋動詞の原形＞「～したい」 want to よりも丁寧な表現。　(例3)「日本でやってみたいことを教えてください」 try「～を試みる，やってみる」
(2)　①　(例1)「彼の家は私たちの学校の近くにあります」 near「～の近くに」　(例2)「彼はここの近くに住んでいます」　(例3)「私の祖父の家はこの学校に近いです」 **close to** ～「～に近い」　②　(例1)「私の祖父と私はよく犬を散歩させます」 **walk**「(犬などを)散歩させる」　(例2)「私たちはよく彼の犬を散歩させます」　(例3)「私はよく彼と彼の犬と散歩に出かけます」 often「よく」　③　(例1)「彼の家には彼の犬の写真がたくさんあります」＜**There are** ＋複数名詞＞で「～(複数のもの)がある」という意味。 picture「写真」　(例2)「私の祖父は家に犬の写真をたくさん持っています」　(例3)「彼の家には犬の写真がたくさんある」 photo「写真」 身近なことを自分の知っている単語や表現を使って書けるように練習すること。

4　(読解問題・物語文：文挿入，語句解釈，指示語，英問英答，内容真偽)
(全訳)　ヒロキは中学生です。彼は小さな町に住んでいて，毎年そこの公園で夏祭りが開催されます。この町に住んでいる全ての中学2年生がこの祭りで太鼓を演奏します。太鼓の演奏はこの町に住んでいる人たちの間では伝統行事の1つとしてとても人気があります。
　4月に30人の2年生が毎週土曜日にコミュニティセンターで太鼓の練習を始めました。ヒロキはその一人でしたが，最初は太鼓の演奏に興味がありませんでした。町の人が生徒に太鼓のたたき方を教えてくれて，ヒロキは太鼓の演奏が楽しいと思い始めました。
　5月のある土曜日，ヒロキが他の生徒たちと一緒に練習をしていたとき，彼は太鼓を上手にたたけていると思いました。しかし練習のあとに生徒の一人であるサナエがヒロキに「①(ときどき太鼓の演奏が速くなりすぎる。)だから他の生徒とタイミングを合わせる必要がある」と言いました。彼はそれを聞いて少し驚きました。すると年配の男性のコジマさんが「他の生徒の音を聞いてもっとゆっくり太鼓を演奏した方がいい」とヒロキに言いました。その後他の生徒と一緒に練習するときにヒロキはコジマさんのアドバイスに従いました。すぐに彼は自分の問題が何かを理解しました。
　夏祭りの日，多くの人たちが公園に来て太鼓の演奏を見ました。ヒロキは彼らのために最善を尽くしました。演奏のあと，サナエがヒロキに「一生懸命練習したからとても上手に太鼓の演奏ができたね」と言いました。コジマさんは「一番の演奏だったよ，ヒロキ！」と言いました。ヒロキはそれを聞いて嬉しく思い，「ありがとうございました」と言いました。すると年配の女性が生徒た

ちに「私たちは毎年本当に演奏を楽しみにしています。この町の伝統行事が長く続くことを願っています」と言いました。②ヒロキもそう願いました。一人の小学生が彼らのところに来て「あなたたちのように太鼓を演奏したい」と言いました。ヒロキは町の人たちと話をしたあと，この伝統行事はここに住んでいる全ての人たちにとって大切なのだと気が付きました。

（10年後）

　ヒロキが24歳のとき，サナエとともにまた町のコミュニティセンターにいました。彼らはそこで中学生に太鼓の演奏の仕方を教え始めました。ヒロキにとってこれはとても楽しいことでした。生徒の1人が10年前にヒロキが抱えていた問題を抱えていました。③それなので彼は当時コジマさんがヒロキにしてくれたアドバイスをその生徒にしました。

　夏祭りの日，生徒たちはとても上手に太鼓の演奏をし，多くの人たちがその演奏に感動したと言いました。ヒロキは生徒たちが自分の町の伝統行事を誇りに思うことを願いました。

(1)　空欄直後の「タイミングを合わせる」やコジマさんからのアドバイスからヒロキが早くたたいていたことが想像される。

(2)　**so**「そのように，そう」は副詞で先行する内容を指すことができる。ここでは直前の年配の女性の発話にある hope 以降の内容をまとめる。

(3)　コジマさんのアドバイスは第3段落最後から3文目にあるのでまとめる。

(4)　「なぜヒロキは24歳のときにサナエと再びコミュニティセンターにいたのですか」エ「中学生に太鼓の演奏の仕方を教えるため」第5段落第2文参照。

(5)　ア　「ヒロキの町に住んでいる中学2年生はそこの夏祭りで太鼓をたたく人になる」(○)　第1段落第3文参照。　イ　「ヒロキはコジマさんがそうするように言ったので毎週土曜日にコミュニティセンターで太鼓の練習をした」(×)　第2段落参照。コジマさんに言われたからではない。ウ　「サナエは夏祭りの日の太鼓の演奏のあとにヒロキに彼の問題が何かを伝えた」(×)　第3段落参照。伝えたのは練習のとき。　エ　「ヒロキは中学2年生のとき夏祭りで太鼓の演奏を見ていた人のために全力を尽くした」(○)　第4段落第1，2文参照。　オ　「夏祭りの日に1人の小学生がヒロキと他の生徒たちと太鼓を演奏した」(×)　第4段落最後から2文目参照。　カ　「ヒロキは町に住んでいる人たちと話をしたあとに，町に住んでいる全ての人たちにとって太鼓の演奏がどれだけ大切かをサナエに伝えた」(×)　第4段落最終文参照。いつ何が起こったのかを意識して読むこと。

2019年度英語　リスニング検査

〔放送台本〕

　今から①のリスニング検査を行います。問題は、(1)，(2)，(3)，(4)，(5)の5つです。問題用紙の各問いの指示に従って答えなさい。聞いている間にメモを取ってもかまいません。

　それでは，(1)の問題から始めます。(1)の問題は，絵や表を見て答える問題です。下の絵や表についての英語による質問を聞いて，それぞれの質問に対する答えとして，ア〜エの中から最も適当なものを1つ選び，その記号を書きなさい。質問は2回繰り返します。では，始めます。

No. 1	How many apples are there on the desk?
No. 2	Who read a book about a scientist in the library yesterday?

これで(1)の問題を終わり，(2)の問題に移ります。

〔英文の訳〕

No.1　机の上にはいくつのリンゴがありますか。

　　　答え：エ　4つ。

No.2　昨日図書館で科学者についての本を読んだのは誰ですか。

　　　答え：ア　アカリが読みました。

〔放送台本〕

　(2)の問題は，英語による対話を聞いて，質問に答える問題です。それぞれの質問に対する答えとして，ア～エの中から最も適当なものを1つ選び，その記号を書きなさい。対話はNo.1，No.2，No.3の3つです。対話と質問は2回繰り返します。では始めます。

No. 1　A:　Hi, Marie. Oh, you have a nice bag.

　　　　B:　Thank you, Kenta. My friend, Erika, made it for me.

　　　　A:　Really? It's so cute!

　　　　B:　I think so, too. She learned how to make a bag from her grandmother.

　　　　A:　I see.

　　　　質問します。　Who made Marie's bag?

No. 2　A:　I've finished my homework, Mom.

　　　　B:　That's good, Jack. Do you have time to help me?

　　　　A:　Yes. What can I do for you?

　　　　B:　Can you wash the dishes? I have to go to the supermarket now.

　　　　A:　Sure. I'll clean the table, too.

　　　　B:　You don't have to. I've already done it. Thank you.

　　　　質問します。　What does Jack's mother want Jack to do?

No. 3　A:　Hi, Tomoya. What did you do yesterday?

　　　　B:　Hi, Akane. I went to the bookstore near the station and bought a book for my sister's birthday.

　　　　A:　Oh, when is her birthday?

　　　　B:　It's tomorrow. I want to buy her some flowers, too. Do you know where a nice flower shop is?

　　　　A:　Yes. When I went to the City Hall three days ago, I saw a nice one next to it. The shop had many kinds of beautiful flowers.

　　　　B:　Really? I'll go there today.

　　　　質問します。　Did Tomoya go to the flower shop yesterday?

　これで(2)の問題を終わり，(3)の問題に移ります。

〔英文の訳〕

No.1　A：こんにちは，マリー。あ，いいカバンを持っているね。

　B：ありがとう，ケンタ。友達のエリカが私に作ってくれたの。

　A：本当？　とても可愛いよ！

　B：私もそう思う。彼女はおばあさんからカバンの作り方を習ったのよ。

　A：なるほどね。

　質問：誰がマリーのカバンを作りましたか。

　答え：ウ　エリカが作りました。

No.2　A：宿題終わったよ，お母さん。

　B：それはよかったわ，ジャック。お手伝いする時間ある？

　A：うん。何ができるかな？

　B：お皿を洗ってくれる？　今スーパーに行かないといけないのよ。

　A：もちろん。テーブルも拭くよ。

　B：拭く必要はないわ。もうやったから。ありがとう。

　質問：ジャックの母はジャックに何をしてもらいたいですか。

　答え：イ　お皿を洗ってもらいたい。

No.3　A：こんにちは，トモヤ。昨日は何をしたの？

　B：やあ，アカネ。駅のそばの本屋に行って妹(姉)の誕生日に本を買ったよ。

　A：あら，いつが誕生日なの？

　B：明日だよ。お花も買いたいんだよね。どこかいいお花屋さん知ってる？

　A：うん。3日前に市役所に行ったとき隣にいいお店があるのを見たよ。お店にはたくさんの種類のきれいな花があったわよ。

　B：本当に？　今日そこに行くよ。

　質問：トモヤは昨日花屋に行きましたか。

　答え：イ　いいえ，行きませんでした。

〔放送台本〕

　(3)の問題は，英語の授業で，高校生のMasashiがスピーチをしているときの英文を聞いて，答える問題です。話の内容に合うように，下の表の(①)～(⑤)に入る最も適当な日本語または数字を書きなさい。英文は2回繰り返します。では始めます。

　Hi, everyone. Today, I'll tell you about my trip during the summer vacation.

　On August 5, I went to Osaka with my family by car. We left home at eight o'clock and got to Osaka two hours later. In the morning, we went to a museum to learn about the history of Japan. I bought a handkerchief at a shop in the museum for my friend. In the afternoon, we visited a temple. We wanted to go to an aquarium after that, but we didn't have time. So I want to go there when I visit Osaka again. Thank you.

　これで(3)の問題を終わり，(4)の問題に移ります。

〔英文の訳〕

　みなさん，こんにちは。今日は夏休みの旅行について話をします。

　8月5日に家族と車で大阪に行きました。8時に家を出て大阪に2時間後に着きました。午前中は日本の歴史を学びに博物館へ行きました。博物館のお店で友達にハンカチを買いました。午後はお寺を訪れました。その後に水族館に行きたかったのですが，時間がありませんでした。それなのでまた大阪を訪れるときにそこに行きたいと思っています。ありがとうございました。

〔放送台本〕

　(4)の問題は，留学生のBobと同じ学校に通う高校生のRikaとの英語による対話を聞いて，質問に答える問題です。それぞれの質問に対する答えとして，ア〜エの中から最も適当なものを1つ選び，その記号を書きなさい。対話と質問は2回繰り返します。では始めます。

Bob:　Hi, Rika. How was your weekend?

Rika:　It was great, Bob. I stayed at my uncle's house in Aoba city.

Bob:　What did you do there?

Rika:　On Saturday morning, I went shopping at a department store with his daughter, Miki.

Bob:　Oh, did you buy anything there?

Rika:　Yes. I found some nice clothes, so I bought them. Miki bought some CDs.

Bob:　I see. I think there are many kinds of restaurants in the department store. Did you eat lunch there?

Rika:　No. It was sunny, so we bought some sandwiches and ate them for lunch in a park.

Bob:　That sounds fun.

Rika:　That's right. We talked about many things and had a good time there.

Bob:　How about the next day?

Rika:　In the morning, Miki and I listened to the CDs she bought at the department store. My uncle took Miki and me to Aoba Stadium to watch a baseball game after we ate lunch at his house.

Bob:　Wow! I like watching baseball games.

Rika:　Really? I'll go to watch another baseball game with Miki next month. Do you want to join us?

Bob:　Yes, of course!

Rika:　Then, I'll get the tickets for us at a convenience store this evening.

Bob:　Thank you. I'm looking forward to meeting Miki, too.

質問します。

　No. 1　Who bought clothes last Saturday?

　No. 2　Where did Rika eat lunch last Sunday?

　No. 3　What will Rika do this evening?

　これで(4)の問題を終わり，(5)の問題に移ります。

〔英文の訳〕

　ボブ：やあ，リカ。週末はどうだった？

リカ：よかったわよ，ボブ。アオバ市のおじの家に泊まったの。

ボブ：そこで何をしたの？

リカ：土曜日の午前に彼の娘のミキとデパートに買い物に行ったの。

ボブ：ああ，そこで何か買ったの？

リカ：ええ。いい洋服を見つけたから買ったの。ミキは CD を買ったわ。

ボブ：へえ。そのデパートにはたくさんの種類のレストランがあると思うんだ。そこでランチを食べたの？

リカ：いいえ。晴れていたからサンドイッチを買って公園で昼食にそれを食べたの。

ボブ：楽しそうだね。

リカ：その通りよ。たくさんのことを話してそこでとても楽しんだわ。

ボブ：次の日は？

リカ：午前中にミキと私はデパートでミキが買った CD を聴いたよ。家でお昼を食べた後におじさんがミキと私を野球の試合を見るためにアオバスタジアムに連れて行ってくれたのよ。

ボブ：わあ！　僕は野球の試合を見るのが好きなんだ！

リカ：本当？　来月ミキと別の野球の試合を観に行くのよ。私たちと一緒に行く？

ボブ：うん，もちろん！

リカ：じゃあ今晩コンビニでチケット取るね。

ボブ：ありがとう。ミキに会うのも楽しみにしてるよ。

No.1：この前の土曜日に誰が服を買いましたか。

　　　答え：ア　リカが買いました。

No.2：この前の日曜日にリカはどこでお昼を食べましたか。

　　　答え：エ　おじの家で。

No.3：今晩リカは何をしますか。

　　　答え：ウ　チケットを取ります。

〔放送台本〕

　(5)の問題は，英文を聞いて，その英語をそのまま正しく書き取る問題です。これから英文を読みます。第一文を聞いた後，第二文を英語で正しく書きなさい。英文は連続して3回繰り返します。では始めます。

　This jacket is too large. Can you show me a smaller one?

これで①のリスニング検査の放送を終わります。

〔英文の訳〕

　このジャケットは大きすぎます。小さいのを見せてもらえますか？

<　理科解答　>

①　(1)　ア　　(2)　ウ→エ→ア→イ　　(3)　あ　柱頭　　い　胚珠

②　(1)　A　○　　B　×　　(2)　(a)　52.2[%]　　(b)　再結晶　　(c)　3.9[g]

3 (1) 4〔N〕　(2) 0.6〔J〕　(3) A 0.5　B 2　C ウ　(4) 0.12〔W〕

4 (1) C　(2) イ　(3) ウ　(4) 月食

5 (1) (a) エ　(b) ア　(c) $2Ag_2O \rightarrow 4Ag + O_2$　(d) 熱分解　(2) (例)はじめに試験管Aの中にあった空気が多くふくまれているから。　(3) 2.79〔g〕

6 (1) 優性〔形質〕　(2) (a) DNA(「デオキシリボ核酸」も可)　(b) 減数〔分裂〕　(c) イ　(d) う エ　え ウ　(e) ウ　(3) (例)もとの個体と同じ遺伝子をもつから。

7 (1) (a) 偏西風　(b) イ　(2) エ　(3) (a) (例)日本海の暖流から,多量の水蒸気が供給されて湿る。　(b) 移動性高気圧　(c) (記号) エ　(名称) 梅雨〔前線〕　(d) 小笠原〔気団〕

8 (1) (a) 8〔cm〕　(b) エ　(c) (記号) ア　(名称) 網膜　(d) エ　(2) (a) ウ, エ, オ　(b) 虚像　(3) 作図 右図　記号 イ

＜理科解説＞

1 (植物の体のつくり)

(1) ルーペを使って観察するときは,ルーペを目に近づけて持つ。観察するものが動かせるときは,観察するものを動かしてピントを合わせる。

(2) がく→花弁→おしべ→めしべの順である。

(3) めしべの柱頭に花粉がついて受粉が行われると,やがて**子房は果実**に,**胚珠は種子**へと変化していく。

2 (溶解度)

(1) 硝酸カリウムは,60℃の水5.0gに,$109.2 \times \frac{5.0}{100} = 5.46$〔g〕とける。よって,3.0gの硝酸カリウムはすべてとける。塩化ナトリウムは,60℃の水5.0cm³に,$38 \times \frac{5.0}{100} = 1.9$〔g〕くらいとける。よって,3.0gすべてはとかすことができない。

(2) (a) 飽和水溶液であることから,水100gに109.2gの硝酸カリウムがとけている水溶液と同じこさである。質量パーセント濃度は,$\frac{109.2}{100 + 109.2} \times 100 = 52.19 \cdots$〔%〕　(b) 固体がとけた水溶液は,水を減らしたり冷却することで,溶質の固体をとり出すことができる。　(c) $(109.2 - 31.6) \times \frac{5.0}{100} = 3.88$〔g〕

3 (仕事, 仕事率)

(1) ばねばかりの示す値は,おもりの重力に等しい。

(2) **仕事〔J〕=力の大きさ〔N〕×力の向きに移動した距離〔m〕**より,4〔N〕×0.15〔m〕=0.6〔J〕

(3) 動滑車を用いると,持ち上げるときに加える力の大きさは半分になるが,手でひもを引く長さは2倍になるので,仕事の量としては,動滑車を使っても使わなくても変わらない。

(4) 15cm引くのにかかった時間は,15〔cm〕÷3〔cm/秒〕=5〔秒〕　**仕事率〔W〕=仕事〔J〕÷かかった時間〔秒〕**より,2〔N〕×(0.15×2)〔m〕÷5〔秒〕=0.12〔W〕

4　（月）

(1)　上弦の月が見えるとき，月はCの位置にある。

(2)・(3)　上弦の月が見えてから1週間後，月は満月の形に見える。満月の月は，午後6時ごろに東の空からのぼり，真夜中に南中する。午後9時はこの間なので月が南東に見える。

(4)　月—地球—太陽の順に，一直線上に並ぶとき，月が地球のかげに入り，月食が起こる。

5　（分解）

(1)　(a)　実験により液体が発生した場合，試験管の加熱部分を低くしておくと，発生した液体が加熱部分に流れ，試験管が割れる恐れがある。　(b)　酸化銀を加熱すると，銀と酸素に分解する。銀は白色の固体である。　(c)　**酸化銀→銀＋酸素**の化学変化が起こる。化学反応式では，矢印の前後で原子の種類と数が等しくなるようにする。　(d)　分解の中でも，熱による分解を，熱分解という。

(2)　はじめのほうに出てきた気体には，装置内にもともとふくまれていた空気が多くふくまれている。

(3)　1.00gの酸化銀を加熱すると，0.93gの銀と，（1.00−0.93＝）0.07gの酸素が生じる。4.00gの銀を使った実験では，4.00−3.79＝0.21〔g〕の酸素が発生していることから，生じた銀の質量をxgとすると，銀の質量：酸素の質量＝0.93：0.07＝x：0.21　x＝2.79〔g〕

6　（遺伝の規則性）

(1)　この実験では，種子の形における**優性形質**は丸であるといえる。

(2)　(a)　遺伝子の本体は，デオキシリボ核酸（DNA）である。　(b)　生殖細胞をつくるときに行われる特別な細胞分裂を，減数分裂という。　(c)　減数分裂では，親の体細胞にふくまれていた対になった染色体が1本ずつに分かれて，それぞれ別の生殖細胞に入る。子の遺伝子の組み合わせはAaであるから，子がつくる生殖細胞は，Aの遺伝子をふくむものとaの遺伝子をふくむものが同数できる。　(d)　孫は，AA：Aa：aa＝1：2：1の割合で生じる。丸い種子はこのうちAAとAaになるので，しわのある種子の3倍の数が丸い種子となる。よって，1800×3＝5400〔個〕が，丸い種子である。Aaの遺伝子の組み合わせをもつものは，1800×2＝3600〔個〕である。　(e)　孫の丸い種子は，AAとAaで，これらの数の比は，AA：Aa＝1：2である。仮に，これらの丸い種子をAA，Aa1，Aa2と表すことにする。AAから4個の種子がとれたとき，これらの種子がもつ遺伝子の組み合わせは<u>すべてAA</u>。Aa1の自家受粉でとれる種子の遺伝子の組み合わせは，AA：Aa：aa＝1：2：1であり，種子の数が全部で4個とれたとすると，<u>AAが1個，Aaが2個，aaが1個である。</u>Aa2からとれる種子についてもAa1と同じ結果になるので，下線部をまとめると，AAは6個，Aaは4個，aaは2個という結果になる。よって，丸（AA＋Aa）：aaの数の比は，10：2＝5：1となる。

(3)　無性生殖は，親の体の一部が分離するなどしてふえていくので，親と子の遺伝子の組み合わせが同一である。よって，形質も同じになる。

7　（大気の流れと日本の天気）

(1)　(a)　地球の中緯度帯上空には，西から東へ蛇行しながら**偏西風**が常にふいている。　(b)　偏西風の影響で，日本付近では低気圧や高気圧が西から東へ移動する。

(2)　砂は水よりもあたたまりやすく冷めやすいため，日中の地温は大きく上昇するが，海水温はほとんど変化しない。このため，昼間は陸上に上昇気流が生じやすくなり，海側から陸側に空気

が流れこむ。これが**海風**である。

(3)　(a)　大陸からふき出した空気は乾燥しているが，日本海の上をわたるときに，暖流の影響で大量の水蒸気をふくむようになる。この水蒸気がもとになり，日本海側に大きな雲を形成する。　(b)　春と秋のころ，日本上空を移動性高気圧と低気圧が交互に通過する。　(c)　つゆのころに形成される前線は停滞前線(エ)で，とくにつゆのころにできるこの前線は，梅雨前線と呼ばれる。　(d)　夏は，日本の南の海上に小笠原気団が発達する。

8　(凸レンズの性質，ヒトの目のつくり)

(1)　(a)　焦点距離の2倍の位置に物体を置いたとき，凸レンズをはさんで**焦点距離の2倍の位置に物体と同じ大きさの実像ができる**。　(b)　実像は，凸レンズをはさんで物体の反対側にでき，物体と上下左右が逆向きになる。　(c)　ウのレンズで屈折した光が眼球内で像をつくるのは，アの網膜上である。　(d)　アは全反射，イは反射，ウは乱反射である。

(2)　(a)・(b)　虚像は，焦点距離よりも凸レンズに近いところに物体を置いたときに，凸レンズを通して見られる像である。焦点上に物体を置いたときは，虚像も実像もできない。

(3)　光軸に平行に進んで凸レンズに入った光は，凸レンズで屈折したあと焦点を通る。また，焦点を通ってから凸レンズに入射した光は，凸レンズを通過したあと光軸に平行に進む。2本の光が交わった点にスクリーンを移動すると，物体の像がうつる。

＜社会解答＞

1　(1)　(a)ア　(b)　カカオ(「カカオ豆」も可)　(2)　(a)　イ　(b)　白夜
　　(3)　(a)　ウ　(b)　イ・カ

2　(1)　青森(県)　(2)　エ　(3)　(a)　ア　(b)　シラス(台地)　(4)　(a)　イ
　　(b)　(例)魚介類の輸入量が増えたから。

3　(1)　ウ　(2)　イ　(3)　ウ　(4)　(a)　武家諸法度　(b)　(例)あかり用の油原料である菜種が，大阪に移入され，菜種油に加工されて，江戸に送られた。　(5)　生糸

4　(1)　風土記　(2)　ア　(3)　イ　(4)　ウ　(5)　ウ→エ→ア→イ　(6)　(例)ソ連から独立した国が国連に加盟したから。

5　(1)　エ　(2)　議院内閣制　(3)　エ　(4)　イ　(5)　裁判員(制度)　(6)　公共の福祉　(7)　ウ　(8)　(a)　国際分業　(b)　(例)日本に旅行したときに購入して気に入った製品の，インターネット取引による購入額が増えたこと。

＜社会解説＞

1　(地理的分野－世界地理－人々のくらし，地形・気候，産業，交通・貿易)

(1)　(a)　資料1の雨温図の特徴として年間降水量が少ないことが読み取れることから，**乾燥帯**の地域に位置する都市と判断する。アフリカ大陸の北部一帯には，世界最大の**サハラ砂漠**が広がる。　(b)　Ⅰの国はコートジボワール。**カカオ**は**コートジボワール**やその東隣に位置する**ガーナ**など熱帯地域で生産される。

(2)　(a)　Ⅲの国は**ドイツ**。ゲルマン系民族が多く，ライン川流域にEU最大の**ルール工業地帯**が位置することから工業がさかんと判断する。なお，Ⅱの国はフランスで，ラテン系民族が多く，

混合農業がさかんで小麦の生産量が多い。　(b)　北半球の高緯度地域(北緯66.6度以北)では,夏は**白夜**,冬は一日中太陽が昇らない極夜という現象がおこる。南半球の高緯度地域(南緯66.6度以南)では白夜と極夜がおこる季節が逆になる。

(3)　(a)　Ⅳの国はブラジル。ブラジルの北部を流れる**アマゾン川**は赤道直下に位置し,**セルバ**とよばれる熱帯雨林が広がる。また,かつて植民地となったことから,公用語は**ポルトガル語**となっている。なお,ブラジル以外の多くの中南米地域の公用語は**スペイン語**となっている。

(b)　ア　資料6の1970年の輸出相手上位4か国に日本が含まれていないことから,表中に記載のあるアルゼンチン向けの輸出額を下まわっていると判断する。　イ　資料7から,2015年には機械類,鉄鋼,自動車といった1970年の主要輸出品には見られなかった工業製品が示されていることから判断する。　ウ　資料6から,2015年の中国への輸出額が1,911億ドル×18.6％＝約355億ドルであるのに対し,輸入額が1,714億ドル×17.9％＝約307億ドルであり,輸出額が輸入額を上まわっているので,中国に対して黒字になっている。　エ　資料6から,2015年のEU加盟国との貿易は,輸出総額の5.3％をオランダ,輸入総額の6.1％をドイツが占めていることから判断する。　オ　鉄鉱石の輸出額は,1970年が27億ドル×7.7％＝約2億ドルであるのに対し,2015年が1,911億ドル×7.4％＝約141億ドルと大幅に増加している。　カ　資料6から,輸出入総額は1970年が27億ドル＋28億ドル＝55億ドル,2015年が1,911億ドル＋1,714億ドル＝3,625億ドルであることから65倍以上になり,輸出総額が輸入総額を上まわっているので貿易黒字になっている。　キ　資料6から,貿易相手上位2か国の貿易総額に占める割合は,1970年は輸出が24.7％＋8.6％＝33.3％,輸入が32.3％＋12.6％＝44.9％と高い割合を占めるのに対し,2015年は輸出が18.6％＋12.7％＝31.3％,輸入が17.9％＋15.6％＝33.5％とその割合は減っている。

2　(地理的分野－日本地理－日本の国土・地形・気候,農林水産業)

(1)　**ねぶた祭**と,秋田市で行われる**竿燈まつり**,仙台市で行われる**七夕まつり**を東北三大祭りという。

(2)　果実の産出額が最も多いAが,**みかん**の栽培がさかんな愛媛県と判断する。また,野菜の産出額が最も多いCが,**近郊農業**がさかんな茨城県と判断する。残ったBが山口県。

(3)　(a)　鹿児島県は**畜産**と畑作がさかん。イは鳥取県の鳥取砂丘,ウは愛知県の渥美半島,エは北海道の石狩平野での農業の様子。　(b)　**シラス台地**は水もちが悪く,稲作に不向きな火山灰土の土壌。

(4)　(a)　資料3から日本の漁獲量が全体的に減少していることがわかるが,**養殖業**はその中で唯一微増している。アは**遠洋漁業**,ウは沿岸漁業,エは沖合漁業。　(b)　資料5から,1985年から1995年にかけて日本の魚介類の自給率が低下していることが読み取れる。それにも関わらず1人あたりの魚介類消費量が減少しない理由として,海外からの輸入に頼ることで国内流通量を維持していることが考えられる。

3　(歴史的分野－日本史－時代別－古墳時代から平安時代,安土桃山・江戸時代,日本史－テーマ別－政治・法律,経済・社会・技術,外交,世界史－文化史)

(1)　**平清盛**が兵庫の港を整備して**日宋貿易**を行ったことから判断する。

(2)　**ルネサンス**は,十字軍の失敗にともないローマ教皇の権威が衰退したことや,十字軍の東方進出によりイタリアがイスラム商人との貿易により栄えたことでおこった。アは4世紀末,ウは15世紀末,エは16世紀頃のできごと。

(3)　**石見銀山**は島根県に位置する。アの**足尾銅山**は栃木県,イの生野銀山は兵庫県,エの別子銅

山は愛媛県に位置する。

(4) (a) 資料2は，江戸幕府3代将軍の**徳川家光**が**武家諸法度**に追加した内容。　(b) 資料3・4
から，あかり用の油原料である菜種が大阪に移入していること，また，あかり用の燃料の1つで
菜種を加工してできる菜種油が大阪から移出していることが読み取れる。また，資料5から，江
戸に移入された菜種油の大半が大阪から仕入れたものであることが読み取れる。このことから，
大阪で加工された菜種油が江戸に供給されていたと判断する。

(5) 1910年は明治時代末期にあたり，日本はこの頃**生糸**の最大輸出国となっていた。のちに**世界
恐慌**がおこり，アメリカへの輸出が激減したため日本の養蚕業は衰退した。

4 （歴史的分野－時代別－古墳時代から平安時代，鎌倉・室町時代，安土桃山・江戸時代，明治時
代から現代，日本史－テーマ別－政治・法律，経済・社会・技術，文化・宗教・教育，外交，世
界史－政治・社会・経済）

(1) A班のカード中に**奈良時代**とある。**風土記**のほか，**古事記**や**日本書紀**などの歴史書，日本最
古の和歌集である**万葉集**などが奈良時代に著された。この時代の文化を**天平文化**という。

(2) 資料1中の**最澄**，比叡山から判断する。なお，**真言宗**を広めた**空海**が高野山に**金剛峯寺**を建
てた。

(3) 一向一揆は，大阪や加賀(石川県)，長島(三重県)などでおこった。　ア　10世紀に尾張国(愛
知県)の郡司や百姓らが国司である藤原元命の悪政を朝廷に訴えた。　ウ　1873年に出された徴
兵令に対する反対一揆。　エ　19世紀中頃におきた世直し一揆。

(4) **日米和親条約**で開港したのは函館と下田(静岡県)。アの新潟，イの横浜，エの神戸は，1858
年に結んだ**日米修好通商条約**によって開港された。

(5) アは1925年，イは1946年，ウは1874年，エは1890年のできごと。

(6) 資料3からは，1992年の時点でソ連から独立した国が複数存在することが読み取れる。また，
資料4からは，**ロシア革命**をおこし，ソ連建国の父とよばれる**レーニン**をたたえる像が撤去され
たことで，ソ連という国家が消滅したことが読み取れる。これらから，1991年のソ連解体によ
り新しくできた国々が国際連合に加盟したと判断する。

5 （公民的分野－憲法の原理・基本的人権，三権分立・国の政治の仕組み，地方自治，国民生活と
社会保障，財政・消費生活・経済一般，国際社会との関わり）

(1) **地方交付税交付金**は国から支給される使途が定められていない交付金で，自主財源が多い東
京都などの地方公共団体は交付されない。イは**国庫支出金**，ウは**地方債**について説明した文。

(2) 主権者である国民の代表者で構成される**国会**は，**国権の最高機関**としての地位が憲法によっ
て認められており(第41条)，内閣はその信任を得なければならない立場にある。

(3) **社会保障制度**は，国民の「健康で文化的な最低限度の生活を営む権利」(第25条)である**生存
権**を保障するためのしくみ。

(4) PKOは国連平和維持活動のことで，活動内容は**安全保障理事会**の決議によって決定される。
日本では1992年に成立した**PKO協力法**によって自衛隊の参加が認められるようになった。アは
経済連携協定，ウは環太平洋経済連携協定，エは非営利組織の略称。

(5) **裁判員制度**とは，国民から選ばれた6人の裁判員が地方裁判所で行われる重大な刑事事件の
第1審に参加し，有罪・無罪の認定，有罪の場合は量刑の判断を裁判官とともに行う，日本の司
法参加制度の1つ。

(6) 経済活動の自由などは，**公共の福祉**のために制限されることがある。その例として，ダムや
道路などの社会資本を整備する際に立ち退きを命じられることや，弁護士や医師などの職に就く

には国家資格が必要とされることなどが挙げられる。

(7)　**不景気**のときは通貨量が少ないので，通貨量を増やす政策を行う。税率を引き下げる(＝減税する)ことで，国民や民間企業のもつ資金量を増やすことになると判断する。

(8)　(a)　**国際分業**の例として，EU諸国における旅客機の共同生産がある。アメリカなどの大国に対抗できる，互いにノウハウを学べるなどの利点がある。　　(b)　資料8からは，インターネット取引による日本からの商品購入額が増加していることが読み取れる。また，資料9の内容のうち，日本に旅行したことがきっかけで商品の購入にいたったことに触れる必要がある。

＜国語解答＞

1　①　ひび(く)　　②　いまし(める)　　③　そうしょく　　④　げきれい　　⑤　浴(びる)
　　⑥　省(く)　　⑦　準備　　⑧　貯蔵

2　(一)　エ　　(二)　ウ　　(三)　イ　　(四)　(例)めぐみが泣くとわたしも泣いてしまい，イギリスに行けなくなる気がするから，わたしの前で泣かないこと。　　(五)　(例)独学で英語の勉強を続けていたことから，さびしさを受けとめた上で，ちゃんと未来を見て，前に，進もうとする(強さを感じ取った。)

3　(一)　自分がそれまで何も知らない存在であったことを初めて知る(こと。)　　(二)　イ
　　(三)　ウ　　(四)　(例)保育園や幼稚園に行くようになって，同じような年齢層の〈他者〉に出会い，〈他者〉を知ることによって〈自己〉への意識が芽生えること。　　(五)　エ

4　(一)　③　　(二)　いうべきようはなし　　(三)　イ

5　(一)　ウ　　(二)　ア　　(三)　ア

6　(例一)　私は，レジ袋を利用しても問題はないと考えます。なぜなら，レジ袋を利用しても，利用し終えたあとに有効活用したり，リサイクルしたりすることで，海の環境を汚すことを防ぐことができると思うからです。私も，レジ袋をゴミ袋として活用したり，地域の資源回収に出したりしています。私は，レジ袋が海の環境を汚す原因の一つとなっていることを，身近な問題として考え，自分にできることを実行することが大切だと思います。
　(例二)　買い物をしたとき，レジ袋は利用しないほうがよいと私は考える。その理由は，レジ袋を利用すると，利用し終えたあと，ごみになるからだ。利用し終えたレジ袋のすべてを，リサイクルすることは難しいと思う。利用したレジ袋のなかには，ポイ捨てされるなどして，海に流れ込んでしまうものもあると考えられる。エコバッグを用意し，レジ袋を利用しないようにし，これ以上，海の環境が汚されてしまうことを防ぎたいと考える。

＜国語解説＞

1　(知識問題－漢字の読み書き)
　①　音読みは「キョウ」で，熟語は「音響」などがある。　　②　音読みは「カイ」で，熟語は「戒律」などがある。　　③　「装飾」は，飾りのこと。　　④　「激励」は，励まして奮い立たせること。　　⑤　音読みは「ヨク」で，熟語は「浴場」などがある。　　⑥　音読みは「ショウ」「セイ」で，熟語は「省略」「反省」などがある。　　⑦　「準備」は，前もって支度をすること。　　⑧　「貯蔵」は，ものを蓄えておくこと。

2　（小説—情景・心情，内容吟味，脱文・脱語補充，筆順・画数・部首，品詞・用法，書写）

（一）　ア「記」は十画，イ「烈」は十画，ウ「兼」は十画。エ「習」が十一画。

（二）　「さびしい顔してちゃだめだ」と「気合をいれて」いたのに「気合をいれるまでもなかった」のだから，優希の「いつものよう」な「笑顔」とは「さびしい」とは対照的なものだったとわかる。

（三）　傍線(2)とイは**可能**の用法。アは受け身，ウは自発，エは尊敬。

（四）　優希は「わたしの前では泣かないでほしい」とお願いし，「めぐみが泣いたら，わたしもぜったい泣いちゃうと思う」し，「そうなったらもう，イギリスに行けなくなる気がする」と理由を加えている。

（五）　優希が「独学で英語の勉強を続けていた」ことを知り，「さびしさを受けとめた上で，ちゃんと未来を見て」，「前に，進もうとしている」のだと感じている。さびしさを受けとめて前に進もうとする姿は，強さの表れである。

3　（論説文—大意・要旨，内容吟味，文脈把握，接続語の問題，品詞・用法）

（一）　次の段落で「読書や学問をすることの〈意味〉」は，「自分がそれまで何も知らない存在であったことを初めて知る」ことだと述べられている。

（二）　「確かに」は活用し，用言を修飾しているのだから，**形容動詞**。形容動詞はイ「静かな」。ア「大きな」は連体詞，ウ「直ちに」は副詞，エ「実に」も副詞。

（三）　前では「『何も知らない自分』を知らない」のでは「モチベーションも生まれない」と述べ，後では「自分は実は世界のほんのちっぽけな一部しかこれまでしてこなかった」ことを実感すると「知ることに対する敬意」につながると述べ，前後で相反する内容がある。よって，逆接の接続語「しかし」がよい。

（四）　同じ段落内で述べられている「保育園や幼稚園に行く」ということが具体例にあたる。この具体例は，「同じような年齢層の〈他者〉に初めて出会う」ことで，「〈他者〉を知ること」ができ，「初めて〈自己〉というものへの意識が芽生える」ことを説明するためのものである。

（五）　勉強や読書は，「自分を客観的に眺めるための，新しい場所を獲得するという意味」があり，「〈自己〉をいろいろな角度から見るための，複数の視線を得るため」のものでもあるということを述べている文章なのだから，エが合う。

4　（古文—大意・要旨，文脈把握，仮名遣い）

＜口語訳＞　正月の末頃，ある人が和尚に連れられ，散策して山野を歩き，見るにつけて，聞くにつけて，ひたすらいつものかる口をおっしゃって，自分も楽しみ，人をも楽しませなさる。

　そのとき，はるかな大空を，雁が友をしのんで，越に帰るのだろうと思われるのが，二羽連なって飛んでいく。ある人が一休に申し上げることには，「どうでしょう，たった今空を通った雁は，どこへ降りるのでしょうか，お答えください」と言った。和尚はお聞きになり，「天にかね一ぱい，蛇のひげ三すじと言っているが，蛇のひげはどれほど長いのだろう。すぐにお答えになりなさい」とおっしゃる。ある人は答えようがない。「そもそも蛇のひげというようなものは，今日まで見たことはございません。存じ上げません」と申し上げる。一休は，「だから，あの雁も，奥州に降りるのだろうか，筑紫に降りるのだろうか，まだ一度も雁などと気が合って行動したことがありませんので，知らないことだ」とお答えになった。

（一）　①，②，④の主語は「ある人」。③の主語は「和尚」。

（二）　歴史的仮名遣いのハ行は，**現代仮名遣いのワ行**にあたる。また，「ア段音＋う」は「オウ」

と読むので、「やう」は「よう」となる。

（三）　ある人が雁がどこへ行くのかと一休和尚に尋ねたところ、和尚は「天にかねいっぱい、じやのひげ三すじ」ということを引き合いに相手にも質問を返す。今まで見たことのない蛇のひげの長さなど答えられないように、雁がどこへ行くかなどわかりようがないと和尚は返しているのだから、イが正解。

⑤　（会話・議論・発表－内容吟味）

（一）　「日課表」は、学校生活の流れを示したものなので、「登校してから下校するまでの、大まかな中学校生活の流れを説明」する際に見てもらうのがよい。

（二）　「最初に、登校してから下校するまでの、大まかな中学校生活の流れ」という、一日の流れを説明し、「次に」「質問アンケートの結果、中学校生活について一番知りたい」ことに最も多く挙げられた「勉強について」説明している。

（三）　アンケートでは「部活動にして」「学校行事について」でも質問が集まっている。よって、その二点にも触れるべきである。

⑥　（作文（自由・課題））

　　レジ袋について、「海の環境を汚している」という点と「利用できないと、不便なときもある」という点が会話中にあることに注目し、自分の考えをまとめよう。

大切なことはメモしておこうネ!

解答用紙集

〇月×日 △曜日 天気（合格日和）

◆ご利用のみなさまへ
*解答用紙の公表を行っていない学校につきましては，弊社の責任において，解答用紙を制作いたしました。
*編集上の理由により一部縮小掲載した解答用紙がございます。
*編集上の理由により一部実物と異なる形式の解答用紙がございます。

人間の最も偉大な力とは、その一番の弱点を克服したところから生まれてくるものである。 ──カール・ヒルティ──

※データのダウンロードは 2024 年 3 月末日まで。

東京学参株式会社

得　点

受　検　番　号

番

1
(1) (2) (3)
(4) (5) *x*= (6) *n*=
(7) *x*= (8) ∠*x*= °
(9)
(10) 秒
(11)

ℓ
A
B
C

2
(1) (2) 点 (3) *m*=　, *n*=
(4)① ②

3
(1)① ②
(2) 陸上競技大会に参加した小学生　人、中学生　人

4
(1) (2) *a*=

5
(1) B (,　) (2) *a*=　, *b*=
(3) cm² (4) *x*=

6
(1) 〈証　明〉

7
(2)① cm ② cm
(1) (2) cm³

cm

cm

◇英語◇

三重県公立高校　2023年度

※149%に拡大していただくと、解答欄は実物大になります。

受検番号　　番

得点

1

(1)			
(2)	No. 1	No. 2	No. 3
(3)	No. 3	No. 2	No. 4
(4)	No. 1	No. 2	No. 3

2

(1)	No. 1	①	②
	No. 2		
(2)			

3

(1)	①	②	③
(2)	①	②	③

4

(1)		
(2)	A	B
(3)		
(4)		

三重県公立高校　2023年度

※152%に拡大していただくと、解答欄は実物大になります。

◇理科◇

◇社会◇

三重県公立高校　2023年度

※147%に拡大していただくと、解答欄は実物大になります。

受検番号　　　　　番

得　点

1

(1) (a)
(b)
(2) (c)
(a)
(3) (a)
(b)

2

(1)
(2) (a)
(b)
(3)
(4) 都市
(5) (6)

3

(1) (2)
(3)
(4) (a)
(b)
(5) (6)

4

(1) (2)
(3) (a)
(b)
(4)
(5) 条約
(6)

5

(1) (2)
(3) 他の年代と比べて、
(a)
(b)
(4)
(5) (a)
(b)
(6)
(7)

－2023～4－

◇国語◇

※149％に拡大していただくと、解答欄は実物大になります。

受検番号　　番

得点

1
① ＿く
② ＿げる
③
④

⑤ ＿げる
⑥ ＿う
⑦
⑧

2
（一）

（二）
10
20

（三）

（四）
25
75
80
と考えるようになった。60

（五）

3
（一）
（二）
（三）

（四）
a
b
c

（六）
25
35
50
55

4
（一）
（二）

（三）
15
（四）

5　Ⅰ□　Ⅱ□

Ⅲ

20
40
60
80
100
120
140
160
180
200

2023年度入試配点表（三重県）

数学	①	②	③	④	⑤	⑥	⑦	計
	(1)〜(4) 各1点×4 他　各2点×7 ((9)完答)	(1),(4) 各1点×3 他　各2点×2 ((2),(3)各完答)	各1点×3 ((2)完答)	各2点×2	(1)　1点 他　各2点×3 ((2),(4)各完答)	(1)　3点 (2)　各2点×2	各2点×2	50点

英語	①	②	③	④	計
	(1)・(2)　各1点×4 他　各2点×7	各2点×4	各2点×6	(2)　各1点×2 他　各2点×5	50点

理科	①	②	③	④	計
	(3)　2点(完答) 他　各1点×2	(1)　各1点×2 (2)　2点	(2)(a)　2点 他　各1点×3	各1点×4 ((1)完答)	50点
	⑤	⑥	⑦	⑧	
	各1点×8	各1点×8	(1)(c),(2)(c)　各2点×2 他　各1点×5	(2)(b)　2点 他　各1点×6 ((1)(c)XY完答)	

社会	①	②	③	④	⑤	計
	(1)(b),(3)(b) 各2点×2 他　各1点×5	(2)(a),(4) 各2点×2 他　各1点×5	(3),(4)(b) 各2点×2 他　各1点×5	(5),(6) 各2点×2 他　各1点×5	(1),(2),(5) 各1点×4 他　各2点×5	50点

国語	①	②	③	④	⑤	計
	各1点×8	(四),(五) 各3点×2 他　各2点×3	(四)　各1点×3(b・c 各完答)　(五)　3点 他　各2点×3	各2点×4	(三)　6点 他　各2点×2	50点

◇数学◇

三重県公立高校 2022年度

※152%に拡大していただくと，解答欄は実物大になります。

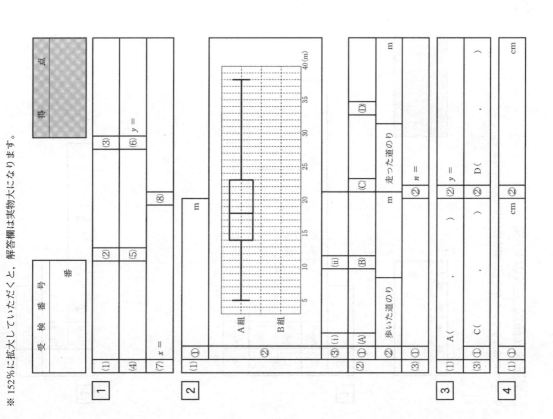

※149%に拡大していただくと、解答欄は実物大になります。

◇英語◇

受検番号　　　　番

得点

1

(1)			
(2)	No. 1	No. 2	No. 3
(3)	No. 1	No. 4	No. 2
	No. 3	No. 2	No. 3
(4)	No. 1		

2

(1)	No. 1	①	②
	No. 2		
(2)			

3

(1)	①	
	②	
	③	
(2)	①	
	②	
	③	

4

(1)	①	
(2)	A	② B
(3)		
(4)		

◇理科◇

三重県公立高校　2022年度

※ 152%に拡大していただくと、解答欄は実物大になります。

◇社会◇

三重県公立高校　2022年度

※147％に拡大していただくと、解答欄は実物大になります。

◇国語◇

三重県公立高校　2022年度

※149%に拡大していただくと、解答欄は実物大になります。

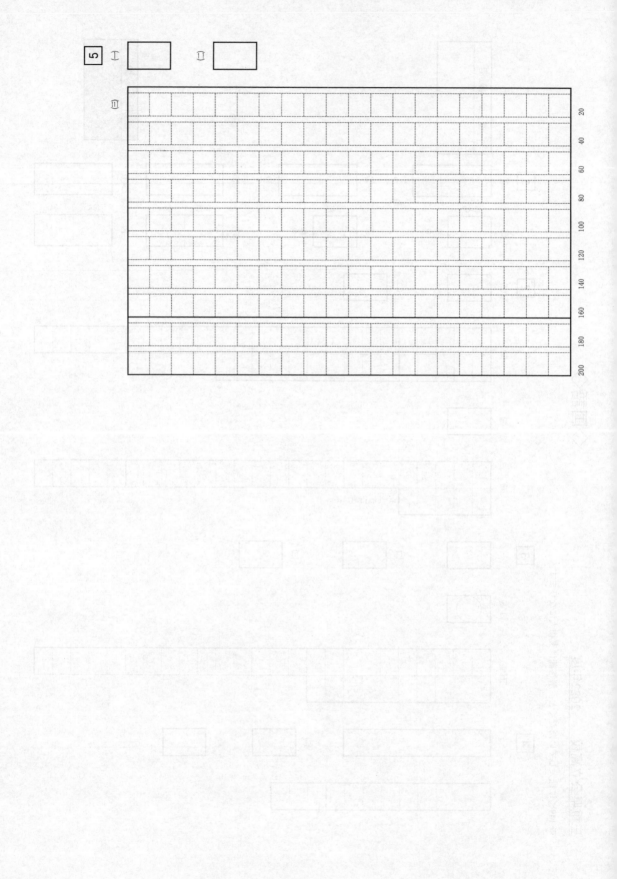

2022年度入試配点表(三重県)

数学	①	②	③	④	⑤	計
	(1)～(3) 各1点×3 他 各2点×5 ((8)完答)	(1)②,(3) 各2点×3 他 各1点×6*	各2点×4	(1)① 1点 ② 2点 (2) 3点	(1) 各1点×3 (2) 4点 (3) 各2点×2	50点

＊(2)①(A)・(B)と(C)・(D)はそれぞれ両方正答の場合のみ1点。(2)②,(3)②各完答)

英語	①	②	③	④	計
	(1)・(2) 各1点×4 他 各2点×7	各2点×4	各2点×6	(2) 各1点×2 他 各2点×5	50点

理科	①	②	③	④	⑤	⑥	⑦	⑧	計
	各1点×4	各1点×4	(3) 2点 他 各1点×2 ((2),(3)各完答)	(2)(b) 2点 他 各1点×3 ((1)(a)完答)	各1点×8 ((1)(a),(3) 各完答)	各1点×8	(1)(d)変化 2点 他 各1点×6*	(1)(c),(2)(d) 各2点×2 他 各1点×5	50点

＊(1)(d)記号が「ウ」の場合のみ，採点対象

社会	①	②	③	④	⑤	計
	(3)(b) 2点 他 各1点×7	(2)・(7) 各2点×2 他 各1点×5	(4)・(7) 各2点×2 他 各1点×5 ((7)完答)	(1)・(2)・(4) 各1点×3 他 各2点×3	(2)・(3)(b)・(5)・(8) 各2点×4 他 各1 点×6((4)(b)完答)	50点

国語	①	②	③	④	⑤	計
	各1点×8	(三)・(五) 各3点×2 他 各2点×3	(四) 各3点×2 他 各2点×3	各2点×4	(三) 6点 他 各2点×2	50点

三重県公立高校　2021年度

◇**数学**◇

※154％に拡大していただくと、解答欄は実物大になります。

	受　検　番　号			番

1

(1)		(2)		(3)	
(4)		(5)			
(6)	$x =$				
(7)	①		②		

2

(1)	① $a =$		② 10時　　分		
	③ 10時　　分				
(2)	①		②		
(3)	③		④		
	⑤		⑥		
(3)	①		②		

3

(1)	A（　　・　　）	(2)		
(3)	E（　　・　　）	(4)	≦ y ≦	

4

(1)	①	②	cm
	cm		

得		
点		

5

(1)	(ア)	(イ)
	(ウ)	(エ)
(2)	(証　明)	

(2)		

(3)	①	② $\triangle BFG : \triangle OFG =$　：ΔOFG $=$	cm

ℓ ・A

◇英語◇

三重県公立高校　2021年度

※147％に拡大していただくと、解答欄は実物大になります。

受検番号　　番

得　点

◇理科◇

三重県公立高校　2021年度

※152%に拡大していただくと、解答欄は実物大になります。

◇社会◇

三重県公立高校　2021年度

※152％に拡大していただくと、解答欄は実物大になります。

◇国語◇

三重県公立高校　2021年度

※152％に拡大していただくと、解答欄は実物大になります。

二

2021年度入試配点表 (三重県)

数学	1	2	3	4	5	計
	(1)・(2) 各1点×2 他 各2点×5 ((7)完答)	(1)②・③,(3) 各2点×4 他 各1点×5*	各2点×4	(1)① 1点 ② 2点 (2) 3点	(1) 各1点×3 (2) 4点 (3) 各2点×2	50点

＊(2)③・④と⑤⑥はそれぞれ両方正答の場合のみ1点。

英語	1	2	3	4	計
	(1)・(2) 各1点×4 他 各2点×7	各2点×4	各2点×6	(2) 各1点×2 他 各2点×5	50点

理科	1	2	3	4	5	6	7	8	計
	(1) 各1点×2 (2) 2点	(1)・(2) 各1点×2 (3) 2点	(1) 2点 他 各1点×2	各1点×4	各1点×8	(2)(b) 2点 他 各1点×7	(3)(d) 2点 他 各1点×6	(1)・(3)(a) 各1点×3 他 各2点×3	50点

社会	1	2	3	4	5	計
	(1)・(2)(a)・(3)(a) 各1点×3 他 各2点×3	(1)・(2)(a) 各1点×5 他 各2点×2	(2)・(6) 各2点×2 他 各1点×5 ((6)完答)	(1)〜(3) 各1点×3 他 各2点×3	(4)・(5)(a)・(7)(a)・(8) 各2点×4 他 各1点×6	50点

国語	1	2	3	4	5	計
	各1点×8	(四)・(五) 各3点×2 他 各2点×3	(四)・(五) 各3点×2 他 各2点×3	各2点×4	(三) 6点 他 各2点×2	50点

2020年度 三重県

※この解答用紙は154％に拡大していただきますと，実物大になります。

2020年度　三重県

3

4

受検番号　番

得　点

1

2

※この解答用紙は154％に拡大していただきますと，実物大になります。

2020年度　三重県

※この解答用紙は154％に拡大していただきますと，実物大になります。

2020年度　三重県

4

5

受検番号

番

得点

1

ロンドンは,

(1) (a)
(b)

(2) (a)
(3) Ⅰ
(b)
Ⅱ

2

(1) (a)
(a)

(2) (b)
(b)

(3) (a)
(b)

3

(1)
(2)
(3)
(4)
(5)

(6) 記号
理由

※この解答用紙は200％に拡大していただきますと，実物大になります。

2020年度　三重県

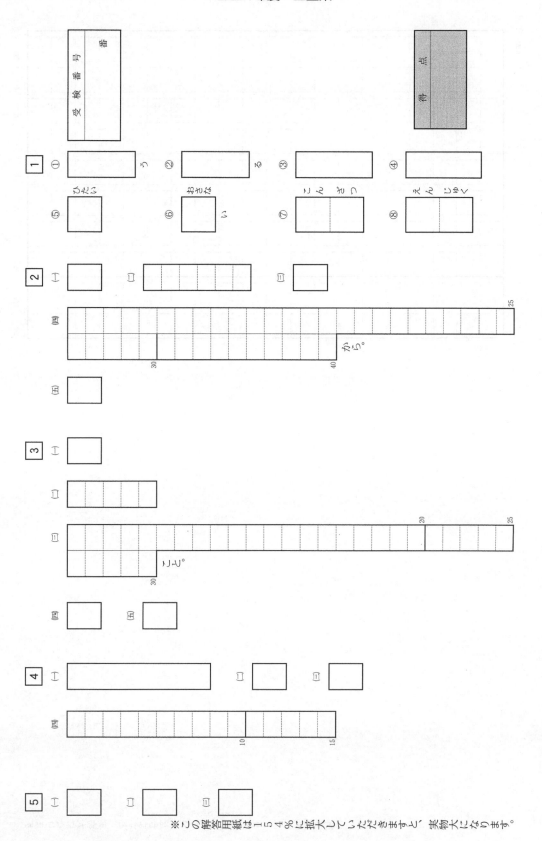

※この解答用紙は154％に拡大していただきますと、実物大になります。

2020年度　三重県

（四）

20　40　60　80　100　120　140　160　180　200

2020年度入試配点表 (三重県)

数学	1	2	3	4	5	計
	(1)・(2) 各1点×2 他 各2点×5	(1)②⑦・⑦,(3) 各2点×4 他 各1点×5*	各2点×4	(1)① 1点 ② 2点 (2) 3点	(1) 各1点×3 (2) 4点 (3) 各2点×2	50点

＊(2)③・④は両方正答の場合のみ1点。

英語	1	2	3	4	計
	(1)・(2) 各1点×4 他 各2点×7	各2点×4	各2点×6	(2) 各1点×2 他 各2点×5	50点

理科	1	2	3	4	5	6	7	8	計
	各1点×4 ((4)完答)	(2) 2点 他 各1点×2 (*)	(2) 2点 他 各1点×2 ((3)完答)	(2)(a) 2点 他 各1点×3	(1)(c) 2点 他 各1点×7 ((1)(a)完答)	(1)(a)・(2)(b) 各2点×2 他 各1点×4 ((1)(b)完答)	(2)(a) 2点 他 各1点×6 ((2)(b)完答)	(1)(b) 2点 他 各1点×6	50点

＊(2)Aのみ正答の場合は1点,Bのみが正答の場合は不可。

社会	1	2	3	4	5	計
	(1)(a) 1点 他 各2点×4 ((3)完答)	(1)(a)・(2)(b)・(3)(a) 各1点×3 他 各2点×3	(1)・(3)・(5) 各1点 ×3 他 各2点×3 ((6)完答)	(1)・(2)・(3) 各1点×3 他 各2点×3	(1)・(2)(a)・(4)・(5) 各1点×4 他 各2点×5	50点

国語	1	2	3	4	5	計
	各1点×8	(四)・(五) 各3点×2 他 各2点×3	(三)・(四) 各3点×2 他 各2点×3	(二) 1点 (四) 3点 他 各2点×2	(三) 2点 (四) 6点 他 各1点×2	50点

2019年度　三重県

※この解答用紙は153%に拡大していただきますと，実物大になります。

2019年度　三重県

※この解答用紙は156％に拡大していただきますと，実物大になります。

2019年度　三重県

※この解答用紙は154%に拡大していただきますと，実物大になります。

※この解答用紙は154％に拡大していただきますと，実物大になります。

2019年度　三重県

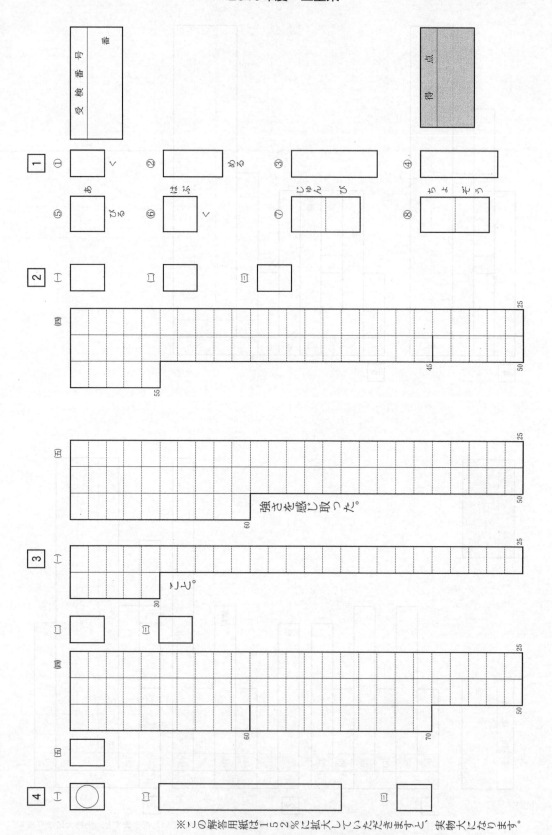

受検番号　番

得点

1　① 〔　〕く　② 〔　〕める　③ 〔　〕　④ 〔　〕
　あ　⑤ 〔　〕びる　はぶ　⑥ 〔　〕く　じゅんび　⑦ 〔　〕　ちきそう　⑧ 〔　〕

2　(一) 〔　〕　(二) 〔　〕　(三) 〔　〕

(四) 〔　　　　　　　　　　　〕 25
　　　　　　　　　　　　　　　　　　　45　　50
　　　　　　　　　　55

(五) 〔　　　　　　　　　　　〕 25
　　　　　　　　　　　強さを感じ取った。　　　50
　　　　　　　　　　60

3　(一) 〔　　　　　　　　　　　〕 25
　　　　　　 こと。　30

(二) 〔　〕　(三) 〔　〕

(四) 〔　　　　　　　　　　　〕 25
　　　　　　　　　　60　　　　　　70　　50

(五) 〔　〕

4　(一) 〇　(二) 〔　　　　　　　　　　　〕　(三) 〔　〕

※この解答用紙は152％に拡大していただきますと、実物大になります。

2019年度　三重県

5　Ⅰ　Ⅱ　Ⅲ

6

20 40 60 80 100 120 140 160 180 200

2019年度入試配点表 (三重県)

数学	1	2	3	4	5	計
	(1)・(2) 各1点×2 他 各2点×5	(1)・(3)② 各2点×3 他 各1点×4 ((2)③④は完答)	(1) 各1点×2 他 各2点×3	(1) 3点 (2)① 1点 他 各2点×2	(1)・(3)① 各1点×4 (2) 4点 他 各2点×2	50点

英語	1	2	3	4	計
	(1)・(2)・(3) 各1点×10 他 各2点×4	各2点×4	各2点×6	各2点×6	50点

理科	1	2	3	4	5	6	7	8	計
	各1点×4	(2)(c) 2点 他 各1点×3 ((1)完答)	各2点×4 ((3)完答)	各1点×4	(1)(a)・(b)・ (d),(3) 各1点×4 他 各2点×2	(3) 2点 他 各1点×6 ((2)(d)完答)	(3)(a) 2点 他 各1点×7	(3) 2点 他 各1点×6 ((1)(c),(2) (a)各完答)	50点

社会	1	2	3	4	5	計
	(1)(b)・(2)(b) 各2点×2 他 各1点×5	(1)・(2)・(4)(b) 各2点×3 他 各1点×3	(1)・(2)・(3) 各1点×3 他 各2点×3	(2)・(3)・(4) 各1点×3 他 各2点×3	(1)・(3)・(4)・(7) 各1点×4 他 各2点×5	50点

国語	1	2	3	4	5	6	計
	各1点×8	(四)・(五) 各3点×2 他 各2点×3	(一)・(四) 各3点×2 他 各2点×3	各2点×3	各2点×3	6点	50点

東京学参の
中学校別入試過去問題シリーズ

*出版校は一部変更することがあります。一覧にない学校はお問い合わせください。

東京ラインナップ

あ 青山学院中等部(L04)
　　麻布中学(K01)
　　桜蔭中学(K02)
　　お茶の水女子大附属中学(K07)
か 海城中学(K09)
　　開成中学(M01)
　　学習院中等科(M03)
　　慶應義塾中等部(K04)
　　晃華学園中学(N13)
　　攻玉社中学(L11)
　　国学院大久我山中学
　　　(一般・CC)(N22)
　　　(ST)(N23)
　　駒場東邦中学(L01)
さ 芝中学(K16)
　　芝浦工業大附属中学(M06)
　　城北中学(M05)
　　女子学院中学(K03)
　　巣鴨中学(M02)
　　成蹊中学(N06)
　　成城中学(K28)
　　成城学園中学(L05)
　　青稜中学(K23)
　　創価中学(N14)★
た 玉川学園中学部(N17)
　　中央大附属中学(N08)
　　筑波大附属中学(K06)
　　筑波大附属駒場中学(L02)
　　帝京大学中学(N16)
　　東海大菅生高中等部(N27)
　　東京学芸大附属竹早中学(K08)
　　東京都市大付属中学(L13)
　　桐朋中学(N03)
　　東洋英和女学院中学部(K15)
　　豊島岡女子学園中学(M12)
な 日本大第一中学(M14)

日本大第三中学(N19)
日本大第二中学(N10)
は 雙葉中学(K05)
　　法政大学中学(N11)
　　本郷中学(M08)
ま 武蔵中学(N01)
　　明治大付属中野中学(N05)
　　明治大付属中野八王子中学(N07)
　　明治大付属明治中学(K13)
ら 立教池袋中学(M04)
わ 和光中学(N21)
　　早稲田中学(K10)
　　早稲田実業学校中等部(K11)
　　早稲田大高等学院中等部(N12)

神奈川ラインナップ

あ 浅野中学(O04)
　　栄光学園中学(O06)
か 神奈川大附属中学(O08)
　　鎌倉女学院中学(O27)
　　関東学院六浦中学(O31)
　　慶應義塾湘南藤沢中等部(O07)
　　慶應義塾普通部(O01)
さ 相模女子大中学部(O32)
　　サレジオ学院中学(O17)
　　逗子開成中学(O22)
　　聖光学院中学(O11)
　　清泉女学院中学(O20)
　　洗足学園中学(O18)
　　捜真女学校中学部(O29)
た 桐蔭学園中等教育学校(O02)
　　東海大付属相模高中等部(O24)
　　桐光学園中学(O16)
な 日本大中学(O09)
は フェリス女学院中学(O03)
　　法政大学第二中学(O19)
や 山手学院中学(O15)
　　横浜隼人中学(O26)

千・埼・茨・他ラインナップ

あ 市川中学(P01)
　　浦和明の星女子中学(Q06)
か 海陽中等教育学校
　　　(入試Ⅰ・Ⅱ)(T01)
　　　(特別給費生選抜)(T02)
　　久留米大附設中学(Y04)
さ 栄東中学(東大・難関大)(Q09)
　　栄東中学(東大特待)(Q10)
　　狭山ヶ丘高校付属中学(Q01)
　　芝浦工業大柏中学(P14)
　　渋谷教育学園幕張中学(P09)
　　城北埼玉中学(Q07)
　　昭和学院秀英中学(P05)
　　清真学園中学(S01)
　　西南学院中学(Y02)
　　西武学園文理中学(Q03)
　　西武台新座中学(Q02)
　　専修大松戸中学(P13)
た 筑紫女学園中学(Y03)
　　千葉日本大第一中学(P07)
　　千葉明徳中学(P12)
　　東海大付属浦安高中等部(P06)
　　東邦大付属東邦中学(P08)
　　東洋大附属牛久中学(S02)
　　獨協埼玉中学(Q08)
な 長崎日本大中学(Y01)
　　成田高校付属中学(P15)
は 函館ラ・サール中学(X01)
　　日出学園中学(P03)
　　福岡大附属大濠中学(Y05)
　　北嶺中学(X03)
　　細田学園中学(Q04)
や 八千代松陰中学(P10)
ら ラ・サール中学(Y07)
　　立命館慶祥中学(X02)
　　立教新座中学(Q05)
わ 早稲田佐賀中学(Y06)

公立中高一貫校ラインナップ

北海道 市立札幌開成中等教育学校(J22)
宮　城 宮城県立仙台二華・古川黎明中学校(J17)
　　　　市立仙台青陵中等教育学校(J33)
山　形 県立東桜学館中学校(J27)
茨　城 茨城県立中学・中等教育学校(J09)
栃　木 県立宇都宮東・佐野・矢板東高校附属中学校(J11)
群　馬 県立中央・市立四ツ葉学園中等教育学校・
　　　　市立太田中学校(J10)
埼　玉 市立浦和中学校(J06)
　　　　県立伊奈学園中学校(J31)
　　　　さいたま市立大宮国際中等教育学校(J32)
　　　　川口市立高等学校附属中学校(J35)
千　葉 県立千葉・東葛飾中学校(J07)
　　　　市立稲毛国際中等教育学校(J25)
東　京 区立九段中等教育学校(J21)
　　　　都立大泉高等学校附属中学校(J28)
　　　　都立両国高等学校附属中学校(J01)
　　　　都立白鴎高等学校附属中学校(J02)
　　　　都立富士高等学校附属中学校(J03)

　　　　都立三鷹中等教育学校(J29)
　　　　都立南多摩中等教育学校(J30)
　　　　都立武蔵高等学校附属中学校(J04)
　　　　都立立川国際中等教育学校(J05)
　　　　都立小石川中等教育学校(J23)
　　　　都立桜修館中等教育学校(J24)
神奈川 川崎市立川崎高等学校附属中学校(J26)
　　　　県立平塚・相模原中等教育学校(J08)
　　　　横浜市立南高等学校附属中学校(J20)
　　　　横浜サイエンスフロンティア高校附属中学校(J34)
広　島 県立広島中学校(J16)
　　　　県立三次中学校(J37)
徳　島 県立城ノ内中等教育学校・富岡東・川島中学校(J18)
愛　媛 県立今治東・松山西・宇和島南中等教育学校(J19)
福　岡 福岡県立中学校・中等教育学校(J12)
佐　賀 県立香楠・致遠館・唐津東・武雄青陵中学校(J13)
宮　崎 県立五ヶ瀬中等教育学校(J15)
　　　　県立宮崎西・都城泉ヶ丘高校附属中学校(J36)
長　崎 県立長崎東・佐世保北・諫早高校附属中学校(J14)

公立中高一貫校「適性検査対策」問題集シリーズ

 総合編
 作文問題編
 資料問題編
 数と図形編
生活と科学編
実力確認テスト編

私立中・高スクールガイド
ザ THE 私立
私立中学&高校の学校生活がわかる!

東京学参の
高校別入試過去問題シリーズ

*出版校は一部変更することがあります。一覧にない学校はお問い合わせください。

東京ラインナップ

あ 愛国高校(A59)
青山学院高等部(A16)★
桜美林高校(A37)
お茶の水女子大附属高校(A04)
か 開成高校(A05)★
共立女子第二高校(A40)
慶應義塾女子高校(A13)
国学院高校(A30)
国学院大久我山高校(A31)
国際基督教大高校(A06)
小平錦城高校(A61)★
駒澤大高校(A32)
さ 芝浦工業大附属高校(A35)
修徳高校(A52)
城北高校(A21)
専修大附属高校(A28)
創価高校(A66)★
た 拓殖大第一高校(A53)
立川女子高校(A41)
玉川学園高等部(A56)
中央大高校(A19)
中央大杉並高校(A18)★
中央大附属高校(A17)
筑波大附属高校(A01)
筑波大附属駒場高校(A02)
帝京大高校(A60)
東海大菅生高校(A42)
東京学芸大附属高校(A03)
東京実業高校(A62)
東京農業大第一高校(A39)
桐朋高校(A15)
都立青山高校(A73)★
都立国立高校(A76)★
都立国際高校(A80)★
都立国分寺高校(A78)★
都立新宿高校(A77)★
都立墨田川高校(A81)★
都立立川高校(A75)★
都立戸山高校(A72)★
都立西高校(A71)★
都立八王子東高校(A74)★
都立日比谷高校(A70)★
な 日本大櫻丘高校(A25)
日本大第一高校(A50)
日本大第三高校(A48)
日本大第二高校(A27)
日本大鶴ヶ丘高校(A26)
日本大豊山高校(A23)
は 八王子学園八王子高校(A64)
法政大高校(A29)
ま 明治学院高校(A38)
明治学院東村山高校(A49)
明治大付属中野高校(A33)
明治大付属中野八王子高校(A67)
明治大付属明治高校(A34)★
明法高校(A63)
わ 早稲田実業学校高等部(A09)
早稲田大高等学院(A07)

神奈川ラインナップ

あ 麻布大附属高校(B04)
アレセイア湘南高校(B24)
か 慶應義塾高校(A11)
神奈川県公立高校特色検査(B00)
さ 相洋高校(B18)
た 立花学園高校(B23)

桐蔭学園高校(B01)
東海大付属相模高校(B03)★
桐光学園高校(B11)
な 日本大高校(B06)
日本大藤沢高校(B07)
は 平塚学園高校(B22)
藤沢翔陵高校(B08)
法政大国際高校(B17)
法政大第二高校(B02)★
や 山手学院高校(B09)
横須賀学院高校(B20)
横浜商科大高校(B05)
横浜翠陵高校(B14)
横浜清風高校(B10)
横浜創英高校(B21)
横浜隼人高校(B16)
横浜富士見丘学園高校(B25)

千葉ラインナップ

あ 愛国学園大附属四街道高校(C26)
我孫子二階堂高校(C17)
市川高校(C01)★
か 敬愛学園高校(C15)
さ 芝浦工業大柏高校(C09)
渋谷教育学園幕張高校(C16)★
翔凜高校(C34)
昭和学院秀英高校(C23)
専修大松戸高校(C02)
た 千葉英和高校(C18)
千葉敬愛高校(C05)
千葉経済大附属高校(C27)
千葉日本大第一高校(C06)★
千葉明徳高校(C20)
千葉黎明高校(C24)
東海大付属浦安高校(C03)
東京学館高校(C14)
東京学館浦安高校(C31)
な 日本体育大柏高校(C30)
日本大習志野高校(C07)
は 日出学園高校(C08)
や 八千代松陰高校(C12)
ら 流通経済大付属柏高校(C19)★

埼玉ラインナップ

あ 浦和学院高校(D21)
大妻嵐山高校(D04)★
か 開智高校(D08)
開智未来高校(D13)★
春日部共栄高校(D07)
川越東高校(D12)
慶應義塾志木高校(A12)
埼玉栄高校(D09)
栄東高校(D14)
狭山ヶ丘高校(D24)
昌平高校(D23)
西武学園文理高校(D10)
西武台高校(D06)
た 東京農業大第三高校(D18)

は 武南高校(D05)
本庄東高校(D20)
や 山村国際高校(D19)
ら 立教新座高校(A14)
わ 早稲田大本庄高等学院(A10)

北関東・甲信越ラインナップ

あ 愛国学園大附属龍ヶ崎高校(E07)
宇都宮短大附属高校(E24)
か 鹿島学園高校(E08)
霞ヶ浦高校(E03)
共愛学園高校(E31)
甲陵高校(E43)
国立高等専門学校(A00)
さ 作新学院高校
(トップ英進・英進部)(E21)
(情報科学・総合進学部)(E22)
常総学院高校(E04)
た 中越高校(R03) *
土浦日本大高校(E01)
東洋大附属牛久高校(E02)
な 新潟青陵高校(R02) *
新潟明訓高校(R04) *
日本文理高校(R01) *
は 白鷗大足利高校(E25)
ま 前橋育英高校(E32)
や 山梨学院高校(E41)

中京圏ラインナップ

あ 愛知高校(F02)
愛知啓成高校(F09)
愛知工業大名電高校(F06)
愛知産業大工業高校(F21)
愛知みずほ大瑞穂高校(F25)
暁高校(3年制)(F50)
鶯谷高校(F60)
栄徳高校(F29)
桜花学園高校(F14)
岡崎城西高校(F34)
か 岐阜聖徳学園高校(F62)
岐阜東高校(F61)
享栄高校(F18)
さ 桜丘高校(F36)
至学館高校(F19)
椙山女学園高校(F10)
鈴鹿高校(F53)
星城高校(F27)★
誠信高校(F33)
清林館高校(F16)★
た 大成高校(F28)
大同大大同高校(F30)
高田高校(F51)
滝高校(F03)★
中京高校(F63)
中京大附属中京高校(F11)★
中部大春日丘高校(F26)★
中部大第一高校(F32)
津田学園高校(F54)

東海高校(F04)★
東海学園高校(F20)
東邦高校(F12)
同朋高校(F22)
豊田大谷高校(F35)
名古屋高校(F13)
名古屋大谷高校(F23)
名古屋経済大市邨高校(F08)
名古屋経済大高蔵高校(F05)
名古屋女子大高校(F24)
日本福祉大付属高校(F17)
人間環境大附属岡崎高校(F37)
は 光ヶ丘女子高校(F38)
誉高校(F31)
ま 三重高校(F52)
名城大附属高校(F15)

宮城ラインナップ

さ 尚絅学院高校(G02)
聖ウルスラ学院英智高校(G01)★
聖和学園高校(G05)
仙台育英学園高校(G04)
仙台城南高校(G06)
仙台白百合学園高校(G12)
た 東北学院高校(G03)★
東北学院榴ヶ岡高校(G08)
東北高校(G11)
東北生活文化大高校(G10)
常盤木学園高校(G07)
は 古川学園高校(G13)
ま 宮城学院高校(G09)★

北海道ラインナップ

さ 札幌光星高校(H06)
札幌静修高校(H09)
札幌第一高校(H01)
札幌北斗高校(H04)
札幌龍谷学園高校(H08)
は 北海高校(H03)
北海学園札幌高校(H07)
北海道科学大高校(H05)
ら 立命館慶祥高校(H02)

★はリスニング音声データのダウンロード付き。

高校入試特訓問題集シリーズ

● 英語長文難関攻略30選
● 英語長文テーマ別難関攻略30選
● 英文法難関攻略20選
● 英語難関徹底攻略33選
● 古文完全攻略63選
● 国語融合問題完全攻略30選
● 国語長文関関徹底攻略30選
● 国語知識問題完全攻略13選
● 数学の図形と関数・グラフの融合問題完全攻略272選
● 数学難関徹底攻略700選
● 数学の難問80選
● 数学 思考力―規則性とデータの分析と活用―

都道府県別 公立高校入試過去問 シリーズ

● 全国47都道府県別に出版
● 最近数年間の検査問題収録
● リスニングテスト音声対応

公立高校入試対策問題集シリーズ

● 目標得点別・公立入試の数学
● 実戦問題演習・公立入試の英語 (実力錬成編・基礎編)
● 形式別演習・公立入試の国語
● 実戦問題演習・公立入試の理科
● 実戦問題演習・公立入試の社会

〈リスニング問題の音声について〉

本問題集掲載のリスニング問題の音声は、弊社ホームページでデータ配信しております。

現在お聞きいただけるのは「2024年度受験用」に対応した音声で、2024年3月末日までダウンロード可能です。弊社ホームページにアクセスの上、ご利用ください。

※本問題集を中古品として購入された場合など、配信期間の終了によりお聞きいただけない年度がございますのでご了承ください。

三重県公立高校　2024年度
ISBN978-4-8141-2866-2

発行所　東京学参株式会社

〒153-0043　東京都目黒区東山2-6-4

URL　　https://www.gakusan.co.jp

編集部　E-mail　hensyu@gakusan.co.jp

※本書の編集責任はすべて弊社にあります。内容に関するお問い合わせ等は、編集部まで、メールにてお願い致します。なお、回答にはしばらくお時間をいただく場合がございます。何卒ご了承くださいませ。

営業部　TEL　　03 (3794) 3154

FAX　　03 (3794) 3164

E-mail　shoten@gakusan.co.jp

※ご注文・出版予定のお問い合わせ等は営業部までお願い致します。

2023年6月27日　初版